普通高等教育"十一五"国家级规划教材
21世纪交通版高等学校教材

公路施工组织及概预算

（第三版）

王首绪　杨玉胜
周学林　刘伟军　编著

邬晓光　张起森　主审

人民交通出版社

内 容 提 要

本书共八章，主要内容包括公路工程施工组织概论，施工过程组织原理，公路工程施工组织设计，机械化施工组织设计，网络计划技术，公路工程定额，公路工程概预算。全书以交通部颁布的法规、规范与定额为依据进行编写，辅以实例解析。该书阐述系统，概念清楚，既有先进适用的理论知识，又有灵活多变的使用技巧与方法。

本书可作为“道路桥梁与渡河专业”及相关交通土建专业的本科及专科学生教材，亦可供专业工程技术人员学习参考。

图书在版编目（CIP）数据

公路施工组织及概预算 / 王首绪等编著. —3版—北京：人民交通出版社，2007.7

ISBN 978-7-114-06573-6

Ⅰ. 公… Ⅱ. 王… Ⅲ. ①道路工程－工程施工－施工组织②道路工程－概算编制③道路工程－预算编制 Ⅳ. U415

中国版本图书馆CIP数据核字（2007）第073135号

书　　名：公路施工组织及概预算（第三版）
著 作 者：王首绪　杨玉胜　周学林　刘伟军
责任编辑：沈鸿雁　师　云
出版发行：人民交通出版社
地　　址：（100011）北京市朝阳区安定门外外馆斜街3号
网　　址：http://www.ccpress.com.cn
销售电话：（010）59757973
总 经 销：人民交通出版社发行部
经　　销：各地新华书店
印　　刷：北京市密东印刷有限公司
开　　本：787×1092　1/16
印　　张：22.25
字　　数：546千
版　　次：1995年5月第1版　1999年4月第2版　2007年7月第3版
印　　次：2014年7月第3版　第16次印刷　总第43次印刷
书　　号：ISBN 978-7-114-06573-6
定　　价：39.00元

总 序

当今世界，科学技术突飞猛进，全球经济一体化趋势进一步加强，科技对于经济增长的作用日益显著，教育在国家经济与社会发展中所处的地位日益重要。进入新世纪，面对国际国内经济与社会发展所出现的新特点，我国的高等教育迎来了良好的发展机遇，同时也面临着巨大的挑战，高等教育的发展处在一个前所未有的重要时期。其一，加入 WTO，中国经济已融入到世界经济发展的进程之中，国家间的竞争更趋激烈，竞争的焦点已更多地体现在高素质人才的竞争上，因此，高等教育所面临的是全球化条件下的综合竞争。其二，我国正处在由计划经济向社会主义市场经济过渡的重要历史时期，这一时期，我国经济结构调整将进一步深化，对外开放将进一步扩大，改革与实践必将提出许多过去不曾遇到的新问题，高等教育面临加速改革以适应国民经济进一步发展的需要。面对这样的形势与要求，党中央国务院提出扩大高等教育规模，着力提高高等教育的水平与质量。这是为中华民族自立于世界民族之林而采取的极其重大的战略步骤，同时，也是为国家未来的发展提供基础性的保证。

为适应高等教育改革与发展的需要，早在 1998 年 7 月，教育部就对高等学校本科专业目录进行了第四次全面修订。在新的专业目录中，土木工程专业扩大了涵盖面，原先的公路与城市道路工程，桥梁工程，隧道与地下工程等专业均纳入土木工程专业。本科专业目录的调整是为满足培养“宽口径”复合型人才的要求，对原有相关专业本科教学产生了积极的影响。这一调整是着眼于培养 21 世纪社会主义现代化建设人才的需要而进行的，面对新的变化，要求我们对人才的培养规格、培养模式、课程体系和内容都应作出适时调整，以适应要求。

根据形势的变化与高等教育所提出的新的要求，同时，也考虑到近些年来公路交通大发展所引发的需求，人民交通出版社通过对“八五”、“九五”期间的路桥及交通工程专业高校教材体系的分析，提出了组织编写一套 21 世纪的具有鲜明交通特色的高等学校教材的设想。这一设想，得到了原路桥教学指导委员会几乎所有成员学校的广泛响应与支持。2000 年 6 月，由人民交通出版社发起组织全国面向交通办学的 12 所高校的专家学者组成 21 世纪交通版高等学校教材(公路类)编审委员会，并召开第一次会议，会议决定着手组织编写土木工程专业具有交通特色的**道路专业方向、桥梁专业方向以及交通工程专业**教材。会议经过充分研讨，确定了包括**基本知识技能培养层次、知识技能拓宽与提高层次**以及**教学辅助层次**在内的约 130 种教材，范围涵盖**本科与研究生用**教材。会后，人民交通出版社开始了细致的教材编写组织工作，经过自由申报及专家推荐的方式，近 20 所高校的百余名教授承担约 130 种教材的主编工作。2001 年 6 月，教材编委会召开第二次会议，全面审定了各门教材主编院校提交的教学大纲，之后，编写工作全面展开。

21 世纪交通版高等学校教材编写工作是在本科专业目录调整及交通大发展的背景下展开的。教材编写的基本思路是：(1)顺应高等教育改革的形势，专业基础课教学内容实现与土木工程专业打通，同时保留原专业的主干课程，既顺应向土木工程专业过渡的需要，又保持服务公路交通的特色，适应宽口径复合型人才培养的需要。(2)注重学生基本素质、基本能力的培养，为学生知识、能力、素质的综合协调发展创造条件。基于这样的考虑，将教材区分为二个主层次与一个辅助层次，即基本知识技能培养层次与知识技能拓宽与提高层次，辅助层次为教学参考用书。工作的着力点放在基本知识技能培养层次教材的编写上。(3)目前，中国的经济发展存在地区间的不平衡，各高校之间的发展也不平衡，因此，教材的编写要充分考虑各校人才培养规格及教学需求多样性的要求，尽可能为各校教学的开展提供一个多层次、系统而全面的教材供给平台。(4)教材的编写在总结"八五"、"九五"工作经验的基础上，注意体现原创性内容，把握好技术发展与教学需要的关系，努力体现教育面向现代化、面向世界、面向未来的要求，着力提高学生的创新思维能力，使所编教材达到先进性与实用性兼备。(5)配合现代化教学手段的发展，积极配套相应的教学辅件，便利教学。

教材建设是教学改革的重要环节之一，全面做好教材建设工作，是提高教学质量的重要保证。本套教材是由人民交通出版社组织，由原全国高等学校路桥与交通工程教学指导委员会成员学校相互协作编写的一套具有交通出版社品牌的教材，教材力求反映交通科技发展的先进水平，力求符合高等教育的基本规律。各门教材的主编均通过自由申报与专家推荐相结合的方式确定，他们都是各校相关学科的骨干，在长期的教学与科研实践中积累了丰富的经验。由他们担纲主编，能够充分体现教材的先进性与实用性。本套教材预计在二年内完全出齐，随后，将根据情况的变化而适时更新。相信这批教材的出版，对于土木工程框架下道路工程、桥梁工程专业方向与交通工程专业教材的建设将起到有力的促进作用，同时，也使各校在教材选用方面具有更大的空间。需要指出的是，该批教材中研究生教材占有较大比例，研究生教材多具有较高的理论水平，因此，该套教材不仅对在校学生，同时对于在职学习人员及工程技术人员也具有很好的参考价值。

21 世纪初叶，是我国社会经济发展的重要时期，同时也是我国公路交通从紧张和制约状况实现全面改善的关键时期，公路基础设施的建设仍是今后一项重要而艰巨的任务，希望通过各相关院校及所有参编人员的共同努力，尽快使全套 21 世纪交通版高等学校教材(公路类)尽早面世，为我国交通事业的发展做出贡献。

21 世纪交通版
高等学校教材(公路类)编审委员会
人民交通出版社
2001 年 12 月

前　言

《公路施工组织及概预算》教材是道路桥梁与渡河专业、土木工程专业(路桥方向)必修课。该教材源自1985年开始在原长沙交通学院使用《公路施工组织及概预算》自编教材;1992年通过交通部高校教材委员会评审,作为统编教材在交通土建和工程管理专业使用;2006年被教育部评为"普通高等教育'十一五'国家级规划教材"。《公路施工组织及概预算》自1995年人民交通出版社初版、1999年再版共计印发18万余册,得到了广大师生及业界的一致好评。

该教材第三版系根据近年来工程实践,以及工程施工组织、概预算编制手段的进步,结合前两版教学过程中的实际使用状况,有针对性地对其中一些内容给予了更新。新教材在内容的安排、结构的组织、理论的深度及知识的实用性方面特点突出,大量使用先进理论,如排队论、网络计划技术、各种优化数学模型等;注重理论联系实际,如各种优化方法,网络逻辑关系与时间组织的实际应用等;强调运用技巧,偏重案例教学,如空间组织设计、概预算表格计算的数据关系、进度图画法技巧等。

本课程要求在道路、桥梁及相关专业课程结束后开设,通过学习使学生了解公路基本建设过程中,各阶段施工组织设计相关文件和造价编制计算文件;掌握施工过程组织原理、网络计划技术、公路工程概预算的基本理论,掌握公路工程施工组织设计、机械化施工组织设计、标底及报价编制的实际使用方法与技巧;熟练应用施工方案、施工方法的优化比较及时间组织、空间组织、资源组织,以及概预算编制原理和方法,造价计算方法,招投标活动中等的运用方法。

本教材第一章、第四章、第七章由王首绪编撰;第五章、第六章由杨玉胜编撰;第三章、第八章由周学林编撰;第二章由刘伟军编撰。在编撰过程中,得到了杨子敏高级工程师和张起森教授的亲自指导和大力斧正,也得到邬晓光教授的鼎力支持,在此深表感谢。

由于时间及水平有限,书中难免存在一些错漏及不当之处,谨请读者批评指正,来函请寄:北京市朝阳区安定门外外馆斜街3号 人民交通出版社公路图书出版中心,邮编:100011。

编　者

2007年3月

前 言

目　录

第一章　公路施工组织概论

第一节　公路施工组织设计的地位

现代交通运输由铁路、公路、航空以及管道运输等组成，它们是使用各种工具设备，通过各种方式，使货物或旅客在区域之间实现位置移动的特殊的物质生产部门。交通运输对发展国民经济、加强国防和改善人民物质文化生活具有重要意义。

公路运输在整个交通运输业中占有较大比重，它具有机动、灵活、直达、迅速、适应性强、服务面广的特点，在社会主义现代化建设中发挥着巨大的作用，并且具有良好的发展前景。

发展公路运输业，必须首先进行公路工程建设。公路施工组织的任务就是研究公路工程施工过程中诸要素之间的合理组织，即如何认真贯彻国家现行技术、经济政策和法令，根据公路施工的特点，将人力、资金、材料、机械、施工方法等各种因素进行科学地、合理地安排，使之在一定的时间和空间内实现有组织、有计划、有秩序地施工，使其工期短、质量好、成本低，迅速发挥投资效益。

一、公路建设的内容

公路建设的内容，按其任务与分工不同可以分为以下三方面。

1. 公路工程的小修、保养

公路工程构造物在长期使用过程中，受到行车和自然因素的作用而不断损坏，只有通过定期和不定期的维修保养，才能保证固定资产的正常使用，保持运输生产不间断地进行，使原有生产能力得到维持。所以，公路工程的小修、保养是实现固定资产简单再生产的重要手段之一。

2. 公路工程大、中修与技术改造

由于受到材料、结构、设备等功能方面的制约，必然使公路各组成部分具有不同的寿命期。因此，固定资产尽管经过维修，也不可能无限期地使用下去，到一定年限某些组成部分就会丧失功能，这时就需要进行固定资产的更新工作。公路工程大、中修这种固定资产的更新，一般是与公路的技术改造相结合进行的（如局部改线，改造不合标准路段，提高路面等级等）。通过这种更新与技术改造来提高公路的通行能力，实现固定资产简单再生产和部分扩大再生产。

3. 公路工程基本建设

为了适应生产和流通发展的需要，必须通过新建、扩建和重建公路等基本建设形式来实现固定资产扩大再生产，达到不断扩大公路运输能力的目的。

公路建设通过固定资产维修、固定资产更新和技术改造、基本建设三条途径来实现固定资产的简单再生产和扩大再生产。它们之间既有相同之处，又有区别之处。相同之处体现在：首先，它们都是我国固定资产再生产不可缺少的组成部分，都是高速发展社会主义现代化建设事业的必要手段；其次，都需要消耗一定数量的人力、财力和物力。区别之处主要表现在：第一，资金来源不同;第二,管理方式方法不同;第三,任务与分工不同。

公路建设再生产的管理方式是:公路小修保养由养护部门自行安排和管理;公路大中修工程由养护部门提出计划报上级主管部门批准后,自行管理和安排;对于新建、改建、扩建、重建的公路工程一般由地方(省、市)政府主管部门下达任务,对其中列入基本建设投资、必须纳入全国统一的基本建设计划,一切基本建设活动必须按照国家规定和要求进行管理,一切基本建设资金活动必须通过国家发展与改革委员会的批准与监督。

二、公路建设的特点

公路工程施工的特点是由公路建筑产品的特点决定的。公路工程是呈线形分布的一种带状构筑物,通过勘察设计和施工,消耗大量资源(人力、物力、财力)而完成的公路建筑产品。和工业生产相比较,公路建设同样是一系列资源投入产出的过程,其施工生产的阶段性和连续性,组织上的专门化和协作化是一致的。但是公路建筑产品具有产品的形体庞大,复杂多样,整体难分,不能移动等特点,公路施工具有流动性、单体性、生产周期长、易受气候影响和外界干扰等特点。这些特点,对公路施工组织与管理影响很大。

1. 公路建筑产品的特点

(1)产品的固定性

公路工程的构造物固定于某一地带不能移动,只能在建造的地方直接生产、完工后供长期使用。

(2)产品的多样性

由于公路的具体使用目的、技术等级、技术标准、自然条件以及功能不同,而使公路的组成、结构千差万别,复杂多样。

(3)产品形体庞大性

公路工程是线形构造物,其组成部分的几何形体庞大,不仅占用较多土地,而且占据较大空间,使整个工程雄伟壮观。

(4)产品部分的易损性

公路工程构造物受行车作用及自然因素之影响,其暴露于大自然的部分以及直接受行车作用的部分,产生物理、化学变化,在疲劳、耐久、老化等方面受损表现突出。

2. 公路施工的技术经济特点

由于公路建筑产品具有上述特性,因此在其产品(工程)的施工过程中,具有技术经济特点。

(1)施工流动性大

公路建设线长点多,工程数量分布不均匀,其构造物在建造过程中和建成后都无法移动。由于其产品的固定性和严格的施工顺序,因而要组织各类工作人员和各种机械围绕这一固定产品,在同一工作面的不同时间,或同一时间的不同工作面上进行施工活动。因此需要科学地解决这种空间上的布置和时间上的安排两者之间的矛盾。此外,当某一公路工程竣工后,还要解决施工队伍向新的施工现场转移问题。

公路施工的流动性,给施工企业的生产管理和生活安排带来很大影响,例如施工基地的建立、施工现场管理、施工人员召集与遣散、施工组织形式、施工运输的经济合理等问题。

(2)施工协作性高

公路工程类型多,施工环节多,工序复杂,每项工程又具有不同功能,不同的施工条件,使每项工程不仅要进行个别设计，而且要个别组织施工。特别是现代高等级公路不仅涉及电力、电信工程，而且还包含市政及环保工程。每项工程都需建设、设计、施工与监理等单位的密切配合，需要材料、动力、运输等各个部门的通力协作，因此，施工过程中的综合协调和调度，严密的计划和科学管理就显得特别重要。

(3)施工周期长

公路工程主要包括路基、路面、桥梁、涵洞、隧道等工程，产品形体特别庞大，产品固定而又具有不可分割性，使施工周期长。在较长时间内大量占用和耗费人力、物力和财力，直到整个施工周期完结，才能出产品。即使借助现代化施工机械完成高等级公路，在满足工程质量及技术标准的条件下，一条百余公里高速公路也需要三年左右工期。由于施工期内经历一年四季气候的变化，需要针对不同的气候、季节采取不同措施进行施工管理，保证工程质量与进度。

在施工过程中，要求我们统筹安排，遵守施工程序，科学合理地组织施工。各阶段、各环节必须有条不紊地组织起来，在时间上不间断，空间上不脱节。如果施工的连续性受到破坏或中断，必然会拖延工期，大量占用资金，造成人力、物力、财力的浪费。

(4)受外界干扰及自然因素影响大

公路施工穿越乡村与城镇，与当地政府及居民利益紧密相关，现场的一切行动直接影响当地生活与生产，因此协调地方关系成为现场管理的不可或缺的工作。另外，公路工程施工大部分是露天作业，受自然条件的影响很大，如气候冷暖、地势高低、洪水、雨雪等。设计变更、地质情况、物资供应条件、环境因素等对工程进度、工程质量、成本等都有很大影响，且由于公路部分结构的易损性，需不断进行维修养护，才能维持正常的使用性能。

公路建设的上述特点，决定了公路施工活动的特有规律，研究和遵循这些规律，对科学地组织与管理公路工程施工，提高公路建设的经济效益具有重要意义。

三、施工组织管理的发展与现代化

1. 发展

我国公路工程施工现场的组织管理是随着经济发展变化而改变的。公路建设在土木行业中发展较晚，我国在改革开放初期才开始认识到公路对国民经济发展有重大影响，到 20 世纪 80 年代中期讨论高速公路在我国的适用性，是决定我国公路发展的关键时期，并由此影响公路工程现场施工组织与管理的模式与方法。从经济管理角度看，施工现场组织与管理直接影响工程质量、进度与造价。经过近 30 年的努力，公路工程行业的专家与学者不断学习总结发达国家先进经验，结合国情实践独具中国特色的公路工程施工现场组织与管理模式，为我国公路现代化建设奠定了发展基础，也为世界的发展中国家的公路建设与管理开辟了广阔的探索之路。

施工现场的组织与管理，不同于工程项目宏观管理，但却受宏观项目管理的制约。按照我国宏观经济发展规律与管理体制的改革过程，我国公路工程施工现场组织与管理的发展经过了初期原生态管理、行政命令管理、计划与市场经济双轨制管理、市场经济管理四大阶段。

(1)初期原生态管理

建国初期到 20 世纪 70 年代末，公路建设基本上依托林区道路和农村机耕道改建。相当于人民解放军在行军途中边行军边施工的应急便道。根据“抓革命、促生产、促工作、促战备”的形势，道路选线强调“隐蔽、迂回、靠山、钻林”等国防需要，依靠国家建设投资和“民工建勤”等方式，全国公路通车里程增长较快，达到 89 万公里。其中干线公路 23.7 万公里，县乡公路

58.6 万公里，企事业单位专用公路 6.6 万公里。公路等级低，工农业发展缓慢，与当时国民经济发展速度相适应。

当时的施工现场管理是完成命令下的行政任务，不讲求进度与质量，更谈不上现代意义上的工程成本控制，缺乏标准和规范，技术上也与国外相差很远，工程管理处于原生态状态。

(2) 行政命令管理

20 世纪 70 年代末的改革开放并没有一下唤醒公路建设的热情，公路还处于沉睡状态。到 80 年代中期开始大规模讨论高速公路在我国的适用性，比如是先有汽车还是先有高速公路等学术问题，此时的公路建设在国民经济中的重要地位开始被人们认识，甚至提出“要得富，先有路”的口号。因此将 20 世纪 80 年代中期以前划分为第二阶段：行政命令管理阶段。至“六五”结束时，公路增长里程达到 94.24 万公里，其中一级公路 422km，四级及等外公路79.23 万公里，期间公路里程年均增长 1.1 万公里。

该段时期最显著的特征，是所有基本建设活动都在政府部门的管理下进行。即使一个施工现场的管理者也必须听命某个行政领导。现场管理大到购买机械设备，小到临时工人(民工)的工资，这些无一例外受到政府有关文件的具体控制。这一时期最显著特点是除了在技术上充分保证施工方案的安全、质量的可靠外，对进度与费用的控制几乎是空白。施工现场的组织管理在传统思想影响下，注重技术上可行和施工现场安全，忽视方案的经济性比较和资源均衡性的消耗优化。

此时期工程管理的优点：工程造价低，施工中各种矛盾小，便于指挥调度，工程质量可靠。但由此带来的缺点：工程技术等级低，规范标准缺乏，进度十分缓慢，工程规模小，工期长，工人技术员消极怠工。

(3) 计划与市场经济双轨制管理

随着经济改革的不断深入，公路工程建设规模日益扩大。由公路带来的巨大的经济效益和提高人民群众生活水平带来的实惠，使国家和社会都感觉到建设公路的紧迫性。但受计划经济惯性影响，公路建设的项目管理还处于过渡时期。从时间上划分，这一时期为 20 世纪 80 年代中期到 90 年代中期。

在这一时期，高速公路建设的序幕拉开，理论不断完善，技术不断进步。大量引进国外先进管理理论，比如网络计划技术、流水作业方式、排队论等，但其实际运用受到多方面限制。施工组织设计文件逐渐规范化，招投标制度开始实行；同时引入国外新机械、新工艺。公路工程项目管理推行监理制度，应用 FIDIC 管理理念，施工现场管理实行承包人、业主、监理三方独立，政府监督与社会监理双向管理，规范了现场管理。至“九五”末，公路通车里程达到 118.6 万公里，其中高速公路 3 422km。在一些大经济区域内，已经形成或正在形成以高速公路为主的干线公路网，如沈阳、大连、北京、天津、石家庄、环渤海湾地区、长江三角洲、珠江三角洲等。

该段时期的主要优点：理论与技术发展活跃，规范标准日趋完善，管理理论推陈出新，建筑市场管理趋于规范，施工现场组织管理科学化，资源被优化利用，开始使用高科技手段管理工程。

该段时期的主要缺点：项目管理的实际运用跟不上理论的发展，公路建设的快速发展与施工现场管理落后的矛盾加大，缺乏全面而有效的工程规范和标准，工程建设规模的扩大与专业技术人员的匮乏矛盾加剧。

(4) 市场经济管理

20 世纪 90 年代中期以后，我国明显加大了高速公路建设规模，并完善了建筑市场体制，规范了承包制、招投标制，政府体制改革实行政企分开促进了公路施工企业的管理模式变革。我国公路建设市场基本成熟，各种投资方式引入到公路建设当中，各种具有相关资质的施工企业参与现场施工、咨询公司进入现场从事监理。

随着公路建设发展，先进理论得以充分运用，工程项目管理进入全新阶段，项目经理乃至建造师、监理工程师、造价工程师、结构工程师、测量工程师等以注册资质实施，大大提高了公路工程全过程管理的水平。施工现场管理实现了投标时有方案；进场前有计划；施工中有措施；完工后有评价等各种保证措施。施工组织设计文件的广泛使用，进一步提高了施工现场组织管理的科学性和操作性。项目部的独立承包制促使其提高现场管理水平，降低管理成本。

现代高新技术和计算机的应用，使现场组织管理的成本降低，适应机械化施工的变化速度进一步提高。比如现场需要的各种报表、图表、结算、变更等，使用网络以及多媒体可以加快施工现场管理的处理速度。公路建设规模庞大，机械化施工程度高，施工节奏快，要求现场管理更加科学、全面、严密，从而降低工程造价，提高工程质量，加快工程进度。国家高速公路网已经形成“五纵七横”的主要框架。

这段时期的优点：技术标准与规范已经完善；各方面理论用于公路工程现场的速度加快、效益提高；政企分开使公路企业快速成长，项目管理能力极大提升；公路建设市场基本形成，项目管理独立化，现场组织管理规范化、程序化；网络数据传输、无纸化办公、视频会议等新技术在公路现场管理中广泛使用；公路施工现场管理人员的技术水平大幅度提高，施工组织文件被充分利用；持证上岗为公路施工现场组织管理提供了根本保障。

此段时期的缺点：公路建设市场有待进一步规范化、法制化；投资渠道的不同影响项目管理的操作；对于非政府投资公路项目，地方政府协调处理地方问题力度不够；公路现场工人、技术人员的积极性没有发挥到理想状态。

2. 施工组织管理现代化

先进的科学技术和管理理念是推动经济高速发展的两个主要因素，缺一不可。没有先进的管理理论，先进的科学技术得不到推广，因而不能充分发挥它的作用。

管理现代化从发展的角度看是一个动态的概念，随着生产力与科学技术水平的不断提高，管理现代化的含义和衡量标准也不断发展变化，但在一定阶段内，其含义和衡量标准还是相对稳定的。从当前情况看，现场管理现代化主要包括以下几个方面。

(1)组织管理思想现代化

施工组织管理现代化是一个完整的体系，其中管理思想现代化是前提，处于主导地位，主要包括：要树立社会主义市场经济的思想；要树立按照客观经济规律办事的思想。

(2)组织管理机制现代化

“机制”一词源于机器的构造与动作原理。现场的运行机制，是指在一个有效的约束与诱导的环境条件下，在管理系统内部各因素的相互作用下，项目经理作为行为的主体，为实现自己的目标而顺应客观经济规律，充分发挥其功能，推动各项工作有秩序地、协调地运载的系统。

一个完善的、科学的企业现代化管理机制，能充分发挥企业的管理职能，通过计划、组织、指挥、控制、协调等管理职能使人们明确努力的目标，调动积极性去实现其目标。施工现场管理机构的现代化在现代化管理中处于中心位置，是重点，同时也是难点。

(3)现场组织现代化

现场组织现代化就是建立适应生产力发展水平的科学的项目管理体制，建立科学、完善的组织机构，合理划分管理部门和管理层次，及各级管理组织的权责，能有机地协调运作，组织生产、优化劳动组织和提高功效。

对于项目部管理,根据施工生产流动性大的特点,还要建立具有一定灵活性的组织机构,以适应行业的特点。

(4)组织方法的现代化

根据项目特点,选择和采用现代化组织方法,提高经营管理水平。实现组织方法现代化,就是运用系统论、信息论、控制论及优化理论,分析法律方法、经济方法、行政方法、数学方法,建立完善的管理方法体系。

随着组织管理水平的不断提高,现代管理技术层出不穷,施工企业应根据实际条件和经营管理的实际需要灵活选用。

(5)组织手段现代化

组织手段现代化,要求装备和运用先进的管理手段对项目进行管理。如以计算机为基本手段的现代化管理系统、现代信息交流手段、现代检测手段等。

(6)组织管理人员现代化

管理人员的知识与技能是现代化组织管理的基本条件,项目管理需要各方面知识丰富以及专业技能熟练的项目管理专家,这是现场组织管理的特殊性决定的。

四、公路施工组织设计的作用与分类

1. 作用

(1)施工组织设计是沟通工程设计和施工之间的桥梁,它既要体现基本建设计划和设计的要求,又要符合施工活动的客观规律,对建设项目的单项及单位工程的施工全过程起到战略部署和战术安排的双重作用。

(2)施工组织设计也是指导拟建工程从施工准备到施工完成的组织、技术、经济的一个综合性的设计文件,对施工全过程起指导作用。

(3)施工组织设计是施工准备工作的重要组成部分,也是及时做好其他有关施工准备工作的依据,因为它规定了其他有关施工准备工作的内容和要求,所以它对施工准备工作也起到保证作用。

(4)施工组织设计是对施工活动实行科学管理的重要手段,是编制工程概、预算的依据,是施工企业整个生产管理工作的重要组成部分,是编制施工生产计划和施工作业计划的主要依据。

因此,编好施工组织设计,就可以按科学的程序组织施工,建立正常的施工秩序,有计划地开展各项施工活动,及时做好各项施工准备工作,保证劳动力和各种技术物资的供应,协调各施工单位之间、各工种之间、各种资源之间以及平面、空间上的布置和时间上的安排之间的合理关系。为确保施工的顺利进行,如期按质按量完成施工任务,取得好的施工经济效益,施工组织设计对现场组织管理起到十分重要的作用。

2. 施工组织设计的分类

施工组织设计文件按编制单位和设计深度划分有**施工方案、施工组织计划、施工组织设计三种**,其中**施工方案**是施工组织设计的技术基础,也是现场组织管理的基本对象。**施工组织计划**是为施工企业在承包工程前由设计单位所做的施工过程的安排,是指导施工企业完成施工组织设计的依据。**施工组织设计**特指由施工企业在开工前或施工过程中完成的计划文件,通常称为具有实施性的施工组织文件;但另一层含义泛指具有指导现场施工组织管理的所有指导性文件。

施工组织设计按工程规模大小和工程进展秩序，大致可以分为三类：施工组织总设计，单位工程施工组织设计和分部(分项)工程施工组织设计。这三类施工组织设计是由大到小、由粗到细、由战略部署到战术安排的关系，但各自要解决问题的范围和侧重面有所不同。

(1)施工组织总设计

施工组织总设计是以一个建设项目或单项工程为编制对象，用以规划整个拟建工程施工活动的技术经济文件。它是整个建设项目施工任务总的战略性的部署安排，涉及范围较广，内容比较概括，由承包单位负责，并邀请建设单位、设计单位、施工分包单位参加编制，以此指导展开施工准备工作。

施工组织总设计的主要内容包括：工程概况，施工部署与施工方案、施工总进度计划、施工准备工作及各项资源需要量计划，施工总平面图、主要技术组织措施及主要技术经济指标等。

由于大、中型建设项目施工工期往往需要几年，施工组织总设计之后的年度施工条件变化很难精确地预见，就需要根据变化的情况编制年度施工组织设计用以指导当年的施工部署并组织施工。

(2)单位工程施工组织设计

单位工程施工组织设计是以一个单位工程或一个不复杂的单项工程(如一座大中桥，或一条隧道等)为对象而编制的。它是根据施工组织总设计的要求和具体条件对拟建工程对象的施工工序所作的战术性部署，内容比较具体、详细。它是在全套施工图设计完成并交底，会审完后根据有关资料，由具体承包工程项目技术负责人组织编制。

单位工程施工组织设计的主要内容包括：工程概况，施工方案与施工方法，施工进度计划，施工准备工作及各项资源需要量计划，施工平面图，主要技术组织措施及主要经济指标等。

对于常见的低等级公路工程等，可以编制单位工程施工方案、施工进度、施工平面布置和有关的一些内容。

(3)分部(分项)工程施工作业组织设计

分部(分项)工程施工组织设计是以某些结构、技术复杂的或缺乏施工经验的分部(分项)工程为对象(如基础、上部结构，以及有特殊要求的临时工程等)而编制的，用以指导和安排该分部(分项)工程施工作业完成。

分部(分项)工程施工组织设计的主要内容包括：施工方法，技术组织措施，主要施工机具，配合要求，劳动力安排，平面布置及施工进度等。它是编制月、旬作业计划的依据。

第二节　公路工程基本建设

一、基本建设及其内容构成

1. 基本建设的定义

基本建设，是指固定资产的建筑、添置和安装，是国民经济各部门为了扩大再生产而进行的增加固定资产的建设工作。具体来讲，就是把一定的建筑材料、设备等，通过购置、建造和安装等活动，转化为固定资产的过程，诸如工厂、矿山、公路、铁路、港口、学校、医院等工程的建设，以及机具、车辆、各种设备等的添置和安装。

公路工程基本建设是通过勘察、设计和施工、以及有关的经济活动等，将一定建筑材料按设计要求与技术标准使用机械设备建造成公路构造物的过程。按项目性质可分为新建、扩建、改建和重建,其中新建和改建是最主要的形式;按经济内容可分为生产性建设和非生产性建设;按项目规模可分为大型、中型和小型,大、中、小型项目是按项目建设总规模和总投资确定的,国家对建设项目的大、中、小型划分标准有明确规定。

2. 公路基本建设的内容

公路基本建设活动的内容主要由三部分构成。

(1)建筑安装工程

①建筑工程,如路基、路面、桥梁、隧道、防护工程、沿线设施等。

②设备安装工程,如高速公路、大型桥梁所需各种机械、设备、仪器的安装、测试等。

(2)设备、工具、器具的购置

(3)其他基本建设工程

如勘察、设计及与之有关的调查和技术研究工作,征用土地、青苗补偿和安置补助工作等。

3. 基本建设项目组成

每项基本建设工程,就其实物形态来说,都由许多部分组成。为了便于编制各种基本建设的施工组织设计和概、预算文件,必须对每项基本建设工程进行项目划分。基本建设工程可依次划分为:基本建设项目、单项工程、单位工程、分部工程和分项工程。

(1)基本建设项目(简称建设项目)

每项基本建设工程,就是一个建设项目。建设项目一般是指有总体设计,经济实行独立核算,行政上具有独立组织形式的建设单位。在我国基本建设工作中,通常以一个企业、事业单位,或一个独立工程作为一个建设项目。如运输建设方面的一条公路、一条铁路、一个港口;工业建设方面的一个矿井等。

(2)单项工程(又称工程项目)

它是建设项目的组成部分。一个建设项目,可以是一个单项工程,也可以包括许多个单项工程。所谓单项工程是具有独立的设计文件,竣工后可以独立发挥生产能力或效益的工程,如某公路建设项目中的某独立大、中桥梁工程,某隧道工程等。

(3)单位工程

它是单项工程的组成部分,一般指不能独立发挥生产能力(或效益),但具有独立施工条件的工程。如某隧道单项工程,可分为土建工程、照明和通风工程等单位工程;一条公路可分为路线工程、桥涵工程等单位工程。

(4)分部工程

它是单位工程的组成部分,一般是按照单位工程的各个部位划分的,例如基础工程、桥梁上、下部工程、路面工程、路基工程等。

(5)分项工程

它是分部工程的组成部分,是按照工程的不同结构,不同材料和不同施工方法等因素划分的,如基础工程可划分为围堰、挖基、砌筑基础、回填等分项工程,分项工程的独立存在是没有意义的,它只是建筑或安装工程的一种基本的构成因素,是为了组织施工以及为确定建筑安装工程造价而设定的一个中间过程。

二、基本建设程序

基本建设项目在整个实施过程中各项工作进程的先后顺序,称为基本建设程序,这个程序是由基本建设进程的客观规律(包括自然规律和经济规律)和政府管理体制决定的。

基本建设涉及面广,它受到地质、气候、水文等自然条件和资源供应、技术水平等物质技术条件的严格制约,需要内外各个环节的密切配合,并且要求按照符合既定需要和有科学根据的总体设计进行建设。一般地说,公路基本建设的程序应当是:根据国民经济长远规划及布局所确定的公路网规划,提出项目建议书;通过调查,进行可行性研究,编制可行性研究报告;经批准后进行初测及初步设计;经批准后,列入国家年度基本建设计划,并进行定测及编制施工图;经批准后组织施工;完工后,进行竣工验收,最后交付使用。这些程序必须循序渐进,不完成上一环节,就不能进入下一阶段。如没有可行性研究报告就不能盲目设计,没有设计就不能施工,工程不经竣工验收合格就不能交付使用等,否则就会造成不必要的经济损失和不良后果。

公路工程基本建设程序如图 1-1 所示。所有新建及改建的大中型项目,都应严格按照程序进行。对于小型项目,可根据具体情况适当合并或删去某些程序。

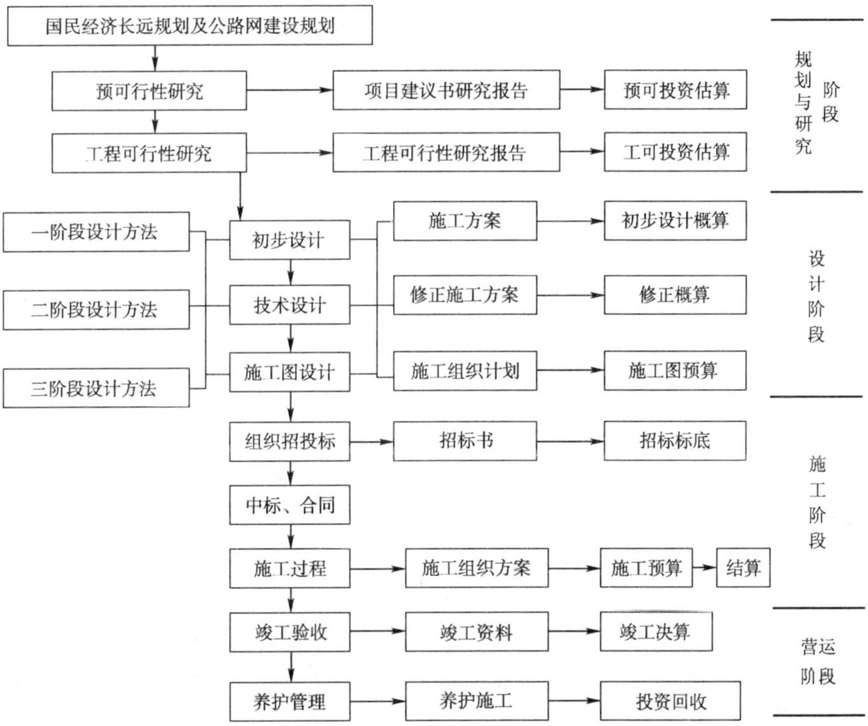

图 1-1　基本建设程序与施工组织、造价文件关系图

现将公路工程基本建设程序的具体内容分述如下。

1. 项目建议书

根据发展国民经济的长远规划和公路网建设规划,由地方政府和公路部门提出项目建议书。项目建议书是进行各项准备工作的依据。对建设项目提出包括目标、要求、原料、资金来源等的文字设想说明,作为进行下一步可行性研究的依据。根据《公路建设监督管理办法》(2006 年 5 月 8 号通过,2006 年 8 月 1 号施行),明确预可行性研究的重要地位,并在基本建设程序中规定编制第一个技术经济文件列入交通部红头文件中。交公发(1995)1036 号文件规定,自 1996 年 1 月 1 日起执行《公路工程基本建设项目设计文件编制办法》规定了项目建议书等有关文件编制的详细步骤和方法、内容。项目建议书研究阶段俗称“预可”,是可行性研究的初级阶段。

2. 工程可行性研究

根据发展国民经济的长远规划和公路网建设规划以及项目建议书，对建设项目进行可行性研究，以减少项目决策的盲目性，使建设项目的确定具有切实的科学性和经济合理性。国家计委颁 1983 年 2 月 2 号《建设项目进行可行性研究的试行管理办法》中明确指出："所有新建、扩建的大、中型项目以及所有利用外资进行基本建设的项目都必须有可行性研究报告。"交通部颁布的《公路建设监督管理办法》（2004 年 11 月 22 日通过，2005 年 3 月 1 日施行）中也明确规定可行性研究应作为公路工程基本建设程序的首要环节。

国家计划委员会（计科技〔1992〕2239 号，1992 年 11 月 26 日）文件规定：将现行国内投资项目的设计任务书和利用外资项目的可行性研究报告统一称为可行性研究报告，取消设计任务书的名称。

公路可行性研究按其工作深度，分为预可行性研究和工程可行性研究。编制预可行性研究报告，应以国民经济与社会发展规划、路网规划和公路建设五年计划为依据，重点阐明建设项目的必要性。通过踏勘和调查研究，提出建设项目的规模、技术标准，进行简要的经济效益分析，经审批后作为编制工程可行性研究报告的依据。编制工程可行性研究报告，应以批准的预可行性研究报告和项目建议书（或省、自治区、直辖市及计划单列市级单位的委托书）为依据，通过必要的测量（高等级公路必须做）、地质勘探（大桥、隧道及不良地质地段等），在认真调查研究、收集必要资料的基础上，对不同建设方案从经济上、技术上进行综合论证，提出推荐建设方案，经审批后作为测量以及编制初步设计文件的依据。工程可行性研究的投资估算与初步设计概算之差，应控制在 10% 以内。

公路建设项目可行性研究报告的主要内容包括：建设项目依据、历史背景；建设地区综合运输网的交通运输现状和建设项目在交通运输网中的地位及作用；原有公路的技术状况及适应程度；论述建设项目所在地区的经济特征，研究建设项目与经济发展的内在联系，预测交通量、运输量的发展水平；说明建设项目的地理位置，地形、地质、地震、气候、水文等自然特征；筑路材料来源及运输条件；论证不同建设方案的路线起讫点和主要控制点、建设规模、标准，提出推荐意见；评价建设项目对环境的影响；测算主要工程数量、征地拆迁数量，估算投资，提出资金筹措方式；提出勘测、设计、施工计划安排；确定运输成本及有关经济参数，进行经济评价、敏感性分析。收费公路、桥梁、隧道尚需做财务分析，评价推荐方案，提出存在问题和有关建议。

3. 设计文件

设计文件是安排建设项目、控制投资、编制招标文件、组织施工和竣工验收的重要依据。设计文件的编制必须坚持精心设计，认真贯彻国家有关方针政策，严格执行基本建设程序的规定。

公路工程基本建设项目，一般采用两阶段设计，即初步设计和施工图设计。对于技术简单、方案明确的小型建设项目，可采用一阶段设计，即一阶段施工图设计；技术复杂而又缺乏经验的建设项目或建设项目中个别路段、特殊大桥、互通式立体交叉、隧道等，必要时采用三阶段设计，即初步设计、技术设计和施工图设计。

初步设计应根据批准的可行性研究的要求和初测资料，拟定修建原则，选定设计方案，计算主要工程数量，提出施工方案的意见，编制设计概算，提供文字说明及图表资料。初步设计文件经审查批准后，是国家控制建设项目投资及编制施工图设计文件或技术设计文件（采用三阶段设计时）的依据，并且为订购和调拨主要材料、机具、设备、安排重大科研试验项目，征用土地等的筹划提供资料。

技术设计，应根据批准的初步设计和补充初测（或定测）资料，对重大、复杂的技术问题通过科学试验、专题研究，加深勘探调查及分析比较，解决初步设计中未能解决的问题，落实技术方案，计算工程数量，提出修正的施工方案，编制修正设计概算。经批准后作为编制施工图设计的依据。

一阶段施工图设计，应根据批准的可行性研究和定测资料，拟定修建原则，确定设计方案和工程数量，提出文字说明和图表资料以及施工组织计划，编制施工图预算，满足审批的要求，适应施工的需要。

两阶段（或三阶段）施工图设计，应根据批准的初步设计（或技术设计）和定测（或补充定测）资料，进一步对所审定的修建原则、设计方案、技术决策加以深化，最终确定工程数量，提出文字说明和适应施工需要的图表资料以及施工组织计划，编制施工图预算。

设计文件必须由具有相应等级的公路勘察设计证书的单位编制，其编制与审批应按交通部现行的《公路建设监督管理办法》办理。

4. 纳入政府基本建设计划

当建设项目的初步设计和概算经上级批准后，才能列入国家基本建设年度计划。建设单位根据国家发改委颁发的年度基本建设计划数据，按照批准的可行性研究报告和设计文件，编制本单位的年度基本建设计划，报经批准后，再编制物资、劳动、财务计划。这些计划分别经过主管机关审查后，作为国家或地方政府宏观调控地方发展规划的依据，同时也作为建设单位筹措资金、安排生产、物资分配、劳力调配的依据，并通过招投标或其他方式落实施工单位。

5. 施工准备

为了保证施工的顺利进行，在施工准备阶段，建设主管部门应根据计划要求的建设进度，指定一个企业或事业单位组织基建管理机构，办理登记及拆迁，做好施工沿线有关单位和部门的协调工作，抓紧配套工程项目的落实，组织分工范围内的技术资料、材料、设备的供应；勘测设计单位应按照技术资料供应协议，按时提供各种图纸资料，做好施工图纸的会审及移交工作；施工单位应组织机具、人员进场，进行施工测量，修筑便道及生产、生活等临时设施，组织材料、物资采购、加工、运输、供应、储备，做好施工图纸的接受工作，熟悉图纸的要求，编制实施性施工组织设计和施工预算，提出开工报告，按投资隶属关系报请交通部或省（市）、自治区基建主管部门核准；建设银行应会同建设、设计、施工单位作好图纸的会审，严格按计划要求进行财政拨款或贷款。

6. 组织施工

施工单位要遵照施工程序合理组织施工，施工过程中应严格按照设计要求和施工规范，确保工程质量，安全施工。推广应用新工艺、新技术，努力缩短工期，降低造价，同时应注意做好施工记录，建立技术档案。

7. 竣工验收、交付使用

建设项目的竣工验收是基本建设全过程的一个重要程序。工程验收是一项十分细致而又严肃的工作，必须从国家和人民的利益出发，按照国家计委《关于基本建设项目竣工验收暂行规定》、《建设工程质量管理条例》和交通部颁发的《公路工程竣（交）工验收办法》[（交通部令2004年3号）于2004年10月1日施行]的要求，认真负责地对全部基本建设工程进行总验收。竣工验收包括对工程质量、数量、期限、生产能力、建设规模、使用条件的审查，对建设单位和施工企业编报的固定资产移交清单、隐蔽工程说明和竣工决算等进行细致检查。特别是竣工决算，它是反映整个基本建设工作所消耗的全部投资金额的综合性文件，也是通过货币指标对全部基本建设工作的全面总结。

8. 营运阶段

当全部基本建设工程经过验收合格，完全符合设计要求后，应立即移交给生产部门正式使用，迅速办理固定资产交付使用的转账手续，加强固定资产的管理。竣工决算上报财政及审计部门批准核销。在验收时，对遗留问题，由验收委员会（或小组）确定具体处理办法，报主管部门批准，交有关单位执行。

进入投资回收期，需要养护工程施工管理，及收费管理工作。养护和大、中修工程，即固定资产的更新与技术改造，原则上也应参照基本建设程序，按交通部有关规定执行。

三、基本建设投资

1. 投资的构成

基本建设投资是由基本建设项目从筹建到竣工验收、交付使用的全部建设费用所构成。凡是新建、改建、扩建和重建的工厂、矿山、交通、水利等工程的建设费用，包括建筑安装工程；设备、工具、器具的购置；其他基本建设费（如征用土地、青苗、拆迁补偿，建设单位管理费，勘察设计费，研究试验费等）；预留费用等都作为基本建设投资。

建设项目的四个阶段，即规划与研究阶段、设计阶段、施工阶段和交付使用阶段，每个阶段都贯穿着资金的运作。基本建设投资就是从建设前期的可行性研究费等少量投资开始，到施工期间大量投入资金，直到交付使用后经一定时期收回全部投资为止的一个完整周期内，以货币形式反映基本建设规模的综合指标。

在我国基本建设程序中，随着各个阶段工作深度的不同，计算投资总额的程序和要求不同，其作用也不同。投资前期的可行性研究阶段进行投资估算、经济评价是可行性研究的核心，投资估算就是经济评价工作的基础。投资估算的正确与否直接影响可行性研究经济计算的结果与评价，直接影响可行性研究工作质量。初步设计阶段编制投资概算（初步设计概算），它一经批准即列入年度基本建设计划，作为工程项目投资、货款的依据。施工图预算的投资额是确定工程造价、签订建筑安装合同、办理工程结算、实行经济核算和考核工程成本的依据。施工阶段进行的施工预算、工程结算以及竣工决算是投资活动后期对实际发生的投资额的计算，它是投资额支付的活动过程，是检查基本建设投资计划，设计概预算执行情况和考核投资效果的重要依据。

2. 我国公路基本建设投资来源

我国公路基本建设资金来源主要有如下几种。

（1）政府投资。政府投资是由政府预算直接安排的投资，通过政府财政拨款的方式，根据建设进度分期拨给建设单位，然后直接用于公路工程建设上去。

（2）地方投资。在政府预算安排之外，由各地区、各部门按照国家规定自筹资金安排的投资。这是我国建设投资的一项补充来源。

（3）银行贷款。银行信贷是以银行为主体，根据信贷自愿的原则，依据经济合同所施行的有偿有息投资。政府主管部门对公路建设贷款额度和贷款期限方面有明文规定，在此不详述。

（4）国外资金。在国家统一政策的指导下，积极慎重地引进国外的先进技术和国外投资，以弥补我国建设资金的不足，加速我国经济建设的发展。

目前我国可利用的外资来源，主要是从国外以及港、澳、台地区借入资金和由投资者直接投资两个方面，大致可归纳为国际金融机构贷款，如世界银行、亚洲开发银行等机构提供贷款；国外政府贷款，即外国政府预算中拨出资金开展对外援助或促进本国出口贸易而进行的贷款；出口信贷，指西方国家为鼓励资本输出和商品输出而设置的信贷；国际金融市场贷款，指各国商业银行和私人银行利用吸收的外汇存款发放的贷款；合资经营，是由境外合营者提供设备、技术、培训人员，我国合营者提供土地、厂房、动力、原材料、劳动力等，双方按协议计算投资股份，分享利润和承担风险；以及租贷信贷、发放国外债券等等。

(5)其他资金来源。如联营投资、股票投资、发行债券等。

我国公路交通运输压力虽有缓解，但随着车辆拥有量的急剧增加与运输能力不足矛盾也更加突出。由于公路建设资金不足，在国务院直接领导和支持下，已制定几项发展交通的政策，建立了国家公路建设特别基金：一是养护税费改革增加投资；二是增列汽车购置附加费；三是允许集资、贷款修建高速公路、独立大桥和隧道等，以收取一定费用偿还本息；四是确定能源、交通基金返还，实行“以工代赈”地方集资等政策和措施，使公路建设部分资金有了长期稳定的来源。

第三节　公路施工组织设计与招投标文件

一、概　　述

施工招标承包制是指通过招标选定建筑工程承包单位的一种经营方式。一般是建设单位对拟建的某项建筑安装工程实行公开招标，若干个具有投标资格的施工企业自愿参加投标，然后由建设单位择优选择其中标价合理、工期短、能保证质量，有较好社会信誉的施工企业来承担该项建筑工程的施工任务，并与之订立合同，确定承发包关系。双方通过履行合同，实现快速、高质、合理低造价地完成工程建设任务。

招投标文件除一些资信、担保文件外，主要由施工方案、施工组织文件、工程量清单组成，可见施工组织设计文件在招投标文件中十分重要。只有施工组织文件能够帮助业主了解承包人对本项目的实施能力、可靠程度、管理能力等；帮助承包人拟订施工计划、向业主说明用款计划、向主管部门说明资源消耗计划。施工组织设计是招投标文件的重要组成部分。

施工组织文件对施工单位尤其重要。不论是招投标活动，还是工程施工中，承包人都必须分阶段、多方位编写施工组织文件，并经有关部门审核批准后，按照施工组织文件的要求实施。

二、施工组织设计与招标文件组成

招标文件是业主或业主委托单位进行编制的。施工组织设计文件在招标文件里，被作为一项要求列出，对承包人怎样编制施工组织文件提出具体要求。从如下招标过程可以看出。

1. 编制招标文件

招标文件是招标单位向投标单位介绍招标工程情况和招标的具体要求的综合性文件。一般包括以下内容：

(1)工程综合说明书，包括项目名称，工程质量检验标准、施工条件等；

(2)施工图纸和必要的技术资料；

(3)工程款的支付方式；

(4)实物工程量清单；

(5)材料供应方式及主要材料,设备的订货情况;

(6)投标的起止日期和开标时间、地点;

(7)对工程的特殊要求及对投标企业的相应要求;

(8)合同主要条款;

(9)其他规定和要求。

2. 编制标底

标底系招标单位为招标工程制订的预期价格。它是招标工作的核心文件,是择优选择承包单位的重要依据。国家规定,标底在开标前必须严格保密,如有泄漏,对责任者要严肃处理,直至法律制裁。标底在批准的概算或修正概算以内,由招标单位确定,但必须经招投标管理部门审查。目前,编制标底一般采用预算编制的计算方法。计算中所需的施工方法及施工组织设计按当前条件下,各相应施工企业均能承受的能力进行。

3. 公布招标消息

采取公开招标的可以在广播、电视、报纸和专门刊物上登广告和通知,采取邀请招标的,可以向有能力的施工企业发出招标通知书。

4. 投标单位资格审查

审查投标单位的资格素质,看是否符合招标工程的条件。资格审查合格的投标单位,向招标单位购买招标文件。

5. 组织现场勘察答疑

在投标单位初步熟悉招标文件后,由招标单位组织各投标单位勘察现场,并解答招标文件中的疑问。

6. 接受投标单位的标书

各投标单位编制完标书后应在规定时间内报送招标单位。

7. 开标、评标、决标

招标单位按招标文件规定的时间、地点,在有投标单位、建设项目主管部门、相关银行和法定公证人参加条件下,当众启封有效标函,宣布各投标单位的报价和标函中的其他内容。其评标分技术和财务两方面,技术分反映施工组织管理能力,财务分反映按质按量完成建设任务的合理造价。

三、施工组织设计与投标文件组成

施工组织设计文件在投标文件里是具有实施操作性的计划文件,向业主及主管部门陈述自己的计划、能力、可信度、承诺等。文件中以较大篇幅介绍进度、质量、费用的控制目标和措施,强调时间、空间、资源的使用、优化措施。

从以下投标文件组成看,在投标文件中,施工组织设计文件具有决定作用,也是评标过程中,专家极为关心的主题。施工组织设计文件的真实性、科学性、可操作性以及经济性将直接影响承包人的评标得分。

投标标书是投标单位用于投标的综合性技术经济文件。它是承包单位技术水平和管理水平的综合体现,也是招标单位选择承包单位的主要依据,中标的标书又是签订工程承包合同的基础。标书包括如下内容:

(1)标函的综合说明;

(2)按招标文件的工程量填写单价、单位工程造价和总造价;

(3)计划开、竣工日期及日历施工天数;

(4)工程质量达到的等级和保证质量与安全的主要措施;

(5)施工技术、组织措施和工程形象进度图;

(6)主要工程的施工方法和选用的施工机械;

(7)临时设施需用占地数量和主要材料耗用量等。

第四节　公路施工现场的组织管理

一个公路工程项目的实施,牵涉到政府、地方以及专业技术等各方面的管理力量。就施工现场的组织管理来说,业主、监理、承包人和政府主管部门等四方面对现场管理形成全方位管理。目前公路建设市场已经形成,但随之出现了公路项目的多种管理模式。公路施工现场管理各方的目标基本一致,对于公路建设过程中出现的这些新生事物,我们只能作一般介绍。

一、业主对现场的施工组织管理

业主是指执行某建设项目投资计划的单位,或其指定的负责管理本建设项目的代表机构,以及取得该当事人(单位)资格的合法执行者(单位)。公路工程项目的建设单位,就是现在流行的"业主"一词。但内涵与功能发生了很大变化。

公路工程建设单位是计划经济时期由交通厅或公路局作为政府职能部门,在项目的立项、设计、招投标、施工管理、后期养护等活动中,起到筹划、组织和决定作用的临时组建领导集体。随着市场经济不断深入,非国有资本进入公路建设市场,业主一词发生根本变化。

目前充当公路建设项目业主角色的有主管交通的职能部门,如交通厅、高速公路管理局、公路管理局等;也有国有企业独资的单一企业或合资的多家企业,甚至有私有企业独资的单一企业或合资的多家企业,如BOT项目。对于地方公路建设,业主还可以是地方政府或其指定管理单位。

业主的形式是多变的,但其对施工现场的管理目标是一致的。业主主要对公路沿线的地方政府、红线内及其附近居民进行协调管理;保证各标段承包人有正常的施工环境;保证各承包人按时支付工程款项;协调处理监理工程师各种地方矛盾,保证监理费用及时到位;始终关注整个项目的进度、质量、费用按计划运行;确保项目按期竣工,尽早进入投资回收期。

二、工程监理对现场的施工组织管理

监理工程师是指业主为实施该项目所委托的承担该项目监理工作的独立法人。根据FIDIC条款规定,监理工程师具有特定的权利和义务,是业主在项目实施过程中的具有独立工作权利的第三方。我国公路工程项目在实施过程中的现场管理,采用的是政府监督与社会监理相结合的模式。

监理工程师的管理工作在现场管理的主要范围包括;协调业主与承包人之间的矛盾;解决承包人施工中的技术困难;监控承包人施工的进度、质量、费用等三大目标;协助业主完成计量支付;为业主及承包人提供咨询服务。

三、施工企业对现场的施工组织管理

施工企业是以承包人面目出现,当实行项目经理责任制后,施工现场就由企业授权的项目

经理来负责某个标段或单项工程的实施。本教材主要研究施工企业在工程项目施工阶段，怎样多快好省地完成所承包的公路项目，兑现给业主的承诺，创造良好的社会形象。

项目经理所领导的现场管理人员，围绕着该项目，利用有限资源，调动工人、技术员积极性，变不利的地形、地貌、水文气象等因素为有利，克服各种地域、生活、环境困难，利用现代管理手段，降低工程造价，提高经济效益，创造优良工程。

现场管理包括：进度、质量、费用三大目标控制，人工、材料、机械等资源的合理均衡使用，施工季节、工序衔接等时间的优化，施工现场平面的合理布置，临时设施规模、位置的合理确定，各种施工方案、施工方法的技术、经济比较，经理部、施工队、工作班组的机构设置和人员调整，等等。

四、国家主管部门对施工现场的组织管理

在项目实施的前期，国家主管部门在对项目的论证立项时，最直接的管理部门是交通部或交通厅，之外还有国家或省级发展和改革委员会。项目招投标后进入现场施工管理阶段，政府对现场施工的管理主要由相关事业单位执行，如各级交通工程质量监督站、交通工程造价站，以及对公路工程施工现场技术指导的相关设计单位。其中质量监督站代表政府部门对工程质量进行直接干预，督促各承包人甚至业主按照有关技术规范、标准执行，为公路工程的现场施工管理起到保驾护航的作用。

第五节　公路施工组织学科的研究对象与任务

一、公路施工组织的研究对象

公路施工组织是研究公路建筑产品（一个建设项目或单位工程）生产（即施工）过程中诸要素之合理组织的学科。

要进行生产，就必须要有一定的劳动力、劳动资料和劳动对象，这就是生产的诸要素。

生产（施工）就是具有一定生产经验与生产技能的人借助于生产工具以改变劳动对象使之符合人类需要的过程。在这个过程中，人们一方面同自然对象和自然力发生关系，另一方面人们彼此之间也发生一定的关系，即生产力和生产关系。生产诸要素的组织问题，也就是生产力的组织问题。

本学科所涉及的生产力组织问题只是一个具体的建筑产品（建设项目、单位工程等）生产（施工）过程中的生产诸要素，即直接使用的建筑工人、施工机械和建筑材料与构件等的组织问题。

归纳起来说，施工组织研究的是如何根据公路建设的特点，从人力、资金、材料、机械和施工方法这五个主要因素进行科学合理的安排，使之在一定的时间和空间内，得以实现有组织、有计划、均衡地施工，使整个工程在施工中取得时间上耗费少、工期短；质量上精度高、功能好；经济上资金省、成本低。

二、施工现场组织管理的任务与内容

本教材主要解决施工现场的组织管理问题，为了完成建筑产品的施工任务，从接受施工任务开始到交工验收为止的全过程中，围绕施工对象和施工现场而进行的生产事务的组织管理

工作。

建筑产品的施工，是一项非常复杂的生产活动，它不仅需要有诸如进度计划、质量和成本等目标管理和劳动力、建设物资、工程机械、工程技术及财务资金等诸要素管理，而且要为完成施工目标和合理组织诸施工要素的生产事务服务，否则就难以充分地利用施工条件，发挥施工要素的作用，甚至无法进行正常的施工活动实现施工目标。

本教材不研究施工企业的经营性管理，它是一个企业内部的基本人事活动管理，以及企业经营活动管理，而只研究施工现场管理，其研究对象是具体的公路工程项目和施工现场的人工、材料、机械的使用计划，附属、辅助生产活动规模与计划，包括时间、空间、资源。

1. 现场施工管理的基本任务

现场施工管理的基本任务是根据生产管理的普遍规律和施工的特殊规律，以每一个具体工程（建筑物或构筑物）和相应的施工现场为对象，正确地处理好施工过程中的劳动力，劳动对象和劳动手段的相互关系及其在空间布置上和时间安排上的各种矛盾，做到人尽其才，物尽其用，多快好省、安全地完成施工任务，为国家提供更多、更好的建筑产品。

2. 现场施工管理的基本内容

现场施工管理包括以下基本内容：

(1)编制施工作业计划并组织实施，全面完成计划指标；

(2)做好施工现场的平面组织，合理利用空间，创造良好的施工条件；

(3)做好施工中的调度工作，及时协调土建工种和专业工种之间，总包与分包之间的关系，组织交叉施工；

(4)做好施工过程中的作业准备工作，为连续施工创造条件；

(5)保护施工环境，节约社会资源，建设优良工程；

(6)科学合理设置管理机构，保证现场管理全面协调运作。

(7)认真填写施工日志和施工记录，为交工验收和技术档案积累资料。

3. 公路施工组织管理的内容

公路施工要多快好省地完成施工生产任务，必须有科学的施工组织，并合理地解决好一系列问题。其具体任务如下：

(1)确定开工前必须完成的各项准备工作；

(2)计算工程数量、合理部署施工力量，确定劳动力、机械台班、各种材料、构件等的需要量和供应方案；

(3)确定施工方案，选择施工机具；

(4)安排施工顺序，编制施工进度计划；

(5)确定工地上的设备停放场、料场、仓库、办公室、预制场地等的平面布置；

(6)制订确保工程质量及完成生产的有效技术措施。

此外，公路工程的施工总方案可以是多种多样的，应该依据公路建筑工程具体任务特点、工期要求、劳动力数量及技术水平、机械装备能力、材料供应以及构件生产、运输能力、地质、气候等自然条件及技术经济条件进行综合分析，从几个方案中反复比较，选择出最理想的方案。

把上述各项问题加以综合考虑，并做出合理的决定，形成指导施工生产的技术经济文件——施工组织设计。它本身是施工技术准备工作，而且是指导施工的准备工作，是全面布置施工生产活动、控制施工进度、进行劳动力和机械调配的基本依据，对是否能多、快、好、省地完成公路建筑工程的施工生产任务起着决定性作用。

三、公路施工组织学科的发展特点及本课程的任务

公路施工组织学科的发展特点，旨在广泛地利用数学方法、网络技术和计算技术的理论，为制订和采用公路施工组织，为管理和组织者确定最佳施工方案创造必要条件。

公路施工中要投入成千上万的工人，使用着大量构件、配件、半成品和原材料，采用越来越多的筑路机械和运输工具，为了保证有节奏地和不间断地工作，保证在完成施工过程中各个工序都一致地、准确地协同作业，必须不断改善施工计划和管理的组织工作。这就要求及时整理收集到的各种信息，迅速和优质地编制作业计划。而利用传统的计算技术和工具，已经不能保证整理数量不断增加的为灵活指挥施工组织所需的大量信息资料，所以，在施工管理中需要采用电子计算机技术。

公路建设者已经利用网络技术和计算机来编制施工进度计划、施工作业计划和进行施工管理。施工组织和计划要使用计算技术与应用数学，并与各种数学规划（线性规划、非线性规划、动态规划）理论的发展密切联系。利用现代化的计算工具和应用数学有助于提高施工组织和管理的技术水平，缩短建设工期和降低工程造价。

采用数学方法和电子计算机解决施工问题时，可归纳为两类任务：一是选择施工顺序与作业方式的最佳方案；二是信息处理和编制施工进度计划。

第一类任务按照它的类型，属于求极值，可利用线性规划的方法解决，例如材料供应基地的企业（附属企业）与部门的布局；编制最佳的建筑工程物质运输计划；最合理地安排建造各类施工项目时所需的筑路机械及其负荷，利用地形、地貌条件，选择合理施工顺序，求解最短工期施工方案；利用集中土石方的纵向调配，选用最优化理论如排队论等，合理确定挖掘机与自卸车的最佳组合数量，满足运距与车辆数优化的要求。由于在公路施工中运用了线性规划的方法和计算技术，施工效率得到了显著的提高。同时，由于编制了合理的运输计划，大大地节省了储存和转运费。

第二类任务包括编制施工组织设计；编制各个工程项目和施工机构的作业计划，并监督其完成；计算所需的材料资源、劳动资源和资金；安排施工的配套和材料设备供应等。这类任务的特点是原始资料的数量很大，并且种类繁多，解决这些任务不仅要求完成大量的计算工作，而且还要进行大量的逻辑推理和加工，最终表现为图表、报表、统计表和计算书形式的信息。通常，为了编制和整理这些资料，需要很多工作人员和较长的时间，这不符合编制作业计划和管理工作的要求。而采用计算机处理这些资料，就能保证迅速地、高质量地完成这些工作，如各种质量管理文件。为了在公路建筑中广泛采用电子计算机，这就需要编制计算机程序。例如，采用网络计划来编制施工进度计划时，就需要编制网络计划的计算程序。在公路建筑的计划与管理工作中采用网络图，可大大提高指挥施工的作业效率，并加强对施工过程的监督和加快多变的施工现场管理的反应速度。

公路施工的组织者，必须熟悉和掌握对施工起作用的主要的经济和技术手段，才能最经济、最有效、最合理地组织施工。组织者还必须掌握一定数量的施工组织、计划和管理方面的知识，这是顺利完成各项任务的保障。

本课程的任务是给予学生解决临场问题的办法，使他们能利用这些办法解决在施工组织和现场施工所产生的种种问题，并有能力运用数学优化方法，采用优化理论，通过优化方案比较后保证施工任务的完成。

因本课程与相邻学科，如工程设计、建筑材料、运筹学、电算基本知识等有密切的关系。高等学校的教学计划规定：学生只有在学习了一系列的基础课和专业基础课之后，才能学习《公路施工组织及概预算》课程。而有关工程施工技术、工程技术经济等课程，又是学习本课程的前导。

第二章 施工过程组织原理

第一节 施工过程的组织原则

施工过程就是生产建筑产品的过程，它是由一系列的施工活动所组成的。施工过程的基本内容主要是劳动过程，在某些情况下，还包含自然过程，如水泥混凝土的养生、沥青路面的成型等。此时，施工过程就是劳动过程和自然过程的结合，是互相联系的劳动过程与自然过程的全部生产活动的总和。根据各种活动在性质上以及对产品所起的作用的不同特点，施工过程分类如下。

1．施工准备过程

施工准备过程指产品在进行生产前所进行的全部技术和现场的准备过程，如计划文件准备等。

2．基本施工过程

基本施工过程指直接为完成产品而进行的生产活动，如挖基、砌基础等。

3．辅助施工过程

辅助施工过程指为保证基本施工过程的正常进行所必需的各种辅助生产活动，如动力（电、压缩空气等）的生产、机械设备维修、材料加工等。

4．施工服务过程

施工服务过程指为基本施工和辅助施工服务的各种服务过程，如原材料、半成品、工具、燃料的供应与运输等。

一、公路施工过程的组成

组织公路工程的施工，必须研究施工过程的组成，以适应施工组织、计划、管理等工作的需要。

按照现行的公路工程概预算编制办法，将公路工程划分为临时工程、路基、路面、桥涵、交叉工程、隧道、其他工程及沿线设施、管理养护服务房屋等分项工程。相应于各个分项工程，又划分为若干子目。例如桥涵分项工程中，按工程性质与结构的不同，分为漫水工程、涵洞、小桥、中桥、大桥等五个目。公路施工过程是由上述之项和目、节所组成。

施工组织与管理工作，按上述项目可以做总体安排，但更多情况下还要进一步划分。从施工组织的需要出发，公路施工过程原则上可依次划分如下。

1．动作与操作

动作是指工人在劳动时一次完成的最基本的活动，若干个相互关联的动作组成操作。完成一个动作所耗用的时间和占用的空间是制订定额的重要原始资料。

2．工序

工序是指工人操作的机具，在生产环境条件不变的情况下，完成的在劳动组织上不可分割的施工过程，它由若干个操作所组成。从施工工艺流程看，工序在工作地点、施工工具、施工机械和材料等方面均不发生变化。如果上述因素中某个因素改变,就意味着从一道工序转入另一道工序。施工组织往往以工序为最基本对象。

3. 施工段

施工段是由几个在技术上相互关联的工序所组成,可以相对独立地完成某一项细部工程或分部分项工程的独立过程,如整个路基工程、路面工程、桥梁基础工程等。

4. 综合过程

综合过程是由若干个在产品结构上密切联系的,能最终获得一种产品的施工过程的总和。如一座独立桥梁、一条隧道、一条路线工程等。

以上划分,因工程性质及施工对象的复杂程度不同而具有相对性,并无统一划分的规定,要以是否有利于科学地进行施工组织与管理而定。

二、施工过程的组织原则

影响施工过程组织的因素很多,如施工性质、施工生产类型、建筑产品结构、材料及半成品性质、机械设备条件、自然条件等,导致施工过程的组织变化较多、困难较大。因此,科学地、合理地组织施工过程显得尤为重要,其组织原则可归纳如下。

1. 施工过程的连续性

连续性是指产品在施工过程中的各阶段、各工序在时间上是紧密衔接的,不发生各种不合理的停滞现象,表现为劳动对象始终处于被加工状态,或者在进行检验,或者处于自然过程中。保持和提高施工过程的连续性,可以缩短建设周期,减少在制品数量,节省流动资金,可以避免产品在停放等待时可能引起的损失,对提高劳动生产率及节省造价具有很大意义。

2. 施工过程的协调性

施工过程的协调性也叫比例性,它是指产品施工各阶段、各工序之间,在施工能力上要保持一定的比例关系,各施工环节的工人数、生产效率、设备数量等都必须互相协调,不发生脱节和比例失调现象。协调性是保证施工顺利进行的前提,可使施工过程中人力和设备得到充分利用,避免产品在各个施工阶段和工序之间的停顿和等待,从而缩短施工周期。施工过程的协调性在很大程度上取决于施工组织设计的正确性。

3. 施工过程的均衡性

施工过程的均衡性又称节奏性,是指企业的各个施工环节都按照施工生产计划的要求,工作负荷保持相对稳定,不发生时松时紧、前松后紧等现象。均衡施工能充分利用设备和工时,避免突击赶工造成的各种损失,有利于保证施工质量、降低成本,有利于劳动力和机械的调配。

4. 施工过程的经济性

施工过程组织除满足技术要求外,必须讲究经济效益。上述施工过程的连续性、协调性和均衡性,最终都要通过经济效果集中反映出来。

上述合理组织施工过程的四个方面是相互制约、互为条件的,在进行施工组织时,必须保证全面符合上述四个方面的要求,不可偏重某一方。

第二节 施工过程的时间组织

公路工程项目的施工过程组织,包括时间组织、空间组织和资源组织等方面的问题,由于时间问题是施工组织设计必须解决的最基本问题，时间变化的不确定性很大，因此研究时间变化规律对工程施工的影响成为首要问题。本节介绍时间组织问题。

一、施工过程的时间排序问题

施工任务的排序问题属于管理科学中的动态规划，本节将以公路施工生产的时间组织为例作简要介绍。

（一）简单排序法

1. 两道工序，多项任务（施工段）时的施工顺序

假定工程只有两道工序，即在 m 项任务（施工段）中的每项任务均需要完成 A 和 B 两道工序。设 t_{ij} 为第 i 项任务（施工段）中完成 j 工序所需的时间，若各项任务均应首先进行 A 工序，完成后再做 B 工序，可用横道表示，见图 2-1。

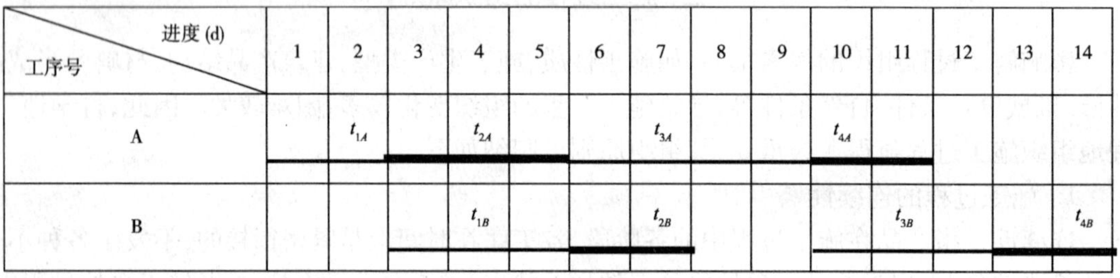

图 2-1　施工进度横道图

从图 2-1 中可以看出，工程总的施工时间对 A 工序来说，应有：

$$T_A \geqslant \sum_{i=1}^{m} t_{iA} + t_{mB} \tag{2-1}$$

其中第一项表示 A 工序在各项任务（施工段）中作业时间之和，第二项为 B 工序在最后任务的作业时间。同理，对于 B 工序来说，工程总的施工时间有：

$$T_B \geqslant \sum_{i=1}^{m} t_{iB} + t_{1A} \tag{2-2}$$

其中第一项为 B 工序在各项任务（施工段）中的作业时间之和，第二项为 A 工序在第一项任务的作业时间，也是 B 工序开工必须等待的时间。由此可见，总工期至少应为 T_A 和 T_B 中大的值。

为达到工期最短的目的，可以用约翰逊（S. M. Johnson）—贝尔曼（R. Bellman）法则来解决。该法则的基本思想是：在 T_{iA} 和 T_{iB} 中找最小值对应的工序，若为先行工序则排在最前，若为后续工序则排在最后。找出一个任务后，任务数量减少一项，在剩余的 $m-1$ 项任务（施工段）中仍采用上述方法进行排序，依此类推，直到剩余的任务数为 0，最终得到的就是最优施工顺序。

【例 2-1】　某工程队拟对相邻的两座小桥的基础工程进行施工，按工程队的机具设备等施工能力，经计算求得各小桥的挖基和砌筑基础工序的持续时间（日）如表 2-1 所列，试确定其施工总工期最短的施工顺序。

排序方法：从表 2-1 中可以看出，$t_{2B}=1\text{d}$ 是最小值，且为 2 号桥的后续工序，故 2 号桥放在最后施工。删去这项任务后，余下的 4 项任务中，$t_{5A}=2\text{d}$ 为最小值，且是 5 号桥的先行工序，故 5 号桥放在最先施工。依此类推最后得到的最佳施工顺序为：5 号、1 号、4 号、3 号、2 号。然后，按排定的顺序绘制横道图（图 2-2），其施工总周期为 25d。

工序持续时间列表　　　　表 2-1

工序 \ 施工段	1 号	2 号	3 号	4 号	5 号
挖基(A)	4	4	8	6	2
砌基础(B)	5	1	4	8	3

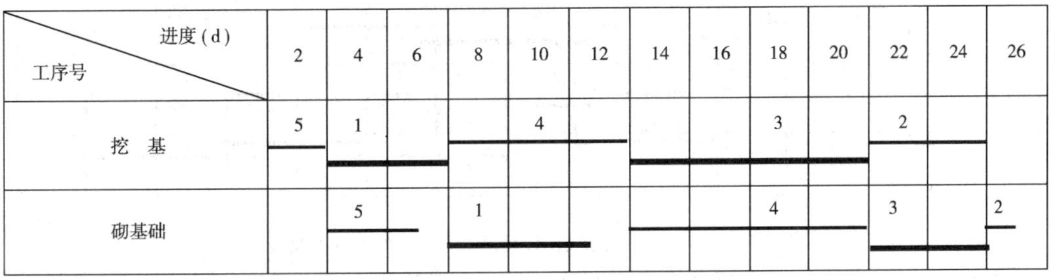

图 2-2　最佳施工顺序横道图(横道上方的数值为施工段号)

若不按此原则排列施工顺序,取得的可能就不是最短的施工工期。例如,若本例按 1 号、2 号、3 号、4 号、5 号顺序排列,所得的施工总工期为 33d,较以上排列多 8d。

2. 三道工序,多项任务(施工段)的施工顺序

三道工序多项任务(施工段),如符合下述条件(参考使用):

(1)第 1 道工序最小的施工时间 $\min(t_{iA})$ 大于或等于第 2 道工序的最大施工时间 $\max(t_{iB})$,即:

$$\min(t_{iA}) \geqslant \max(t_{iB}) \tag{2-3}$$

(2)第 3 道工序最小的施工时间 $\min(t_{iC})$ 大于或等于第 2 道工序的最大施工时间 $\max(t_{iB})$,即:

$$\min(t_{iC}) \geqslant \max(t_{iB}) \tag{2-4}$$

或者符合上述两个条件的一个条件时,即可按下述方法求得最优施工顺序:

(1)将第 1 道工序和第 2 道工序上各项任务(施工段)的施工时间对应依次相加;

(2)将第 2 道工序和第 3 道工序上各项任务(施工段)的施工时间对应依次相加;

(3)将上两步中得到的施工周期序列看作两道工序的施工时间;

(4)按两道工序多项任务(施工段)的计算方法求出最优施工顺序;

(5)求出的最优施工顺序就是三道工序的最优施工顺序。

【例 2-2】 某工程具有三道工序五项施工任务(施工段),其各工序的施工时间列于表 2-2,试确定其最优施工顺序。

三道工序五项施工任务施工时间列表　　　　表 2-2

施工段 \ 工序	A	B	C	A + B	B + C
1	4	5	5	9	10
2	2	2	6	4	8
3	8	3	8	11	11
4	10	3	9	13	12
5	5	4	7	9	11
总和	29	17	35		

由表 2-2 知,满足条件(2) $\min(t_{iC}) \geqslant \max(t_{iB}) = 5d$,故可按上述方法求得最优施工顺序

为:2、1、5、4、3 和 2、1、5、3、4 或排成 2、5、1、4、3 和 2、5、1、3、4,它们的总周期均为 41d,见横道图 2-3(按 2、1、5、4、3 排列时)。

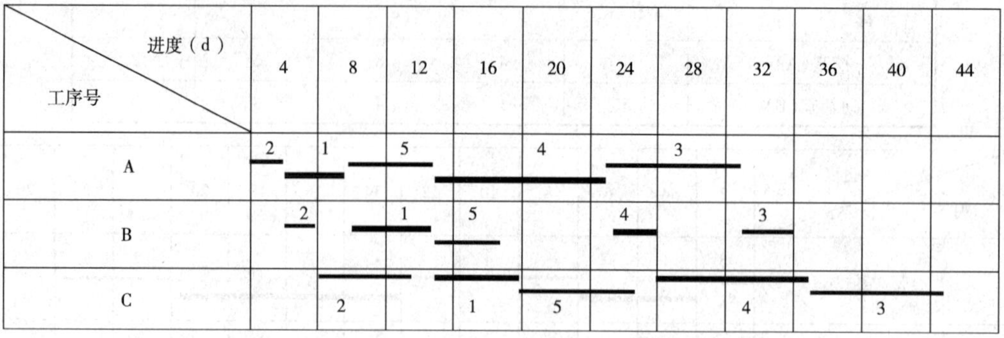

图 2-3 最优施工顺序横道图(横道上方的数值为施工段号)

(二)$n(n>3)$道工序,多项任务(施工段)的施工顺序

当 $n>3$ 时,最优排序的求解比较复杂,一般采用的是源自经验的启发性算法,此类启发性算法有很多,本节仅介绍一种"分界排序法",供参考使用。

分界排序法的主要步骤如下:

(1)选出一个施工段总时间最长的施工段;

(2)将第一道工序时间小于或等于最后一道工序时间和施工段,依次按第一道工序时间递增顺序排在施工段总时间最长的施工段前面;

(3)剩余施工段依次按最后一道工序时间递减顺序排列,排在施工段总时间最长的施工段后面。

【例 2-3】 某工程具有四道工序五项施工任务(施工段),其各工序的施工时间列于表 2-3,试确定其最优施工顺序。

四道工序五项施工任务施工时间列表 表 2-3

工序编号	施工段编号				
	A	B	C	D	E
I	2	5	3	4	3
II	2	3	5	4	2
III	3	2	4	3	2
IV	3	3	5	3	5

按"分界排序法"的步骤进行求解。

(1)求施工段时间和分别为:$T_A=10$,$T_B=13$,$T_C=17$,$T_D=14$,$T_E=12$,时间和最大的施工段为 C,挑出来再排列剩余施工段;

(2)小于或等于最后一道工序时间的施工段有 A 和 E,按递增顺序排列排在施工段 C 之前,为 A、E、C;

(3)剩余施工段有 B 和 D,依次按时间递减顺序排列,排在施工段 C 之后,为 C、D、B。

综合上述排序,确定的最优施工顺序为 A、E、C、D、B。限于篇幅,其计划工期求解及最优顺序证明由读者自已验证。

(三)时间排序的注意事项

各种时间排序方法的运用,给我们提供了一个在不增加额外资源投入的条件下而缩短工期的经验方法，另一方面也为我们找到了缩短工期的简便方法。但是，由于计算机的出现，采用全排列组合的方法，只要编一段小小的程序便可很快计算出最优排序，所以，时间排序方法的意义不在于简便计算，主要是提供给我们一种优化思想，应该提倡。但在使用时要注意以下几点。

（1）工序划分的相对性。施工工序的划分是人为的，对于不同组织者，可以有许多不同的处理方法。因此，在实际操作时，根据工作量的相对平衡和工序本身在交接过程中的顺利连接，划分工序尽量保持工作量的均衡一致。

（2）上述时间排序方法是依据经验总结出来的启发性算法，其本身就存在一定的误差，因此，利用这些排序法得到的施工排序严格意义上只能称为较优排序。在手工操作计算过程中，会遇到很多矛盾，这时不能说是方法错误，关键在于读者灵活运用。

（3）时间排序与流水作业紧密联系。实际上，时间排序方法是建立在流水作业的基础上的，但鉴于教材中还没有系统介绍流水施工原理，因此，从横道图（图2-3）上看，上述例题中并不是标准的流水作业，有工序的专业施工队在施工过程中并不是连续作业。读者可以在第三节之后再回头分析工程实际运用的综合问题。

（4）施工顺序的安排，除考虑施工进度快外，同时还要考虑施工费用省、施工质量高和安全可靠。因此必须从实际出发全面加以考虑，使施工顺序的确定能够为好、快、省、安全地完成施工任务创造条件。

二、工程项目施工作业方式

在公路施工生产中，施工队（班组）对施工对象的施工作业方式一般可分为：**顺序（依次）作业法**、**平行作业法**和**流水作业法**三种基本施工方式，也称作业方式或组织方式。

1. 顺序作业

顺序作业指按工艺流程和施工程序（步骤）确定的先后顺序进行施工操作。如多层结构型的路面工程，先后操作程序是：路槽、底基层、基层、联结层、面层和路肩。石方爆破工程的程序是：打眼、装药、堵塞、引爆和清方等。其顺序选择除了取决于工艺要求外，还与施工组织安排相关。

2. 平行作业

平行作业即是对于线形工程的作业面很大，根据工程或技术的需要，可划分为几段（或几个点），分别同时按先后程序组织施工的作业方式。

3. 流水作业

流水作业是比较先进的一种作业方法，以施工专业化为基础，将不同工程对象的同一施工工序交给专业施工队（组）执行，各专业队（组）在统一计划安排下，依次在各个作业面上完成指定的操作。前一操作结束后转移至另一作业面，执行同样操作，后一操作则由其他专业队继续执行。各专业队按大致相同的时间（流水节拍）和速度（流水速度），协调而紧凑地相继完成全部施工任务。流水作业要求工艺流程组织紧凑，有利于专业化施工，是现代化工业产品生产的基本组织形式。对于建筑工程（包括公路在内）亦具有先进性，其基本原理在下一节中详述。

为了便于进一步说明这三种施工作业方法的特点，现举例如下：拟修建跨径6.0m的同类型钢筋混凝土矩形板桥4座，即$m=4$，比较范围仅限于施工工期和劳动力数量之间的相互关系，故假定四座桥的同一工序工作量相等，每座小桥分4道工序，即$n=4$。还假定施工班组按完全相同的条件组成，因而在每座桥上每一工序所需的工作日数亦固定不变，即：$t_i=4d$，则一座桥完成需时：$t=n\cdot t_i=4\times4=16d$。

由施工进度图 2-4 可以看出，顺序作业法是四座桥按先后顺序进行施工，后一座桥的施工必须待前座桥全部竣工后才能进行。施工总期限 $T = m \cdot t = 4 \times 16 = 64\text{d}$，同时投入施工的劳动力(或其他资源)较少，最多 12 人，最少 3 人，且呈周期变化。

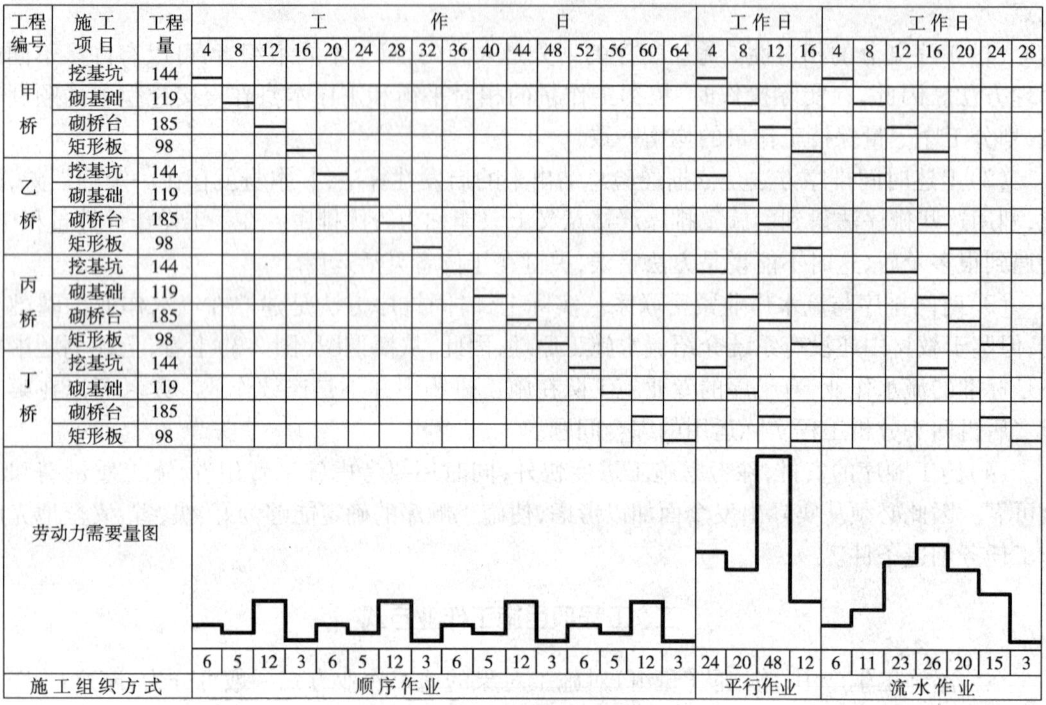

图 2-4　工程进度横道图

平行作业法是四座桥同时开工，同时竣工，配以四组相等的劳动力。虽施工总期限缩短为只有 $T = t = 16\text{d}$，但是所需劳动力(资源数)却按施工对象的倍数增加，最多 48 人，最少 12 人。

流水作业与上述两种方法不同，其特点是将同性质的项目或操作过程，由一个专业施工队(组)按一定顺序连续在不同空间来完成。现将上例各座桥的全部施工操作内容分为 4 个独立的项目：挖基坑、砌基础、砌桥台、安装矩形板，分别交由 4 个专业班组施工，此时专业班组按规定的先后顺序(流水方向)进入各桥。由图 2-4 知，本例中挖基坑专业班组由 6 人组成，最先在甲桥施工，再依次在乙、丙、丁三座桥施工，直到全部完成，共占用 16 工作日。砌基础专业班组要等甲桥完成挖基坑任务(施工段)后才能进入甲桥施工，并依次投入乙、丙、丁三座桥，每班 5 人同样亦占用 16 工作日。从图 2-4 上看出，砌基础班组比挖基坑班组推迟 4 天开工，其他两个班组依次比前一班组推迟 4 天开工，以后在甲、乙、丙、丁四座桥上连续施工。在流水作业法中，劳动力的总需要量是随着各专业班组先后投入施工而逐渐增加，当全部班组投入后就保持稳定(本例为 26 人)，直到第一个施工对象(甲桥)完成后才逐渐减少。虽然每一施工班组均占用 16 个工作日，但由于是一个接一个相继投入施工，所以施工总工期的前段时间，即由正式开工起至所有施工班组全部投入为止，这段时间间隔称为流水作业的开展时间，用 t_0 表示，显然它与专业班组的数目(n)和每一施工班组在一个施工对象上执行同一工序的时间(t_i)有关。而总工期(T)又同时与开展时间和施工对象的数目有关，表示如下：

$$T = t_0 + m \cdot t_i = t_i(n-1) + m \cdot t_i = (m+n-1) \cdot t_i \tag{2-5}$$

由上式可知，本例用流水作业法施工时，总期限为 28d。

上面三种方法各具特点，对于同一项工程的施工，采用顺序作业法需要64工作日，工期较长，劳动力需要量较少，但周期性起伏不定，对劳动力的调配管理以及临时性设施不利，尤其在工种和技工的使用上形成极大的不合理。在本例中为减少间隔性的窝工，当然不可能按4个项目所需的总人数(26人)来使用。但是即使只配12人，亦仅是在砌桥台的4d才得到充分利用，其余12d中至少有半数人在等待施工，并且造成技工与普工不分的现象，从而大大降低了工效和形成劳力浪费。

采用平行作业法时，施工总工期缩短为16工作日，但劳动力需要量相应增加4倍，这在短期内集中4套人力和设备，往往是不可能的，也是不合理的。同时在人力上突然出现高峰现象，造成窝工，增加生活福利设施的支出。

采用流水作业法施工，总工期比平行作业法有所延长，但劳动力得到了充分合理地利用，在整个施工期内显得均衡一致。如果再考虑到机具和材料的供应与使用，附属企业生产的稳定，以及工程质量、工效的提高等因素，则流水作业法施工的优点更为明显。

上例是假定施工条件、技术配备、工程数量完全相同的条件下，仅就施工期限和劳动力需要量进行比较，这是为什么呢？因为任何工程，在工程量和操作方法确定后，施工组织的任务就是解决工期和资源(包括人力、机具和材料等)需要量之间的相互关系。本例中三种方法的结构虽不同，但期限与人数的乘积(即工作量)的数值均为416工日。

三、作业方式的综合运用

顺序作业法、平行作业法、流水作业法在生产过程中不仅可以单独运用，而且可以根据具体条件，将三种基本作业方式加以综合运用，从而形成平行流水作业法、平行顺序作业法以及立体交叉平行流水作业法。这些施工过程时间组织的综合形式，一般均能取得较明显的经济效果。

1. 平行流水作业法

在平行作业法的基础上，按照流水作业法的原则组织施工，以达到适当缩短工期，使劳动力、材料、机具需要量保持均衡的目的。

2. 平行顺序作业法

这种方法的实质是用增加施工力量的方法来达到缩短工期的目的。它使顺序作业法和平行作业法之缺点更加突出，故仅适用于突击性施工情况。

3. 立体交叉平行流水作业法

它是在平行流水作业法的原则上，采用上、下、左、右全面施工的方法。它可以充分利用工作面来有效地缩短工期，一般适用于工序繁多、工程特别集中的大型构造物的施工，如大桥、立体交叉、隧道等工程量大、工作面狭窄、工期短的情况。

第三节　流水施工原理

一、流水施工的特点

流水施工主要有如下特点。

(1)把劳动对象的施工过程划分为若干工序或操作过程，每个工序或操作过程分别由按工艺流程建立的专业班组来完成。

(2)把一个劳动对象尽可能地划分为劳动量大致相等的若干施工段。

(3)各个作业班组按照一定的施工顺序,携带必要的机具,依次地、连续地由一个施工段转移到另一个施工段,反复完成同类工作。

(4)不同工种或同种作业班组完成工作的时间尽可能地相互衔接起来。

流水施工法的特点是生产的连续性和均衡性,使各种物质资源均衡地使用,施工机构及其附属企业的生产能力充分地发挥,劳动力得到合理地安排和使用,从而带来较好的经济效果,具体表现在以下几个方面:

(1)避免了施工期间劳动力的过分集中,从而减少临时设施工程量,节约基建投资;

(2)由于实行工程队(组)生产专业化,为提高工人的技术水平和进行技术改造与革新创造了有利条件,促进劳动生产率和工程质量的不断提高;

(3)在采用流水施工方法时,单位时间内完成的工程数量,对于机械操作过程是按照主导机械的生产能力来确定;对于手工操作过程是以合理的劳动组织为依据确定的,因此保证施工机械和劳动力得到合理和充分利用;

(4)消除了工作间的不合理中断,缩短了工期,从而降低了工程间接费用;保证了劳动力和资源消耗的均衡,各种资源得到充分的利用,提高了劳动生产率和资源的使用率,减少了各种不必要的损失,从而降低了工程直接费用。

必须指出,流水施工法只是一种组织措施,它的使用可以带来很好的经济效果,而不要求增加任何的额外费用。现代化公路的发展除需要科学的组织措施外,还要依赖施工技术现代化,如建筑设计标准化,建筑结构装配化,构件生产工厂化,施工过程机械化,建筑机构专业化和施工管理科学化等。这些方面是密切联系、互为条件的,既是实现公路建筑工业化必不可少的重要措施,也是公路施工企业多、快、好、省地进行公路现代化建设的重要手段。

二、流水施工的主要参数

为了说明流水施工在时间和空间上的开展情况,我们必须引入一些定量的描述,这些量称为流水参数。按参数性质不同,可以分为工艺参数、时间参数、空间参数三类及充分流水条件。

1. 工艺参数

(1)施工过程数 n

为了描述一个施工过程中工艺的复杂程度,根据具体情况,可把一个综合的施工过程划分为若干具有独自工艺特点的单个施工过程,如制造建筑制品而进行的制备类施工过程;把材料和制品运到工地仓库或再转运到施工现场的运输类施工过程以及在施工中占主要地位的建造安装类施工过程。划分的数量 n 称为施工过程数(工序数)。由于每一个施工过程一般由专业班组承担,故施工班组(或队)数等于 n。

施工过程数要根据构造物的复杂程度和施工方法来确定,太多、太细,则给计算增添麻烦,在施工进度计划上也会带来主次不分的缺点;太少则会使计划过于笼统,而失去指导施工的作用。

(2)流水强度 V

流水强度又称流水能力、生产能力,每一施工过程在单位时间内所完成的工程量(如浇捣混凝土时,每工作班浇捣的混凝土的数量)叫流水强度。

①机械施工过程的流水强度

按下式计算:

$$V=\sum_{i=1}^{x}R_iC_i \tag{2-6}$$

式中：R_i——某种施工机械台数；

C_i——该种施工机械台班生产率（即台班产量定额）；

x——用于同一施工过程的主导施工机械种数。

②手工操作过程的流水强度按下式计算：

$$V=R\cdot C \tag{2-7}$$

式中：R——每一工作队人数（R 应小于工作面上允许容纳的最多人数）；

C——每一工人每班产量（即劳动产量定额）。

2. 时间参数

（1）流水节拍 t_i

流水节拍是某个施工过程（或作业班组）在某个施工段上的持续时间。它的大小关系着投入的劳动力、机械设备的多少，决定着施工的速度和施工的节奏性。通常有两种确定方法，一种是根据工期要求来确定；另一种是根据现有能投入的资源（劳动力、机械台班数）来确定。流水节拍按下式计算：

$$t_i=\frac{Q_i}{C\cdot R\cdot n\cdot \delta}=\frac{P_i}{R\cdot n\cdot \delta} \tag{2-8}$$

式中：Q_i——某施工段的工程数量（$i=1,2,3,k,\cdots,m$）；

C——每一工日（或台班）的实际产量或产量定额；

R——施工人数（或机械台数）；

P_i——某施工段所需要的劳动量（或机械台班量）；

n——作业班制，如一个作业班、两个作业班等；

δ——资源的使用效率。

（2）流水步距 B_{ij}

两个相邻的施工队（组）在保持连续施工的条件下，先后进入第一个施工段进行流水施工的时间间隔，叫流水步距。其数目取决于参加流水的施工过程数，如施工过程数为 n，则流水步距的总数为 $n-1$ 个。

确定流水步距的基本要求是：

①始终保持两施工过程的先后工艺顺序；

②保持各施工过程的连续作业；

③做到前后两施工过程施工时间的最大搭接；

④流水步距与流水节拍保持一定关系，它应满足一定的施工工艺、组织条件及质量要求，例如钻孔灌注桩工程，必须保证钻孔与灌注混凝土两道工序紧密衔接（防止坍孔）。

3. 空间参数

（1）工作面 A

工作面又称工作前线 L；它的大小决定了施工对象单位面积上能安置多少工人和布置多少机械。在确定一个施工过程必要的工作面时，不仅要考虑前一施工过程为这个施工过程可能提供的工作面大小，也要遵守安全技术和施工技术规范的规定。

（2）施工段数 m

在组织流水施工时，通常把施工对象划分为所需劳动量大致相等的若干段或按工程结构部位划分的分部分项工程段，这些段就叫施工段。每一施工段在某一时间内只供一个施工队完成其承担的施工过程，施工段的数目用 m 表示。

在划分施工段时，应考虑以下几点：

①施工段的分界同施工对象的结构界限（温度缝、沉降缝和单元尺寸等）取得一致；

②各施工段上所消耗的劳动量大致相等；

③每段要有足够的工作面，使工人操作方便，既有利于提高工效，又能保证施工安全；

④划分段数的多少，应考虑机械使用效能、工人的劳动组合、材料供应情况、施工规模大小等因素。

4. 充分流水条件

流水作业具有较高经济效益，是施工队伍积极采用的办法。但并不是在任何情况下都可以使用流水作业方法的，只有具备如下条件才能保证充分流水。

$$M \geqslant n$$

即施工段数大于或等于工序数。在工程规模较大的情况下，工艺过程又较复杂，则将工程划分为多个段，调入多个专业队伍施工，才是充分流水的施工最好选择。

三、流水施工类型及总工期

由于工程构造物的复杂程度不同，所处的具体位置多变以及工程性质互异等因素的影响，流水施工的组织可分为有节拍流水和无节拍流水，其中有节拍流水又分为全等节拍流水、成倍节拍流水和分别流水。

1. 全等节拍流水

所谓全等节拍流水，是指各施工过程在所有施工段上的流水节拍均相等，也即是各施工过程的流水节拍 t_i 与相邻施工过程之间的流水步距 B_{ij} 完全相等的流水施工，即 $t_i = B_{ij}$ 常数。

图 2-5 是一个全等节拍流水的例子。图中 $m = 5$、$n = 3$、$t_i = B_{ij} = 2$，全等节拍流水的总工期为：

$$T = (n-1)B_{ij} + m \cdot t_i = (m+n-1)t_i \tag{2-9}$$

2. 成倍节拍流水

当各施工过程的流水节拍彼此不相等，但有互成倍数的常数关系时，如仍按全等节拍流水组织施工，则会造成施工队窝工或作业面间歇，从而导致总工期延长。此时，为了使各施工队仍能连续、均衡地依次在各施工段上施工，应按成倍节拍流水组织施工。其步骤如下：

（1）求各流水节拍的最大公约数 K，它相当于各施工过程都共同遵守的“公共流水步距”，为了使用方便和便于与其他流水作业法比较起见，今后仍称这个 K 为流水步距。

（2）求各施工过程的专业施工队数 b_i。每个施工过程的流水节拍 t_i 是 K 的几倍，就要相应安排几个施工队，才能保证均衡施工。同一施工项目的各个施工队依次相隔 K 天投入流水施工，因此，施工队数目 b_i 按下式计算：

$$b_i = \frac{t_i}{K} \tag{2-10}$$

（3）将专业施工队数目的总和 $\sum b_i$ 看成是施工过程数 n，将 K 看成是流水步距后，按全等节拍流水的方法安排施工进度。

（4）计算总工期 T，由于 $n = \sum b_i$，因此可以按式（2-9）来计算总工期：

$$T = (M + \sum b_i - 1)K \tag{2-11}$$

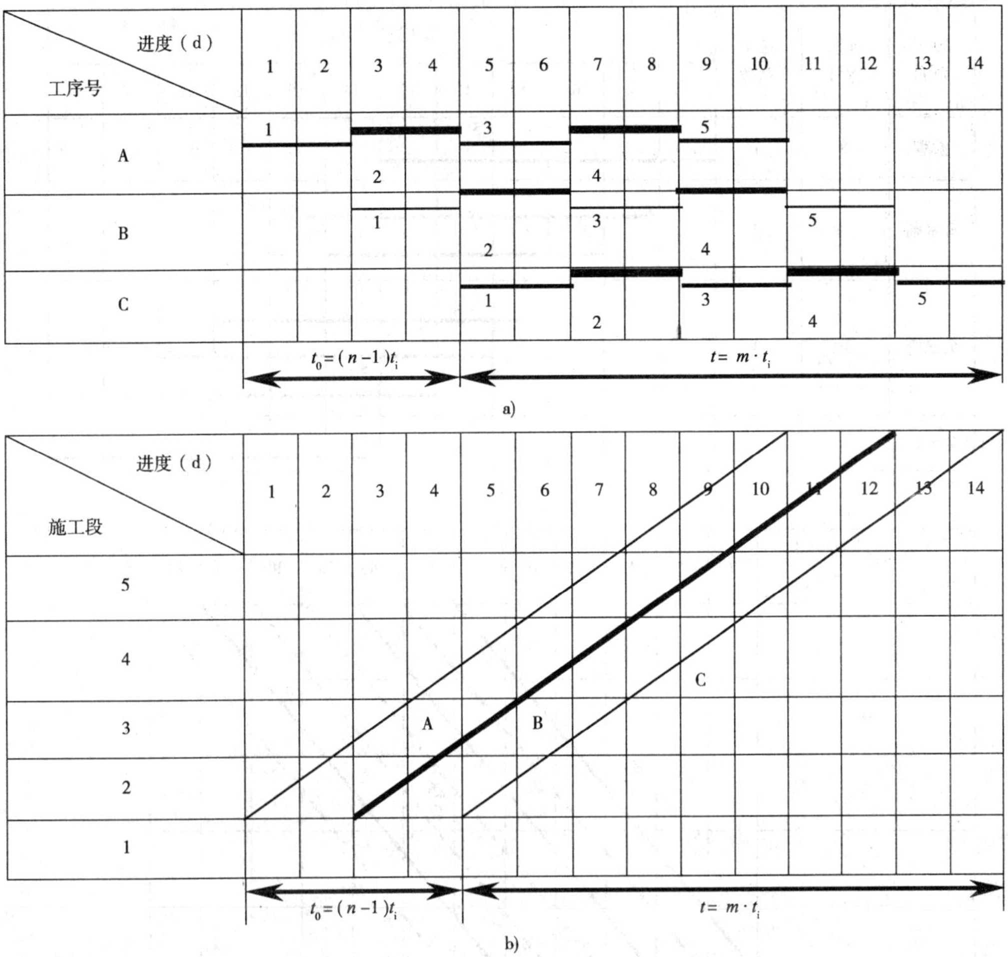

图 2-5　全等节拍流水

a）水平图表（横道上方的数值为施工段号）；b）垂直图表

图 2-6 表示 6 座管涵按成倍节拍流水组织施工的一个例子。由于作业面受限制，只能容纳 4 人同时操作，因此每个专业施工队按 4 人组成时，挖槽需 2d，做基础 4d，安涵管 6d，洞口砌筑 2d。它们的最大公约数 $K=2$，由式（2-10）计算得到的各施工过程数 b_i 为：挖槽 1 个队；做基础 2 个队；安涵管 3 个队；洞口砌筑 1 个队。该例 $m=6$，$\sum b_i=1+2+3+1=7$，$K=2$，由式（2-11）计算得到总工期：

$$T=(m+\sum b_i-1)K=(6+7-1)\times 2=24\text{d}$$

3．分别流水

所谓分别流水是指各施工过程的流水节拍各自保持不变（$t_i=$常数），但不存在最大公约数，流水步距 B_{ij} 也是一个变数的流水作业。分别流水作业的组织方法用图 2-7 说明。

组织分别流水施工时，首先应保证各施工过程本身均衡而不间断地进行，然后将各施工过程彼此搭接协调。也就是说，既要避免各施工过程之间发生矛盾，也要尽可能减少作业面的间隙时间，使整个施工安排保持最大程度的紧凑，以达到缩短工期的目的。

由于流水步距是个变数，因此必须分别确定，这对各施工过程的相互配合和正确搭接是一个很重要的参数。下面用一个四道工序五个施工段的项目（图 2-7）来说明流水步距的计算。

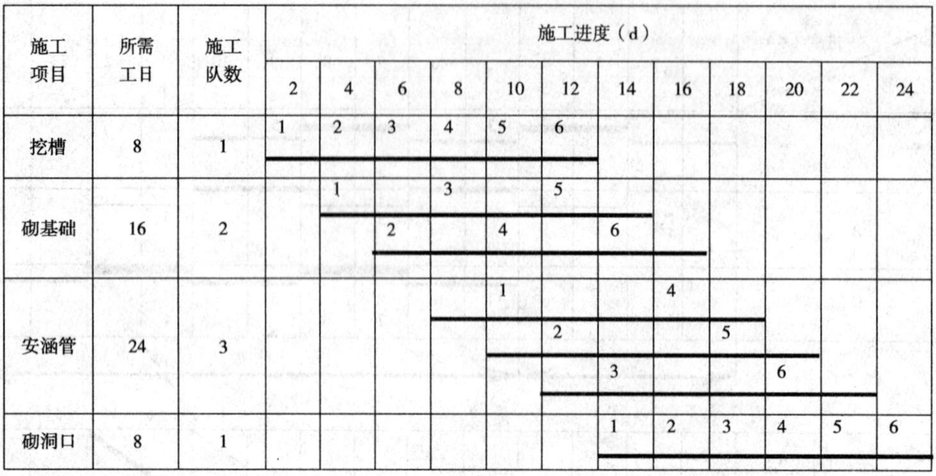

a)

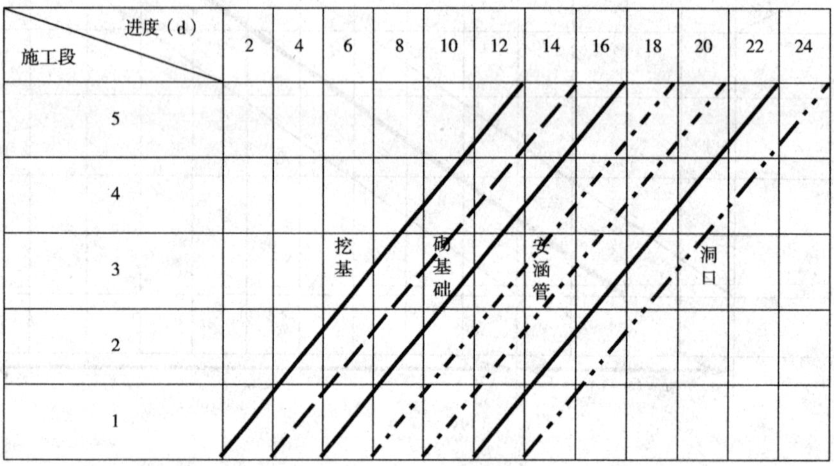

b)

图 2-6　成倍节拍流水

a）水平图表（横道上方的数值为施工段号）；b）垂直图表

a)

图　2-7

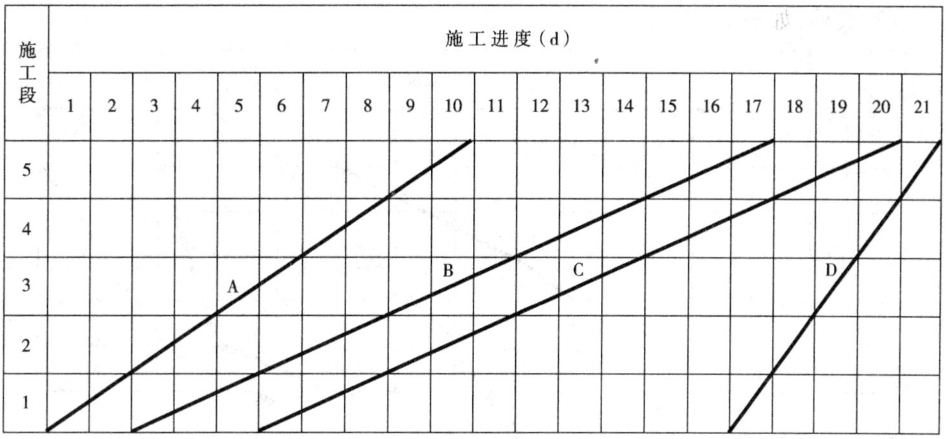

b)

图 2-7　分别流水

a）水平图表；b）垂直图表

（1）当后一个施工过程的作业持续时间（t_{i+1}）等于或大于前一个施工过程的作业持续时间（t_i）时，流水步距根据后一个施工过程所要求的时间间隔（或足够的作业面）决定，即 $B=t_i$。图 2-7 中的 A 与 B 和 B 与 C 都属于这种情形，其流水步距分别为 2 和 3。

（2）当 $t_{i+1}<t_i$ 时，流水步距（B）用下式计算：

$$B=m(t_i-t_{i+1})+t_{i+1} \tag{2-12}$$

式中：m——施工段数；

其余符号意义同前。

图 2-7 中的 C 与 D 属于这种情形，图中 $t_i=t_c=3$，$t_{i+1}=t_D=1$，$m=5$，由式（2-12）计算流水步距为 11。

分别流水的总工期用下式计算：

$$T=t_0+t_n=\sum B+t_n \tag{2-13}$$

式中：t_n——最后一个专业施工队的作业持续时间；

t_0——流水展开期，为最初施工过程开始至最后的施工过程开始之间的时间间隔；

$\sum B$——各相邻工序之间流水步距之和。

在实际的道路工程施工中，对于一个专业施工队来说，它可以按固定的流水节拍（或不变的速度）前进。但从整个工程的流水作业组织来看，各专业施工队都按自己的流水节拍（或移动速度）前进，彼此不一定相同，也不一定成倍数关系，这主要是由于机械配备、施工条件、劳动生产率或其他外界因素影响所致。如果要求流水速度绝对统一，必然会使机械效率不能充分发挥或造成某些施工队窝工。为此，需要在统一的进度要求下，各专业队按照本身最合理、施工效率最高的流水速度进行作业。这是组织分别流水作业中应着重考虑和需仔细解决的问题。

4. 无节拍流水

所谓无节拍流水是指各施工过程的流水节拍全不相等。对于道路工程施工来说，沿线工程量的分布都是不均匀的，而大、中型桥梁或路基土石方的高填深挖，又为集中型工程，因此，实际上各专业施工队在机具和劳动力固定的条件下，流水作业速度不可能保持一致，即各施工段上同一施工过程的流水节拍无法相等。也就是说，在组织流水施工时，$t_i\neq$常数，$B\neq$常数，

$t_i \neq B$,也非整数倍,如图 2-8 所示。

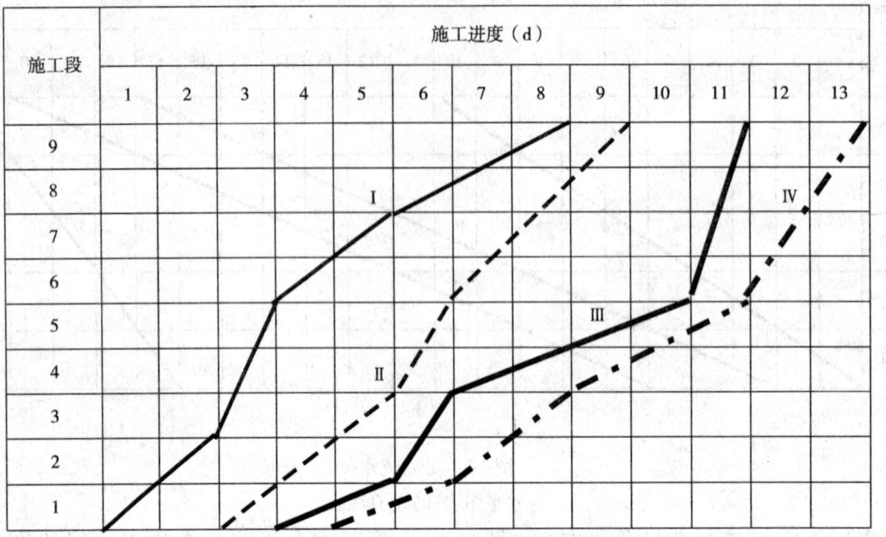

图 2-8　无节拍流水

对于以上情况,只能按照无节拍流水组织施工。无节拍流水的各个参数以及总工期的确定,都必须通过对专业施工队逐个落实,反复调整,才能得到满意的结果。以下介绍一种称为"数字错差法"的数字算法来计算流水步距。

数字错差法是先作错误的假设,即设各道工序(队组)在第一施工段上同时开工,分别求出各施工队组在各施工段上的完工时间,形成新的数列矩阵;前行数列向前(左)移一位,相对紧邻后一行数列向右移一位;对应两行数列相减,缺位补零,即可求出差值数列,其中最大差值即为流水步距。所谓"相邻工序(队组)每段节拍时间累加数列错位相减取大差"法。

【例 2-4】　表 2-4 表示某 4 个施工段的三项(甲、乙、丙)施工过程所需的作业时间,按照无节拍流水组织施工,求各工序(施工过程)之间的流水步距和总工期。

表 2-4

工序＼施工段	1	2	3	4
甲	2	3	3	2
乙	2	2	3	3
丙	3	3	3	2

由表 2-4 中数据可以看出:$t_i \neq$ 常数,$B \neq$ 常数,$t_i \neq B$,也非整数倍,故只能作无节拍流水施工组织。采用"数字错差法"的求解。先分别将两相邻工序的每段作业时间(流水节拍)逐项累加,得出两个数列,然后将后工序的累加数列向后错一位对齐,逐个相减,得到第三个数列(仅取正值),从中取大值即为两工序施工队组的流水步距 B。

据此可分别计算确定甲与乙,乙与丙的流水步距分别为 4d 和 2d。

具体计算方法为:

$B_{甲乙}$：

$$\begin{array}{r} 2,\ 5,\ 8,\ 10 \\ (-)\quad 2,\ 4,\ 7,\ 10 \\ \hline 2,\ 3,\ \underline{4},\ 3 \end{array}$$

$B_{乙丙}$：

$$\begin{array}{r} 2,\ 4,\ 7,\ 10 \\ (-)\quad 3,\ 6,\ 9,\ 11 \\ \hline \underline{2},\ 1,\ 1,\ 1 \end{array}$$

用横道图表示出来，这个流水作业施工进度计划就如图 2-9 所示，总工期为 17d。

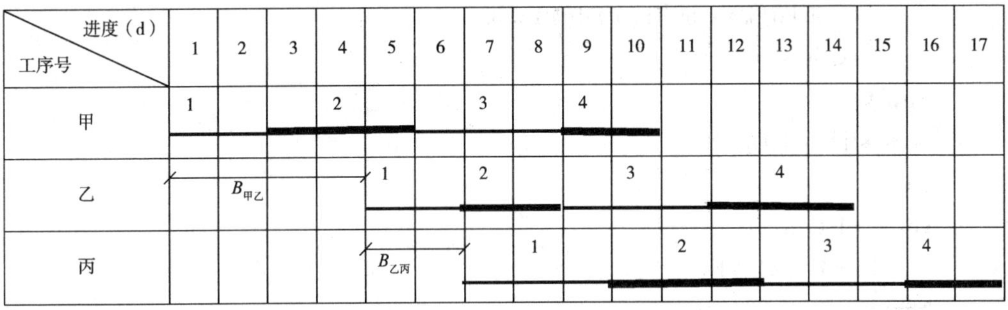

图 2-9　流水作业施工进度图（横道上方的数值为施工段号）

第四节　施工组织中的最优化方法

最优化方法的应用面非常广泛，渗透到各行各业。在公路施工组织管理学科中，最优化方法也发挥了巨大作用，限于篇幅，仅介绍几例在施工现场组织管理中应用频率较高的数学方法。

一、穷　举　法

穷举法也叫枚举法，是利用计算机运算速度快、精确度高的特点，对要解决问题的所有可能情况，一个不漏地进行检查，从中找出符合要求的答案。本节以施工段的最优排序为例介绍穷举法的具体应用。

对于 m 个施工段，n 道工序组织流水施工时，设 S_n 为施工段的排序总数，T_{op} 为最优工期，T_n 为第 n 道工序的施工总时间，$O_p(m)$ 为最优排序，利用穷举法求解最优排序的伪 VB 算法如下：

```
For i = 1 to m - 1
    For j = i + 1 to m
        lk = Od(j)
        Od(j) = Od(i)
        Od(i) = lk
        * * 计算流水步距
        * * * 构造累加数列
        For k = 1 to n
            For h = 1 to m
                Ft(k,h) = Ft(k,h - 1) + Tm(Od(h),k)
            Next h
```

```
    Next k
    ***相邻数列错位相减取大值
    For k =1 to n -1
        Fd(k) =Ft(k,1)
        For h =2 to m
            lk =Ft(k,h) -Ft(k+1,h-1)
            If Fd(k) <lk Then Fd(k) =lk
        Next h
    Next k
    ***计算工期
    Fs =0
    For k =1 to n -1
        Fs =Fd(k) +Fs
    Next k
    If Fs +Tn >Top Then
        Top =Fs +Tn
        For k =1 to m
            Op(k) =Od(k)
        Next k
    Next j
Next i
```

二、规划与优化方法

1. 线性规划

线性规划是一种解决带有约束条件的最优化问题的方法。解决线性规划问题的过程分为以下步骤:第一步,定义问题和收集数据,通过调查咨询所要解决问题涉及的数据并确定研究的合理目标。第二步,建立模型,用恰当的数学式表达。第三步,求出问题的最优解。第四步,进行敏感性分析,检查条件发生变化时可能发生的情况。

线性规划的数学模型如下:

目标函数

$$\mathrm{Max}(\min) z = c_1x_1 + c_2x_2 + \cdots + c_nx_n \tag{2-14}$$

约束条件

$$\begin{cases} a_{11}x_1 + a_{12}x_2 + \cdots + a_{1n}x_n \leqslant b_1 \\ a_{21}x_1 + a_{22}x_2 + \cdots + a_{2n}x_n \leqslant b_1 \\ \vdots \\ a_{m1}x_1 + a_{m2}x_2 + \cdots + a_{mn}x_n \leqslant b_n \\ x_1, x_2, \cdots, x_n \geqslant 0 \end{cases}$$

2. 动态规划

动态规划是研究多阶段决策过程的最优化问题的方法。多阶段决策过程,是指这样一类活动的过程:由于它的特殊性,可将过程分为若干个互相联系的阶段,在它的每一个阶段都需要作出决策,并且一个阶段的决策确定以后,常影响下一个阶段的决策,从而影响整个过程的活动路线。动态规划的方法是从终点逐段向始点方向寻找最短路线的一种方法。

使用动态规划解一个可分阶段的多阶段决策问题时,一般包含以下的步骤:

(1)将系统分为恰当的阶段,并编号;

(2)确定状态变量、状态集合;

(3)确定决策变量,以及允许决策的集合;

(4)建立状态转移方程;

(5)建立指标函数。

3. 网络技术

网络技术是应用网络模型形象地、直观地、正确地描述各种工程技术、生产组织、经营管理问题或系统,简捷地分析、求解、优化这类问题或系统的有效技术。网络模型是一个图示模型,同时又能反映出各组成要素和参数间相互关系并按照一定的拓扑逻辑关系进行分析和计算的标准模型。

网络模型构造的一般步骤如下:

(1)确定所研究系统或问题的性质及目标;

(2)确定系统或问题所包含的内容及组成部分,即将系统或问题分解成相对独立的组成部分,即活动以及各活动间的相互制约关系;

(3)确定活动的有关参数及变量;

(4)根据活动间的逻辑关系及已确定的参数和变量,构造网络模型;

(5)进行必要的数据处理、符号调整和逻辑关系检查,保证网络模型的正确性;

(6)根据网络模型的逻辑关系及相应的参数及变量,进行计算,求解网络模型。

4. 排队论

排队是我们日常生活中经常遇到的现象。图 2-10 就是排队过程的一般模型。顾客由顾客源出发,到达服务机构前排队等待接受服务,服务完成后就离开。影响排队模型的主要参数有三个:相继顾客到达间隔时间的分布、服务时间的分布、服务台个数。因此,一般将排队模型依据上述三个参数进行分类,并表示为:

$$X/Y/Z$$

其中:X——表示顾客相继到达间隔时间的分布;

Y——表示服务时间的分布;

Z——表示服务台个数。

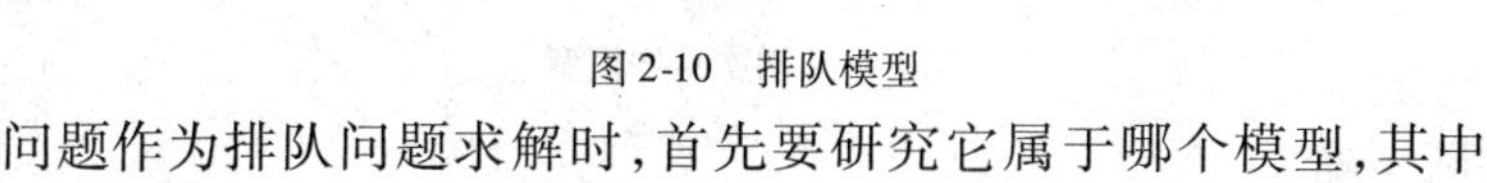

图 2-10　排队模型

一个实际问题作为排队问题求解时,首先要研究它属于哪个模型,其中只有顾客到达的间隔时间分布和服务时间的分布需要实测的数据来确定,其他因素都是在问题提出时给定的。

解排队问题的目的,是研究排队系统运行的效率,估计服务质量,确定系统参数的最优值,以决定系统结构是否合理,研究设计改进措施等。所以必须确定用以判断系统运行优劣的基本数量指标,解排队问题就是首先求出这些数量指标的概率分布。这些指标一般是:

(1)队长:在系统中排队等待服务的顾客数;

(2)等待时间:一个顾客在系统中排队等待的时间;

(3)服务时间:一个顾客在系统中接受服务的时间;

(4)逗留时间:一个顾客在系统中停留的时间;

(5)忙期:从顾客到达空闲服务台到服务台再次空闲止的这段时间长度,即服务台连续繁忙的时间长度。

三、层次分析法

层次分析法(Analytical Hierachy Process,简称 AHP)是美国匹兹堡大学教授 A. L. Saaty 于 20 世纪 70 年代提出的一种能将定性分析与定量分析相结合的系统分析方法,是分析多目标、多准则的复杂系统的有力工具,最适宜于解决那些难以完全用定量方法进行分析的决策问题。

1. 基本思路

应用 AHP 解决问题的思路是:首先,把要解决的问题分层系列化,即根据问题的性质和要达到的目标,将问题分解为不同的组成因素,按照因素之间的相互影响和隶属关系将其分层聚类组合,形成一个递阶的有序的层次结构模型;然后,对模型中每一层次因素的相对重要性,依据人们对客观现实的判断给予定量表示,再利用数学方法确定每一层次全部因素相对重要性次序的权值;最后,通过综合计算各层因素相对重要性的权值,得到最底层(方案层)相对于最高层(总目标)的相对重要性次序的综合权值,以此作为评价和选择方案的依据。

2. 基本步骤

用 AHP 分析问题一般要经过以下步骤。

(1)建立层次结构模型

运用 AHP 进行系统分析,首先要将所包含的因素分组,每一组作为一个层次,按照最高层,若干有关的中间层和最底层的形式排列起来。

①最高层:表示解决问题的目的,即应用 AHP 要达到的目标;

②中间层:表示采用某种措施和方法来实现预定目标所涉及的中间环节;

③最底层:表示解决问题的措施或方法。

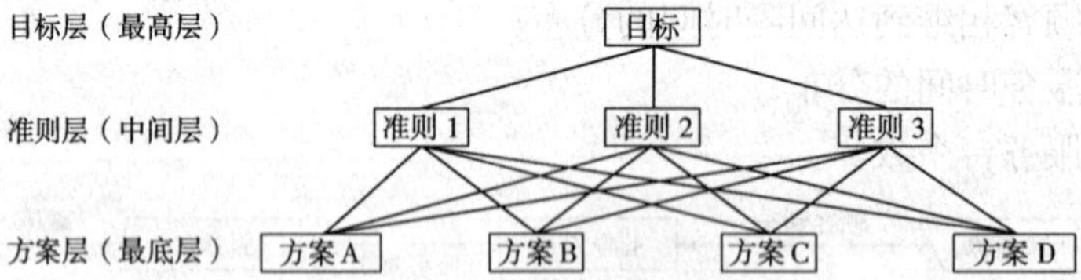

图 2-11 层次结构模型

(2)构造判断矩阵

AHP 的信息基础主要是人们对每一层次各因素的相对重要性给出的判断,这些判断用数值表示出来,写成矩阵形式就是判断矩阵。

(3)层次单排序

根据判断矩阵计算对于上一层某因素而言,本层次与之有联系的因素的重要性次序的权值。它是本层次所有因素相对上一层次而言的重要性进行排序的基础。同时,计算判断矩阵的一致性指标,检验矩阵是否具有满意的一致性。

(4)层次总排序

利用同一层次中所有层次单排序的结果,计算针对上一层次而言,本层次所有因素重要性的权值。

(5)一致性检验

计算层次总排序的一致性指标,检验层次总排序的计算结果的一致性。

四、遗传算法

(一)主要特点

遗传算法(Genetic Algorithms,GA)是美国 Michigan 大学 John. Holland 创建的一种概率搜索算法。它采用解的种群作为工作单元,使用模仿生物进化的"适者生存、不适者淘汰"原则指导搜索并改进目标。与传统的优化算法比较,遗传算法主要有以下特点:

(1)遗传算法不是直接作用在参变量集上,而是利用参变量集的某种编码;

(2)遗传算法不是从单个点,而是从一个点的群体开始搜索;

(3)遗传算法利用适应值信息,无须导数或其他辅助信息;

(4)遗传算法利用概率转移原则,而非确定性原则。

遗传算法像撒网一样,在参变量空间中进行搜索。它不受搜索空间限制性假设的约束,不必要求诸如连续性、导数存在和单峰等假设,且不易陷入局部最优,一般能以很大的概率找到整体最优解。因此目前已经在最优化、机器学习和并行处理等领域得到越来越广泛的应用。

2. 基本步骤

遗传算法的主要步骤如下。

(1)随机产生一个由确定长度的特征串组成的初始群体。

(2)对串体迭代地执行以下两步,直到满足停止准则:

①计算群体中每个个体的适应值;

②应用复制、交叉和变异算子产生下一代群体。

(3)把在任一代中出现的最好的个体串指定为遗传算法的执行结果。这个结果可以表示问题的一个解。

3. 遗传算子

一个简单的遗传算法由复制、交叉和变异三种遗传算子组成。

(1)复制

复制是把当前群体中的个体按与适应值成比例的概率复制到新的群体中。低适应值的个体趋向于被淘汰,高适应值的个体趋向于被复制。复制算子体现了生物进化过程中的优胜劣汰的思想。

(2)交叉

交叉是在当前群体中选取两个个体,相互交换各自的基因形成具有这两个个体特性的新个体。

(3)变异

变异是按一定的变异率改变个体中某个基因的值,保证群体中重要的信息不会过早地失去。

五、系统仿真技术

系统仿真技术是一门多学科综合的技术性学科，是近年发展十分迅速的新兴科学，在各个领域中得到广泛应用。

1. 系统、模型、系统仿真

系统是按照"某些规律结合起来，互相作用、互相依存的所有实体的集合或总和"。任一系统都包含有三要素：实体、属性、活动。实体确定了系统的构成，也就确定了系统的边界；属性用来描述每一个实体的特征；活动定义了系统内部实体之间的相互作用，从而确定了系统内部发生变化的过程。

模型就是用某种形式来近似地描述或模拟所研究的对象或过程。大体可以分为两类：数学（抽象）模型和具体（实物）模型。在全数字仿真中，就是指数学模型。数学模型是客观世界中客观事物（实体、过程）的数学抽象和数学描述，即用数学公式来描述（表示、模拟）所研究的客观对象或系统中某一方面的存在规律。

系统仿真技术是以相似原理、信息技术、系统理论与工程及应用领域有关专门技术为基础，以计算机和专用设备为工具，利用真实系统、真实或概念系统的模型进行动态试验研究的一门多学科综合的技术性学科。

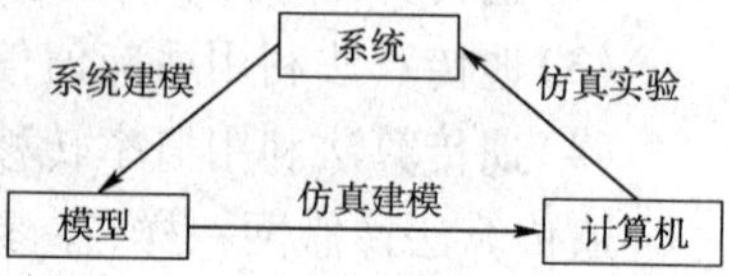

图 2-12　仿真三要素

"系统、模型、仿真"三者之间关系密切。系统是研究的对象，模型是系统的抽象，仿真是通过对模型的试验来达到研究系统的目的。系统仿真有三个基本的活动：系统建模、仿真建模和仿真实验，联系这三个活动的是系统仿真的三要素：系统、模型、计算机，它们的关系见图 2-12。

2. 仿真实现的基本步骤

对实际系统的仿真过程是一个不断发展和完善的过程，一般分为以下几步。

（1）问题描述与定义

系统仿真是面向问题的而不是面向整个实际系统。因此，首先要明确要解决的问题，以及实现目标。确定描述这些目标的主要参数以及评价准则，并定义系统边界，辨识主要状态变量和影响因素，定义环境及控制变量。同时，给定仿真的初始条件。

（2）系统建模

模型是关于实际系统某一方面本质属性的抽象描述和表达。基于定义的问题，确定模型的边界，将系统抽象为数学上的逻辑关系和数学描述。

（3）数据收集与模型论证

对真实系统或类似系统进行数据调查，收集和仿真初始条件及系统内部变量有关的数据，对数据进行统计检验，确定其概率分布及相应的参数，并对模型的可信性进行检验。

（4）仿真建模

根据系统的特点和仿真的要求选择合适的算法。要求采用该算法建立仿真模型时，其技术的稳定性、计算精度、计算速度应能满足仿真的需要。

（5）编程实现

建立仿真模型后，需要按照所选用的仿真语言编制相应的仿真程序，以便在计算机上做仿真运行试验。

（6）仿真模型确认

在仿真模型运行之前,判断模型是否代表所仿真的实际系统。一个复杂系统的仿真模型只是实际系统的一种近似,因此仿真模型的确认只能说明仿真模型符合实际系统的程度。

(7)仿真模型运行

经过确认模型,就可以在试验框架指导下在计算机上进行运行计算。在运行过程中,了解模型对各种不同输入及各种不同仿真方案的输出响应情况。

(8)仿真结果分析

对仿真模型进行多次独立重复运行可以得到一系列的输出响应和系统性能参数的均值、标准偏差及其他分布参数等,掌握系统的变化规律。

思考题

1. 施工过程的组成及其基本原则是什么?
2. 试述约—贝法则的主要原理。
3. 施工作业方法有几种?哪种作业最科学?为什么?
4. 流水施工的特点或实质是什么?
5. 什么是流水步距?它的主要作用是什么?
6. 流水作业计算的假设基础是什么?其简化的计算方法内涵是什么?
7. 施工中常用的最优化方法有哪些?简述其基本原理。

练习题

1. 工序的持续时间如表2-5所示,按照2号、4号、1号、5号、3号的施工段先后顺序组织流水施工,计算计划总工期,并画出流水作业的横道图及垂直图。

2. 工序的持续时间如表2-6所示,采用流水作业施工,试考虑较短工期方案,计算计划总工期,并画出流水作业的横道图及垂直图。

表2-5

施工段 工序	作业时间				
	1号	2号	3号	4号	5号
A	5	3	4	5	5
B	4	5	4	3	3
C	4	3	4	4	3
D	6	5	6	5	3

表2-6

施工段 工序	作业时间				
	1号	2号	3号	4号	5号
A	8	6	3	5	6
B	3	4	1	2	3
C	3	4	1	3	2
D	5	5	4	4	6

第三章 公路工程施工组织设计

第一节 施工组织设计概述

一、编制施工组织设计的基本原则

1. 严格执行基本建设程序和施工程序

严格遵守合同签订的或上级下达的施工期限,按照基建程序和施工程序的要求,保质保量完成施工任务。对工期较长的大型工程项目,可根据施工情况,合理组织力量,确保重点,分期分批进行安排。

2. 科学安排施工顺序

按照公路工程施工的客观规律安排施工顺序,可将整个项目划分为几个阶段,例如施工准备、基础工程、主体结构工程、路面工程、附属结构物工程等。在各个施工阶段之间合理搭接、衔接紧凑,在保证质量的基础上,尽可能缩短工期,加快建设速度。

3. 采用先进的施工技术和设备

在条件允许的情况下,尽可能采用先进的施工技术,不断提高施工机械化、预制装配化程度,减轻劳动强度,提高劳动生产率。

4. 应用科学的计划方法制订最合理的施工组织方案

根据工程特点和工期要求,因地制宜地采用快速施工,尽可能采用流水作业施工方法,组织连续、均衡且有节奏的施工,保证人力、物力充分发挥作用。对于复杂的工程,应用网络计划技术找出最佳的施工组织方案。

5. 落实季节性施工的措施,确保全年连续施工

恰当地安排冬、雨季施工项目,增加全年连续施工日数,应把那些确有必要而又不因冬、雨季施工而带来造价提高的技术复杂工程列入冬、雨季施工,全面平衡人工、材料的需用量,提高施工的均衡性。

6. 确保工程质量和施工安全

贯彻施工技术规范、操作规程,提出确保工程质量的技术措施和施工安全措施,尤其是采用国内外施工新技术和本单位较生疏的新工艺时更应注意。

7. 节约基建费用,降低工程成本

合理布置施工平面图,节约施工用地;充分利用已有设施,尽量减少临时性设施费用;尽量利用当地资源,减少物资运输量;尽量避免材料二次搬运,正确选择运输工具,以节约能源,降低运输成本,提高经济效益。

二、施工组织设计的分类和文件组成

1. 施工组织设计的分类

在公路工程设计和施工各个阶段，必须编制相应的施工组织设计文件，即深度、内容由粗到细的“施工方案”、“修正施工方案”、“施工组织计划”、“施工组织设计”。

施工组织设计按所起作用的不同分为两大类：一类是属于设计文件的组成部分，其中按设计阶段之不同，可分为两阶段设计中初步设计阶段的“施工方案”，三阶段设计中技术设计阶段的“修正施工方案”和两阶段设计或三阶段设计中的施工图阶段的“施工组织计划”；另一类是属于指导施工的技术经济文件，即“实施性施工组织设计”或称为施工组织设计，其中又可分为“施工组织总设计”、“单位工程施工组织设计”和“分部分项工程施工组织设计”。

施工组织设计又是施工方案、修正施工方案、施工组织计划和实施性施工组织设计等施工组织文件的统称。

施工方案、修正施工方案和施工组织计划由勘测设计单位负责编制，并编入相应的设计文件，按规定上报审批。实施性施工组织设计则完全由施工单位根据批准的初步设计或施工图设计中的施工方案或施工组织计划，综合施工时的自身和客观具体条件进行编制，并报监理和业主、上级领导部门审批或备案。

2. 施工组织设计文件组成

施工组织设计文件按组成不同，分类如下。

(1)施工方案

①施工方案说明；

②人工、主要材料及机具、设备安排表；

③工程概略进度图(根据劳动力、施工期限、施工条件以及施工方案进行概略安排)；

④临时工程一览表。

施工方案说明列入初步设计的总说明书中，其主要内容是：a)施工组织、施工力量和施工期限的安排；b)主要工程、控制工期的工程及特殊工程的施工方案；c)主要材料的供应，机具、设备的配备及临时工程的安排；d)下一阶段应解决的问题及注意事项。

(2)修正施工方案

采用三阶段设计的工程，在技术设计阶段应提出修正的施工方案。修正施工方案应根据初步设计的审批意见和需要进一步解决的问题进行编制。修正施工方案解决问题的深度和提交文件的内容，介于施工方案和施工组织计划之间。

(3)施工组织计划

不论采用几阶段设计，在施工图阶段都应编制施工组织计划，其内容如下。

①说明

a)初步设计(或技术设计)审批意见的执行情况；

b)施工组织、施工期限，主要工程的施工方法、工期、进度及措施；

c)劳动力计划及主要施工机具的使用安排；

d)主要材料供应、运输方案及临时工程安排；

e)对缺水、风沙、高原、严寒等地区以及冬季、雨季施工所采取的措施；

f)施工准备工作的意见(如拆迁、用地、修建便道、便桥、临时房屋、架设临时电力、电讯设施等)。

②工程进度图(包括劳动力计划安排)

③主要材料计划表(包括型号、规格及数量)

④主要施工机具、设备计划表

⑤临时工程表(包括通往工地、料场、仓库等的便道、便桥及电力、电讯设施等);

⑥重点工程施工场地布置图

绘出仓库、工棚、便道、便桥、运输路线、构件预制场地、沥青(或水泥)混凝土拌和场地、材料堆放场地等工程和生活设施的位置。

⑦重点工程施工进度图

(4)实施性施工组织设计

在施工阶段,由施工单位编制的施工组织设计称为实施性施工组织设计。此时,施工图设计已获批准,所有施工方案已定,施工条件明确。因此,这一阶段的施工组织设计十分具体,对各分项工程各工序和各施工队都要进行施工进度的日程安排和具体操作的设计。

实施性施工组织设计文件的内容与施工图设计阶段的施工组织计划相似,但比之要更具体,更详细。

施工阶段施工组织设计即是实施性施工组织设计。它是根据设计阶段施工组织计划和设计资料及确定的工期、施工企业的具体情况,以企业定额或历年统计资料整理的定额为依据而编制的。它不列入设计文件,是确保设计阶段施工组织计划实现的一种措施,是工程实施组织管理的重要内容。

施工阶段施工组织设计的内容目前尚无正式成文规定,由施工单位根据企业的实际情况和习惯编制,其主要内容一般应包括:

①对设计阶段施工组织计划的内容、要求、表格等按照施工单位的具体情况计算、核实,根据指导施工的要求将编制对象进一步细化,时间计划一般到月或旬,劳动组织方面可以班组为对象;

②实施性的开工前准备工作;

③在设计阶段施工组织计划编制的“材料计划表”的基础上,进一步编制材料供应图表;

④运输组织计划;

⑤附属企业及自办材料的开采和加工计划;

⑥供水、供电、供热及供气;

⑦实施性施工组织设计的技术组织措施计划;

⑧重点工程施工进度图和施工平面布置;

⑨制订相应的管理机构、管理制度,如项目部机构设置、施工安全、质量管理制度等。

以上内容可以看出,施工组织设计与施工组织计划的内容十分接近,只是偏重具体实施这一面。因此,本节着重介绍施工组织设计中特别具体细致的部分,对与前面内容相同的内容,本节就不再重复。

综上所述,从施工方案到实施性施工组织设计,后一阶段比前一阶段的要求更高、内容也更多,但是各个阶段是独立的又是相互联系的。

3. 施工组织设计编制程序

编制施工组织设计要遵守一定的程序,要按照施工的客观规律,协调和处理好各个影响因素的关系,用科学的方法进行编制。同时,必须注意有关信息的反馈。编制流程见图3-1。一般的编制程序如下。

(1)分析设计资料,进行必要的调查研究;

(2)计算工程数量;

(3)选择施工方案,确定施工方法;

(4)编制工程进度图；

(5)计算人工、材料、机具需要量，制订供应计划；

(6)制订临时工程，供水、供电、供热计划；

(7)工地运输组织；

(8)布置施工平面图；

(9)编制技术措施计划与计算技术经济指标；

(10)确定施工组织管理机构；

(11)编制质量、安全、环保和文明施工措施计划；

(12)编写说明书。

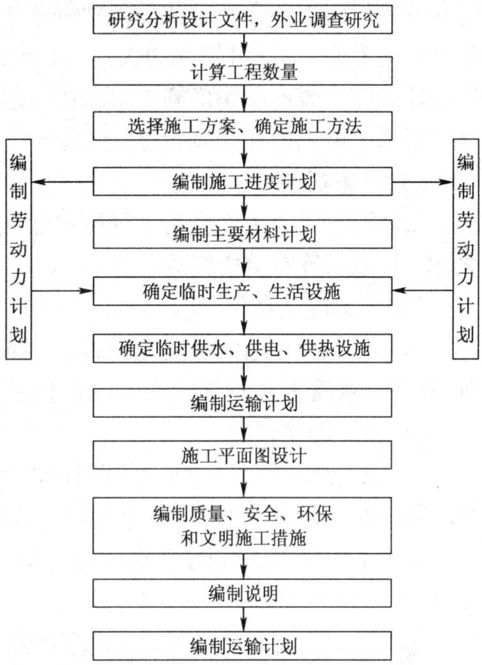

图 3-1 施工组织的编制程序

三、公路施工组织调查

为了做好施工组织设计，必须事先进行施工组织调查工作。所谓施工组织调查，就是为编制施工组织文件所进行的收集和研究有关资料的活动。为编制设计阶段的施工组织文件所进行的施工组织调查活动是在勘察设计阶段进行的，为编制施工阶段的施工组织文件所进行的施工组织调查活动是在开工前的施工准备阶段完成的。前者带有勘察调研的性质，后者则具有复查和补充的性质，但其总的内容和方法基本上是一样的。施工组织调查是施工组织设计的基础，必须脚踏实地、深入现场同有关部门进行认真细致地查询、研究，调查工作一般与概、预算资料调查工作结合一起进行，主要包括现场勘察和收集资料两个方面。

1. 勘察

所谓勘察是指对施工现场进行勘察，设计阶段的外业勘测，由勘测队的调查组来完成；施工阶段是在开工前组成专门的调查组来完成。勘察的对象主要是路线、桥位、大型土石方地段、地质地形复杂地段、材料采集加工场地等处。勘察的主要包括以下内容。

(1)施工现场及沿线的地形地貌

对于公路沿线的大、中型桥位，附属加工等施工现场，应结合勘察测绘平面图，并进行定性地描述。

(2)施工现场的地上障碍及地下埋设物

对于需要拆迁的建筑物等地上障碍物以及地下埋设的管线、文物等，除在勘测中进行实地调查外，尚应在施工前由施工单位去现场进行复查，并办理有关手续。

(3)其他必须去现场实地勘察的事项

2. 施工组织设计资料的收集

施工组织调查收集资料的基本要求是：座谈有纪要、协商有协议，有文件规定的要索取书面或复印资料。资料要确实可靠，措辞严谨，手续齐全，符合法律要求。一般调查收集以下资料。

(1)施工单位和施工组织方式

在勘察阶段，如可行性研究未明确施工单位，则应向建设单位调查落实施工单位，并明确是专业队伍施工还是军工或民工建勤施工方式。无论何种施工组织设计，均应事先考察施工单位的施工能力（即可投入的人力、机械、设备及其他施工手段）。对实行招标、投标的工程，在设计阶段一般不能明确施工单位的，设计单位应从设计角度出发，提出最为合理的意见，作为编制施工组织设计和概预算的依据。

（2）气象资料

在勘测中或施工前应与工程所在地气象部门联系，抄录工程所在地的气温、季风、雨量、雨季、积雪、冻深等有关资料。

（3）水文地质资料

可向工程所在地的水文地质部门或向本测量队的桥涵组、地质组抄录地质构造、土质类别、地基土承载能力、地震等级；地下水位、水量、水质、洪水期、洪水位等资料。

（4）技术经济情况

①施工现场（沿线）附近可以利用的场地，可供租用的房屋等情况。在勘测中或施工前，通过调查并与地方主管部门（如乡政府等）签订协议，尽量解决施工期间住宿办公等用房。

②对工程所需的外购材料应进行详细调查，并填写"调查证明"，由提供材料单位盖章证明。

③自采加工材料的料场、加工场位置、供应数量、运距等情况。

④当地能够雇用或支援建设的劳动力数量以及技术水平。

（5）运输情况

关于材料运输方面，除应分别了解施工单位自办运输及当地可提供的运力（指可能参加施工运输的运力，包括汽车、拖拉机、兽力车等）状况外，还应对筑路材料的运输途径、转运情况、运杂费标准等进行调查。除车辆调查外，尚应对施工便道情况进行调查。

（6）供水、供电、通信情况

了解施工用水水源、供水量、水压、输水管道长度。了解供电线路的电容量、电压、可供施工用的用电量及接线位置，对临时供电线路和变电设备的要求等。对于供电，应与当地电业部门签订用电协议书。通过调查确定施工动力类别的构成，了解当地通信情况，合理选择地方通信网或是自办无线电网。

（7）生活供应与其他

了解粮、煤、副食品供应地点；调查医疗保健情况等。

通过上述实地勘察和资料收集，既可对施工总体部署做到心中有数，据此对施工过程进行空间组织和时间组织；同时也是确定施工方案、选择施工方法的重要依据之一。总之，施工组织调查是施工组织设计的基础工作，对工程施工的经济效益具有重大影响。

第二节 公路施工程序

一、签订工程承包合同

施工企业获得工程施工任务通常有三种方式：一是由上级主管单位统一接受任务按行政隶属关系安排计划下达；二是经主管部门同意后，对外接受任务；三是自行对外投标，中标后获得任务。随着我国改革开放的深入和社会主义市场经济体制的形成和发展，施工任务将主要以参加投标的方式，在建筑市场的竞争中获得。

获得施工任务,从法律角度上讲,是以签订工程承包合同加以确认的。因此,施工企业接受的工程项目,必须与项目业主签订工程施工承包合同,明确双方的经济、技术责任,互相制约,互相促进,共同保证按质、按量、按期完成工程项目的建设任务。合同一经签订,就具有法律效力,双方均应认真履行。

二、施工准备工作

施工企业的施工准备工作千头万绪,涉及面广,必须有计划、按步骤、分阶段地进行,才能在较短的时间内为工程开工创造必要的条件。准备工作的基本任务是:了解施工现场的客观条件,根据工程的特点、进度要求,合理安排施工力量,从人力、物力、技术和施工组织等方面为工程施工提供一切必要的条件。

开工前的施工准备工作分为战略性的规划组织和战术性的现场条件准备两大部分内容。前者是总体的部署,后者是具体的落实。其主要内容包括以下几个方面。

1. 开工前的规划组织准备

(1)熟悉核对设计文件

设计文件是工程施工最重要的依据,组织技术人员熟悉和了解设计文件,是为了明确设计者的设计意图,掌握图纸、资料的主要内容及有关的原始资料。此外,从设计到施工通常都要间隔一段时间,勘测设计时的原始自然状况也许会由于各种原因有所变化,因此,必须对设计文件和图纸进行现场核对。

(2)补充调查资料

进行现场补充调查,是为了优化和修改设计、编制实施性施工组织设计、因地制宜地布置施工场地等。调查的主要内容有:工程地点的地形、地质、水文、气候条件;自采加工材料料场储备、当地生产加工情况、施工期间可供利用房屋数量;当地劳动力资源、工业生产加工能力、运输条件和运输工具;施工场地的水源、水质、电源,以及生活物资供应情况;当地民俗风情、生活习惯等。

(3)组织先遣人员进场

公路施工需要调用大量人员、材料和机械设备,施工先遣人员的任务,就是结合施工现场的实际情况,具体落实施工队一旦进入工地后在生产、生活、环境等方面必须解决的问题。对施工中涉及其他部门的问题,做好联系、协调工作,签订相应的会谈纪要、协议书或合同。同时还要及时与当地政府取得联系,积极争取地方政府对工程施工的支持。

(4)编制实施性施工组织设计和施工预算

实施性施工组织设计是指导施工技术的重要技术文件。公路施工系野外作业,又是线形工程,各地自然地理状况和施工条件差异较大,不可能采用一种定型的、一成不变的施工方案和施工方法,每项工程的施工均需要通过深入细致的工作,分别确定施工方案和施工组织方法。因此,必须认真做好实施性施工组织设计;并编制相应的施工预算,作为控制施工成本的依据。

2. 开工前的现场条件准备

施工企业经过现场核对后,应依据设计文件和实施性施工组织设计,认真做好施工现场的准备工作。准备工作包括征地拆迁,技术准备工作,建立临时生产、生活设施,以及人员、机具、材料的陆续进场。

上述各项具体准备工作完成后,即可向项目业主或监理工程师提出开工申请。开工申请必须按照规定的格式编写,并按上级要求或合同规定的最后日期之前完成。施工准备工作未做好,不得提出开工申请。

三、组织施工

在施工准备工作完成、提交开工申请并被批准后,才能开始正式施工。施工应严格按照设计图纸进行,如需变更必须事先按规定程序报经批准。要按照施工组织设计确定的施工方法、施工顺序及进度要求进行施工。各分项工程,特别是地下工程和隐蔽工程,要逐道工序检查合格,做好施工原始记录,才能进行下一道工序的施工。施工要严格按照设计要求和施工技术规范、验收规程进行,保证质量,安全操作,不留隐患,发现问题,及时解决。

公路工程施工是一项复杂的系统施工,必须科学合理地组织,建立正常、文明的施工秩序,有效地使用人力、物力和财力。施工方案要因地制宜、结合实际,施工方法要先进合理、切实可行。施工中既要注意工程质量和施工进度,又要注意保护环境、安全生产,确保优质、高效、低耗、安全地全面完成施工计划任务。

四、竣工验收

建设项目按设计要求建成后,施工企业应自行初验。经初验符合设计要求,并具备相应的施工文件资料后,应及时报请上级单位组织竣工验收。

根据建设项目的规模大小,分别由国家计委或交通部,或省、自治区、直辖市交通主管部门组织验收。参加竣工验收的人员,应包括主管部门、建设单位、交工验收组代表、质量监督、造价管理、设计、施工、监理、接管养护、当地有关部门代表以及特邀专家。

竣工验收工作以设计文件为依据,按照国家有关规定,分析检查结果,评定工程质量,形成竣工验收鉴定书,并经竣工验收委员会签认。

竣工验收通过后,施工单位应认真做好工程施工的技术总结,并建立技术档案按管理等级建档保存。

第三节 施工方案

一、施工方案主要影响因素

时间组织、空间组织、资源组织是影响施工方案的三大要素;三者之间既是独立的又是相互联系、相互制约的一个整体。在空间组织中,设计施工总平面图时,应根据进度计划,确定所有资源在各时期的分配,编制材料的消耗和供应图表,根据材料的消耗和供应图表中的储备量设计材料仓库设施的大小。利用进度计划的数据确定的工人人数决定生活、行政办公和住宅建筑面积的数量;资源组织计划必须依照施工进度计划进行编制。只有根据已确定的施工进度计划,计算出各个施工项目每天所需的各种资源种类和数量,将同一时间内所有施工项目的各种资源的数量分别累加,才可计算出每种资源随时间而变化的需要量。施工进度计划的变动必然影响到资源组织计划的变化,因此资源组织计划应与施工进度计划相对应。反之,当资源组织不平衡或受到限制满足不了进度计划的要求时,则必须对进度计划进行调整以满足资源的供应要求;因此确定施工方案必须把三者结合起来考虑,在保证合同要求的前提下,以达到时间短、空间小、资源均衡的目的。

二、总体施工方案与施工方法的选择

1. 施工总体部署

公路施工标段里程较长，为了方便管理，应根据项目的实际情况，如施工任务的大小、项目的复杂程度及施工工期的要求等，进行施工总体部署及施工队伍的布置。对于大型项目或路线较长的项目，为了管理方便，可以将整个项目划分为若干个施工段落分别管理，同时进行施工，以加快进度，减少管理难度。一般采用联合体或联营体投标的项目，在施工以前都将各自施工范围划分清楚。

(1)施工段落的划分

施工段落的划分应符合以下原则。

①为便于各段落的组织管理及相互协调，段落的划分不能过小，应适合采用现代化的施工方法和施工工艺，即采用目前市场上拥有的效率高、能保证施工质量的施工机械，保证正常的流水作业和必要的工序间隔，从而保证施工质量；也不能过大，过大起不到方便管理的作用；段落的大小应根据单位本身的技术能力、管理水平、机械设备状况结合现场情况综合考虑。

②各段落之间工程量基本平衡，投入的劳力、材料、施工设备及技术力量基本一致，都能够在一个合理的(或最短的)工期内完成工程。

③避免造成段落之间的施工干扰(施工交通、施工场地、临时用地等)。即各段落之间应有独立的施工道路及临时用地，土石方填、挖数量基本平衡，避免或减少跨段落调配，以避免造成段落之间相互污染或损坏修建的工程及影响工效等。

④工程性质相同的地段(如石方、软土段)或施工复杂难度较大而施工技术相同的地段尽可能避免化整为零，以免既影响效率，也影响质量。

⑤保持构造物的完整性，除了特大桥之外，尽可能不肢解完整的工程构造物。

例如：某单位在一高速公路项目接受12.8km的公路施工任务，其中特大桥一座，根据实际情况该单位组建项目部后，划分为三个段落，安排三个处进行施工，其中一个处负责特大桥，桥长600m；两个处分别负责路基、路面。根据任务情况一个处负责6.8km，另外一个处负责5.48km，各处单独管理，独立核算，项目部全面负责协调管理。

(2)施工队伍的布置

在项目确定或施工段落划分以后，应确定施工队伍的布置。施工队伍的布置应根据项目或施工段落划分情况，结合施工作业方式进行。一般路基工程可按照工程项目来划分和布置，如土方施工队、石方施工队、涵洞、通道施工队、桥梁施工队、排水和防护工程施工队、路面基层施工队、路面面层施工队等；也可以按照专业作业方式划分，如机械土石方施工队、人工土石方施工队、砌筑工程施工队、钢筋工程施工队、模板工程施工队、混凝土浇筑工程施工队等。

对于一般大型项目其划分和施工队伍的布置常常以上述两种方法交替使用，即某一个项目中既按照专业划分若干个作业班组进行施工。如涵洞、通道施工队中又可根据涵洞、通道数量的多少划分为基础开挖、基础砌筑、模板安装、混凝土浇筑、盖板预制、盖板安装等；桥梁施工队中又可划分为基础施工、下部构造、上部构造、桥面铺装等。

2. 施工方法的选择

各个施工过程均可采用不同的施工方法进行施工，而每一种方法都有其各自的优点和缺点，我们的任务在于从若干能实行的施工方法中，选择适合于本工程的最先进、最合理、最经济的施工方法，从而达到降低工程成本和提高劳动生产率的预期效果。

施工方法的确定主要是针对本工程的主导施工过程。在进行此项工作时,要注意突出重点,凡采用新技术、新工艺和对本工程的施工质量起关键作用的项目,或技术较为复杂,工人操作不够熟练的工序,在施工方案中均应详细说明施工方法和技术措施,必要时单独编制施工作业设计;对于常见的一般结构形式,工人已经熟练掌握的常规做法,则可不必详述。

在拟订施工方法的同时,还应明确指出该施工项目的质量标准及确保质量与安全的措施。

施工方法的确定取决于工程的特点、工期要求、施工条件、机械设备等因素。所以,各种不同类型工程的施工方法有很大差异。对于同一工种,其施工作业方法也有多种可供选择,例如:沥青表面处治路面施工,可采用层铺法和拌和法两种,T 梁安装可采用木扒杆、单导梁、架桥机等多种方法。方法很多,但不管采用何种方法,都将对施工方案产生巨大的影响。

3. 施工顺序的安排

施工顺序是多种多样的,但它也有一定的规律可循,我们要紧紧抓住决定施工顺序的基本因素,仔细分析各种不同施工顺序的前提条件和实施效果,作出最佳的施工顺序安排。

安排施工顺序的原则如下。

(1)必须符合工艺的要求

公路工程项目各施工过程之间存在一定的工艺顺序关系,例如钻孔后必须尽快地灌注水下混凝土,否则就要坍孔,所以两道工序必须紧密衔接。

(2)必须使施工顺序与施工方法、施工机具相协调

例如,现浇混凝土上部构造的施工顺序与采用架桥机进行装配化施工顺序就显然不相同,所以,施工方法不同,采用的机具设备不同,其施工顺序也必然不同。

(3)考虑施工质量的要求

在安排施工顺序时,要以确保施工质量作为前提条件,影响工程质量时,要重新安排或者采取必要的技术措施。

(4)必须考虑水文、地质、气候的影响

安排施工顺序时,必须充分考虑洪水、雨季、冬季、季风、不良地质地段的影响。有的因素对施工顺序的安排起着决定性的作用,如桥梁下部工程一般应安排在汛期之前完成或之后开始。

(5)必须考虑影响全局的关键工程的合理施工顺序

例如,路线工程中的某大桥、某隧道、某深堑,若不在前期完工,将导致其他工程不能施工(如无法运输材料、机具,工期太长等),此时即应集中力量攻克关键工程。

(6)必须遵从合理组织施工过程的基本原则

即符合施工过程的连续性、协调性、均衡性、经济性的原则。

(7)必须考虑安全生产的要求。

(8)应能使工期最短、成本最低。

三、施工方案与施工机具的配套

施工方案一经确定,施工机具的选择就应以满足它的基本需求为基本依据。但是在现代化的施工条件下,许多时候是以选择施工机具为主而来确定施工方案的,所以施工机具的选择往往成为主要问题。在选择施工机具时,应注意以下几点。

(1)只能在现有的或可能获得的机械中进行选择,尽管某种机械在各方面都是合适的,但如不能得到,就不能作为一个供选择方案。

(2)所选择的机具必须满足施工的需要,但又要避免大机小用。

(3)选择机具时,要考虑互相配套,充分发挥主机的作用。如在土方工程施工中,用自卸汽车运输配合单斗挖土机挖土时,自卸汽车的数量必须保证挖土机能连续不断地工作而不致因等车停歇。同时汽车的容量也必须与挖土机斗容量相匹配,以保证充分发挥挖土机的效力。

(4)施工机具的选择,必须满足施工质量和工期的要求。

(5)在选择施工机具时,必须从全局出发,不仅要考虑到在本工程或某分部工程施工中使用,还要考虑到同一现场上其他工程或其他分部分项工程是否也可使用。

四、施工方案的案例

某绕城线北段高速公路项目土建工程第×合同段,起止桩号为:主线 K20+046.8~K25+310(含互通);一级公路连接线 LK0+000~LK1+482.508。其中主线 5.2632km 采用四车道高速公路标准建设,计算行车速度 100km/h,路基宽度 26.0m;连接线 1.4825km 采用一级公路标准建设,计算行车速度 100km/h,路基宽度 25.5m。本合同段路线全长 6.745 7km。

1. 本合同段包含的工程项目

路基工程:清理场地、临时工程、土石方工程、排水工程和防护工程;

桥涵工程:中、小桥、互通式和分离式立交桥、通道、涵洞、人行天桥等;

路面工程:主线、互通匝道、一级公路路面底基层及支线路面;

沿线设施:改路、改渠、改沟和接线工程。

2. 主要工程数量(表 3-1)

主要工程数量　　表 3-1

序号	项目	单位	设计工程量	备注
1	路基开挖土方	万 m^3	91.172 3	含借土开挖
2	路基开挖石方	万 m^3	63.507 2	
3	挖除淤泥	万 m^3	10.637 9	
4	路基填筑	万 m^3	145.921 9	含路基填石
5	水泥稳定砂砾底基层	万 m^2	20.311 6	
6	中桥	m/座	53.12/1	
7	小桥	m/座	0	
8	圆管涵	m/道	485.7/10	
9	盖板通道(涵)	m/道	1 079.3/26	
10	互通式立交	处	1 处	
11	分离式立交(含人行天桥)	m/处	364.56/7	
12	排水工程	km	21.024	
13	防护圬工	万 m^3	2.53	

3. 工程特征分析及施工对策

(1)工程特点

地质条件较差,工期短,工程量大,构造物多是本合同段的主要特点。

(2)工程重点和难点

本合同段的重点、难点工程为石方爆破、路基填石和 K23+741.5 分离式跨线桥(上跨 G107 国道)35m 预应力 T 梁的预制安装。

(3)施工对策

①路基石方爆破施工对策：成立专业爆破小组，由项目副经理任组长，多开工作面，采用平行作业，加大人员、机械设备的投入。

②路堤填石施工对策：以技术为保障，合理组织，加强现场控制，利用晴好天气分段施工，重点突出。

③35m 预应力 T 梁施工对策：加大该桥人员、设备和资金的投入，精心组织、合理安排。配备专门的施工机械设备，安排专业队伍施工。

4. 工程施工总体安排

(1)任务划分

根据招标文件的总体要求及本合同段特点结合具体情况，项目部计划将本合同段的施工任务划分成两个路基责任工区，一个桥梁施工组和一个路面施工组。其中第一工区负责K20+046.8~K23+790段路基土石方、通道、涵洞、防护和排水施工(含接线工程)；第二工区负责互通(K23+790~K25+310)和一级公路(LK0+000~LK1+482.508)的路基土石方、通道、涵洞、防护和排水施工(含接线工程)；桥梁施工组负责本合同段全部桥梁施工；第三路面施工组负责本合同段路面工程的施工。

(2)路基土石方施工及桥梁施工任务划分及人员、设备配备见表3-2、表3-3。

路基土石方任务划分及人员、设备配备表 表 3-2

作业队	负责施工区段	主要设备	劳动力	主要工程量(m^3)
土石方施工1队(第一工区)	K20+046.8~K22+200	挖掘机2台 平地机1台 洒水车1台 羊足碾1台 振动压路机1台 推土机1台 自卸汽车10台 潜孔钻1台	30人	填方：329 448.3m^3 挖方：262 694m^3
土石方施工2队(第一工区)	K22+200~K23+790	挖掘机2台 羊足碾1台 振动压路机1台 推土机1台 自卸汽车10台 潜孔钻1台 平地机1台 洒水车与一队共用1台	30人	填方：269 358 m^3 挖方：257 921 m^3
土石方施工3队(第二工区)	K23+790~K25+310 CK0+142.073~CK0+250 EK0+225~EK0+581.711	挖掘机2台 羊足碾1台 平地机1台 洒水车1台 潜孔钻1台 推土机2台 自卸汽车15台 振动式压路机1台	30人	填方：346 959.5m^3 挖方：293 722m^3
土石方施工4队(第二工区)	A匝道、B匝道、D匝道、养护工区 CK0+250~CK0+561.316 EK0+110~EK0+225	挖掘机2台 羊足碾1台 平地机1台 洒水车1台 潜孔钻1台 推土机1台 自卸汽车10台 振动压路机1台	30人	填方：363 090m^3 挖方：219 546m^3
土石方施工5队(第二工区)	LK0+000~LK1+482.508 (包括平交口)	挖掘机2台 平地机1台 推土机1台 羊足碾1台 汽车10台 潜孔钻2台 振动压路机1台 洒水车与4队共用1台	30人	填方：218 079m^3 挖方：215 456m^3

桥梁工程任务划分及人员、设备配备表　　表 3-3

工区	施工队	桥梁名称	主要工程数量	作业时间	主要设备数量	劳动力
一工区	桥梁一队	K21 +228 中桥	桩基:32 根 16m 空心板:60 片	2003.8.20 ~2004.4.10	旋转钻机 2 台 电焊机 2 台 发电机 2 台	90 人
	桥梁二队	K23 +741.5	T 梁:12 片下构 混凝土:3 353m^3	2003.8.20 ~2004.3.15	电焊机 2 台 发电机 2 台	80 人
	桥梁三队	K20 +675	桩基:8 根 连续箱梁:61.48m	2003.10.1 ~2004.3.31	旋转钻机 2 台 发电机 2 台	80 人
		K21 +060	桩基:8 根 连续箱梁:61.48m	2003.11.1 ~2004.4.30	旋转钻机 2 台 发电机 2 台	80 人
		K22 +120	预应力混凝土斜 腿刚构 49.28m	2004.1.10 ~2004.7.31	电焊机 2 台 发电机 2 台	80 人
二工区	桥梁四队	K22 +440	13m 空心板:20 片 下构混凝土:3 205m^3	2003.7.20 ~2003.12.31	拌和机 3 台 发电机 2 台	70 人
		LK0 +015	13M 空心板:20 片 下构混凝土:3 430m^3	2003.10.15 ~2004.4.15	电焊机 2 台 发电机 2 台	70 人
		AK0 +691.45	25m 空心板:24 片 下构混凝土:2 300m^3	2004.1.15 ~2004.6.30	电焊机 2 台 发电机 2 台	70 人

(3)进度安排

①影响进度的因素

该项目的总工期及本合同段的工程量、工程特点、气候因素以及投入人员、设备情况是本施工组织设计进度安排的主要影响因素。

②总工期的安排

本标段计划开工日期为 2005 年 6 月 28 日,计划竣工日期为 2006 年 11 月 28 日。招标文件规定工期为 18 个月,计划提前 1 个月完工。

③施工总体安排

项目开工后,组织相关人员、机械设备修建好临时设施,拉通路基的纵向施工便道,然后进行路基清表及软基处理工作,为大面积的路基填筑和桥涵施工创造条件。路基填筑时,优先考虑桥梁及通道、涵洞开工必需的场地,尽早为本项目的关键工程打开工作面。主线 K23 +741.5处、35m 预应力简支 T 梁上跨 107 国道,对主线路基土石方调配和路基主线的贯通有很大的影响,因此,将尽可能提早该座跨线桥的开工日期,以确保其他工程按期完成。涵洞、通道严重制约路基土石方的施工进度,对当地群众的农业生产及生活也有很大的影响,施工中计划把通道、涵洞施工和路基填筑作为一个整体来考虑,合理组织施工,防护、排水工程根据路基填筑的进展情况及时组织施工,同时路基填筑也要兼顾防护工程的施工。待路基填筑、桥梁工程的主体工程、通涵全部工程完成后,组织队伍进行路基精加工的施工,路基精加工完成 40%,且桥梁半幅通车后,开始进行路面底基层施工,最后完成本合同段的路基扫尾工作,并做退场准备。

5. 施工方案及施工方法

(1)普通路段路基土石方施工

本合同段路基挖土方911 723m^3(包括软石),挖石方635 072m^3,填土方1 199 219m^3,填石方2 600 00m^3,土石方作业设五个施工队,平行作业。

土石方施工方案如下:

①土方调运在100m以内采用推土机施工;

②土方调运在100m以上采用挖掘机配自卸汽车施工;

③开挖石方采用机械打眼,人工爆破后采用推土机打堆,挖掘机装车,自卸汽车运输;

④填土方采用推土机粗平,平地机精平,振动压路机碾压成型;

⑤填石方采用推土机整平,羊足碾配振动压路机碾压成型,辅以洒水车水密。

(2)石方爆破施工方案和施工方法

本合同石方开挖工程数量有6 350 72m^3,主要集中在K23+700~LK1+482.5段,一般切深8~10m,最大切深22.5m,基岩主要为钙泥质砂岩,根据该基岩的特征,采用小型爆破方法进行开挖(具体人员、设备的配备及方案等省略)。

(3)路面工程施工方案和施工方法

本标段路面工程有:34cm厚4%水泥稳定砂砾底基层1 330 33m^2,17cm厚4%水泥稳定砂砾底基层49 274m^2,15cm厚4%水泥稳定砂砾底基层20 809m^2,15cm厚4%水泥稳定砂砾基层752m^2,15cm厚6%水泥稳定碎石基层334 0m^2,18cm厚水泥混凝土路面3 702m^2,20cm厚水泥混凝土路面460m^2,15cm厚泥结碎石路面1 933m^2,20cm厚泥结碎石路面7 810m^2。其中34cm厚、17cm厚和15cm厚4%水泥稳定砂砾底基层分别为主线、互通匝道及一级公路的路面底基层,其余均为接线工程的路面工程数量。根据设计要求,结合现场情况及目前施工状况,主线、互通匝道和一级公路底基层混合料采用300t/h稳定土厂拌设备集中拌和,自卸汽车运输,具有自动调平、摊铺宽度大于12m的ABG摊铺机一次性摊铺成型,压路机压实,其中34cm厚的底基层按每层17cm厚分两层摊铺压实。

底基层拌和场设在K23+500路线左侧,接线工程的路面基层采用集中拌和,平地机摊铺,泥结碎石路面采用机械沿路拌和法施工,水泥混凝土路面采用拌和站集中拌和,人工摊铺。

(4)35m预应力T梁的预制、安装

①预制

a)台座

在桥梁1号台背处选择一个合理预制场场地,经平整、压实、硬化后开始预制台座的浇筑,距梁两端100cm处各留一缺口来安放托梁架,台座每隔80cm埋设一根塑料管,为装模时穿对拉栓螺杆。为了保证梁底平整与光洁,台座顶面铺厚6mm的钢板。预制台座以方便施工和转运T梁进行合理布置。

b)模板

T梁模板采用定制的钢模,侧模上安装附着式振动器。两相邻模板采用螺栓连接,并用橡胶止缝,以防漏浆。模板在拼装之前将表面清理干净,并涂抹脱模剂,模板的对拉螺杆采用ϕ18mm的圆钢制作,对拉螺杆套塑料管,拆模后抽除螺杆并用砂浆封灌。

c)钢筋

钢筋在加工棚制作好后,在台座现场绑扎成型,施工过程中必须控制保护层厚度,确保钢筋间距达到设计要求,以保证预应力管道安装和混凝土的浇筑。

d)预应力索加工和布置

预应力索采用高速砂轮切割机切断，下料长度满足设计和张拉操作的需要。预应力索每隔1.5m用18号铁丝绑扎成束，成束的钢绞线端头对拼并编号标明长度及所用部位。预应力束的设计位置及高程精确测放并标置于骨架上，波纹管安装按此位置固定，穿预应力索前根据管道编号与长度，将预应力索穿入端戴上铁帽固紧，预应力索用人工慢速卷扬机牵引。

e)混凝土施工

预制场混凝土施工分为三大内容：混凝土拌和、混凝土浇筑、混凝土养护。

混凝土浇筑工艺直接影响到混凝土强度和耐久性，混凝土浇筑工艺主要从两方面控制：一是浇筑方法，二是良好的振捣。

f)预应力张拉

预应力张拉采用张拉应力和延伸量进行双控。张拉前对预应力设备进行校准、标定，并计算出理论延伸量、张拉油压。在混凝土强度达到设计要求的强度时开始张拉。张拉程序：

$$0\rightarrow\text{初应力}\rightarrow1.05\sigma\mathrm{con}\rightarrow\sigma\mathrm{con}(\text{持荷 }2\mathrm{min})\rightarrow\text{锚固}$$

预应力张拉经分级加压至设计值后，量测延伸量，如实际延伸量与预计延伸量之差大于±6%时，应查明原因，采取相应措施。梁体预应力全部张拉后，注意梁体的上拱值，若不符合设计值则分析原因，进行调整。

g)孔道压浆

预应力张拉完毕后，应尽快进行压浆。在灌浆前，用手持式砂轮机将外露的钢绞线割断，然后吹入无油分的压缩空气清洗管道，再用0.5~0.7MPa的恒压将水泥浆由梁的一端注入自另一端流出，直到流出的稠度达到注入稠度，灌浆完成后将出气孔逐一封闭，再浇筑封锚混凝土。

h)封锚

孔道压浆后应立即将梁端水泥浆清洗干净，同时清除支承垫板，锚具及端面混凝土的污垢，并将端面混凝土凿毛，以备浇筑封端混凝土，预应力钢束用手持式砂轮切割机割除。首先绑扎端部钢筋网，妥善固定封端模板，在校核梁体长度无误后，浇筑封端混凝土。在浇筑封端混凝土时，需仔细操作并认真振捣，以确保锚具处的混凝土密实。

②T梁的安装

T梁使用双导梁穿行式架桥机架设。先在桥头路堤上拼装架桥机并牵引至桥墩上，再吊运预制梁。用纵移平车将预制梁运至导梁并穿过平衡部分，当梁前端进入前横行的吊点下面时，用前横行上的链滑车将预制梁前端稍稍吊起，取去纵移平车后再落至原来高度使梁保持水平，由缆车牵引前行车前进，当预制梁后端进入后横行吊点下面时，仍按上述操作进行。完毕后，继续牵引梁前进至规定位置。

预制梁横移，先把纵桁行车轮制动，然后将横桁上的跑车横移至设计位置，再平稳就位。

预制梁的安装顺序是先安边梁、再中梁，安装一片焊接好横隔板的联结钢板和湿接缝混凝土，以保证T梁的稳定，不致倾倒。安装示意图如图3-2所示。

(5)安装空心板

空心板安装采用架桥机，具体施工方法如下。

①在桥梁安装孔位置的路基上拼装双导梁架桥机并延伸到桥头，导梁长度为吊安桥跨长度的2.5倍，上铺枕木和钢轨，导梁上设置两个吊点，每吊点吊重40t，纵移采用2台5t单筒慢速卷扬机纵向牵引。构造图如图3-3所示。

②由架桥机两个吊点吊起，牵引到安装位置，搁置在墩台上。

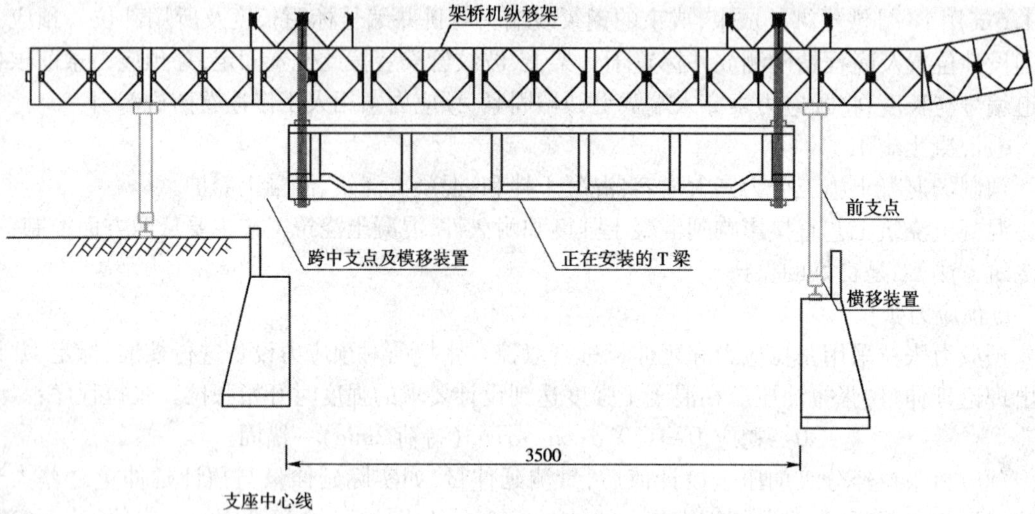

图 3-2　T 梁安装示意图(尺寸单位:cm)

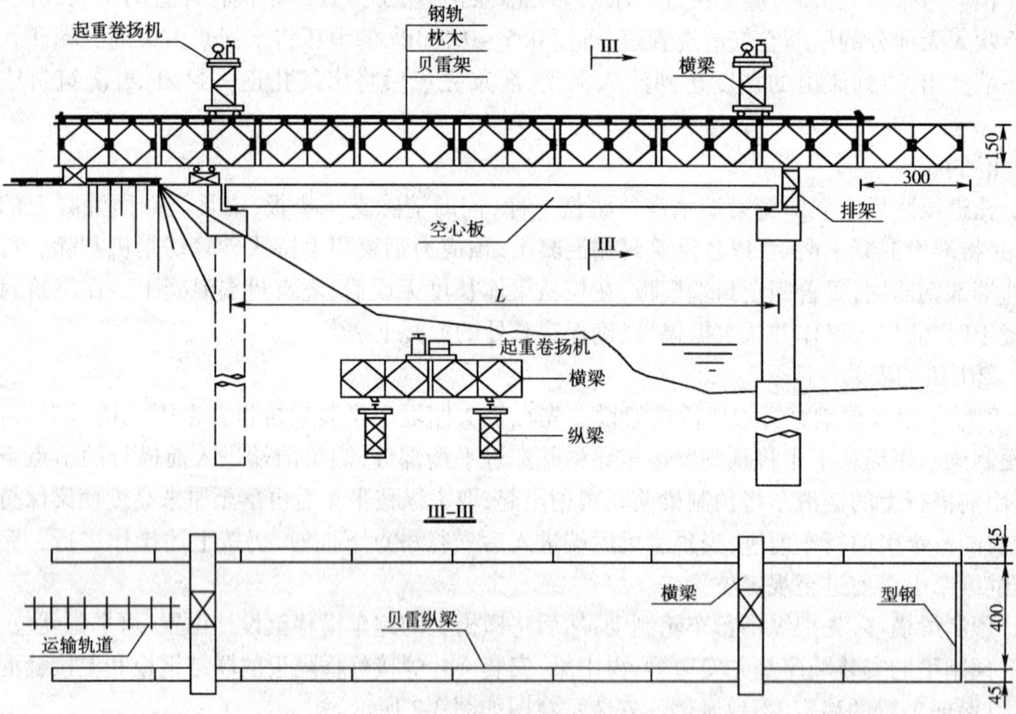

图 3-3　导梁安装构造图(尺寸单位:cm)

③由于盖梁设有三角坡垫,不平整,可采用在盖梁上铺放钢轨方法,钢轨上安放滑板,用手拉葫芦将空心板横向移到安装位置,再用千斤顶顶升,抽出钢轨、安放支座、落梁。

④当第一孔安装以后,架桥机向前拖至第二安装孔,运梁轨道相应延至第一孔,同样方法安装第三孔。

第四节　时间组织计划的编制

一、施工进度计划的作用

施工进度计划是控制工程施工进度和工程竣工期限等各项施工活动的依据，施工组织工作中的其他有关问题都要服从进度计划的要求，如计划部门提出月、旬作业计划，平衡劳动力计划；材料部门调配材料、构件；设备部门安排施工机具的调度；财务部门的用款计划等均须以施工进度为基础。

施工进度计划反映了工程从施工准备工作开始，直到工程竣工为止的全部施工过程；反映了工程建筑与安装的配合关系，及各分部工程及工序之间的衔接关系。所以施工进度计划有助于领导部门抓住关键，统筹全局，合理布置人力、物力，正确指导施工生产活动的顺利进行；有利于工人明确目标，更好地发挥主人翁精神；有利于施工企业内部及时配合，协同作战。

二、施工进度计划的依据和步骤

1. 编制施工进度计划的依据

(1)工程的全部施工图纸及有关水文、地质、气象和其他技术经济资料；

(2)上级或合同规定的开工、竣工日期；

(3)主要工程的施工方案；

(4)劳动定额和机械使用定额；

(5)劳动力、机械设备供应情况。

2. 编制施工进度计划的步骤

(1)研究施工图纸和有关资料及施工条件；

(2)划分施工项目，计算实际工程数量；

(3)编制合理的施工顺序和选择施工方法；

(4)计算各施工过程的实际工作量(劳动量)；

(5)确定各施工过程的劳动力需要量(及工种)和机械台班数量及规格；

(6)设计与绘制施工进度图；

(7)检查与调整施工进度。

三、施工进度图的形式

施工进度图通常是以图表表示的，主要形式有：**横道图法**、**垂直图法**和**网络图法**等三种。

1. 横道图

其常用的格式如图3-4所示。它是由两大部分组成，左面部分是以分部分项工程为主要内容的表格，包括了相应的工程量、定额和劳动量等计算依据；右面部分是指示图表，它是由左面表格中的有关数据经计算得到的。指示图表用横向线条形象地表示出分部分项工程的施工进度，线的长短表示某工作施工持续时间；线的位置表示施工过程；线上的数字表示劳动力数量；线的不同符号表示作业队或施工段别，图中线段表示出各施工阶段的工期和总工期，并综合反映了各分部分项工程相互间的关系。

这种表示方法比较简单、直观、易懂，容易编制，但有以下缺点：(1)分项工程(或工序)的相互关系不明确；(2)施工日期和施工地点无法表示，只能用文字说明；(3)工程数量实际分布情况不具体；(4)仅反映出平均施工强度。它适用于绘制集中性工程进度图，材料供应计划图或作为辅助性的图示附在说明书内用来向施工单位下达任务。

编号	工程名称	施工方法	工程量		20××年（月份）										起止时间	
			单位	数量	1	2	3	4	5	6	7	8	9	10	开工	结束
1	临时通信线路	人工为主	km	80	6										1月初	4月底
2	沥青混凝土基地	人工安装	处	1		35									2月初	3月底
3	清除路基	机械	m^2	700 000			4								1月初	4月底
4	路用房屋	人工	m^2	1 300				40							1月初	5月底
5	大桥	半机械化	座	1			56								3月初	9月底
6	中桥	半机械化	座	5					40						2月初	8月底
7	集中性土方	机械	m^2	130 000						20					3月初	8月底
8	小型构造物	半机械化	座	23					30						5月初	
9	沿线土方	机械为主	m^2	89 000						36					4月初	7月底
10	基层	半机械化	m^2	560 000							30				6月初	9月底
11	面层	半机械化	m^2	560 000									20		9月15	10月
12	整修工程	人工为主	km	80										30		10月

劳动力分布图

$k=R_{max}/R_{平均}=1.42$

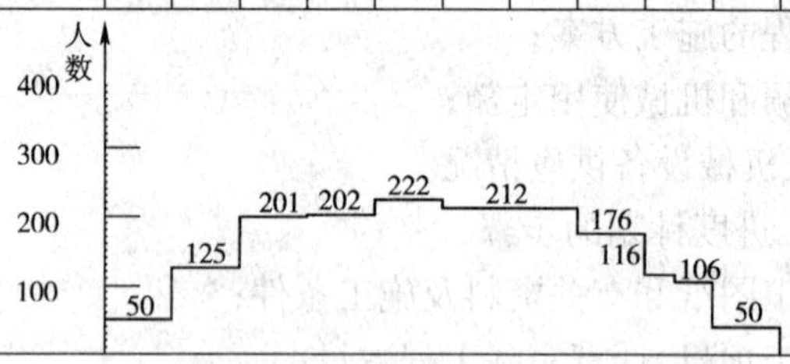

图 3-4 施工进度横道图

2. 垂直图

垂直图的表示特点是：以纵坐标表示施工日期，以横坐标表示里程或工程位置，而各分部分项工程的施工进度则相应地以不同的斜线表示。工程量在图表上方相应位置表示，施工组织平面示意图可在图表的下方相应地表示，资源分布图可在图表右侧以曲线表示。图 3-5 为垂直图的应用实例。

垂直图的优点：弥补横道图的某些不足之处，工程项目的相互关系、施工的紧凑程度和施工速度都十分清楚，工程的分布情况和施工日期一目了然，从图中可以直接找出任何一天各施工队的施工地点和应完成的工程数量。但仍有一些不足之处：(1)反映不出某项工作提前(或推迟)完成对整个计划的影响程度；(2)反映不出哪些工程是主要的，不能明确表达出哪些是关键工作；(3)计划安排的优劣程度很难评价；(4)不能使用电子计算机，因而绘制和修改进度图的工作量很大。

3. 网络图

用网络图来表示施工进度的基本原理及计算将在第五章中讲述。网络图与横道图、垂直图比较，不但能反映施工进度，而且更能清楚地反映出各个工序、各施工项目之间错综复杂的相互联系、相互制约的生产和协作关系。不论是集中性工程，还是线形工程，都可以用网络图

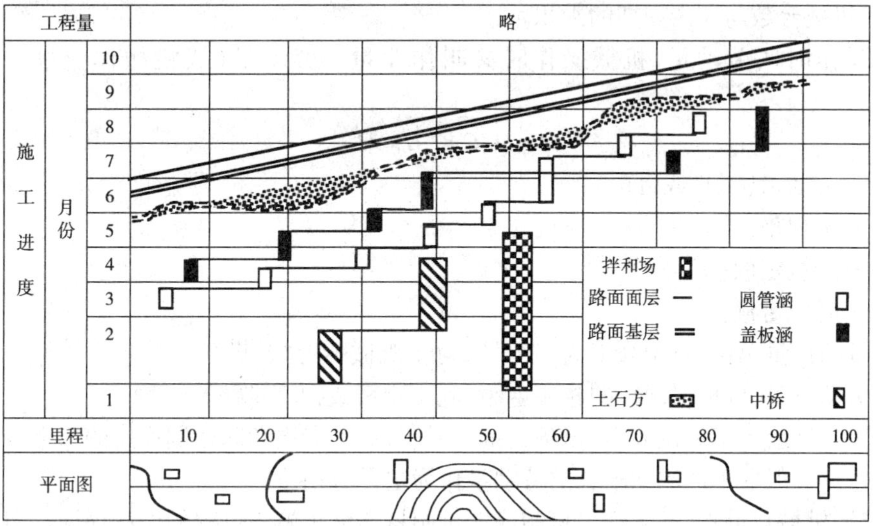

图 3-5 施工进度垂直图

表示工程进度，因此，这是一种比较先进的工程进度图的表示形式，应大力推广使用。

四、横道图及垂直图进度计划的编制

在施工组织设计中进度计划有三种形式，即横道图、垂直图和网络图，网络图的编制方法将在以后的章节中介绍，本章仅介绍横道图及垂直图的编制方法和步骤。

1. 划分施工项目，确定施工方法

在编制单位工程施工进度计划时，首先要划分施工项目的细目，即划分为若干种工序、操作，并填入相应的栏内。划分时应注意以下几点：

(1)划分施工项目应与施工方法相一致，使进度计划能够完全符合施工实际进展情况，真正起到指导施工的作用；

(2)划分施工项目的粗细程度一般要按施工定额(或预算定额)的细目和子目来填列，这样既简明清晰，又便于查定额计算；

(3)施工项目在进度计划表内填写时，应按工程的施工顺序排列(指横道图)，而且应首先安排好主导工程；

(4)施工项目的划分一定要结合工程结构特点仔细分项填列，切不可漏填，以免影响进度计划的准确性。

选择施工方法首先要考虑工程的特点和机具的性能，其次要考虑施工单位所具有的机具条件和技术状况，最后还要考虑技术操作上的合理性。确定施工方法后，还应根据具体条件选择最先进的合理的施工组织方法。

2. 计算工程量与劳动量

(1)工程数量计算

施工进度计划项目列好以后，即可根据施工图纸及有关工程数量的计算规则，按照施工顺序的排列，分别计算各个施工过程的工程数量并填入表中。工程数量的计算单位，应与相应定额的计算单位相一致。

(2)劳动量计算

所谓劳动量，就是施工过程的工程量与相应的时间定额的乘积。如劳动力数量与生产周期的乘积,机械台数与生产周期的乘积。

人工操作时叫劳动量,机械操作时又叫作业量。劳动量(或机械作业量)可按下式计算:

$$D = Q/C \text{ 或 } D = Q \cdot S \tag{3-1}$$

式中:D——劳动量(工日或台班);

Q——工程量;

C——产量定额;

S——时间定额。

劳动量的计量单位,对于人工为“工日”,对于机械则为“台班”。

计算劳动量时,应根据现行的相应定额(施工定额或预算定额)计算。

受施工条件或施工单位人力、设备数量的限制,对生产周期起控制作用的那个劳动量称为主导劳动量。一般取生产周期较长的劳动量作为主导劳动量。

在人员、机械数量不变,采用二班制或三班制将会缩短施工过程的生产周期。当主导劳动量生产周期过于突出,就可以采用二班或三班制作业缩短生产周期。

3. 生产周期计算

由于要求工期不同和施工条件的差异,其具体计算方法有以下两种。

(1)以施工单位现有的人力、机械的实际生产能力以及工作面大小,来确定完成该劳动量所需的持续时间(周期)

一般可按下式计算:

$$T = \frac{D}{R \times n} \tag{3-2}$$

式中:T——生产周期(即持续天数);

D——劳动量(工日或台班);

R——每班人数或机械台数;

n——生产工作班制数。

注意生产工作班制应考虑施工工艺的要求,例如钻孔过程必须连续,计算生产周期时就应三班制作业。

(2)根据规定的工期来确定施工队(班组)人数或机械台数

在某些情况下,可以根据已规定的或后续工序需要的工期,来计算在一班制、二班制或三班制条件下,完成劳动量(或剩余工程量)所需作业队的人数或机械台数。一般按下式计算:

$$R = D/(t \times n)$$

限于篇幅,具体计算及分析参见有关公路施工组织管理的参考书。

4. 施工进度图的编制

以上各项工作完成后,即可着手编制不同阶段的施工进度计划。

(1)横道图法的编制步骤

①按标准横道图格式绘制空白图表。

②根据设计图纸、施工方法、定额、概预算(项目表)进行列项,并按施工顺序填入横道图的工程名称栏内。

③逐项计算工程量。

④逐项选定定额,将其编号填入横道图中。

⑤进行劳动量计算。

⑥按施工力量(作业队、班、组人数、机械台数)以及工作班制按上述公式计算所需施工周期(即工作日数);或按限定的周期以及工作班制、劳动量确定作业队、班(组)的人数或机械台数,将计算结果填入横道图相应栏内。

⑦按计算的各施工过程的周期,并根据施工过程之间的逻辑关系,安排施工进度日期。其具体做法是:按整个工程的开竣工日历,将日历填入横道图的日程栏内,然后即可按计算的周期,用直线或绘有符号的直线绘制进度图。

⑧绘制劳动力安排曲线。

⑨进行反复调整与平衡,最后择优定案。

(2)垂直图法编制步骤

对于线形工程,当施工方案确定以后,即可按下列步骤绘制用垂直图法表示的施工进度图。

①绘出图表轮廓及表头,即将项目以及项目的工程量按相应的里程绘于图的上半部,见图3-5的施工进度垂直图。

②根据工程的开竣工日历,将进度日历绘于图左的纵坐标上。

③将里程及工程的空间组织,即施工平面草图绘于图的下部。

④进行列项,计算劳动量、周期、劳动力数、机械台数,一般可先列表算好,并与绘图结合,反复平衡优化。

⑤按已算出的施工周期,分别以铅笔绘出不同符号的进度线,并按紧凑的原则,使各进度线相对移动至最佳位置,其具体画法是:

a)小桥涵工程:根据每座小桥涵的施工期长短,从可能施工之日起,在各桥涵的位置上用垂直直线画出施工期,并依次向流水方向移动,其垂直方向的全长即等于所有小桥涵施工期的总和;

b)大中桥工程:绘制方法与小桥涵相同,但上、下部工程最好用两种线条表示;

c)路面工程:路面是连续和等速施工,故进度应是一条斜直线,线的垂直高度等于路面所需的总工期,水平线的长度等于路面总里程;由于路基线起伏变化大,为了使路面线不致与路基相交(避免施工中断),最好用大头针订线试排后再画;

d)路基工程:几个队同时从某月某日并在指定的里程范围内开工,以斜线(用不同线条)表示时间和里程关系;为了保证路基施工不致中断,所有的斜线不能和桥涵线相交,否则要相对移动线的位置,借以改变其开工日期。

⑥最后进行调整。调整的要点:a)力求各线靠近而不相交;b)检查总工期是否符合规定要求;c)劳动力需要量力求均衡,避免出现高峰低谷;d)补充图例和说明等;e)最后以黑线加深线条。

五、施工进度计划的检查与调整

施工组织设计是一个科学的有机整体,编制的正确与否直接影响工程的经济效益。施工管理的目的是使施工任务能如期完成,并在企业现有资源条件下均衡地使用人力、物力、财力,力求以最少的消耗取得最大的经济效果。因此,当施工进度计划初步完成后,应按照施工过程的连续性、协调性、均衡性及经济性等基本原则进行检查与调整,这是一个细致的、反复的过程。现简述如下。

1．施工工期

施工进度计划的工期应当符合上级或合同规定的工期，并尽可能缩短，以保证工程早日交付使用，从而达到最好的经济效果。

2．劳动力消耗的均衡性

每天出勤的工人人数力求不发生大的变动，即求劳动力消耗均衡。劳动力需要量图表明劳动力需要量与施工期限之间的关系。如前所述，正确的施工组织设计应该使劳动力必须均衡，以减少服务性的各种临时设施和避免因调动频繁而形成的窝工。任何一项工程的施工组织设计，由于施工人数和施工时间不同，均有可能出现资源消耗不均衡的情况，故在编制施工进度图时，应以劳动力需要量均衡为原则，对施工进度进行恰当的安排和必要的调整。

不同的工程进度安排，劳动力需要量图呈现不同的形状，一般可归纳成如图 3-6 所示的三种典型的图式。图 3-6a）出现短暂的劳动力高峰；图 3-6b）劳动力数量频繁波动，这两种都不便于施工管理并增大了临时生活设施的规模，应尽量避免。图 3-6c）在一个较长时间内劳动力保持均衡，符合施工规律，是最理想的状况。

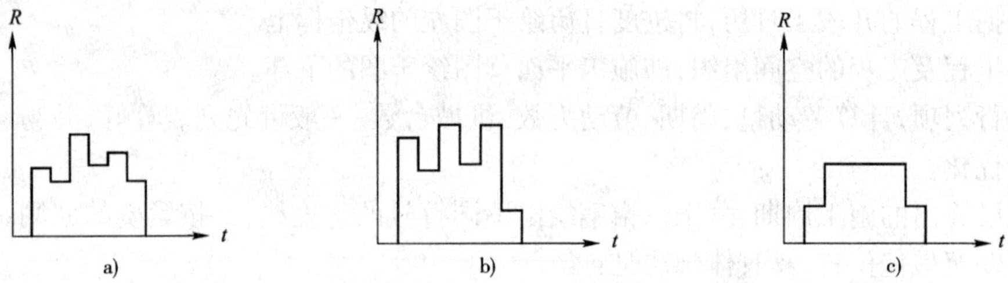

图 3-6　劳动力需要量图

a）短时高峰；b）反复高峰；c）均衡

劳动力消耗的均衡性，可用劳动力不均衡系数 K 表示。其值按下式计算：

$$K = R_{max}/R_{平均} \tag{3-3}$$

式中：R_{max}——施工期中人数最高峰值；

$R_{平均}$——施工期间加权平均工人人数。

劳动力不均衡系数的值大于 1，一般不超过 1.50。要做到这一点通常都要多次调整工程进度图。

3．施工工期和劳动力均衡性的调整

（1）如果要使工期缩短，则可对工期较长的主导劳动量的施工采取措施，如增加班制或工人数（包括机械数量），来达到缩短总工期的目的。

（2）若所编计划的工期不允许再延长，而劳动力出现较大的高峰或低谷，则可在允许的范围内，通过调整工序的开工或完工日期，使劳动力需要量较为均衡。

某些工程由于特定的条件，工期没有严格限制，而在投资、主要材料及关键设备等某一方面有时间或数量的限制时，就要将这些特定条件作为控制因素进行调整。复杂的工程要获得符合均衡施工的最合理的优化计划方案，必须进行多次反复调整计算，这个计算过程十分复杂，当前电子计算机技术的出现，为优化计算提供了理想的工具。

第五节　资源组织计划

一、时间组织计划与资源组织计划的关系

在施工进度计划确定以后，即可编制资源组织计划，资源组织计划必须依照施工进度计划进行编制。只有根据已确定的施工进度计划，计算出各个施工项目每天所需的各种资源种类和数量，将同一时间内所有施工项目的各种资源的数量分别累加，才可计算出每种资源随时间而变化的需要量。施工进度计划的变动必然影响到资源组织计划的变化，因此资源组织计划应与施工进度计划相对应。反之，当资源组织不平衡或受到限制满足不了进度计划的要求时，则必须对进度计划进行调整以满足资源的要求。

二、主要资源组织计划编制方法

(1)根据所需资源数量的种类确定其主要资源，编制资源组织计划。所谓主要资源一般为：劳动力；主要材料、成品、半成品、预制构件；主要施工机械和对项目作业时间起控制作用的主导施工机械。

(2)编制资源组织计划的表格，其内容根据资源种类和重要性及供应情况不同而可采用不同的形式，但是一般应包括以下内容：序号、名称、规格、单位、数量、来源、运输方式、计划时间、备注等。

(3)计算每个施工项目单位时间的资源需要量；其方法根据设计工程数量和定额消耗量计算某种资源消耗总数量，除以施工进度计划中该项目实际作业天数(或单位时间)，则得每个施工项目单位时间的某种资源需要量。

(4)累计汇总，将同一时间内各施工项目的同一资源数量累加，则得其所需要的资源。然后填写表格。

(5)根据资源需要量、资金计划、施工进度计划和工期及交通运输能力进行优化，综合平衡。

三、劳动力使用计划编制

根据已确定的施工进度计划，可计算出各个施工项目每天所需的人工数，将同一时间段内有施工项目的人工数进行累加，即可计算出每日人工数随时间变化的劳动力需要量。同时还可编制劳动力需要量计划，附于施工进度图之后，为现场主管部门提供劳动力进退场时间，保证及时调配，协调平衡，以满足施工的需要。如现有劳动力不足或过多时，应提出相应的解决措施，或者增开工作面，以按时或提前完成任务。劳动力需要量计划见表3-4。

劳动力需要量计划　　表3-4

<table>
<tr><td rowspan="3">序号</td><td rowspan="3">工种名</td><td colspan="10">需要人数及时间</td><td rowspan="3">备注</td></tr>
<tr><td colspan="10">年度</td></tr>
<tr><td>一季度</td><td>二季度</td><td>三季度</td><td>四季度</td><td>合计</td><td>一季度</td><td>二季度</td><td>三季度</td><td>四季度</td><td>合计</td></tr>
<tr><td>1</td><td>2</td><td>3</td><td>4</td><td>5</td><td>6</td><td>7</td><td>8</td><td>9</td><td>10</td><td>11</td><td>12</td><td>13</td></tr>
<tr><td></td><td></td><td></td><td></td><td></td><td></td><td></td><td></td><td></td><td></td><td></td><td></td><td></td></tr>
</table>

编制：　　　　　　　　　　复核：

四、主要材料供应计划编制

1. 主要材料需要量计划编制

主要材料包括施工需要的由专业厂家生产的材料、地方供应和特殊的材料，以及有关临时设施和拟采取的各种施工技术措施用料，预制构件及其他半成品亦列入主要材料计划中。

材料的需要量可按照工程量和定额规定进行计算，然后根据施工项目的施工进度编制年、季、月主要材料计划表(表3-5)。主要材料(包括预制构件、半成品)计划应包括材料的规格、名称、数量、材料的来源及运输方式等，材料计划是为物资部门提供采购供应、组织运输和筹建仓库及堆料场的依据。

主要材料计划表　　　表3-5

序号	材料名称及规格	单位	数量	来源	运输方式	年					年					备　注
						一季度	二季度	三季度	四季度	合计	一季度	二季度	三季度	四季度	合计	
1	2	3	4	5	6	7	8	9	10	11	12	13	14	15	16	17

编制：　　　　　　　　　　　　　　　　　　　　　　　　　　　复核：

2. 材料运输组织

工地运输组织的任务是：编制运输计划、确定运输量、选择运输方式、计算运输工具的需要量等。公路施工需要运输的物资有建筑材料、构件、半成品以及机械设备、施工及生活用品等。

这些物资由外地运到工地(即场外运输)，一般都由专业运输单位承运。工地内的运输(即场内运输)通常由施工单位承担。不论哪种运输，都应有组织，按计划地进行。

(1)确定运输量

每日需要运输物资的t·km(或t·m^3)数称为运输量或货运量。一般情况下，工地运输的货运量可按下式计算：

$$q = \sum_{i}^{n} Q_i \cdot L_i / T \cdot K \tag{3-4}$$

式中：q——每日货运量，t·km；

Q_i——各种物资的年度需用量，或整个工程的物资用量，i为货物种类；

L_i——运输距离，km；

T——工程年度运输工作日数，或计划运输天数；

K——运输工作不均匀系数，公路运输取1.2，铁路运输取1.5。

若已用差额曲线或累积曲线编制运输计划，则每日需要运输的物资数量和运输工作日数为已知，每日货运量公式为：

$$q = \sum_{i}^{n} Q_i \cdot L_i \cdot K \tag{3-5}$$

式中：Q_i——每日运到工地的物资数量，t/d，i为货物种类。

其余符号意义同前。

(2)选择运输方式

目前工地运输的方式有铁路运输、公路运输、水路运输和特种运输(索道、管道)等。选择运输方式，必须充分考虑各种影响因素，例如：运量大小、运距和物资性质；现有运输设备条件；

利用永久性道路的可能性；地形、地质及水文等自然条件；敷设、运输和装卸费用多少等。

一般来说，当货运量较大、运距远，又具备条件时，宜采用铁路运输；内部加工场地与原料供应点之间可采用窄轨铁路运输；运距短、地形复杂、坡度较陡时，宜采用汽车运输。当有几种可能的运输方式可供选择时，应通过比较后确定。

场内运输大都采用汽车运输，在场地狭小或运输长大笨重构件时，如隧道、特大桥等的施工，也可采用窄轨铁路运输或索道运输。

(3)计算运输工具需要量

运输方式确定后，即可用下式计算每班作业所需运输工具的需要量：

$$N = Q \cdot K_1 / q \cdot T \cdot n \cdot K_2 \tag{3-6}$$

式中：N——所需的运输工具台数；

Q——全年(季)度最大运输量，t；

K_1——运输不均衡系数，场外运输一般采用1.2，场内运输采用1.1；

q——汽车台班产量，t/台班，根据运距按定额确定；

T——全年(季)的工作天数；

n——每日的工作班数；

K_2——运输工具供应系数，一般取0.9。

3. 主要材料运输供应计划编制

这里所说的材料运输供应计划，是指寻求施工物资需用量、每日运输量、库存量三者之间的最佳平衡关系。通过运输计划，达到确保施工需要、运量均衡、库存最小的目的。运输供应计划是确定运输日期、计算运输工具需用量和工地临时仓库面积的依据，常用的有以下三种方法。

(1)指示性供应图

图3-7是以砂、石料和水泥三种材料为例的指示性材料供应图。图中表示需要量的曲线是按照施工进度图的要求绘制的，而供应曲线则必须考虑有关供应工作的几个原则，即及时供应、不积压材料，有利于运输和储存竣工不剩余过多材料的安排等。

图中砂石材料是提前5个月开始运输，至开工时止，施工现场已有石料124m^{3}和砂100m^3，水泥不宜长期储存，以免造成积压和变质，故图中提前20d运至工地，其最大储备量为3 000 − 7 000/8 = 3 000 − 875 = 2 125t，三种材料都能保证施工时的实际需要。

图中的曲线是假定工地使用材料数量和每日运输的材料数量相同，或者按平均数量所绘制，故称为指示性的材料供应图。

(2)差额曲线图

图3-8以砂为例，基线向上的曲线①是材料的实际消耗线，每日消耗有20m^3、30m^{3}和40m^{3}三种情况，在100个工作日内共消耗3 150m^3；曲线②是按每月固定运输的材料供应线，供应量为每日33m^3，(3 150 − 95 = 33.16m^3/d ≈ 33m^3/d)或供应95.5d。基线以下曲线③是材料在工地上储备数量的差额线，由于每日消耗量和供应量并不相同，故材料的储备数量很不稳定。由图可知，材料的最大储备量为590 m^3，最小储备量为280 m^3，并在整个施工期间内变化不定。

(3)累积曲线图

图3-9差额曲线图能真实反映工地储备量的大小，同时亦指出由于供应量和消耗量每日不同，工地上的材料储备量很不稳定(本例的最大最小储备量相差一倍以上)，这对设置工地

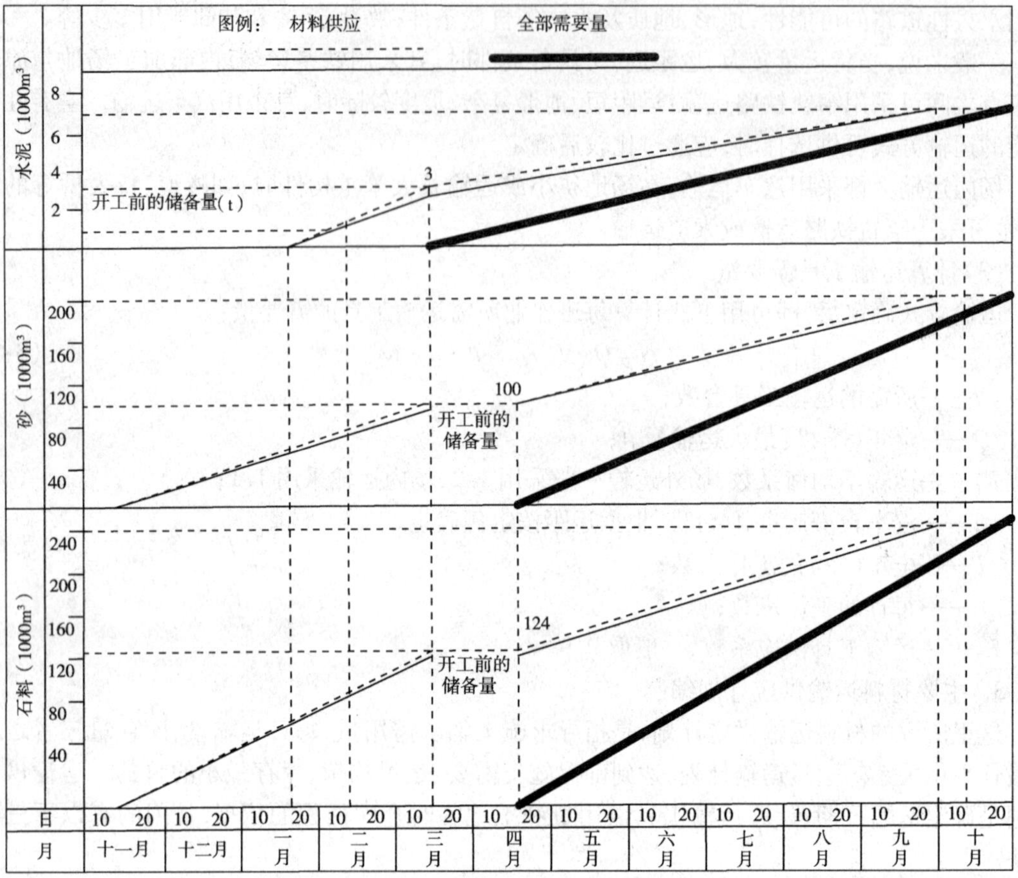

图 3-7　材料需要量和供应量指示图

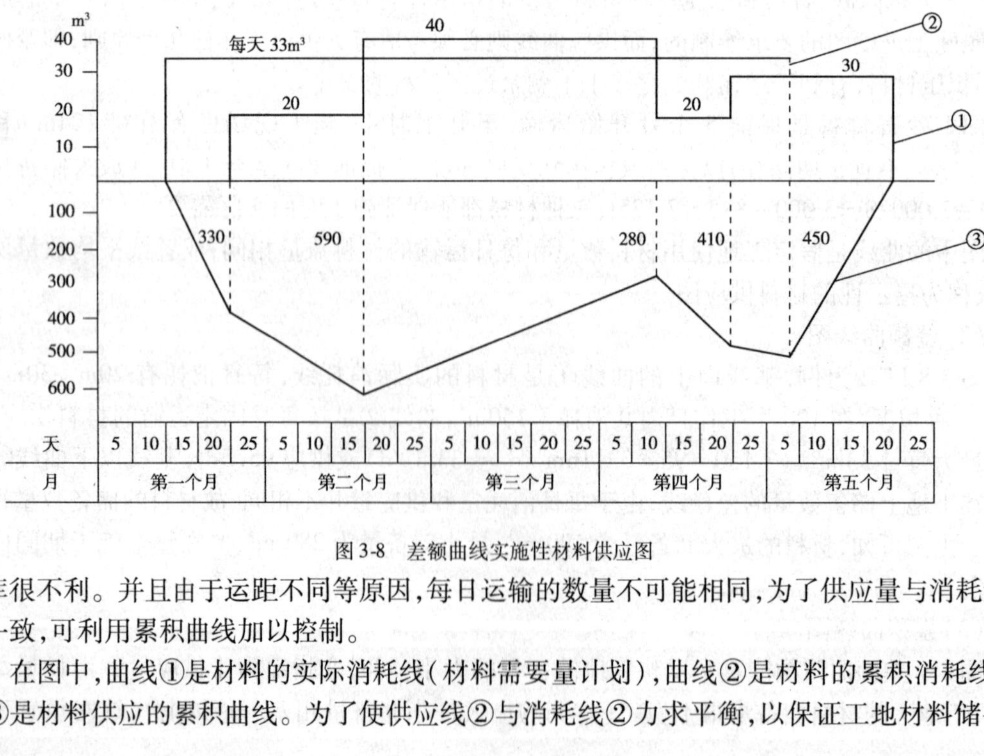

图 3-8　差额曲线实施性材料供应图

仓库很不利。并且由于运距不同等原因，每日运输的数量不可能相同，为了供应量与消耗量大致一致，可利用累积曲线加以控制。

在图中，曲线①是材料的实际消耗线（材料需要量计划），曲线②是材料的累积消耗线，曲线③是材料供应的累积曲线。为了使供应线②与消耗线②力求平衡，以保证工地材料储备量

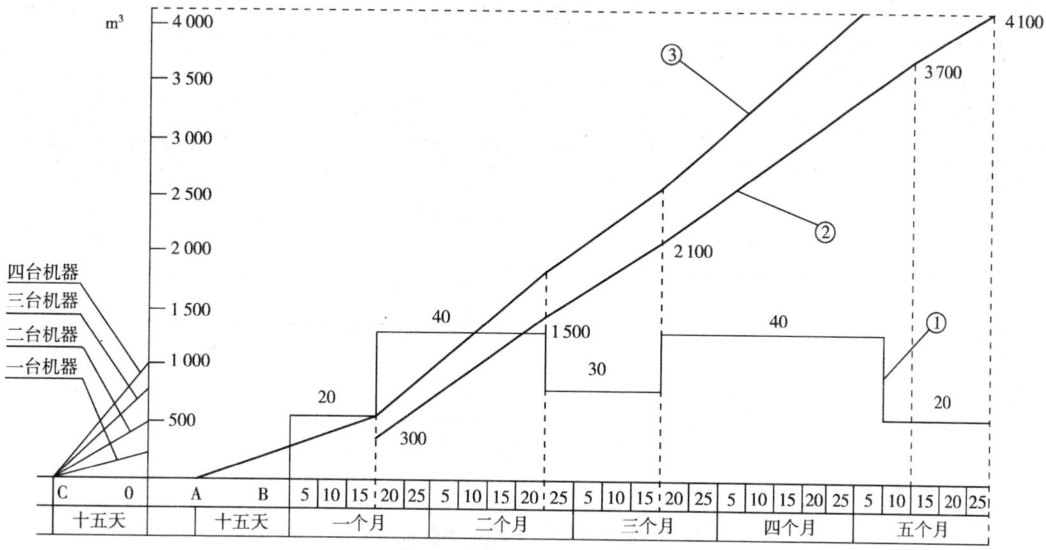

图 3-9　累积曲线实施性材料供应图

趋向稳定，必须调整运输工具的需要量。为此可以在图的左下角绘制辅助图。

运输工具辅助图的绘制顺序是，先按材料提前供应的日数（图中直线 AB = 15 工作日），在坐标零点左边定出 C 点（令 $OC = AB$），再计算一辆运输工具运输 15 工作日的材料总数量。本例中一辆汽车运输 15 工作日的材料总数量等于 245m^3，按已知的总数量（245m^3）和运输日期（15 日）即可绘制一辆运输工具的射线。同理，可绘出两辆或两辆以上运输工具的射线。为保证图解的正确，上述计算和绘图工作要求按比例精确无错。利用辅助图，即可由 A 点开始按照尽可能与累积消耗线②平行的原则，相应地依照左下图射线的倾斜率接近而绘出材料供应线②。

如果运输工具到达工地的日期有相同的间隔（例如火车每隔 5 日到达工地一次），则可依同法绘出实施性的材料供应图。

由以上内容可知，材料供应图能够明显地反映材料数量与供应日期的关系，亦能表示出材料数量与运输量的变化。其中累积曲线还能按均衡供应的要求，表示出运输工具的数量。所以，材料供应图是供应组织与计划中一种比较完善的表达形式。

由上述三种供应图，可立即求出工地材料的储备量，其中供应线与消耗线之间的垂直间距是材料数量，而水平间距是表示材料储备量在暂时停运后仍能维持供给的日期。工地材料储备量是设置工地仓库时计算仓库用地面积的依据。

五、主要机械使用计划编制

在确定施工方法时，已经考虑了各个施工项目应选择何种施工机具或设备。为了做好机具、设备的供应工作，应根据已确定的施工进度计划，将每个项目采用的施工机械种类、规格和需用数量，以及使用的具体日期等综合起来编制施工机具、设备计划（表 3-6），以配合施工，保证施工进度的正常进行。

主要施工机具、设备需要量包括基本施工过程、辅助施工过程所得的主要机具、设备，并应考虑设备进、出厂（场）所需台班以及使用期间的检修、轮换的备用数量。

施工机械详细的施工组织计划安排可见第四章介绍。

主要机具、设备计划　　　　　　　　　　　　　　表 3-6

<table>
<tr><td rowspan="3">序号</td><td rowspan="3">机具名称及规格</td><td colspan="2">数量</td><td colspan="2">使用期限</td><td colspan="8">年</td><td rowspan="3">备注</td></tr>
<tr><td rowspan="2">台班</td><td rowspan="2">台辆</td><td rowspan="2">开始日期</td><td rowspan="2">开始日期</td><td colspan="2">一季度</td><td colspan="2">二季度</td><td colspan="2">三季度</td><td colspan="2">四季度</td></tr>
<tr><td>台班</td><td>台辆</td><td>台班</td><td>台辆</td><td>台班</td><td>台辆</td><td>台班</td><td>台辆</td></tr>
<tr><td>1</td><td>2</td><td>3</td><td>4</td><td>5</td><td>6</td><td>7</td><td>8</td><td>9</td><td>10</td><td>11</td><td>12</td><td>13</td><td>14</td><td>15</td></tr>
<tr><td></td><td></td><td></td><td></td><td></td><td></td><td></td><td></td><td></td><td></td><td></td><td></td><td></td><td></td><td></td></tr>
<tr><td></td><td></td><td></td><td></td><td></td><td></td><td></td><td></td><td></td><td></td><td></td><td></td><td></td><td></td><td></td></tr>
</table>

编制：　　　　　　　　　　　　　　　　　　　　　　复核：

第六节　施工平面图设计

一、施工平面图设计的依据、原则和步骤

施工平面图设计是施工过程空间组织的具体成果，亦即根据施工过程空间组织的原则，对施工过程所需的工艺路线、施工设备、原材料堆放、动力供应、场内运输、半成品生产、仓库、料场、生活设施等进行空间的特别是平面的科学规划与设计，并以平面图的形式加以表达。这项工作就叫做施工平面图设计。

1. 施工平面图设计的依据

(1)工程平面图。

(2)施工进度计划和主要施工方案。

(3)各种材料、半成品的供应计划和运输方式。

(4)各类临时设施的性质、形式、面积和尺寸。

(5)各加工车间、场地规模和设备数量。

(6)水源、电源资料。

(7)有关设计资料。

2. 施工平面图规划设计原则

施工平面布置是一项综合性的规划课题，在很大程度上决定于施工现场的具体条件。它涉及的因素很广，不可能轻易获得令人满意的结果，必须通过方案的比较和必要的计算与分析才能决定。一般施工平面图规划设计应遵循下列原则。

(1)在保证施工顺利的前提下，少占农田并考虑洪水、风向等自然因素的影响，所有临时性建筑和运输线路的布置，必须便于为基本工作服务，并不得妨碍地面和地下建筑物的施工。

(2)力求材料直达工地，减少二次搬运和场内的搬运距离，并将笨重的和大型的预制构件或材料设置在使用点附近，所有货物的运输量和起质量必须减至最小。

(3)加工等附属企业基地应尽可能设在原料产地或运输集汇点(如车站、码头)。

(4)附属企业内部的布置应以生产工艺流程为依据，并有利于生产的连续性。

(5)应符合保安和消防的要求，要慎重考虑避免自然灾害(如洪水、泥石流、山崩)的措施。

(6)施工管理机构的位置必须有利于全面指挥，生活设施要考虑工人的休息和文化生活。

(7)场地布置应与施工进度、施工方法、工艺流程和机械设备相适应。

(8)场地准备工作的投资最经济。

3. 施工平面图的设计步骤

(1)分析有关调查资料。

(2)合理确定起重、吊装、运输机械的布置(它直接影响仓库、料场、半成品制备场的位置和水、电线路以及道路的布置)。

(3)确定混凝土、沥青混凝土拌和站的位置。

(4)考虑各种材料、半成品的合理堆放。

(5)布置水、电线路。

(6)确定各临时设施的位置和尺寸。

(7)决定临时道路位置、长度和标准。

二、施工平面图的类型和主要内容

1. 施工总平面图

施工总平面图在地形图上是以整个工程为对象的,研究施工平面布置方案的平面地物设计图。公路工程施工总平面图应包括以下内容。

(1)原有河流、居民点、交通路线(公路、铁路、大车道等)、车站、码头、通信、运输点等及工地附近与施工有关的建筑物。

(2)施工用地范围和工程主要项目,沿线大中桥、隧道、渡口、交叉口、集中土石方等的位置;道班房、加油站等运输管理服务建筑物位置。

(3)将施工组织设计的成果,如采料场、附属工厂和基地、仓库、临时动力站(如抽水站、发电所、供热站等)、临时便道、便桥、电源线路、变压器位置以及大型机械设备的停放、维修场地直接标示在图上。

(4)施工管理机构,如工程局、工程处、施工队及工程指挥系统的驻地。

(5)其他与施工有关的内容,如地质不良地段、国家测量标志、气象台、水文站、防洪、防风、防火、安全设施等需要表示的内容。

2. 单项工程、分部分项工程施工平面图

该类平面图的布置有两种情况,一种是在施工总平面图的控制下进行布置;一种是以施工总平面图为依据,即基本上按照施工总平面有关内容进行布置。但不论哪一种,都应比施工总平面图更加深入、更加具体。

(1)重点工程施工场地布置图。一般说来,大桥、隧道、立交枢纽等都是重点工程,其施工场地布置图应在有等高线的地形图上按比例绘制。图上应详细绘出施工现场、辅助生产、生活等区域的布置情况,绘出原有地物情况。

(2)其他单项局部平面布置图。对于大型项目,因施工周期长,管理工作量大,附属、辅助企业多,必要时应绘制其他的平面布置图。这类图主要有以下几种:

①沿线砂石料场平面布置图;

②大型附属企业如沥青混合料拌和厂、预制构件厂、主要材料加工厂(木工厂、机修厂)等平面布置图;

③临时供水、供电、供热基地及管线分布平面图;

④主要施工管理机构的平面布置图。

三、临时设施布设及计算

工程项目施工的正常进行,除了安排合理的施工进度外,还需要在工程正式开工前充分做好各项准备工作,建造相应的临时设施,如工棚、仓库、供水、供电、通信设施等。

各种临时设施的数量视工程具体情况以及施工安排、施工计划经过计算而定,因它们的使用期限一般都很短,通常都根据不同的使用要求,采用不同的结构形式。主要的临时设施有以下几种。

1. 加工场地组织

工地临时加工场地组织的任务是确定建筑面积和结构形式。加工场(站、厂)的建筑面积通常参照有关资料或根据施工单位的经验确定,也可以按公式计算。

(1)钢筋混凝土构件预制厂、木工房、钢筋加工间等的场地或建筑面积用下式确定:

$$A = K \cdot Q/T \cdot S \cdot \alpha \tag{3-7}$$

式中:A——所需建筑面积,m^2;

Q——加工总量,m^3、t 等;

K——生产不均衡系数,取 1.3 ~ 1.5;

T——加工总工期,月、日、班;

S——每平方米场地的月(日、班)平均产量,场地面积指工、机整个(台)工作面积;

α——场地或建筑面积利用系数,取 0.6 ~ 0.7。

(2)水泥混凝土拌和站面积用下式计算:

$$A_T = N \cdot A \tag{3-8}$$

式中:A_T——拌和站面积,m^2;

A——每台拌和机所需的面积,m^2;

N——拌和机台数,按式(3-9)计算,台。

$$N = Q \cdot K/T \cdot R \tag{3-9}$$

式中:Q——混凝土总需要量,m^3;

K——不均衡系数,取 1.5;

T——混凝土工程施工总工作日;

R——混凝土拌和机台班产量,m^3/台班。

(3)大型沥青混凝土搅拌设备的场地面积及布置,根据设备说明书的要求确定。

上述建筑场地也可参照表 3-7 和表 3-8 确定。建筑场的结构形式应根据当地条件和使用期限而定。使用年限短的用简易结构,如油毡或草屋面的竹木结构;使用年限较长的则可采用瓦屋面的砖木结构或活动房屋等。

临时加工场(厂)所需面积参考指标 表 3-7

序号	加工厂名称	年产量		单位产量所需建筑面积	占地总面积(m^2)	备 注
		单位	数量			
1	混凝土拌和站	m^3 m^3 m^3	3 200 4 800 6 400	0.022(m^2/m^3) 0.021(m^2/m^3) 0.020(m^2/m^3)	按砂石堆场考虑	400L 拌和机 2 台 400L 拌和机 3 台 400L 拌和机 4 台

续上表

序号	加工厂名称	年产量		单位产量 所需建筑面积	占地总面积(m^2)	备　注
		单位	数量			
2	临时性混凝土预制厂	m^3 m^3 m^3 m^3	1 000 2 000 3 000 5 000	0.25(m^2/m^3) 0.20(m^2/m^3) 0.15(m^2/m^3) 0.125(m^2/m^3)	2 000 3 000 4 000 小于 6 000	生产中小型预制构件等,配有蒸养设施
3	半永久性混凝土预制厂	m^3 m^3 m^3	3 000 5 000 10 000	0.6(m^2/m^3) 0.4(m^2/m^3) 0.3(m^2/m^3)	9 000 ~ 12 000 12 000 ~ 15 000 15 000 ~ 20 000	
4	木材加工厂	m^3 m^3 m^3	15 000 24 000 30 000	0.024 4(m^2/m^3) 0.019 9(m^2/m^3) 0.018 1(m^2/m^3)	1 800 ~ 3 600 2 200 ~ 4 800 3 000 ~ 5 500	进行原木、方木加工
	粗木加工厂	m^3 m^3 m^3 m^3	5 000 10 000 15 000 20 000	0.12(m^2/m^3) 0.10(m^2/m^3) 0.09(m^2/m^3) 0.08(m^2/m^3)	1 350 2 500 3 750 4 800	加工模板
	钢筋加工厂	t t t t	200 500 1 000 2 000	0.35(m^2/t) 0.25(m^2/t) 0.20(m^2/t) 0.15(m^2/t)	280 ~ 560 380 ~ 750 400 ~ 800 450 ~ 900	加工、成型、焊接
5	现场钢筋调直、冷拉 拉直场卷扬机棚、 冷拉场时效场	所需场地(长×宽)(70 ~ 80)m×(3 ~ 4)m (15 ~ 20)(m^2)(40 ~ 60)m×(3 ~ 4)m (30 ~ 40)m×(6 ~ 8)m				包括材料和成品堆放
	钢筋对焊 对焊场地 对焊棚	所需场地(长×宽) (30 ~ 40)m×(4 ~ 5)m (15 ~ 24)(m^2)				包括材料和成品堆放
	钢筋冷加工 冷拔剪断机冷轧机 弯曲机 ϕ12 以下 弯曲机 ϕ40 以下	所需场地(m^2/台)40 ~ 50 30 ~ 40 50 ~ 60 60 ~ 70				按一批加工数量计算
6	金属结构加工 (包括一般铁件)	所需场地(m^2/t)年产 500t 为 10 年产 1 000t 为 8 年产 2 000t 为 6 年产 3 000t 为 5				按一批加工数量计算
7	石灰消化{储灰池 淋灰池 淋灰槽}	$5\times3=15(m^2)$ $4\times3=12(m^2)$ $3\times2=6(m^3)$				第二个储灰池配一个淋灰池

现场作业棚所需面积参考指标 表 3-8

序号	名　称	单位	面积(m^2)	备　注
1	木工作业棚	m^2/人	2	占地为面积 2~3 倍
2	电锯房	m^2	80	86~92cm 圆锯 1 台
3	电锯房	m^2	40	小圆锯 1 台
4	钢筋作业棚	m^2/人	3	占地为建筑面积 3~4 倍
5	拌和棚	m^2/台	10~18	
6	卷扬机棚	m^2/台	6~12	
7	烘炉房	m^2	30~40	
8	焊工房	m^2	20~40	
9	电工房	m^2	15	
10	白铁工房	m^2	20	
11	油漆工房	m^2	20	
12	机、钳工修理房	m^2	20	
13	立式锅炉房	m^2/台	5~10	
14	发电机房	m^2/kW	0.2~0.3	
15	水泵房	m^2/台	3~8	
16	空压机房(移动式)	m^2/台	18~30	
	空压机房(固定式)	m^2/台	9~15	

2. 临时仓库组织

工地临时仓库分为转运仓库、中心仓库和现场仓库等。临时仓库组织的任务是确定材料储备量和仓库面积、选择仓库位置和进行仓库设计等。

(1)确定建筑材料储备量

材料储备量要保证工程连续施工的需要,也要避免材料积压而增大仓库面积。供应不易保证、运输条件差、受季节影响大的材料可增大储存量。

常用材料的储备量宜通过运输组织确定,也可以按下式计算:

$$P = T_e(Q_i \cdot K/T) \tag{3-10}$$

式中:P——材料储备量,m^3、t 等;

T_e——储备期,d,按材料来源、运输方式确定,一般不小于 10d,即保证 10d 的需用量;

Q_i——材料、半成品等的总需要量;

T——有关项目施工的总工作日;

K——材料使用不均匀系数,取 1.2~1.5。

对于不经常使用和储备期长的材料,可按年度需用量的某一百分比储备。

(2)确定仓库面积

一般的仓库面积可按下式计算:

$$A = \frac{P}{q \cdot K} \tag{3-11}$$

式中:A——仓库总面积,m^2;

P——仓库材料储备量,由式(3-10)确定;

q——每平方米仓库面积能存放的材料数量(表 3-9);

K——仓库面积利用系数(考虑人行通道和车行通道所占面积),一般为0.5~0.8。

特殊材料,如爆炸品、易燃或易腐蚀品的仓库面积,按有关安全要求确定。仓库除满足总面积要求外,还要正确地确定仓库的平面尺寸,即仓库的长度和宽度。仓库的长度应满足装卸要求,宽度要考虑材料的存放方式、使用方便和仓库的结构形式。

每平方米面积所能储存材料数量 表3-9

项次	材料名称	单位	每平方米所能堆放的数量	堆放高度(m)	包装类别	堆放方式	储存方法	备注
1	砾石、砂	m^3/t	1.50~2.00/2.60~3.40	1.5~2.0	散	堆	露天	人工堆放
2	砾石、砂	m^3/t	3.00~4.00/5.00~7.00	5.0~6.0	散	堆	露天	机械堆放
3	片石、块石	m^3/t	1.00/1.60	1.50	散	堆	露天	
4	普通砖	块/t	700/2.40~2.60	1.50		码堆	露天	
5	水泥	t	2.00~2.80	1.50~2.00	散装	积堆	仓库	
6	水泥	t	1.50	1.80	袋装	码堆	仓库	
7	块石灰	t	2.25	2.50	散装	堆放	露天	
8	油毡	卷/t	15~22/1.50~2.00	1.00~1.50	卷	码堆	料棚	
9	工字钢、槽钢	t	0.7~1.0	0.60		码堆	露天	
10	角钢	t	2.00~3.00	1.00		码堆	露天	
11	铁皮、钢板	t	4.00~4.50	1.00		码堆	料棚	
12	钢筋	t	3.70~4.20	1.20		码堆	料棚	
13	盘条	t	1.50~1.90	1.00	捆	堆放	料棚	
14	块状沥青	t	2.20	2.20	桶装	码堆	露大	
15	石油沥青	t	0.90	1.75	桶	码堆	料棚	两层皆立放
16	润滑材料	t	0.65~0.80	1.40	桶	码堆	半地下仓库	两层皆立放
17	汽油	t	0.45~0.70	1.20~1.80	桶	码堆	半地下仓库	平放
18	圆木	m^3/t	1.30~2.00/0.85~1.30	2.00~3.00		码堆	露天	
19	方木、板材	m^3/t	1.20~1.80/0.75~1.20	2.00~3.00		码堆	料棚	

【例3-1】 某水泥混凝土路面工程,路面长度20km,宽度7.5m,水泥混凝土为C30,厚度26cm,计划工期3个月,试确定水泥仓库的面积。

【解】 (1)计算水泥用量

根据现场施工配合比或参考有关配合比资料(定额配合比表)确定每立方米混凝土水泥用量。本例参照《公路工程预算定额》附录二(基本定额)中混凝土配合比表计算,查表知:C30普通混凝土,采用最大粒径为40mm的碎石,每立方米混凝土需42.5级水泥365kg,则该路面工程需水泥总量为：

$$Q = 20\ 000 \times 7.5 \times 0.26 \times 365 = 14\ 235\ 000(\text{kg}) = 14\ 235(\text{t})$$

(2)计算水泥储备量

按公式(3-10)计算：水泥储备期取15d；材料使用不均衡系数取1.3；施工工期为90d。则水泥储备量为：

$$P = T_e(Q_i K/T) = 15 \times 14\ 235 \times 1.3 \div 90 = 3\ 084(\text{t})$$

(3)计算水泥仓库面积

按公式(3-11)计算仓库面积，每平方米仓库面积能存放的水泥数量，查表(3-9)袋装水泥每平方米1.5t；仓库面积利用系数取0.7。

$$A = \frac{P}{q \cdot K} = \frac{3\ 084}{1.5 \times 0.7} = 2\ 937(\text{m}^2)$$

(4)确定仓库建筑尺寸及结构形式(略)。

3. 行政、生活用临时房屋

此类临时房屋的建筑面积取决于工地的人数，包括施工人员和家属人数。建筑面积按下式确定：

$$A = N \cdot P \tag{3-12}$$

式中：A——建筑面积，m^2；

N——工地人数；

P——建筑面积指标，见表3-10。

行政、生活临时建筑面积指标(㎡/人)表 表3-10

序 号	临时房屋名称	指标使用方法	参考指标
一	办公室	按使用人数	3.0~4.0
二	宿舍		
1	单层通铺	按高峰年(季)平均人数	2.5~3.0
2	双层床	按在工地住宿实有人数	2.0~2.5
3	单层床	按在工地住宿实有人数	3.5~4.0
三	食堂	按高峰年平均人数	0.5~0.8
	食堂兼礼堂	按高峰年平均人数	0.6~0.9
四	其他合计	按高峰年平均人数	0.5~0.6
1	医务室	按高峰年平均人数	0.05~0.07
2	浴室	按高峰年平均人数	0.07~0.1
3	理发室	按高峰年平均人数	0.01~0.03
4	俱乐部	按高峰年平均人数	0.1
5	小卖部	按高峰年平均人数	0.03
6	招待所	按高峰年平均人数	0.06
7	其他公用设施	按高峰年平均人数	0.05~0.1
8	开水房	每间	10~40
9	厕所	按工地平均人数	0.02~0.07

编制施工组织设计时，应尽量利用工地附近的现有建筑物，或提前修建能利用的永久房屋，如道班房、加油站等，不足部分修建临时建筑。

临时建筑应按节约、适用、装拆方便的原则设计，其结构形式按当地气候、材料来源和工期长短确定。通常有帐篷、活动房屋和就地取材的简易工棚等。

4. 临时供水、供电、供热

工地临时供水、供电、供热应解决以下问题：确定用量、选择供应来源、设计管线网络等。如供应来源由工地自行解决，还需要确定相应的设备。

确定用量时，应考虑施工生产、生活和特殊用途（如消防、抗洪）的需用量。选择供应来源时，首先考虑当地已有的水源、电源，若当地没有或供应量不能满足工程需用时，才需自行设计解决。下面介绍公路施工工地对水、电、热需用量的计算方法，以及设计中一般应考虑的问题。

1）工地临时供水

（1）用水量计算

①施工期间的工地供水应满足工程施工用水（q_1）按式（3-13）计算：

$$q_1 = k_1 \cdot \sum_{i}^{n} \frac{Q_1 \cdot N_1}{T_1 \cdot b} \times \frac{k_2}{8 \times 3\ 600} \tag{3-13}$$

式中：q_1——工程用水量，L/s；

k_1——未预见的施工用水系数，取 1.05 ~ 1.15；

Q_1——年（季）度工程量（以实物计量单位表示）；

N_1——施工用水量定额（表 3-11）

T_1——年（季）度有效作业日，d；

b——每天工作班数；

k_2——用水不均衡系数（表 3-12）。

施工用水参考定额　　表 3-11

序号	用水对象	单位	耗水量	备　注
1	浇筑混凝土全部用水	m^3	1 700 ~ 2 400	
2	拌和普通混凝土	m^3	250	
3	拌和轻质混凝土	m^3	300 ~ 350	
4	混凝土养生（自然养生）	m^3	200 ~ 400	
5	混凝土养生（蒸汽养生）	m^3	500 ~ 700	
6	湿润模板	m^3	10 ~ 15	
7	冲洗模板	m^3	5	
8	人工洗石子	m^3	1 000	
9	机械洗石子	m^3	600	
10	洗砂	m^3	1 000	
11	浇砖	千块	500	
12	砌砖工程全部用水	m^3	150 ~ 250	
13	砌石工程全部用水	m^3	50 ~ 80	
14	抹灰	m^3	4 ~ 6	不包括调制用水
15	搅拌砂浆	m^3		300
16	消化生石灰	t		3 000
17	素土路面路基	m^2		0.2 ~ 0.3

②施工机械用水（q_2）按式（3-14）计算：

$$q_2 = k_2 \cdot \sum_i^n Q_2 \cdot N_2 \times \frac{k_3}{8 \times 3\,600} \tag{3-14}$$

式中：q_2——施工机械用水量，L/s；

k_2——未预见的用水系数，取1.05~1.15；

Q_2——同一种机械台数（台）；

N_2——施工机械台班用水定额（表3-13）；

k_3——施工机械用水不均衡系数（表3-12）。

施工用水不均衡系数表 表3-12

序号	用水名称	系数
k_2	施工工程用水 生产企业用水	1.50 1.25
k_3	施工机械、运输机具 动力设备	2.00 1.05~1.10
k_4 k_5	施工现场生活用水 居住区生活用水	1.30~1.50 2.00~2.50

机械用水量参考定额 表3-13

序号	机械名称	单位	耗水量	备注
1	内燃起重机	L/台班·t	15~18	以起重吨数计
2	蒸汽打桩机	L/台班·t	1 000~1 200	以锤重吨数计
3	内燃压路机	L/台班·t	12~15	以压路机吨数计
4	拖拉机	L/昼夜·台	200~300	
5	汽车	L/昼夜·台	400~700	
6	空气压缩机	L/台班·(m^3/min)	40~80	以压缩空气排气量
7	内燃动力装置	L/台班·马力	120~300	直流水
8	内燃动力装置	L/台班·马力	25~40	循环水
9	锅炉	L/h·t	1 000	以小时蒸发量计
10	锅炉	L/h	15~30	以受热面积计
11	电焊机25型	L/h	100	
12	电焊机75型	L/h	250~350	
13	对焊机	L/h	300	
14	冷拔机	L/h	300	
15	凿岩机YQ—100	L/min	8~12	
16	01—45(TN—4)	L/min	5	

③施工现场生活用水（q_3）按式（3-15）计算：

$$q_3 = \frac{P_1 \cdot N_3 \cdot k_4}{8 \times 3\ 600} \tag{3-15}$$

式中：q_3——施工现场生活用水量，L/s；

P_1——施工现场高峰人数；

N_3——施工现场用水定额，视当地气候、工种而定，一般为(20～60)L/人·班；

k_4——用水不均衡系数(表3-12)。

④生活区生活用水(q_4)按式(3-16)计算：

$$q_4 = \frac{P_2 \cdot N_4 \cdot k_5}{24 \times 3\ 600} \tag{3-16}$$

式中：q_4——生活区生活用水量；

P_2——生活区居住人数；

N_4——生活区生活用水定额(表3-14)；

k_5——用水不均衡系数(表3-12)。

生活用水参考定额 表3-14

序号	用水名称	单　位	耗　水　量	备　注
1	生活用水	L/人·日	20～30	洗漱、饮用
2	食堂	L/人·日	15～20	
3	淋浴	L/人·次	50	入浴人数按出勤人数30%计
4	洗衣	L/人	30～50	
5	理发室	L/人·次	15	
6	工地医院	L/病床·日	100～150	
7	家属	L/人·日	50～60	有卫生设备
8	家属	L/人·日	25～30	无卫生设备

⑤消防用水(q_5)

消防用水量用 q_5 表示，见表3-15。

消防用水量参考表 表3-15

序号	用水区域	用水情况	火灾同时发生次数	用水量(L/s)
1	居住区	5 000 人以内	一次	10
		10 000 人以内	二次	10～15
		25 000 人以内	二次	15～20
2	施工现场	施工现场在 $25 \times 10^4 m^2$ 以内	一次	10～15
		施工现场每增加 $25 \times 10^4 m^2$	一次	5

以上5个方面的用水量也可参照有关手册计算确定。

由于生活用水是经常性的，施工用水是间断性的，而消防用水又是偶然性的，因此，工地的总用水量(Q)并不是全部计算结果的总和，而按以下公式计算：

a)当$(q_1 + q_2 + q_3 + q_4) < q_5$时，则：

$$Q = q_5 + 0.5(q_1 + q_2 + q_3 + q_4) \tag{3-17}$$

b)当$(q_1 + q_2 + q_3 + q_4) > q_5$时,则:

$$Q = q_1 + q_2 + q_3 + q_4 \tag{3-18}$$

c)当工地面积小于50 000m^2,而且$(q_1 + q_2 + q_3 + q_4) < q_5$时,则:

$$Q = q_5 \tag{3-19}$$

(2)水源选择

首先考虑当地自来水作水源,如不可能才另选天然水源。当工地附近缺乏现成的供水管道或虽有供水管道但难以满足施工的使用要求时,方考虑采用江(河)水、湖水、水库、泉水、井水等天然水源。一般在野外有水的河道上建桥,施工用水大多取自河水。在干涸河道上建桥,如当地的地下水位不深时,可掘坑取水;地下水位较深时,则可开钻取水:如工地附近有山泉或水渠可取水时,可修建明沟或临时管道等将水引至工地。而且应优先考虑利用那些不需复杂的输水构筑物和大型水泵装置以及临时输水管道较短的水源。不论采用何种水源,应满足以下要求:水量充足稳定,能保证最大需水量供应;符合生活饮用和生产用水的水质标准,取水、输水、净水设施安全可靠;施工安装、运转、管理和维护方便。

(3)临时供水系统

供水系统由取水设施、净水设施、储水构造物、输水管网几部分组成。取水设施由取水口、进水管及水泵站组成。取水口距河底(或井底)不得小于0.25~0.9m,距冰层下部边缘的距离也不得小于0.25m。水泵要有足够的抽水能力和扬程。

当水泵不能连续工作时,应设置储水构造物,应设置储水构造物,一般有水池、水塔或水箱等,工地可采用木支架或装配式常备钢构件来设置临时水塔,其储水箱用钢箱或钢筒。其容量以每小时消防用水量确定,但一般不小于10~20m^3。

输水管网应合理布局,干管一般为钢管或铸铁管,支管为钢管。输水管的直径必须满足输水量的需要。一般可按式(3-20)计算:

$$D = \sqrt{\frac{Q}{250\pi \cdot v}} \tag{3-20}$$

式中:D——输水管直径;

Q——消耗水量;

v——管网中的水流速度(表3-16)。

水管经济流速表 表3-16

序号	管径(m)	流　速(m/s)	
		正常时间	消防时间
1	支管 $D<0.10$	2	
2	生产消防管道 $D=0.1\sim0.3$	1.3	>3
3	生产消防管道 $D>0.3$	1.5~1.7	2.5
4	生产用水管道 $D>0.3$	1.5~2.5	3

2)工地临时供电

(1)工地总用电量

工地用电可分为动力用电和照明用电两类,用电量可用式(3-21)计算:

$$P = (1.05 - 1.10)(K_1 \times \sum P_1/\cos\varphi + K_2 \times \sum P_2 + K_3 \times \sum P_3 + K_4 \times \sum P_4) \quad (3\text{-}21)$$

式中：P——工地总用电量，kV · A；

P_1、K_1——电动机额定功率，kW，需要系数 $K_1 = 0.5 \sim 0.7$，电动机 10 台以下取 0.7，超过 30 台取 0.5；

P_2、K_2——电焊机额定容量，kV · A，需要系数 $K_2 = 0.5 \sim 0.6$，电焊机 10 台以下取 0.6；

P_3、K_3——室内照明容量，kW，需要系数 $K_3 = 0.8$；

P_4、K_4——室外照明容量，kW，需要系数 $K_4 = 1.0$；

$\cos\varphi$——电动机的平均功率因数，根据用电量和负荷情况而定，最高为 0.75 ~ 0.78，一般为 0.65 ~ 0.75。

现场用电也可参照表 3-17 所示的“施工用电参考定额表”进行计算。

施工用电参考定额表 表 3-17

序号	用电目的	用电量(W/m^2)	序号	用电目的	用电量(W/m^2)
	(一)露天场地照明			(二)室内照明	
1	人工土方施工	0.6 ~ 0.75	10	宿舍及住宅	5
2	机械化施工土方、砌石、打桩	0.8	11	厨房、食堂、普通办公室	10
3	浇筑混凝土、拌制砂浆、轧碎石及过筛	2 ~ 2.5	12	厕所	3
			13	浴室、漱洗室	5
4	制造及装配金属结构	2.4 ~ 2.5	14	钢筋加工间、金属构件厂、机修间	13
5	露天堆场	0.5			
6	机械停放场	1.5 ~ 2.5	15	细木工车间	6
7	主要人行道及车行道	5kW/km	16	锯木厂	3 ~ 5
8	次要人行道及车行道	5kW/km	17	车库	6
9	警卫、照明	2			

(2)选择电源及确定变压器

无论由当地电网供电还是在工地设临时电站解决，或者各供给一部分，选择电源都应在考虑以下因素后，根据工程具体情况经过比较确定。当地电源能否满足施工期间最高负荷；电源距离较远时是否经济；设临时电站，供电能力应满足需用，避免造成浪费或供电不足；电源位置应设在设备集中、负荷最大而输电距离又最短的地方。

一般都首先考虑将附近的高压电，通过工地的变压器引入。

变压器的功率按式(3-22)计算：

$$P = K(\sum P_{max} \times \cos\varphi) \quad (3\text{-}22)$$

式中：P——变压器的功率，kV · A；

K——考虑功率损失的系数，取 1.05；

P_{max}——各施工区的最大计算负荷，kW；

$\cos\varphi$——功率因数。

(3)选择导线截面

合理的导线截面应满足三个方面的要求：首先要有足够的机械强度，即在各种不同的敷设方式下，确保导线不致因一般机械损伤而折断；其次应满足通过一定的电流强度，即导线必须能承受负载电流长时间通过所引起的温度升高；第三是导线上引起的电压降必须限制在容许限度之内。按这三项要求，选其截面最大者。

(4)配电线路的布置要点

线路宜架设在道路的一侧，并尽可能选择平坦路线。线路距建筑物的水平距离应大于1.5m。在380/220V低压线路中，电杆间距为25～40m。分支线及引入线均应从电杆处接出。

临时布线一般都用架空线，因为架空线工程简单、经济、便于检修。电杆及线路的交叉跨越要符合有关输变电规范。

配电箱要设置在便于操作的地方，并有防雨、防晒设施。各种施工用电机具必须单机单闸，绝不可一闸多用。闸刀的容量按最高负荷选用。

3)工地临时供热

工地临时供热的主要对象是：临时房屋如办公室、宿舍、食堂等内部的冬季采暖；冬季施工供热，如施工用水和材料加热等；预制场供热，如钢筋混凝土构件的蒸汽养生等。建筑物内部采暖耗热量，按有关建筑设计手册计算。

临时供热的热源，一般都设立临时性的锅炉房或个别分散设备(如火炉)，如有条件，也利用当地的现有热力管网。

临时供热的蒸汽用量用式(3-23)计算：

$$W = Q/IH \tag{3-23}$$

式中：W——蒸汽用量，kg/h；

Q——所需总热量，按建筑采暖设计手册计算，J/h；

I——在一定压力下蒸汽的含热量，查有关热工手册，J/kg；

H——有效利用系数，一般为0.4～0.5。

蒸汽压力根据供热距离确定，供热距离在300m以内时，蒸汽压力为30～50kPa即可在1 000m以内时，则需要200kPa。

确定了蒸汽压力后，可根据式(3-23)计算得到蒸汽用量，即可查阅锅炉手册，选定锅炉的型号。

5. 其他临时工程设施

在施工组织设计中，还会遇到其他的临时工程设施，如便道、便桥、临时车站、码头、堆场、通信设施等。对于新建道路工程，这些临时工程设施更多。

各种临时工程设施的数量视工地具体情况而定，因它们的使用期限一般都很短，通常都采用简易结构。全部临时建筑及临时工程设施都应在设计完成之后，再编制临时工程表。临时工程表是施工组织设计规定的文件之一，它的内容及格式见表3-18。

临时工程表

表3-18

序号	设置地点	工程名称	说明	单位	数量	工程数量							备注
1	2	3	4	5	6	7	8	9	10	11	12	13	14

编制：　　　　　　　　　　　　　　　　　复核：

四、施工组织平面图设计案例(路桥)

某绕城线北段高速公路项目土建工程第×合同段,起止桩号为:主线 K20+046.8~K25+310(含互通);一级公路连接线 LK0+000~LK1+482.508。其中主线 5.263 2km 采用四车道高速公路标准建设,计算行车速度 100km/h,路基宽度 26.0m;连接线 1.482 5km 采用一级公路标准建设,计算行车速度 100km/h,路基宽度 25.5m。本合同段路线全长 6.745 7km。

本合同段包含下列工程项目。

路基工程:清理场地、临时工程、土石方工程、排水工程和防护工程;

桥涵工程:中、小桥、互通式和分离式立交桥、通道、涵洞、人行天桥等;

路面工程:主线、互通匝道、一级公路路面底基层及支线路面;

沿线设施:改路、改渠、改沟和接线工程。

1. 施工便道设计及施工

项目开工后,路基范围内拉通一条纵向施工便道,便道宽 7m,采用挖掘机、推土机、平地机、压路机和自卸汽车施工。当有河沟、渠道横穿主线时,安装临时过水圆管涵来保证农田用水和泄洪的需要。

2. 施工驻地的设置

计划将承包人驻地设置在 K23+650 路基左侧。第一批人员进场后,首先做好"四通一平"工作,然后进行临时房屋建设。临时房屋建设包括办公室、宿舍、工地试验室、会议室、食堂、浴室、卫生间、仓库、机修车间和污水处理池。根据初步估算修建临时房屋面积共计 1 870m^2。为丰富职工业余生活,还将在驻地内修建篮球场和职工娱乐室。驻地建设以环保为原则,以人为本,在不铺张浪费的前提下,营造一个清洁、舒适的工作环境。施工驻地需临时用地约 3.8 亩(1 亩=666.6m^2)。

3. 拌和站及预制场的设置

根据招标文件的要求,结合现场实际情况,计划在 K21+228 中桥 0 号台后的路基上设置一个空心板预制场,K23+800 右侧设一个 T 梁预制场和一个混凝土拌和站,在 AK0+691.45 跨线桥右侧再增设一个空心板预制场,小型构件预制场设在 K22+100 右侧,底基层稳定料拌和场设在 K23+500 左侧。

4. 施工用电和施工用水

本合同段沿线电力资源十分丰富,能满足本工程施工用电的需要,生活、施工用电将以外电输送为主。施工中,将准备 3 台发电机作为备用电源。

沿线水系发达,水源丰富,水质洁净,施工用水可直接就近取用,生活用水采取打井取水。如遇旱季或供水困难时,计划用水车运输来保证生活及施工用水。

5. 施工通信

本合同段所在的村镇都开通了程控电话,移动网络也基本上覆盖了全线。施工中,将以对讲机、程控电话和移动电话作为主要的施工通信工具。另外项目驻地还将配置传真机、开通互联网,以加强与业主和外界的联络。

6. 临时工程总体布置与数量

本合同段临时工程布置详见施工总平面布置图(图 3-10)、桥梁预制场平面布置图(图 3-11)。临时工程数量详见表临时工程用地计划表(略)。

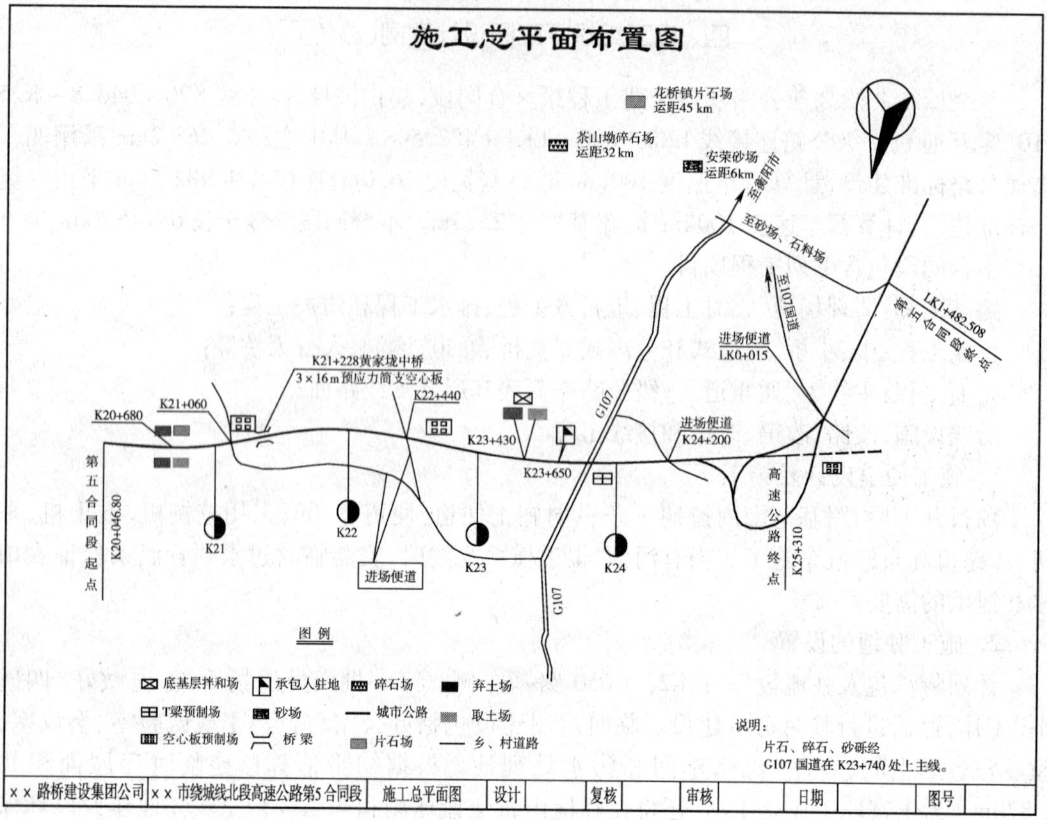

图 3-10　施工总平面布置图

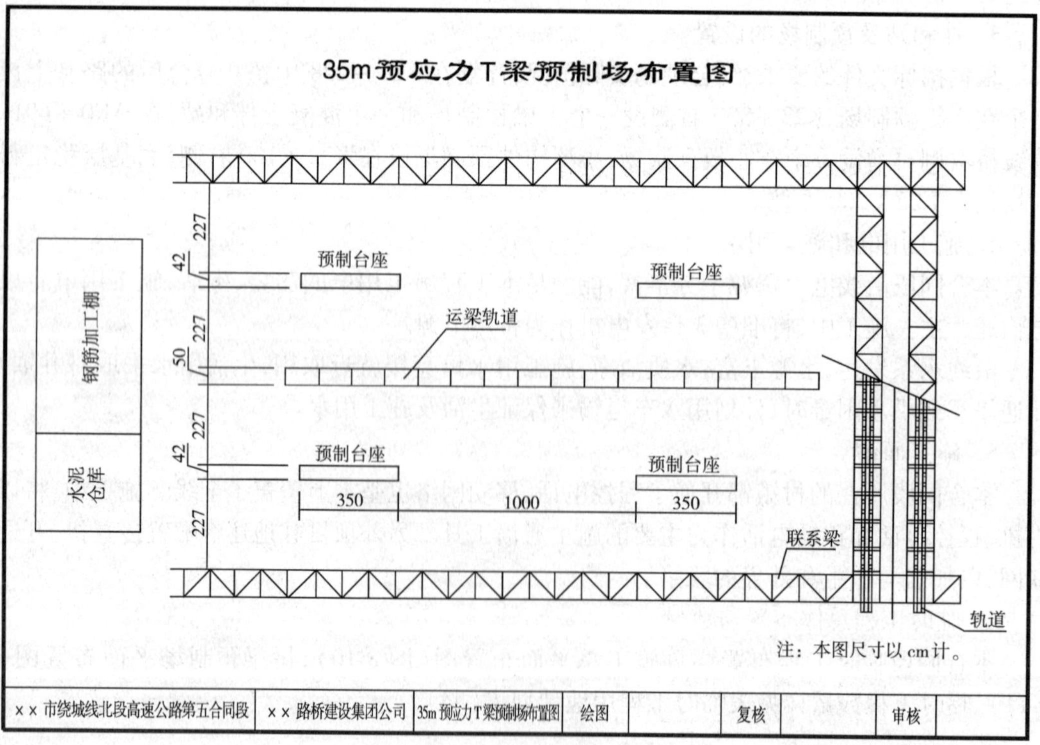

图 3-11　桥梁预制场平面布置图

第七节　施工组织设计文件其他文件

一、施工机构的组成设计

1. 施工机构的职能

施工现场的施工机构一般以项目部的形式组建，它是以具体的施工项目为对象，以实现质量、工期、成本、安全和文明施工相统一的综合效益为目标的项目管理机构，它是在项目负责人领导下，负责施工项目从开工到完工的全过程施工生产经营管理，是企业在某一工程项目上的管理层，同时对作业层负有管理与服务双重功能。其包括如下具体职能。

(1)执行项目负责人的决策意图，并为项目负责人的决策提供信息依据，当好参谋。

(2)代表企业履行工程施工承包合同，承担企业规定的各项责任和义务，完成企业规定的项目工期、质量、成本、安全和文明施工的目标和各项指标。

(3)负责配合专业管理职能部门的工作，为专业管理职能部门提供信息，并接受指导和监督。

(4)对参加施工的业务单位和作业队进行全过程的计划、组织、指挥、协调、监督、考核，经企业授权还可向外发包劳务。

(5)按项目目标要求，编制相应的施工组织设计和网络计划，并据此对工程项目进行指挥和控制。

(6)在施工项目内部作好资源的优化配置与动态平衡，并进行施工项目内部的各项专业管理。

(7)进行必要的外部协调和经营活动，努力提高项目施工的效益和信誉。

(8)推行技术责任制，按要求整理交、竣工资料，组织收尾交工。

(9)做好后勤供应和生活服务工作。

2. 机构的设置原则

(1)要根据所设计的项目管理形式设置机构，因为不同组织形式对机构的管理力量和管理职责提出了不同的管理环境。

(2)机构的设置必须满足项目管理功能的需求，即根据工程项目的规模、复杂程度和专业特点设置机构。如大型项目机构可设职能部、处；而小型项目一般只需设置职能人员。

(3)机构必须根据项目内容和不同阶段需求实行弹性建制，即一方面根据项目任务、特点确定相应的管理职能部门，另一方面根据规划和实施进度随时增减各部门内部人数，满足项目管理的需要，保持动态平衡。同时不能把机构设成一个固定组织，它必须在工程施工前建立，竣工交付使用后就解体。

(4)机构设置要坚持现代管理的组织原则，反映实现管理目标的内在要求，体现出精干、高效、责权利相统一的特点。

(5)机构的人员配备应面向施工现场，满足现场计划与调度、技术与质量、成本与核算、劳务与物质、安全与文明施工的需要。

(三)施工机构的组织形式

组织形式亦称组织结构的类型，是指一个组织以什么方式去处理层次、跨度、部门设置和上下级关系。施工项目管理常用的组织形式有如下几种。

(1)部门控制式

①特征

这是按照职能原则建立的项目组织。是在不打乱企业现行建制的条件下,把工程项目委托给企业内某一专业部门或施工队,由被委托部门的领导负责组织项目实施的组织形式,见图3-12。

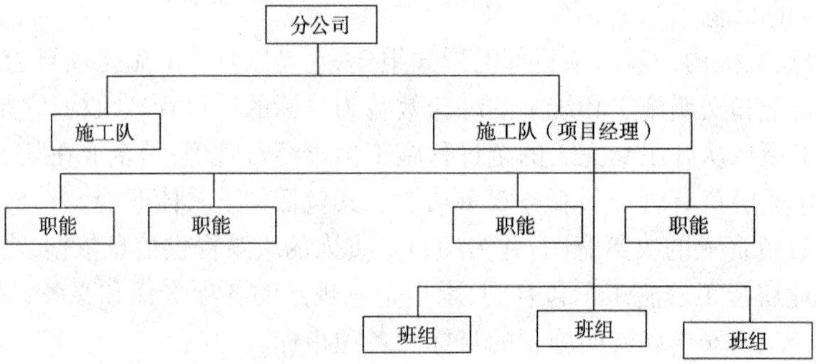

图 3-12　部门控制式组织机构图

②优点

职责明确、职能专一、关系简单、便于协调、组织运转启动快。

③缺点

不能适应大型项目或涉及多个部门的项目管理需要,不利于精简机构。

④适应范围

仅适应于小型、专业性较强、不涉及多个部门的施工项目。

(2)混合工程队式

①特征

这是完全按对象原则组织的项目管理机构,由公司任命项目经理,由经理负责从其他抽调或招聘职能人员组成项目管理班子,再抽调施工队伍组成混合工程队。所有项目管理班子成员和工作人员在工程建设期间中断与原所在部门的领导关系,重新组成新的项目管理经济实体。原单位负责人只负责业务指导和考核,不能随意调回或干预其工作。

②优点

a)各种人才都在现场,解决问题迅速,减少了扯皮和等待时间。

b)权利集中,决策及时,工作效率高。

c)减少了中间部门,易于协调关系,避免了本位主义和行政干预,项目负责人易于开展工作。

d)各类专家配合,取长补短,相互学习,利于管理人员素质的提高。

e)仍可保留传统的直线职能制度组织。

③缺点

来自不同部门的各类人员专业背景不同,配合不易协调;同一时期各类人员工作量差别很大,易造成忙闲不均,导致人工浪费;专业职能部门优势无法发挥,同专业人员分散在不同项目上,交流困难,也无法对本专业人员进行有效培训指导。

④适应范围

适应于大型项目、工期要求紧迫的项目及要求多工种多部门密切配合的项目。

(3)矩阵制项目组织

①特征

项目组织机构与职能部门数相同,多个项目与职能部门的结合呈矩阵状如图3-13专业职能部门是永久的,项目组织是临时性的。矩阵中的所有人员,都接受所在部门负责人和所在项目负责人的双重领导,其行动不完全受控于项目负责人,部门负责人有权根据不同工程项目的需要和忙闲情况,将本部门人员在工程项目之间进行调配。

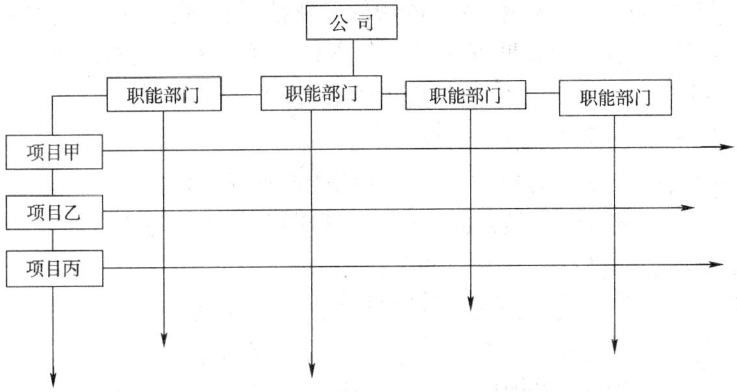

图3-13　矩阵制项目组织形式示意图

②优点

此种形式吸收了部门控制式和混合工程队式的优点,发挥职能部门的纵向优势和项目组织的横向优势。把职能和对象结合起来,谋求企业整体长期管理与工程项目一次性管理的一致。通过职能部门的协调,人才的合理调配,以尽可能少的人力,提高多个项目管理的效率。另外还有利于人才的全面培养。

③缺点

由于此组织形式中的人员接受双重领导,当纵横向有矛盾时,当事人无所适从。项目的凝聚力有所减弱。同时此组织形式使系统的结合部增加,从而增加了协调管理的难度,对企业及项目管理水平、领导者素质、组织机构的办事效率、信息沟通的畅通提出了较高要求。

④适应范围

适应于大型、复杂的施工项目和同时承担多个需要进行项目管理的企业。

(4)事业部制项目组织

企业按地区、工程类别或经营内容设置事业部,事业部对企业是职能部门,对企业外享有相对独立的经营权。在事业部下边设置项目经理部,项目经理由事业部选派,一般对事业部负责或直接对企业负责,根据其授权情况决定。

①优点

事业部制能迅速适应环境的变化,提高企业的应变能力、调动部门积极性,既加强了项目管理,又加强了经营战略管理,有利于延伸企业经营职能,开拓企业业务领域。

②缺点

此种形式减弱了企业对项目经理部的约束力和协调指导的机会,易造成企业结构松散,为此应加强制度约束,加大企业的综合协调能力。

③适应范围

适应于大型经营性企业。企业在一个地区内有长期市场或一个企业有多种专业化施工力量时采用。

对于项目组织形式的选择，必须根据企业自身素质和条件、项目的性质、规模、内容和管理方式来进行选择。

4. 施工机构的部门设置

施工机构的部门设置因企业不同、项目不同和所涉及的项目组织形式不同而不同，但一般至少应设置以下部门。

(1)工程技术科：负责工程计划的编制实施，材料消耗计划的编制，组织工程的施工，内业工作的管理。负责技术交底，及会同业主、监理、设计方进行施工工艺的改进和提高施工技术。

(2)质检：施工质量检测，质量控制及现场检查验收，质量管理。

(3)合约：合同的管理、计量支付、工程结算。

(4)试验室：负责各种标准实验、检测试验、抽样试验等工作。

(5)机务：负责机械设备配置及维修、保养，项目的安全管理等工作。

(6)材料：负责项目的材料供应及管理工作。

(7)财务：负责项目财务往来，协助项目经理搞好资金控制。

(8)协调：负责工地与地方政府部门、当地群众的协调工作。

(9)办公室：负责生产的后勤保障工作及工地宣传、职工培训教育等。

二、安全生产制度与措施

保证安全生产，是党和国家保护劳动人民的一项重要政策，也是技术工作的重要内容。必须把生产和安全很好地结合起来。国务院先后颁布了《建筑安装工程安全技术规程》、《建筑安装安全技术操作规程》、《工人职员伤亡事故报告规程》等法规，并且在国家的各项重大决议中，对安全生产都作了明确的指示，制订了“生产必须安全、安全为了生产”的原则。在计划、检查、总结、评比生产时，同时也必须计划、检查、总结、评比安全工作。

编制施工阶段的实施性的施工组织设计，应特别强调安全技术措施和安全制度的制订，要把安全生产放在工作的重要位置，作为生产工作不可缺少的组成部分来抓。遵守安全规程、贯彻以防为主的方针，提高对事故的预见性，防微杜渐。

1. 安全生产的组织工作

安全生产是一项综合性的工作，它关系施工管理的各个方面。特别是采用新技术、新结构和新的施工方法，以及在新工人、新设备、新工具日益增多等情况下，除建立健全安全生产机构外，还要根据具体情况，在各级行政和技术负责人的领导下，选择认真负责、懂得安全技术并富有经验的技术干部担任专职工作，他们要及时发现明显和潜在的危险情况，制止违章作业，能为生产创造安全环境，以防患于未然。

除了加强组织外，技术措施也是非常重要的。安全技术措施是根据不同的工程和具体工作条件，在施工方法、平面布置、材料设备上提出保证安全生产的措施、必须遵守和注意的事项。例如起重设备、脚手架的负荷计算，锚固措施及架设、拆除的程序和方法；多层作业隔离措施的设置方法；高空作业的防护措施；土方开挖的边坡控制方法；施工机具的制动装置和技术要求；电器设备的接地、防护和技术要求；爆破器材的管理与使用技术条件；易燃、易爆材料的保管与防火措施；原有建筑物的拆除程序、保护方法等。

2. 安全制度

生产管理和技术管理的规章制度，是统一组织职工进行生产活动的准则，是保证正常生产的有利工具。没有规章制度，就没有准绳，就容易出问题，因此，保证安全生产也必须建立和健全切实可行的规章制度。

(1)安全生产制度

必须建立和认真贯彻安全生产责任制，做到分级负责，分片负责，事事有人负责，时时有人负责，把安全生产方针贯彻到日常生产的各个环节中，自觉遵守安全生产规章制度，把安全和生产真正的统一起来。

(2)安全教育制度

各级组织应经常利用各种有效形式，广泛开展安全生产宣传活动，组织职工学习有关安全生产的政策、法令，教育职工树立安全和统一的思想，自觉遵守安全生产规章制度。

(3)安全技术措施制度

安全技术措施是施工设计的重要组成部分，是指导安全生产的技术文件，也是进行安全生产交底的重要依据，因此，没有编制安全技术措施的工程一律不准施工。

(4)安全交底制度

安全交底是具体贯彻安全技术措施的主要方法，是一项经常性的工作，也是最实际最深刻的安全教育。各级领导在布置生产任务时，对施工安全要提出明确的要求，把施工技术和安全技术同时交底，并组织工人讨论，订立保证安全措施，使人人心中有数，个个做到安全。

(5)安全检查制度

为了及时发现和消除不安全因素，应加强经常性的安全检查，并根据施工和季节变化的特点，每年定期进行二至四次群众性安全检查。

(6)事故分析制度

各施工单位应严肃认真地贯彻执行国务院发布的《工人职员伤亡事故报告规程》，发生工伤事故后，应组织实地调查，找出事故原因，掌握事故发生的规律，采取预防措施。

三、施工质量管理

工程质量好坏，直接关系到国民经济全局，关系到人民生活，关系到国家信誉，关系到现代化建设。因此，在施工中必须特别注意工程质量，牢固地树立“百年大计，质量第一”的思想，做到“好中求快、好中求省”。坚持质量第一，是我们企业的社会主义性质决定的。

施工部门的基本活动是建造各类固定资产；施工的目的是要满足国家建设的需要，满足人民生活的需要；施工的直接动机是创造使用价值，这就决定建筑施工必须把使用价值放在第一位，十分重视和努力提高工程质量。

在建筑施工中，质量与速度的关系是经常遇到的问题，他们既是对立的，又是统一的，必须处理好速度、产值和质量之间的关系。在施工管理中，必须认识到速度与质量的矛盾，质量是主要方面，只顾追求速度、追求产值而不顾质量是同企业的社会主义性质不相容的。因此，在施工组织管理中，必须把质量放在第一位。

制定施工阶段施工组织设计时，保证与提高工程质量的措施主要有以下几方面。

(1)认真学习和复核设计图纸，吃透设计意图，并做好逐级的技术交底工作。

(2)建立和健全各级质量检验、监理机构，坚持专业检查和群众性检查相结合，贯彻班组自检互检制度。

(3)严格执行国家施工验收规范和有关操作规程，如《建筑安装工程施工验收规范》、《建筑安装工程质量检验评定标准》、《公路工程质量检验评定标准》等。

(4)及时填报各项工程验收报表,特别是隐蔽工程的验收签证、施工日志等,建立技术档案,保存原始资料。

(5)建立和健全试验机构,充实试验人员,认真做好原材料、半成品、构件和设备的检验工作。

(6)做好施工机械的检修工作,经常保持机械设备的完好和精度。

(7)做好质量事故的分析,找出产品质量缺陷的原因,采取预防措施,尽可能把质量问题消除于出现之前。

四、环境保护措施

由于公路建设的规模大、线路长、涉及范围广,故其对环境的影响较大。特别施工阶段对沿线环境影响,对附近居民的生产、生活造成的干扰,随着机械化施工水平的提高也越来越大。因此在施工组织设计中应采取各种措施,减少由于施工对环境的影响,具体有以下几个方面。

1. 生态环境的保护措施

对施工界限内、外的植被、树木等尽量维持原状。施工需要必须砍伐时,事先必须征得有关部门、所有者和业主的同意,严禁乱砍乱伐;临时用地范围内的裸露地表,植草或种树进行绿化。借土区、弃土区应采取措施防止水土流失,例如修建挡土墙和排水沟等;工程完工后,及时彻底进行现场清理,并按设计要求采用植被覆盖或其他处理措施;营造良好环境,在施工现场和生活区设置足够的临时卫生设施,经常进行卫生清理,同时在生活区周围种植花草、树木,美化生活环境;对各种有害物质(如燃料、废料、垃圾等),按有关规定进行处理,防止对动、植物造成损害。

2. 水资源保护

靠近生活水源的施工,应用沟壕或堤坝或采取其他措施隔开生活水源,避免污染生活水源;钻孔灌注桩钻孔的泥浆水及清洗机械、施工设备的废水严禁直接排入江河,禁止机械在运转中产生的油污未经处理就直接排放,钻孔时禁止维修机械的油水直接排放入江河;施工产生的废浆要用专用汽车拉运至指定地点倾倒,并设渗坑进行处理,不得排放到河流、水沟、灌溉系统里,以免造成河流和水源污染。

3. 大气环境保护及粉尘的防治

在设备选型时选择低污染、低噪声、振动小的设备,安装空气污染控制系统;沥青、水泥混凝土、稳定土拌和站设置应选择离居民聚居地较远,对居民生产、生活影响较小的位置,并采取一定的防尘、防噪声措施;施工时间应符合当地居民的生活习惯;对施工现场和运输道路,配备洒水设备,经常进行洒水湿润,减少扬尘;运输水泥、砂、石、土等如有漏失,及时清扫干净,保持施工现场和施工道路整洁,做到文明施工。

五、冬、雨季及农忙季节施工措施

1. 冬季施工措施

(1)在冬季来临时,对于计划在冬季施工的工程,做好详细的施工计划,准备好工程材料,保温材料及保温设施。

(2)当平均气温低于5℃或最低气温低于0℃时,一般应停止浇筑混凝土和砌筑圬工,特殊地段应采取保温措施,当保温砌筑或保温浇筑时,应将水温和集料适当加温,砂浆或混凝土的流动性应比常温加大。

(3)制拌砂浆或混凝土一次不可太多,要与浇筑速度密切配合,随拌随用。砌筑或浇筑完成部分夜间应盖以草帘等保温材料,直到其强度达到设计强度的70%。

为加速混凝土凝固,缩短保温时间,可在砂浆或混凝土中掺加减水剂及早强剂,其掺加量应报监理工程师确认。

2. 雨季施工措施

(1)雨季做好场地排水,保持排水沟畅通。施工场地的临时排水设施与永久性排水设施相结合,流水不得直接排入农田,亦不得污染自然水源和引起河流的淤积或冲刷等。

(2)下列项目尽可能避开雨季施工。

①低洼地段的土质路基施工。

②工程地质不良地段的路基施工。

(3)雨季修筑路堤,应做到随挖随运、随铺随压实,每层面应有2% ~4%的横坡,并应整平。雨前和收工前将铺填的松土压实完毕,不致积水,且雨后不允许车辆通行。

(4)聘请气象部门工作人员为气象顾问,随时掌握气象情况,合理安排施工。

(5)在雨季抓紧设备的维修、技术人员培训和学习等工作,做好内业资料整理工作。抓紧原材料的采备工作。

(6)大量开展一些受雨水影响小的工作,如桥梁、涵洞砌石工程等。

(7)预制场搭设简易防雨工棚,混凝土现浇施工场地备好足量的防雨布。混凝土现浇数量大,又不能停止作业,施工面小的项目,可搭设简易防雨工棚。

3. 农忙季节的施工安排

(1)对合同制民工采取特殊津贴,并适当提前发放,让他们提前安排好农活;

(2)职工、合同制民工避开在农忙季节时休假;

(3)提高机械化施工程度,充分发挥机械化施工作用;

(4)对影响沿线当地村民生产生活的排灌系统和通道预先做好安排,优先施工,尽量减少对当地村民的影响;

(5)控制工期的项目,劳动密集型项目,避开农忙季节安排。

思考题

1. 施工组织设计的基本原则是什么?
2. 施工方案及施工组织计划的主要内容是什么?
3. 编制施工组织设计文件的主要步骤是什么?
4. 施工进度图的主要形式有哪些?横道图的制作步骤是什么?
5. 横道图与垂直图的主要区别是什么?
6. 资源分布图的画法步骤是什么?从分布图上怎样判别进度计划的优劣?
7. 施工平面图有几种形式,包括哪些主要内容?应该注意什么问题?
8. 施工组织设计的临时设施设计包括哪些内容?
9. 临时用水量的确定方法是什么?
10. 指示性材料计划与实施性材料计划的主要区别是什么?
11. 分析累计曲线中,供应线与消耗线的x、y两方向的实际意义。

练习题

1. 如表3-19所示,计算各工作的工期、劳动力人数,画出横道图,并用不均衡系数进行调整,以优化横道图。建议工期为两年(2005.4~2007.3)。

表3-19

工程名称	单位	数量	劳动量(工日)	机械量(台班)
I. 准备工作				
清除场地	m^2	182 000	2 400	37
汽车运材料	kt	58.6		2 500
临时工程	m^2	45 000	11 000	
II. 路基工程				
土石方工程	m^3	808 448	2 425	420
汽车运土	m^3	500 400		1 380
清淤工程	m^3	54 493	330	220
III. 涵洞通道				
盖板涵	座	1	818	—
石拱涵	座	1	1 448	—
圆管涵	座	28	16 658	—
盖板通道	座	16	12 084	—
石拱通道	座	4	6 953	—
IV. 桥梁工程				
天然基础	m^3	18 195	3 840	630
基础混凝土	m^3	3 307	3 313	242
桩基础	m	1 815	7 409	411
下部结构	m^3	9 339	14 345	682
上部结构	m^3	4 676	18 433	320
其他工程	m^3	2 518	9 559	
桥面系	m^3	1 559	3 218	134
V. 钢筋工作	t	1 148	1 172	—
VI. 路面工程				
垫层	m^2	46 586	400	32
基层	m^2	120 045	3 720	110
路肩	m^3	6 801	1 300	140
面层	m^2	120 045	24 850	1 540
VII. 防护工程				
挡土墙	m^3	1 982	2 160	—
护坡	m^3	1 642	1 920	—
急流槽	m^3	181	220	—
VIII. 沿线设施	—	—	—	—

2. 某施工项目部共有行政办公人员36人,根据施工进度计划安排,高峰期施工人数达450人。试确定临时房屋建筑面积。

第四章 机械化施工组织设计

第一节 概 述

一、机械化施工组织在资源组织中的地位

公路工程施工组织设计包括资源组织部分，而资源组织是劳动力、材料、机械与资金的总称。因此，机械组织是施工组织设计中不可缺少的一部分，并且由于工程机械成本高，需大量固定的占地设施，需要高技术的操作人员操作、维修、养护，另外由于机械在施工过程中受外界和人为影响大等特点，其施工组织计划和措施就显得与人工、材料不一样，而具有明显的特殊性，应该在施工组织设计中给予特别的考虑和安排。

随着现代施工工艺、技术的发展，新机械、新机种层出不穷。而工程施工中每时每刻都离不开机械，怎样使机械施工发挥最大效益，提高工程质量，降低劳动强度等是我们需要研究的课题。机械化施工在工程项目管理中表现出如下几方面的重要性。

(1)机械化施工有利于降低工程成本。随着大规模机械化施工的推广，使过去高成本的工作，现在需要较少费用即可完成。如大型构件的预制安装、顶推施工法、回旋钻机钻孔、铲运机及自卸车运土等，这些机械将过去高投入、低产出的工程变为技术型低投入、高产出的工程。另一方面，工程造价中机械费用占有很大比重，如土石方工程中占40%左右；混凝土工程中占60%左右。合理科学地组织机械化施工，减少机械使用费，就可以大幅度地降低工程造价。

(2)机械化施工大大缩短工程工期。当今工程施工周期大为缩短，这应当归功于机械化施工的推广，过去一座特大桥的施工工期一般需要近十年时间，如南京长江大桥，而现在的工期相应缩短为只有原工期的1/3。

(3)机械化施工可提高工程质量。随着工程设计精度的提高、难度的加大、连续施工的要求更加严格，这只有机械化施工才能满足各项要求。比如高速公路的路面平整度，水泥混凝土路面在机械摊铺的条件下才能达到规范要求；特大桥的大体积混凝土只有混凝土输送泵运送才能保证连续浇筑混凝土的要求；预应力、部分预应力混凝土，大型构件的运输等也只有机械化施工才能满足要求。

(4)机械化施工可优化社会资源，节约社会劳动。机械化施工调整了施工组织计划中对劳动力的需求，将更多的社会劳动力调配到更适合的工作岗位上，从而为社会节约了大量的劳动力。当然，也刺激新型劳动力的成长，在知识更新、新工艺的接受、新机械的操作等方面，更容易使工程施工的机械化得到普及和提高。

(5)机械化施工使公路工程设计空间更为拓展，施工更创新。可以说，有了机械化的施工后，我们的公路工程不仅是建造一个跨越障碍物、具有承载力的构筑物，而且是为美化环境创造一个个人文景观，更是为社会创造美和艺术品。这些只有在机械化生产的条件下，才能同时

满足施工技术和美化景观方面的要求。

二、机械化施工组织的现状

目前施工生产中,机械化施工及其管理还是个薄弱环节。较多的企业由于机械组织不当而造成亏本,甚至一些企业的项目经理抱怨机械定额偏低是最大的亏本原因。但实际上我国公路工程机械台班定额是偏高的,而根本的原因是机械化施工方面的组织管理存在一系列的问题,致使机械台班大量浪费。

机械化施工的技术水平在日新月异地进步,面对目前的现状,工程管理要从根本上找原因,对机械化生产的每一个环节或每一个操作进行深入研究,对机械化生产每一天的使用消耗进行统计分析,从组织管理入手,才能挖掘潜力,发挥机械管理的优势。一些工程项目的管理只见工程进度计划正常,但机械使用费却严重超支,于是企业打报告追加预算,业主做工作艰难,监理更是左右为难。这些给工程进度、项目管理等带来了很大的困难,甚至引发各种矛盾和纠纷。现在的施工机械更向着联合型、多功能型,甚至是半自动化、电脑化方向发展。专业技术人员应顺应形势的发展,从科学角度掌握机械化施工的客观规律。

我国是个劳动力富余的国家,劳动密集型产业可解决劳动力就业的现实问题,交通部定额站在制定机械台班费用定额时也考虑到这一问题,所以在定额的制定过程中充分考虑了人工与机械化这个矛盾,而并非像发达资本主义国家那样让机械完全取代人工作业,让更多的劳动力失业。在社会主义条件下,考虑大多数人的共同利益,使机械与劳动力在保证工程质量、进度、成本等方面达到完美的统一,这也是社会主义制度优越性的具体体现。因此从机械化施工科学管理的角度出发,按多、快、好、省地建成工程项目的宗旨,科学而大胆地采用机械化施工,这不仅是企业的愿望,也是管理工作者的目标,如监理工程师、业主、银行代表等。

所以,作为项目管理工作者,不应该将机械费用的亏损原因归于定额或造价本身,转而过分大量使用劳动力,从而在质量、费用、进度方面出现更多的问题。本章仅就机械化施工组织管理方面存在的问题介绍几种常规处理方法。

三、机械化施工组织设计的任务

施工机械化、设备现代化、管理科学化,是我国公路工程机械化施工企业的奋斗目标和努力方向。机械化施工组织设计,关键是在公路工程施工组织设计的原则范围内,或配合其他各方面组织的完成,以机械化施工本身的特点降低外界影响因素,如天气变化和材料供应等,使机械化施工的作业效率更加提高,保证机械作业的最大使用率,从而缩短工期、增效减亏方面发挥更大的作用。机械化施工组织设计的主要任务具体如下:

(1)把握各种施工机具的性能和用途;

(2)确定在不同施工环境及施工方案下,保证施工机具的最佳选配;

(3)布置施工机具的临时用地与分部分项工程的机械平面组织设计;

(4)安排机械施工数量及调配计划;

(5)确定关键工程的机械化施工组织设计;

(6)合理安排机械化施工的进度计划;

(7)机械的润滑保养与施工进度协调统一。

四、机械化施工组织的影响因素

1. 机械完好率

机械需要经常维修和保养,才能保证在施工中连续作业达到最大负荷运转,这是保证机械完好率的先决条件。机械在使用过程中总是会消耗、损耗机件,在所有施工工期范围内,机械不可能永远满负荷作业,而在机械施工中,要求机械满负荷运转,只有经常维修和保养,才能达到施工的要求,以保证施工组织计划的顺利实施。

2. 气候影响

机械作业产生大量的热,所以在夏天应考虑机械的散热和降温,如补加机油、常换冷却水、间隔施工、机械交替作业等,这些都会影响施工组织计划,必须在开工前对机械可能遇到的发热、危险情况做充分的准备或设计。冬季气温降低,必须做好防冻措施,比如夜间放掉冷却水,油箱包裹起来;同时也要做好施工运转时的保温措施,如支撑遮风棚、包裹油箱、热水加温等。

3. 施工方案与机械搭配

施工方案的完成必须有配套的机械,在型号、功率、容积、长度等方面要达到施工方案的要求,否则就会降低工程进度,影响工程质量,甚至损耗机器。由于公路工程机械种类多,而施工方案也不能一概而论,故在本章第三节列有常见的机械搭配方法,供读者参考。

4. 机械配套技术

工程主导机械的选择如果是正确的,则其配套机械的好坏就会直接影响施工的正常进行。配套机械的技术规格应满足工程的技术标准要求;配套机械必须具有良好的工作性能;机械必须具有足够的可靠性;尽量采用同厂家或品牌的配套机械,一是保证最佳匹配;二是便于维修保养。为了提高工作效率,还要尽量在数量上少用配套机械,以避免相互干扰和影响;对配套的所有机械必须定时定期的检修,不能因为一台机器的故障,而使整个施工生产停工。

5. 机械操作员配合

对施工影响的另一个因素是机械手,一方面必须让其熟知机械操作规程;其次,熟悉技术标准和施工规范;第三,充分激发其积极性和责任心,或采用效益和责任包干的方式,让操作员坚守工作岗位,兢兢业业工作。机械操作员的有效配合是保证机械化施工顺利进行的必要条件。

6. 用台班总数量与使用寿命

机械的耐用总台班是指机械设备从开始投入使用至报废前所使用的总台班数。使用寿命是在正常施工作业的条件下,在其耐用总台班内,按规定的大修理次数划分的工作周期数。实用台班数量如果超过耐用总台班,则经济效益好,否则即差。在施工组织管理中,正确估价和计算现场机械的使用寿命和已用总台班,有利于合理处理闲置的台班数量,以保证施工现场机械的连续运转。否则,当机械已接近或达到使用寿命,使用完耐用总台班还在超负荷运转,就会使出现现场停机或施工中断现象。

第二节　机械化施工组织原理

一、机械化施工组织的基本原则

机械化施工生产过程中,与其他施工组织措施的配合是否合理、经济,能否保证整个工程项目施工连续均衡地进行,只有通过对施工机械加以限制和规定,让其成为施工过程中积极配合、刺激进度的因素,才能使整个施工组织设计更好地完成。一般应该遵循以下原则:

(1)施工连续高效运转,确保满足工程质量标准、技术标准;

(2)主导机械选择、控制合理,配套机械的选择与周围环境条件协调一致;

(3)提高机械的使用率,满足均衡使用要求,降低人员的工作强度;

(4)安装调试简便,转场运输方便,不形成交叉作业;

(5)降低机械使用费,减少机械闲置,配套机械协调作业达到经济目标。

二、机械化施工组织设计的内容

机械化施工组织设计不论是施工企业,或是业主、监理单位,对一个工程项目来说,在内容的安排、文件的编制方面都是一致的。比如组织招投标的组织文件,开工前的组织文件,施工中阶段性组织文件都对机械化施工的组织提出相同的要求。其具体内容对整个工程项目而言分机械化施工总体计划和分部分项工程计划。

1. 机械化施工总体计划内容

(1)确定施工计划总工期;

(2)重点工程的机械施工方案和方法;

(3)机械化施工的步骤和操作规程、相关的机械管理人员;

(4)机械最佳配置、各季度计划台班数量;

(5)机械施工平面设置与机械占地布设;

(6)确定机械施工的总体进度计划。

2. 机械化施工分部分项工程计划内容

(1)分部分项工程日进度计划图表;

(2)工程项目机械配合施工的安排计划(施工方法、机械种类);

(3)机械施工技术、安全保证措施;

(4)机械检修、保养计划和措施;

(5)机械的临时占地布设和现场平面组织措施。

三、机械化施工进度图表

机械化施工进度图表一般使用横道图、垂直图、管理曲线图、网络图。横道图与垂直图在第三章已作过详细介绍,在此只说明对于机械化施工来讲,这两种图的具体制作方法,并简单介绍管理曲线方法,而网络图方法将在第五章详细介绍。

1. 横道图与垂直图法

(1)横道图(垂直图)制作

横道图的常规制作方法和制作步骤已在第三章作过介绍,在此介绍机械化施工台班的横道图制作方法和步骤。

①确定各机械化施工工序的主导机械种类、功率;

②绘制一般工程施工进度横道图,完全按第三章的方法制作,但仅限于有机械施工的工序;

③将横道线上的数字用机械台班的数字代替;

④绘制机械台班分布图,并将分布图统计为详细计划表;

⑤合理确定配套机械的种类、功率。

(2)横道图(垂直图)编制

机械作业量以台班为单位,机械台数、作业时间的计算详见第三章。如图 4-1 为某工程主导机械施工横道图计划,图 4-2 为某工程机械化施工垂直图计划。同种机械的施工计划可以用横道图表现,也可直接以表格形式统计,其横道图形式见图 4-3 所示。

某工程主导机械施工横道图计划

序号	名　称	数量	单位	台班数量	工序工期	机械化施工进度										备　注
						1 月	2 月	3 月	4 月	5 月	6 月	7 月	8 月	9 月	10 月	
0	准备工作	2 714	m^2	90		2										载重车
1	汽车运材料	6 147	m^3	2 140					11							载重车
2	集中土方开挖	53 471	m^3	182			9									挖掘机
3	汽车运土石方	63 714	m^3	1 452			12									自卸车
4	桥梁混凝土	1 436	m^3	120					1							自卸车
5	管涵安装	625	m^3	68							1					起重机
6	板涵吊装	382	m^3	45							1					起重机
7	沿线设施安装	253.5	t	120										1		电焊机

图 4-1　某工程主导机械施工横道图

某工程主导机械施工垂直图计划

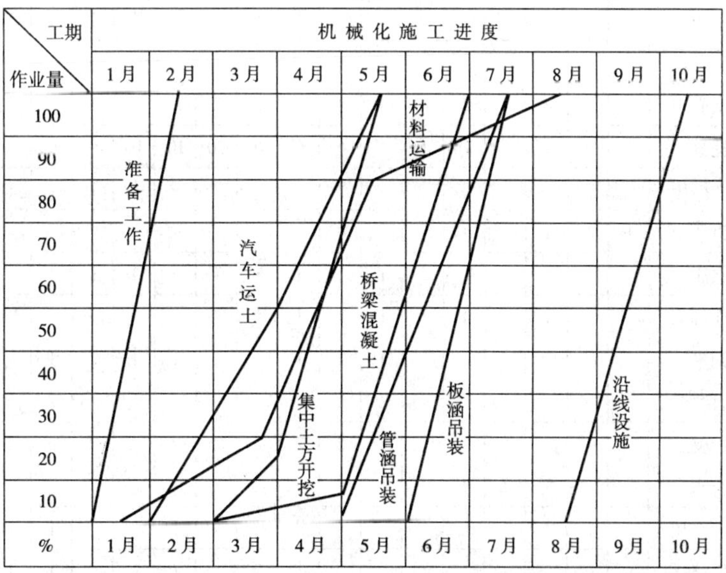

图 4-2　某工程主导机械施工垂直图

某工程电焊机施工横道图计划

序号	名称	数量	单位	台班数量	工序工期	机械化施工进度										备注
						1月	2月	3月	4月	5月	6月	7月	8月	9月	10月	
0	准备工作	2 714	m^2	40		1										电焊机
1	汽车运材料	6 147	m^3	0					0							电焊机
2	集中土方开挖	53 471	m^3	0			0									电焊机
3	汽车运土石方	63 714	m^3	0			0									电焊机
4	桥梁混凝土	1 436	m^3	120					1							电焊机
5	管涵安装	625	m^3	68							1					电焊机
6	板涵吊装	382	m^3	45							1					电焊机
7	沿线设施安装	253.5	t	120										1		电焊机

图 4-3 某工程电焊机施工横道图

机械化施工计划确定后，相应的机械预定计划表、动力材料消耗计划表也相应确定，如表4-1、表4-2 所示。

机械预定计划表（单位:d） 表 4-1

规格名称	工程	所需机械台数																			
		9月																			
		9	10	11	12	13	14	15	16	17	18	19	20	21	22	23	24	25	26	27	28
推土机	清除障碍物	12	12	5	5	5	5	5	5	5	5	5					15	15	10	10	10
	表层剥土			4	4	4	4	4	4	4	4	4	4	4					5	5	5
	排水	1	1	1	1	1	1	1	1	1	1	1	1	1							
	挖掘									1	1	1	1	1	5	5	7	7			
	铺平									1	1	1	1	1	1	1	1	1			
	搬运便道	2	2	2																	
轮式铲运机	表层剥土			4	4	4	4	4	4	2	2	2									
	挖掘								6	6	6	10	10	10	9	9					
	表面综压													1	1	1	1	1	1		
	便道铲土	1	1	1																	
羊足压路机	碾压							1	1	1	1	1	1	1	1	1	1	1			
平地机	表面刮削			1	1	1	1	1	1	1	1										
	铺平							1	1	1	1	1	1	1	1	1	1	1			
	表面精加工															2	2	2	2	2	2
挖掘机	挖掘							2	2	2	2	2	2	2	2	2	2	2			
	排水			1	1	1															
压路机(10t)	表面终压															1	1	1	1	1	1
压路机(20t)	表面终压															1	1	1	1	1	1
翻斗车	排水				6	6	6	6	6												
	挖运										9	9	9	9	9	9	9	9			

动力材料消耗计划表 表4-2

时间 \ 需要量		主要工地				辅助生产				备注
		汽油(t)	柴油(t)	电(度)	煤(t)	汽油(t)	柴油(t)	电(度)	煤(t)	
1997年	9	8.5	14.2	3 800	3.8	0	2.5	4 500	0	
	10	8.5	14.2	3 800	3.8	0	2.5	4 500	0	
	11	4.8	16.0	1 600	10.5	1.2	0	3 200	15.0	
	12	2.0	25.0	2 400	14.5	8	1.2	3 100	18	
1998年	1	3.8	18.5	3 400	16.5	1.1	3.7	4 500	18	
	2	3.2	2.2	560	3.5	5	8	400	2.5	
	3									
	4									

制表： 审核：

2. 管理曲线方法

管理曲线方法是建立在横道图方法的基础上的，对统计机械的成本费用，判别机械作业计划与实际进度的差别，都能够形象地反映在图纸上。一般地，机械作业量及其累计量画在纵坐标上，时间作为横坐标。其绘图步骤如下：

(1)做好横道图计划的复制件，并将机械施工工序的机械作业量计算出来，按累计方法计算累计时间段的累计量(可按机械成本总费用比例与机械总台班数量比例两方法累计)；

(2)在横道图上用累计百分比的方法标注纵坐标刻度，以时间单位为横坐标刻度；

(3)按计算出来的累计量在图纸上标点，并用曲线尺连接各点形成"S形"曲线；

(4)当做出进度计划的曲线以后，随着实际日进度的完成，统计机械作业量并将累计量在图纸上标点，并用曲线尺逐点连接各点，看是否形成"S形"曲线，并与计划"S形"曲线比较；

(5)时刻关注实际进度点与计划点的差异，作出书面报告及时汇报。

限于篇幅，管理曲线的制作过程及方法不作详细介绍，其形式如图4-4所示。

四、机械的维修及保养计划

机械化施工组织设计中，应该包括对机械的维修保养计划，同时它也是机械化施工管理的组成部分。工地上的土木技术人员有时只顾眼前的工作，忽视机械的状态而强行工作，常常导致功率降低，甚至造成机械故障或更严重的后果。所以正确使用机械，是提高工作效率，降低机械使用费的主要途径。一台机械在生产、维修、质量和安全方面的重要性，要从以下各点来进行评价。

1. 生产

(1)机械在生产使用中的状态(重点在运转效率)；

(2)工地及计划中是否有闲置的备用机械；

(3)机械故障的出现对机械的影响程度及对进度的影响程度。

2. 维修

(1)机械发生故障的频率(是否应尽快维修)；

(2)机械发生故障的维修时间是否导致长时间停工；

(3)机械修理故障所消耗的费用是否值得。

3. 质量

(1)带故障的机械对工程质量是否有影响；

(2)故障机械的修理费用与影响质量效果的比重。

施工机械管理曲线图

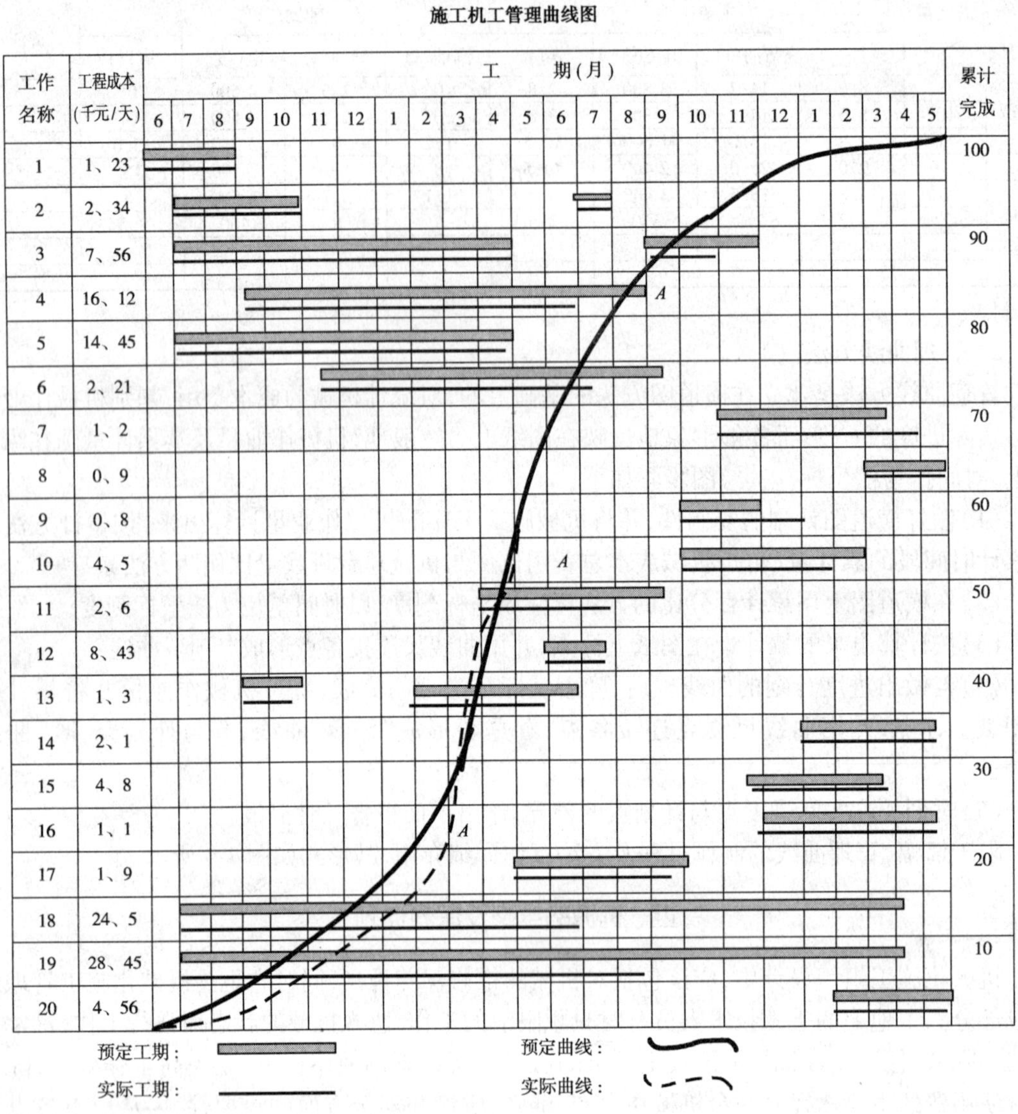

图4-4 管理曲线的制作

4. 安全

(1)因机械故障可能引起的伤害程度；

(2)因机械故障可能引起的公害程度。

从以上四个方面综合评价机械的现状及维修的重要性，以便在施工组织中合理权衡各方面的关系。机械维修从开始到结束都要做好记录，一是备查，二是统计费用，三是对操作员负责的机械进行追踪管理。维修记录使用表4-3形式。

机械维修存档记录表 表4-3

机械规格名称	厂家名称	维修原因	维修方式	维修部位	维修时间	备注

机械师： 记录员：

保养大致可分为定期保养和日常保养。定期保养是拆卸分解整套机械的保养，恢复其原来的性能，使它能长期使用；日常保养指每周、每月进行保养。机械故障检查记录表见表4-4，保养存档记录表见表4-5。

机械故障检查记录表

表4-4

机械规格名称	操作员	厂家名称	正在施工的作业	受损部位	初步结论	时间	备注

检修员：　　　　　　　　　　　　　　　　　　　　　　　　记录员：

机械保养存档记录表

表4-5

机械规格名称	厂家名称	操作员	保养部位	维修部位	保养级别	保养时间	备注

机械师：　　　　　　　　　　　　　　　　　　　　　　　　记录员：

(1)每日保养

这是每天开始运转和运转结束后必做的保养，由机械操作员和辅助操作人员负责完成，包括擦拭、检查、调整和补充燃料、润滑油脂和冷却水。

(2)每周保养

对每日保养所做不到的润滑油补充和离合器、制动器调整等保养工作，就只有每周来保养一次。保养工作除操作人员及其辅助操作人员以外，还需机械师指导保养。要及早发现漏油、裂缝、螺栓螺母的松动以及反常发热等异常情况，必须清理机械、记录结果、填报记录。

(3)每月保养

这种保养主要在当地的机械维修基地，由机械师和操作员进行检查、保养。保养规模大，除更换一些零部件外，也拆卸一部分外围部件进行保养。同时记录结果，填报记录表。

(4)润滑管理

在机械故障中，机件长期得不到润滑是主要原因。润滑工作的标准因机械种类不同而不同，一般按机械使用说明书所记载的标准执行即可。如果有特殊的规格，或有特殊的运转条件时，就要和机械制造厂家协商，采取适当的维护保养措施。进行正确的润滑工作，必须遵守四个原则：

①润滑必须在适当的时期进行；

②润滑必须在适当的部位进行；

③润滑必须选用适当润滑油；

④润滑油用量要适中。

五、经济车辆数的确定方法

机械化施工中工程运输车辆需要量很大，费用所占比重也很大，现以土石方运输的汽车与挖掘机、装载机配套的工程运输车需要数量的计算为例予以说明。

1. 一般方法

(1)铲斗容积比的选择:挖掘机和汽车的利用率达到最高值时的理论铲斗容积比(汽车容量与挖掘机斗容量之比),是随着运距的增加而提高,随着汽车平均行驶速度增快而降低,也就是随着汽车循环时间的增加而提高的。当运距为1~2.5km时,理论的铲斗容积比为4~7;运距在3km~5km时,为7~10。结合我国当前的情况,自卸汽车容量较小,可取3~5,最大不超过7~8。实践表明,铲斗容积比宜取低值,但车箱不能过小,以免装载不便而延长装卸时间,而且容易损坏车箱。

(2)汽车载质量的利用程度:它与铲斗容积比、汽车载质量或车箱容积以及土的密度等因素有关。装满自卸车车箱所需铲装次数n一般应满足下列条件:

$$\frac{Q}{W} \geqslant n \leqslant \frac{V}{V_1}$$

式中:Q——自卸车的载质量,t;

W——铲斗中土的质量,t;

V_1——铲斗中土的松方容积,m^3;

V——铲斗容积,m^3。

与挖掘机、装载机配套适宜的车辆,其铲装次数一般在3~5范围内,而车辆载质量的利用程度也是考核配套合理性的另一个重要指标。

(3)与一台挖掘机、装载机配套的自卸车车辆数N:

$$N = \frac{t}{t_1}$$

式中t为自卸车的工作循环时间,可由下式计算:

$$t = t_1 + t_2 + t_3 + t_4$$

式中:t_1——用装载机械装满一车箱所需时间,min;

t_2——重车运输行驶时间和空车返回的行驶时间,min;

t_3——在卸料点倒车转向和卸料的时间(如表4-6),min;

t_4——在装载机械近旁的调车时间(见表4-7),不包括因等候装车耽误的时间。如果计算因等候装车耽误的时间,应按实际发生的时间(或平均时间)计算。

运输车辆的倒车和卸车时间 t_3(min) 表4-6

作业条件	后卸车	底卸车	侧卸车
顺　利	1.0	0.4	0.7
一　般	1.3	0.7	1.0
不顺利	1.5~2.0	1.0~1.5	1.5~2.0

运输车辆的调车时间 t_4(min) 表4-7

作业条件	后卸车	底卸车	侧卸车
顺　利	0.5	0.15	0.15
一　般	0.3	0.5	0.5
不顺利	0.8	1.0	1.0

求出车辆数一般取大于此数的整数,以满足运输车辆的要求。配套汽车的生产率应取挖掘机、装载机的生产率或车队生产率这两者之中的最小值。在生产率计算中,应计入配套机械的时间利用率,使其符合实际情况。

2. 优化方法——排队论法

上述计算车辆数量的公式中,装车时间和行驶时间均假定是固定不变的。但实际上,车辆的工作循环时间难以保持相等,因为在装载机械附近有时是排队等候装车,有时会无车可装,因而降低了装载机械的生产率。

排队论法是用统计学来处理装车时间和行驶时间变化的方法。工程实践表明,采用排队论法求出的机械实际生产率和最经济的车辆数比较符合实际情况。运用这一方法时,认为装载时间出现的概率呈泊松分布或指数分布。

设 N 为车队中汽车的车辆数;a 为汽车的平均到达率,以每小时达到的次数计(按无延误计算,不包括装车时间);L 为挖掘机每小时平均装车辆数;$\gamma = a/L$ 为每小时到达率与每小时装车辆数的比值。设 P_0 为挖掘机无车可装的概率;P_t 为挖掘机有一辆车或 n 辆车可装的概率。因此在挖掘机前不是无车可装,就是有一辆车可装,概率 P_0 和 P_t 之和必须为1,故

$$P_0 = 1 - P_{\mathrm{t}}$$

为了计算 P_{t} 和 P_0 值,可先按下述方法求出 γ 值:

$$a = \frac{1}{t_2}$$

$$L = \frac{1}{t_1} = \frac{Q_{\mathrm{W}}}{V}$$

$$\gamma = \frac{a}{L} = \frac{t_1}{t_2} = \frac{V}{Q_{\mathrm{W}} \cdot t_2}$$

式中:Q_{W}——挖掘机的生产率;

V——汽车车箱的堆装容积。

挖掘机无车可装的概率 P_0 和有车可装的概率 P_{t},取决于汽车的辆数 N 和 γ。P_0 值可用下式精确计算出来:

$$P_0 = \left[\sum_{i=0}^{N} \frac{N!}{(N-i)!}(\gamma)^{i}\right]^{-1}$$

运用排队论法确定挖、运机群可能达到的生产率 Q 可用下式计算:

$$Q = 1.03 Q_{\mathrm{W}} \cdot P_{\mathrm{t}}$$

式中:Q_{W}——挖掘机的正常生产率,1.03指计算值与现场实测值比较的校正系数。

与一台挖掘机配套的最适宜车辆数的近似值 N' 可由下式计算:

$$N' = \frac{1}{\gamma}$$

在沥青混凝土、水泥混凝土面层机械化施工中,也可用排队论法求得经济车辆数。

第三节　施 工 机 械

施工机械的种类较多,按机械的自重可分为特大型、大型、小型等。按作业对象可分为土、石方机械;路面工程机械;混凝土及灰浆机械;水平运输机械;起重及垂直运输机械等。按行走装置不同分为履带式或轮胎式,按驱动力分为机动或电动等。下面介绍各种常用机械的作用和性能。

一、土石方机械

1. 推土机

推土机是一种自行式短距离铲土运输机械,一般分为固定式和回转式、机械操纵和液压操纵等类型。土石方施工的季节性较强,对工程量较为集中的土石方工程一般采用履带式推土机。推土机一般用于经济运距50～100m的短距离推运土方、石方、渣土等,也用于开挖河渠、填筑堤坝、平整场地、砍树挖根、堆集砂砾石等作业。此外,还用于进行局部碾压、给铲运机助

铲和预松土，以及牵引各种拖式土方机械等作业。推土机的机械操作员一般配备2名。

推土机在施工工艺上根据地形、地物的具体情况，其作业方式分为直铲作业、斜铲作业、侧铲作业及松土器作业等四种方式。直铲作业是常见的施工方法；斜铲作业主要用于傍山铲土、单侧弃土或落方推运。铲刀回转角一般在25°左右，作业时能一边切削土壤，一边将推开的土壤翻移至一侧，经济运距较短。侧铲作业主要用于在较小的山坡上铲削硬土及掘沟作业，推土铲刀可在垂直面内上下倾斜90°。松土作业的铲刀都配有后置式悬挂液压松土器，松土器分多齿和单齿两种。多齿松土器挖力较小，主要用于劈挖较薄的硬土和隔年冻土层；单齿松土器挖掘潜力较大，除能挖松硬土及冻土，还可劈挖风化岩石。

推土机发展很快，除小型推土机出现很多新品种外，大多开发大功率、高生产率的重型推土机。美国卡特匹勒公司、日本小松公司都以开发大功率高生产率的推土机，并改善推土机的操纵性能和作业性能为目标，生产了世界领先的推土机产品。

2. 铲运机

铲运机是一种循环作业式的铲土运输机械，有拖式和自行式的机械传动、液压传动、电力传动和静压传动等形式。在施工作业时，铲运机作业的卸土有强制式、半强制式、自行式卸土三种。铲运机的施工作业操作员一般按2名驾驶员配备。

铲运机的经济运距和行驶道路坡度是铲运机选型的重要依据。一般来说，运距短、坡度大、路面松软，以选择拖式铲运机为宜；如果运距较长、坡度大，宜采用双发动机驱动的自行式铲运机比较经济；路面较平坦则选用单发动机驱动的自行式铲运机较为经济。铲运机适用于中等运距（100～200m）和道路坡度不大条件下的大量土方转移工程。如果运距太短（100m以内）采用铲运机是不经济的，这时采用推土机或轮胎式自装自运较为适宜，运距特长（200m及以上）则采用自卸汽车式较为经济。

自行式铲运机主要采用轮胎式，现向大斗容、多发动机驱动、液压机械传动、液压操纵、链板式铲装等方向发展，并不断应用新技术，如采用激光技术自动控制铲运机的切土深度及各种新类型轮胎等。

3. 单斗挖掘机

单斗挖掘机是一个刚性或挠性连续铲斗，以间隔重复式循环进行工作，是一种周期作业自行式土方机械。单斗挖掘机有内燃驱动、电力驱动、复合驱动的装置，挖斗有正铲挖掘机、反铲挖掘机、拉铲挖掘机、抓斗挖掘机等形式。单斗挖掘机一般配备2名机械操作手。

单斗挖掘机具有挖掘能力强，构造通用性好，能适合不同作业要求的特点。在公路建设中，单斗挖掘机主要用来进行挖掘土料、剥除采石的覆盖层及在料场进行装载作业等。单斗挖掘机与运输车辆配合作业可以获得最好的经济效果，汽车数量可按运输距离所需的运转循环时间和挖掘机的作业循环时间来确定，数量不宜过多，以保证生产率最高，成本最低为标准。

4. 装载机

装载机具有轮胎式及履带式的全回转式、半回转式和非回转式三种形式，履带式装载机配备2名操作员，$2m^3$及以内的轮胎式装载机配备1名操作员，$3m^3$及以上的装载机配备2名操作员。

装载机常用于公路建设中的土石方铲运，以及推土、起重等多种作业，在运距不大或运距和道路坡度经常变化的情况下，如采用装载机与自卸车配合装运作业，会使工效下降，费用增高。在这种情况下，可单独采用装载机作为自铲运设备使用。根据经验总结，如果整个采装运作业循环时间少于3min时，则把装载机作为自铲运设备使用，是经济合理的。如果运距较远，采用轮胎式装载机配合自卸车采运土石方，也可以提高作业效率。

5. 平地机

平地机是一种以铲土刮刀为主，配以其他多种可换作业装置，进行土地平整和整形连续作业的筑路机械。平地机具有拖式、自行式的前轮转向和全轮转向的形式，落地轮胎分四轮和六轮，有机械操纵和液压操纵两种方式。目前自行式平地机具有机动灵活、生产率高的特点，被广泛采用。

平地机主要用于修筑路基路面横断面，路基边坡整理工程的刷坡作业，开挖边沟及路槽，平整场地等；还可用来在路基上拌和路面材料、摊铺材料、修整和养护土路基路面；推土、疏松土壤、清除杂草、石块和积雪等。自行式平地机一般配有 2 名机械操作员。

平地机的发展很快，目前比较先进的中、重型自行式平地机多采用全轮驱动、全轮转向、铰接式机械等形式，在平地机前装有推土器，其后装有松土器。多数装有液压操纵、液压机械式传动。为了提高平地机的通过性能和附着牵引力，对轮胎采用槽花纹的宽基低压轮胎，而且气压采用可调式，并配有自动化系统和仪表来控制平地机刮刀的液压缸工作和利用激光来控制工作平面。发展的主要方向是工作装置多样化，提高工作速度等。

6. 拖拉机

拖拉机虽然在农业生产中发挥了巨大的作用，但在公路建设中，本着因地制宜、组织合理、经济高效的原则，使用拖拉机作业也有着其他水平运输机械所不具有的优势。一般履带式拖拉机配备 2 名驾驶员，轮胎式拖拉机配备 1 名驾驶员。拖拉机的主要作用有：

(1)牵引拖式土方机械，如松土机、平地机、铲运机、碾压机械等，进行土方施工作业；

(2)与各种悬挂装置组装成推土机、装载机、除荆机、拔根堆集机等工程机械；

(3)牵引挂车进行短距离的运输作业；

(4)进行局部碾压作业；

(5)作为临时动力站；

(6)与拖式起重机组合作为装卸设备。

7. 压路机

压路机有静作用碾压机械、振动碾压机械和夯实机械三类。在机械选择时还有钢制光轮压路机和钢制羊角碾压路机两种形式。静作用压实机械用碾轮沿被压实材料表面作往复滚动，靠自身的静作用力，使被压层产生永久变形以达到压实的目的。振动压路机用碾轮沿被压实材料表面作往复滚动，以一定频率、振幅振动，使被压层同时受到碾轮的静作用力和振动力的综合作用，以提高压实效果。夯实机械分夯实及振动夯实两种，夯实机械利用重物自一定高度落下，冲击被压层进行夯实；振动夯实除冲击力之外，还有一个附加的振动力同时作用于被压层。

光轮压路机一般配备 1 名机械操作员，拖式羊角碾、拖式振动碾及振动压路机配备 2 名机械操作员。

光轮压路机的线压力较小，压实深度也浅，而且压实不均匀，不适合于土坝、河堤、围堰的碾压。光轮压路机的自重也可以在一定范围内调整以改变单位线压力，一般用于整理性压实工作，对干容重要求较低的黏性土、砂砾料、风化料、冲击砾质土较为适合。

羊角碾压路机具有很大的单位面积压力及挤压力，压实深度大而均匀，并能挤碎土块，因而有很好的压实效果和较高的生产率，广泛用于黏性土料的分层碾压。羊角碾压路机的自重也可以在一定范围内调整以改变单位面积压力。羊脚碾压路机对非黏性土料和高含水量黏土的压实效果不好，不宜采用。

轮胎式压路机具有弹性，在碾压时与土体同时变形，其碾压作用力主要取决于轮胎的内压力。接触面积与压实深度有着密切的关系，为了得到较大的接触面积，又增加压实深度，在轮胎允许范围内尽可能增加轮胎碾的负荷。一般地，刚性碾轮由于受到土壤极限强度的限制，机重不能太大，而轮胎碾则没有这个缺点，所以轮胎碾适合于压实黏性土及非黏性土，如壤土、砂壤土、砂土、砂砾料等土质，同时对于路面施工也常常采用。

振动式压路机即俗称振动碾，其光轮碾和羊角碾都适用于不同土质条件，主要优点一是单位面积压力大，可适当增加压实厚度，碾压遍数也可适当减少；二是结构重力小，外形尺寸小。其最大缺点就是振动及噪声大，使机械手过度疲劳。

目前压路机多采用大直径的碾轮，并配以液压机械式传动系统（即全液压传动系统），而且全轮驱动、前后碾轮直径相同，承担的重力也大致相同，行驶一遍等于碾压两遍，同时也使爬坡能力、转向、通过性能和稳定性得到改善。振动式压路机采用轮胎减振、铰接式机架、液压传动等多种新型结构，减振问题已经基本得到解决，故在土石方及路面施工中较多采用5～15t振动式压路机来压实。

8. 凿岩穿孔机械

包括凿岩机、穿孔机及其辅助机械设备，它们都是钻凿炮孔的石方工程机械，凿岩机是属于小型机具，有风动凿岩机、液压凿岩机、电动凿岩机和内燃凿岩机等形式，适用于钻凿小直径炮孔。穿孔机适用于钻凿大直径的炮孔，凿岩穿孔机施工操作简便，性能单一，在此不作详述。

二、土石方机械的使用条件

1. 装载机与自卸车组合

装载机的斗容量和自卸车的载重及运距有关。在运距不大，运输道路上有坡度时，只能将装载机作为自铲运设备使用，一般要求这样的作业循环时间不超过3min，否则就使用装载机配合自卸车联合作业。前者与生产的强度有关，如生产强度高，装载机一次装载的质量一定，则要求铲运的合理运距尽量缩短，其合理运距配合见表4-8；后者是根据斗容量配备自卸车装载质量的，如2.25m^{3}的斗配10t自卸车最佳，见表4-8所示。

装载机与自卸车配合表 表4-8

年生产量（$\times10^4$t）	10	30		50		80		100以上	
装载机斗容（m^3）	2.25	2.25	4	2.25	4	2.25	4	2.25	4
汽车载质量（t）	10	10	27	10	27	10	27	10	27
装载机载质量（t）	装载机合理运距（m）								
2	470	170	260	110	160	80	110	71	65
4	760	280	450	190	280	130	190	118	108
5	920	350	540	240	340	170	230	155	143

（二）压实机械组合

压路机的组合所受约束较多，现以沈大高速公路某施工队碾压机械在沥青混凝土路面施工中的组合为例进行介绍，如表4-9。考虑了压实温度的要求和摊铺机生产率后与气温相适应的碾压长度为：常温（25℃），40～50m；偏低（小于10℃），20～40m；偏高（大于20℃），50m～

80m;高温(大于30℃),100m左右。

压实机械组合表 表4-9

碾压流程	型　　号	台数	轮宽(m)	碾压速度(km/h)
初压	2Y8/10 双轮压路机	2	1.25	3.6
复压	VL9/16 轮胎压路机 3Y12/15 三轮压路机	1 2	2 2×0.53	5.0 4.5
终压	2Y8/10 双轮压路机	2	1.25	3.6

(三)土石方机械组合条件

土石方机械根据性能及地质、地貌、运距、功率或容量(载质量)的不同,在选型配套方面,本着经济、安全、快速的原则,从施工企业自身的机械施工能力、技术实力出发,在多种可供选择的方案下,尽量选择经济、进度快、重复工作量小、一次到位的施工方案。尽量利用地形开辟工作面,在合理组织下,发挥机械施工的最大效益。在这里提供表4-10的组合方法供参考。

土石方机械设备组合条件表 表4-10

<table>
<tr><th rowspan="2">路基型式
修筑方法</th><th rowspan="2">路堤或路堑高(m)</th><th rowspan="2">土壤类别</th><th rowspan="2">运土距离(m)</th><th rowspan="2">工作段最小长度(m)</th><th colspan="2">选择施工机械设备</th></tr>
<tr><th>主要机械</th><th>辅助机械</th></tr>
<tr><td>从路基两侧取土坑取土填方(在平地上)</td><td rowspan="2"><1</td><td rowspan="3">Ⅰ~Ⅳ</td><td><15</td><td>500</td><td>自动平地机</td><td>松土器(Ⅳ类土必要时使用)、推土机、轮胎压路机或羊角碾</td></tr>
<tr><td rowspan="2">从路基一侧或两侧取土填方</td><td><30</td><td>不限制</td><td>推土机</td><td>松土器(Ⅳ类土必要时使用)、自动平地碾、轮胎压路机、羊角碾</td></tr>
<tr><td>1~2</td><td><50</td><td>50</td><td>推土机、铲运机($6m^3$)</td><td>松土器、自动平地机、轮胎压路机、羊角碾</td></tr>
<tr><td rowspan="5">自路堑取土填筑路堤(移挖作填)</td><td rowspan="3"><3</td><td rowspan="3"></td><td><100</td><td rowspan="2">不限制</td><td>推土机</td><td>松土器、自动平地机、轮胎压路机、羊角碾</td></tr>
<tr><td>100~500</td><td rowspan="2">铲运机(斗容量<$10m^3$)</td><td>推土机、松土器、轮胎压路机、羊角碾</td></tr>
<tr><td>500~1 000</td><td>100</td><td>推土机、重型压路机、轮胎压路机、羊角碾</td></tr>
<tr><td rowspan="2">>3</td><td rowspan="2">Ⅴ~Ⅵ</td><td>>1 000</td><td rowspan="2">在一个工作段内(5 $000m^3$)</td><td rowspan="2">装载机或挖掘机配自卸汽车</td><td>推土机、自动平地机轮胎压路机、羊角碾</td></tr>
<tr><td>>500</td><td>空气压缩机、凿岩机、推土机</td></tr>
<tr><td rowspan="2">自专用借土坑取土填筑路堤(取土填方)</td><td rowspan="3">不限制</td><td rowspan="3">Ⅰ~Ⅳ</td><td><500</td><td>50</td><td>铲运机($10m^3$)</td><td>推土机、轮胎压路机、羊角碾</td></tr>
<tr><td>>500</td><td>100</td><td>铲运机($10m^3$)、装载机配自卸车</td><td>推土机、自动平地机、轮胎压路机、羊角碾</td></tr>
<tr><td>纵向运土的斜坡填方</td><td><500</td><td>50</td><td>铲运机($6m^3$)、万能推土机</td><td>自动平地机、轮胎压路机、羊角碾</td></tr>
<tr><td rowspan="2">傍山半填半挖</td><td>山坡<20°</td><td></td><td rowspan="2"><30</td><td rowspan="3">100</td><td>万能推土机</td><td>铲运机($6m^3$)、轮胎压路机</td></tr>
<tr><td rowspan="2">山坡>20°</td><td>Ⅴ~Ⅵ</td><td>挖掘机</td><td>万能推土机、空气压缩机、凿岩机</td></tr>
<tr><td>将土推往弃土堆(挖方)</td><td>Ⅰ~Ⅳ</td><td><50</td><td>推土机</td><td>自动平地机、重型压路机</td></tr>
</table>

三、路面工程机械

路面工程机械包括稳定土拌和机和厂拌设备、沥青乳化设备、沥青运输车及洒布车、黑色粒料拌和机、沥青混合料拌和设备及摊铺机、水泥混凝土摊铺机等。

1. 稳定土拌和机

稳定土拌和机有履带式和轮胎式的前置式、中置式、后置式三种，主要是把无机结合料（石灰、粉煤灰、水泥）、土（碎石土、砾石土、天然料）、细料（碎砾石、炉渣）、水等材料，按照施工配合比在路上直接拌和的机械。更换工作装置后，还可进行铣削旧沥青路面和路基的工作。稳定土拌和机一般配备2名机械操作员。

稳定土厂拌设备是将土（碎石土、砾石土、天然料）、碎石、砾石、碎砾石和无机结合料（水泥、石灰、粉煤灰）、水等材料按施工配合比在固定地点拌和均匀的专用设备。其优点是所需配套设备少、占地少，级配精度高，拌和质量好；缺点是需安装在固定地点作业，整机庞大，还需配置运输车辆才能将成品运至施工现场，因此成本较高。

2. 沥青乳化设备

沥青乳化机是将沥青破碎成微小的颗粒，稳定而均匀地分散到含有乳化剂的水溶液中，形成水包油液体的机械，它是沥青乳化的关键设备。乳化机有搅拌式、胶体磨式、喷嘴式三种。乳化设备分开式系统和闭式系统两种。开式系统作业直观，作业完毕清洗方便，但容易混入空气，产生气泡。闭式系统不用乳化机漏斗接液，而用两个匹配好的泵直接把沥青和乳化剂水溶液经管路泵入乳化机内，靠流量斗指示流量，所以不容易混入空气，便于自动化操作，可以提高产量，但清洗麻烦。

3. 沥青混合料拌和设备

沥青混合料拌和设备对集料进行掺配、加热、干燥，并与沥青拌和，是专业生产沥青混合料的大型配套设备。拌和设备有强制式和滚筒式的固定式、半固定式及移动式三种。拌和设备可提高沥青混合料成品品质，减少环境污染，实现振动搅拌和无尘搅拌。

固定式拌和设备规模大，安装地点固定，生产效率高，设备性能完善，可以进行多种级配料的生产，适合工程量集中的长距离路面工程的施工。半固定式设备有几个分解的部件，由几个半平挂车装卸运输和搬迁，拼装灵活方便，多用于工程量较大的养护工程和工程量较小的新建工程，如匝道、连接线等。目前拌和设备多使用强制式拌和设备，先将骨料粗配、烘干、加热，然后再筛分、精确称量，最后加入矿粉和沥青，强制搅拌生产出混合料。但生产中产生粉尘，组件较多，结构复杂，设备庞大，需较大的用地面积。

4. 沥青混合料摊铺设备

沥青混合料摊铺机有机械式和液压式的履带式、轮胎式、拖式三种形式。将拌和基地拌和好的混合料运至现场后，再将沥青混合料均匀地摊铺在已修整和平整好的路面基层上，螺旋输送器将混合料铺开，然后由振捣梁对铺开的料层进行初步捣实，并有熨平装置完成加热熨平整形工作。其过程实现自动控制面层厚度，自动调整路拱横坡，自动控制平整度，是现代化施工技术的集中代表。目前对7m、12m等铺筑宽度都能一次摊铺完成，工效高、质量佳，故其已被广泛用于各等级公路的新建、改建、扩建工程中。

由于沥青混合料摊铺设备行驶的舒适性，成本较低，低温稳定性良好，所以吸引了国内外的技术人员进行研制和开发。一方面改机械式为全液压式或液压机械式，另一方面开发不受外界条件变化干扰，始终保持平行于纵横基准线而不停运动的，与机械本身的垂直运动无关的自动调平装置。德国已经开发出一次铺筑成功并一起作最终压实的沥青混合料摊铺机。

5. 水泥混凝土摊铺机

水泥混凝土摊铺机是将水泥混凝土均匀地摊铺在路面基层上，然后经过振实、整平等作业程序，完成水泥混凝土路面铺筑的路面机械。它有轨道式和滑模式两种形式。轨道式摊铺机靠固定在路基上的轨道、模板来控制摊铺厚度和平整度，一般由布料机、振实机、整平机、表面抹光机等组成；滑模式摊铺机将各作业装置安装在同一机架上，通过位于模板外侧的行走装置随机移动滑动模板，就能按照要求使路面板挤压成型，并可实现多种功能的摊铺，如摊铺路肩、路牙等。

摊铺机的施工技术难度大，适用于技术标准很高的高速公路施工，一般城市道路与低等级公路不使用水泥混凝土摊铺机。这种新型机械在我国使用历史很短，实践证明我国工程技术人员能较好使用进口的摊铺机，在技术性能、操作流程、满足规范标准等方面已达到先进水平。我国正在研制和生产水泥混凝土摊铺机。

轨道式摊铺机需配置几套模板，以适应铺筑不同板厚的路面，且对固定边模的安装，轨道的铺设要求较高，必须使边模安装符合路面板厚的要求，轨道安装符合平整度要求。另外，摊铺后模板要保留一段时间，以保证水泥混凝土路面的早期凝固及板边沿不致塌落。但这样影响施工的进度，因为要当模板移动后，摊铺机才能往前移动，使得施工的节奏变慢。

滑模式摊铺机不设固定边模，需用的模板和辅助立模的人工较少，它具有较高的生产率，但对水泥混凝土搅拌设备的要求高，必须保证水泥混凝土及时供应和对塌落度的严格控制。另外滑模式摊铺机只包括较少的组合机械数量，但所有机械都需要安装自动找平和自动转向系统，由导向钢丝控制，整套设备的自动化程度高、技术难度大，造价和维修成本高。

路面混凝土机械的配套指拌和机与摊铺机、运输车辆之间的配套情况。当主导机械摊铺机选定后，可根据机械的有关参数和施工中的具体情况计算出摊铺机械的生产率。拌和机械与之配套即是在保证摊铺机械生产率充分发挥的前提下，使拌和机械的生产率得到正常发挥，并在施工中保持均衡、协调一致。车辆的配套按排队论，找出合理的配套方案。考虑到装载点与车辆的配套是一个动态系统，即随着摊铺作业的推进，车辆的运输路程随时间的增加而增加。在运输装载过程中，随机影响因素又较多，如道路状况、操作水平、设备运行状况等都在不断变化，因此配套方案有一个优化过程。

轨道式摊铺机施工机械的配套选用见表4-11。轨道式摊铺机的几种常见配套方法，如表4-12。

轨道式摊铺机施工机械的配套表 表4-11

工　序	可考虑选用的机械	工　序	可考虑选用的机械
混凝土拌和	拌和机、装载机、称量设备	振　捣	振捣机、内部振动式振动机
混凝土运输	自卸汽车、搅拌车	接缝施工	钢筋(传力杆、拉杆)插入机、切缝机
卸　料	侧面卸料机、纵向卸料机	表面修整	修整机、纵向表面修整机、斜向表面修整机
摊　铺	刮板式均料机、箱式摊铺机、螺旋式摊铺机	修整粗糙面	拉毛机、压(刻)槽机

轨道式摊铺机的几种常见配套方法 表4-12

前方系统(最大铺筑宽度4.5m)				后方系统			
VǑ GELE为主导机械的配套机械		C—450X为主导机械的配套机械		双卧轴强制拌和机的配套机械		自动配料混凝土拌和机的配套机械	
规格名称	数量	规格名称	数量	规格名称	数量	规格名称	数量
纵向修整机	1	刮板式均料机	1	装载机(ZL30、ZL40)	2	装载机(ZL30、ZL40)	2
养生剂喷洒器	2	纹理制作机	1	集料箱	2	散装水泥泵车	2

续上表

前方系统(最大铺筑宽度4.5m)				后 方 系 统			
VǑ GELE 为主导机械的配套机械		C—450X 为主导机械的配套机械		双卧轴强制拌和机的配套机械		自动配料混凝土拌和机的配套机械	
规格名称	数量	规格名称	数量	规格名称	数量	规格名称	数量
调速调厚切缝机	2	灌缝机	2	供水泵	1	供水泵	1
养生用洒水车	1	移动电站(20kW)	1	移动电站	1	移动电站	1
插入式振捣器	2	养生剂喷洒器	2	翻斗车(1t)	8	计量水泵(外加剂用)	1
纹理制作机	1	调速调厚切缝机	2	地磅	2		
灌缝机	2	养生用洒水车	1	计量水泵(外加剂用)	1		
移动电站(20kW)	1						

四、水泥混凝土机械

1．水泥混凝土搅拌站

混凝土搅拌站是一种将水泥、砂、石、外掺剂和水按一定的配合比周期地和自动地拌制成塑性和流态混凝土的成套机械。该机械在混凝土工程量大，浇筑施工强度高、施工周期长，施工地点集中的大中型工程或构件预制中被广泛应用。

水泥混凝土搅拌站有装配式搅拌站、整体移动式搅拌站、汽车式搅拌站等形式。其主机有锥形反转出料、锥形倾翻出料，强制漏浆式、强制行星式、强制单卧轴式、强制双卧轴式等形式的搅拌机。

装配式搅拌站的特点是拆装方便，转运便捷，既适合于现场，又适合于固定集中搅拌站，供应一定范围内的零星分散工地所需的混凝土。砂、石、水泥都能自动控制称量，自动下料，组成一条联动线，操纵简单、称量准确。整体式搅拌站是将材料储料斗、计量、搅拌、出料等设备全部安装在一个机架上集中控制，其特点是搅拌站的体积不太大，搬迁方便，结构紧凑，占地面积较少，适用于一般中小型施工现场。汽车式搅拌站是将储料斗、计量、搅拌、出料等设备全部安装在一辆专用汽车上，灵活性大，搅拌工艺先进，可视混凝土浇筑现场的变动而随时转移，只要现场具备供电、供水和供材料的条件，即能进行混凝土的搅拌。

2．混凝土搅拌运输车

混凝土搅拌运输车是搅拌与运输合一的混凝土施工机械，适用于大中型公路工程机械化施工。其形式有自行式和拖式，自行式常见的有飞轮取力式、前端取力式、单独驱动式、前端卸料式、皮带输送机式、自行上料装置式、臂架混凝土泵式、拌筒倾翻机构式等。

搅拌运输车不同于散装水泥车，散装水泥车是专为散装水泥而设计制造和改装的专用汽车。气卸散装水泥车是目前应用最广泛的一种散装水泥运输车辆。它通过气压力将水泥等粉状的灰料，送至一定高度或水平距离。气卸散装水泥车卸料后的剩余料很少。利用气卸散装水泥车运输水泥不仅节约水泥包装费，减少场外运输损耗，避免环境污染，而且送至目的地后，还可将水泥直接快速地泵入混凝土搅拌站的水泥仓中，既省时又省力。

混凝土搅拌运输车的运输有长短之别的处理。短距离时，只作为运输工具使用，即将搅拌好的混凝土直接送至工地，仅作防止凝固、离析的轻微转动。长距离时，发挥搅拌及运输的双重作用。在供应基地将干料（砂、碎石、水泥）按配合比装入搅拌鼓筒内，并将水注入配水箱。运输中在抵达现场10～15min时，由驾驶员启动搅拌鼓筒回转，并向鼓筒内注入定量的水，运至工地现场即可卸除。

3. 混凝土输送泵

混凝土输送泵有固定式、拖式、车载式三种，是输送混凝土的专用设备。它配有特殊管道，可以将混凝土输送到一定水平距离和高度，沿水平方向可运达200～700m，沿垂直方向可运达115m，如果运输距离很长，可串接两个或更多的混凝土输送泵进行多级泵送。其特点是运输工效高，可沿水平与垂直方向连续将混凝土送至浇筑地点，占地面积小，不受运输地形的影响，在输送过程中能保持混凝土原有的均匀性与塑性。但由于混凝土输送泵的进出料口及管道的直径较小，对集料粒径的大小要求较严，不宜使用过大粒径的骨料；混凝土的配合比要受限制，不能输送干硬性混凝土，停机时要及时清除管道及机内积存的混凝土，以免堵塞管道及泵体。混凝土输送泵主要性能指标见表4-13。

混凝土输送泵主要性能表 表4-13

项　目		HB8	ZH05	IPF—185B	DC—S115B	IPF—75B
形　式				360°全回转三段液压折叠式	360°全回转全液压垂直三级伸缩	360°全回转全液压三级伸缩
最大输送量(m^3/h)		8	6～8	10～85	70	10～75
最大输送距离(m)（水平×垂直）（输送管径）	$\phi100$				270×70	250×55
	$\phi125$			520×110	420×100	410×80
	$\phi150$	200×30	250×40		530×110	600×95
粗集料的最大尺寸(cm)（输送管径）	$\phi100$				25	25（砾石30）
	$\phi125$			40	40	30（砾石40）
	$\phi150$	40（卵石50）	50		40	40（砾石50）
混凝土塌落度允许范围(cm) 常用泵送压力(kg/cm^2)		6～9	5～15	5～23 47.1	5～23	5～23 38.7
布料杆工作半径(m)（输送管径）	$\phi100$				17.7	17.4
	$\phi125$			17.4	15.8	16.5
布料杆离地高度(m)（输送管径）	$\phi100$				21.2	20.7
	$\phi125$			20.7	19.3	19.3
外形尺寸（长×宽×高）(mm)				9 000×2 485×3 280	8 840×4 900×3 400	9 470×2 450×3 230
质　量(t)					15.35	15.46
产　地				湖北建筑机械厂	日本—三菱	日本—石川岛

五、水平运输机械

水平运输机械包括载重汽车、自卸汽车、平板拖车、运油加油汽车、洒水汽车及各种拖拉机等，现主要介绍载重汽车和自卸汽车。

1. 载重汽车

载重汽车在国民经济建设中应用十分广泛，它启动迅速、机动性大，可以将建筑材料由料场、供应地点、仓库等各个地方直接运至工地。运输量大、能克服多种路面的不利条件、门到门的服务是载重汽车的经济特点，但需要劳动力或机械配合装、卸工作。公路工程使用的载重汽车一般分中型货车(3～5t)、重型货车(6～15t)、超重型货车(15t以上)，主要有汽油车、柴油车两类。

载重汽车发展迅速，为节约成本降低污染现一般使用高性能柴油发动机；为保证行驶安全、舒适，采用高灵敏度制动系统、转向系统、悬挂合适的轮胎；一方面降低耗油量，节约能源，提高社会、经济效益；更为重要的是提高功率利用系数，加大发动机功率，加大每吨重的功率数；不断提高重量利用系数，采用高强轻质材料，增加载质量与自重之比，节约材料、燃料，提高单位生产力的效率。

2. 自卸汽车

自卸汽车是水平运输快捷、自动卸除的汽车。它车身坚固，机动性和越野性能良好，爬坡能力强，它装有金属车箱，在举升机构的顶推作用下，可将箱载的物料一次倾斜干净，卸载迅速，节省劳力，在公路建设中被普遍采用。公路工程一般使用中型(4～8t)、重型(9～20t)、超重型(大于20t)。公路机械中使用后倾斜式自卸车(俗称汽车翻斗车)、中型自卸车都采用汽油发动机，使用重型汽车都采用柴油发动机。

自卸车的应用与土石方机械的配套使用密切相关，比如与装载机、挖掘机的配合使用。现就使用中的注意事项介绍如下：

(1)自卸汽车的车箱容积(或吨位)与装载机械的容量配套。自卸车的车箱容积总和为装载机械容积的2～4倍为宜，但具体配置还要受运距长短的影响。

(2)根据地形及路况，合理选择车型。道路条件好的平原地区和施工场地开阔的山区，可以选用中型或重型自卸车；山区、峡谷、河床宜选用中型、轻型自卸车。另外，从技术管理、物资供应、设备维修和技术培训等方面来考虑，选用的车辆型号规格越少越好。

(3)根据工程量的大小、工期和施工强度、运距远近等确定自卸车的需要量。从机械化施工的合理配套考虑，应充分发挥挖掘(或装载)机械的效能，以不造成汽车排队待装为原则，一般以每台装载机前始终有1～2辆自卸车待装为佳。

(4)使用时应充分考虑到各种自卸车的优缺点。轻型车在养护工程中用得较多；中型自卸车除进行短途运输外，还可长途运输，广泛应用于中等规模的工程中；重型自卸车的生产率比中型、轻型自卸车的双重效率高，在大规模的工程中效益显著。

在公路工程机械施工中还有一些机械，如起重机、卷扬机、打拔桩机、钻孔机械、水泵、金属加工机械，还有土、木、石加工机械、动力机械以及工程船舶等，在此就不作详细介绍。

第四节　机械化施工方案与组织措施

施工方案与施工技术密切相关，至于公路工程有关的规范、标准在此不作探讨，仅介绍与技术方案相关的施工机械的组织措施和常见方法。如在路基的填、挖及压实方面；在路面工程沥青混合料的拌和、摊铺方面；水泥混凝土路面拌和、摊铺；桥梁工程的钻孔灌注桩、悬臂施工方法等方面进行详细介绍。

一、路基工程机械化施工方案

1. 路堤填筑

路堤宜采用水平层填筑，即按照横断面全宽分成水平层次，逐层向上填筑。如原地面不平，应从最低处分层填起，每一层填至符合规定的要求后，再填上一层。原地面纵坡大于12%的地段，可采用纵向分层填筑法施工，沿纵坡分层，逐层填压密实，但填至路堤上部，仍然采用水平填筑法。水平分层填筑是填筑路基的基本方法，它最能保证填土质量，在机械化施工中广泛采用分层填筑方法。

机械化施工路基的路堤填筑工程流程图见图4-5。

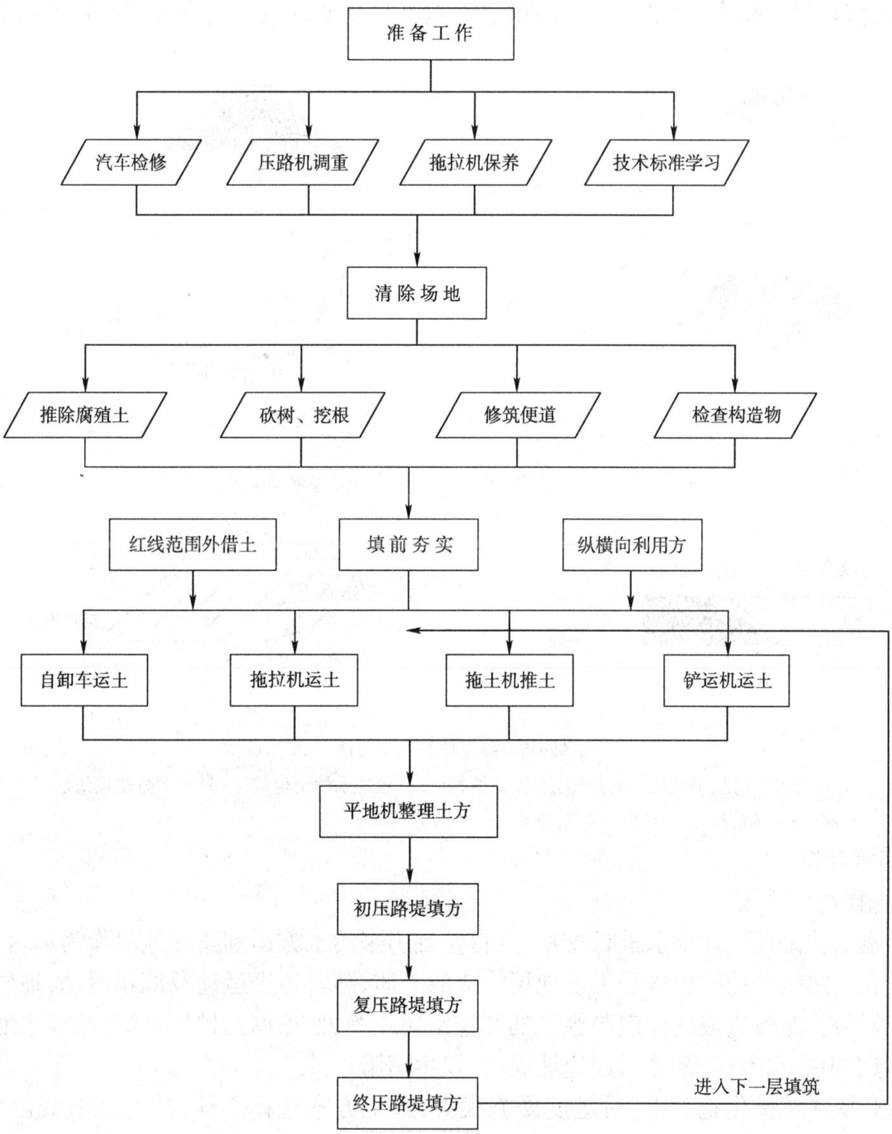

图4-5　路堤填筑流程图

路堤机械化施工如图4-6所示，施工中应该注意以下问题：

(1)不同土质的填料要分别分层填筑，不得混填，以免内部形成水囊或软弱面，影响路堤的稳定；

（2）路堤上部受车辆荷载的作用较大，一般在上部填筑水稳性、冻稳性较好的土质；

（3）透水性较大的土质填在透水性较小的土质之下时，如果两者的颗粒直径相差悬殊，应在层间加铺过渡垫层，以免上层的颗粒散落到下层路基中；反之，其顶面应造成4%的双向向外横坡，以免积水。

（4）沿纵向同一层要改变填料种类时，应做成斜面衔接，且将透水性好的填料置于斜面的上面为宜。

（5）填方相邻作业段交接处若非同时填筑时，则先填筑地段应按1∶1坡度分层留好台阶；若同时填筑时，则应分层相互交迭衔接，搭头长度不得少于2m。

（6）机械化施工挖方工程应选好配套机械，对不良土质的碾压要合理选择压实机具。

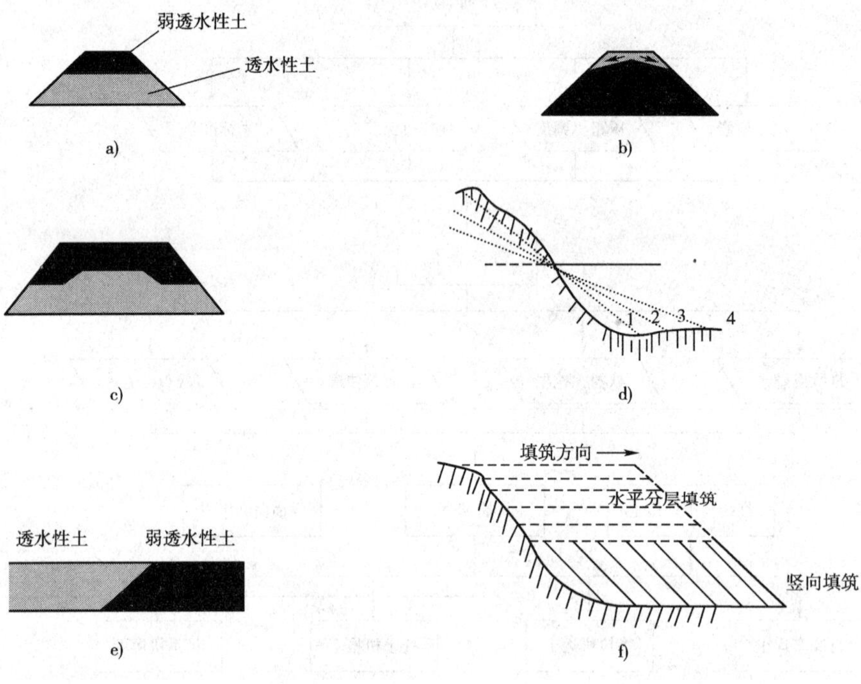

图4-6 路堤填筑施工方法

a）一般水平分层填筑法；b）透水性土覆盖填筑法；c）弱透水性土填筑法；d）纵向分层填筑法

e）纵向填筑搭接方法；f）混合填筑法

2．路堑开挖

（1）选择施工方案

路堑施工就是按设计要求进行挖掘，并将挖掘出来的土方运到路堤地段作为填料，或者运往弃土地点。路堑开挖的山体是天然地层构成的土质，随着地壳运动及沉积运动，地层结构一般都较为复杂。路堑边坡的稳定与施工的开挖密切相关，如挖掘机挖掘过陡，或弃土堆离坡顶太近，或施工中排水不良，都会引起边坡失稳，发生坍滑。

路堑开挖在机械化施工中，对进度影响很大，施工方案选择不佳，甚至会造成巨大浪费。所以在施工组织中，一般都特别关注集中性路堑土方的机械化施工方案和组织措施。路堑施工一般采用横挖法和纵挖法，其施工方法与机械施工的配置有关，下面介绍横挖法、纵挖法及各种机械施工方法。

路堑施工一般遵循的流程如图4-7所示。

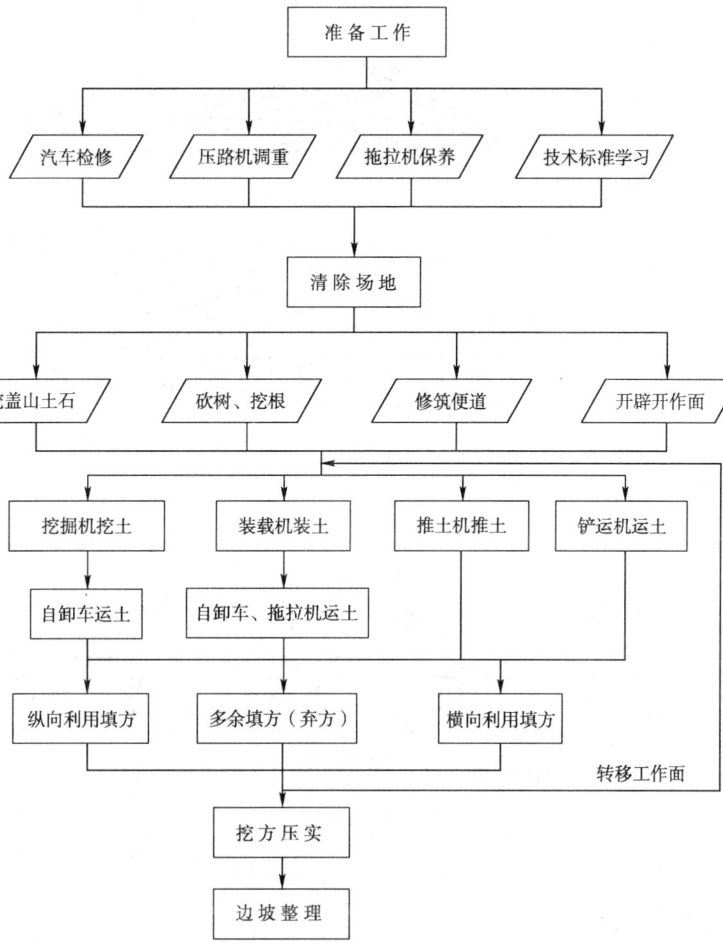

图 4-7　路堑施工流程图

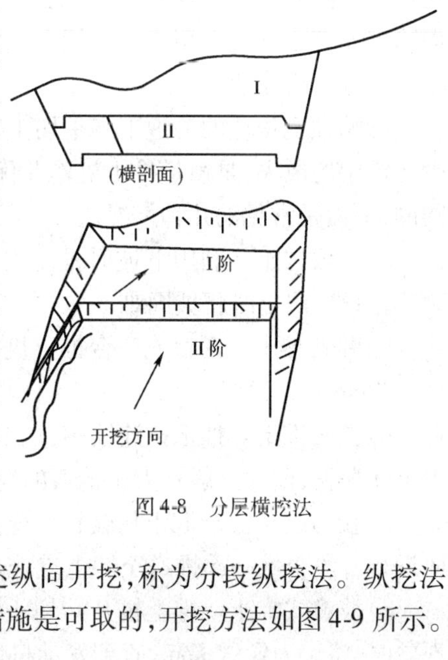

图 4-8　分层横挖法

横挖法从路堑的一端或两端按横断面全宽逐渐向前开挖,适用于距离较短的山体土方。对于路堑深度不大时,可以一次挖到设计标高;路堑较深时,可分层几个台阶用机械开挖。分层横挖使得工作面纵向拉开,多层多向出土,可以容纳较多的施工机械,加快施工的进度。采用挖掘机配合自卸车作业,台阶高度宜控制在 3m ~ 4m。开挖方法如图 4-8 所示。

纵挖法沿路堑纵向将高度及深度分成不大的层次依次开挖,适用于距离很长的集中性土石方工程。如果路堑的宽度及深度都不大时,可以按横断面全宽纵向分层开挖,即分层纵挖法;如果路堑的宽度及深度都较大时,可沿纵向分层,每层先挖出一条通道,然后开挖两旁,称为通道纵挖法;如果路堑特别长,可在适当位置将路堑的一侧横向挖穿,把路堑分成几段,各段再采用上述纵向开挖,称为分段纵挖法。纵挖法能较大地开辟工作面,加快施工节奏,于抢工期的组织措施是可取的,开挖方法如图 4-9 所示。

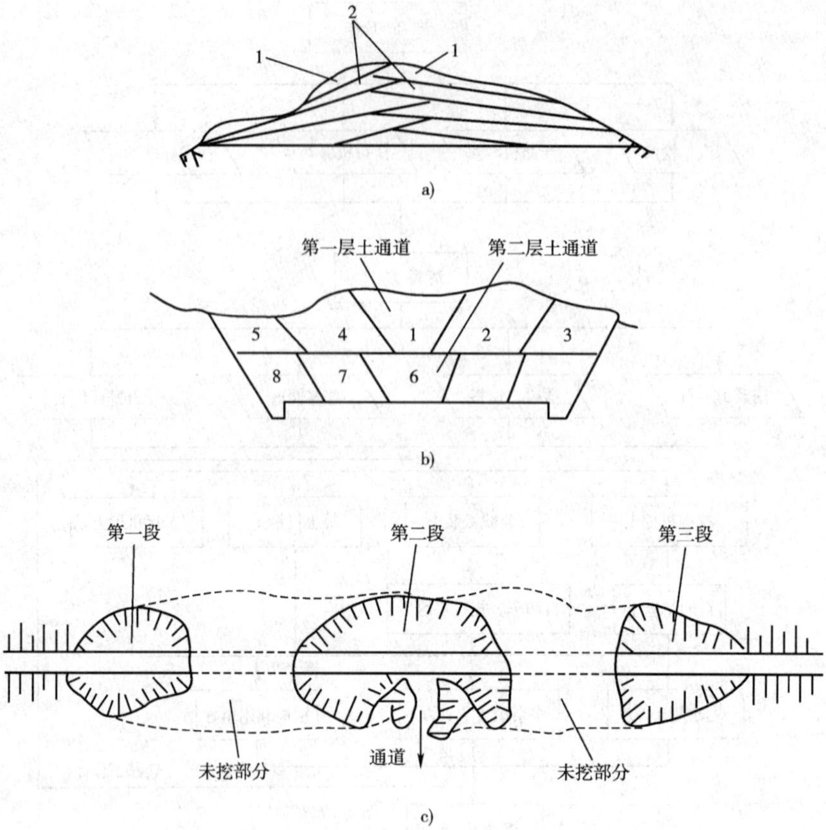

图 4-9　纵向挖掘施工法

(2)机械化施工方法

路堑施工选配适宜的机械有挖掘机械、平整机械、压实机械等,机械的选用是可以灵活变化的,因为某一种机械的用途不是唯一的,在实际施工中,虽然操作方法不符合某些操作规程,但确实能完成其他专用机械才能完成的工作。所以施工方法只能介绍其中的常用方法。

①推土机作业

影响推土作业的关键工序是切土和运土,以最满的容量切土和最短的时间推运,尽可能减少运输中的散失,是衡量推土机作业优劣的依据。推土机施工在不同条件下采用的方法是不同的,下面是常见的几种情况。

a)下坡推土。利用下坡时推土机的重力分力,加速切土,增加推土量。但坡度不宜超过20%,否则,回空时爬坡困难。

b)并列推土。两台或三台推土机并列同速推进,可以减少土体流失。两铲刀之间间距在15~20cm。

c)拉槽推土。推土机连续多次在同一开挖线上推土,形成一条浅槽,在槽内推运可以减少土体漏失,槽深一般不大于铲刀的高度。

d)接力推土。当取土场较长而土质较硬时,可自近而远分段将土推送成堆,然后再由远而近将各段土堆一次推送至卸土点。这样不但可以提高运土效率,还可以减少运土时间。

e)波浪式推土。推土机开始切土时,将铲刀最大可能地切入土中,当发动机稍有超负荷现象时,将铲刀缓缓提起,直到发动机恢复正常运转,再使铲刀降下并尽可能切土很深。这样在运土路线上重复多次地操作，就可以形成波浪一样的坡面。它使发动机充分发挥其功率，缩短铲土时间和相对距离。但在回空时推土机行驶速度慢，机体颠簸。

②铲运机作业

铲运机的作业由铲装、运送、卸铺、回程四个过程组成一个循环。欲提高铲运机的效率，应尽量在最短的距离和时间内装满铲斗，在运送和回空过程中应尽量提高速度。铲运机主要用于运输距离大、土石方量集中的山体开挖施工。铲运机的铲土方法如下：

a）一般铲土。铲运机在一、二级土中施工时，开始应将铲刀以最大深度切入土体（不超过30cm），随着阻力的增加而逐渐减小铲土的深度，直到铲斗装满为止。

b）波浪式铲土。具体方法同前述波浪式推土，在铲运机施工中一般专门用来对付硬土的土质。

c）跨铲铲土。在较为坚硬的土质上开挖，多使用跨铲铲土的施工方法。如图4-10的布置，作业时，先在取土场第一排（1、2、3区）铲土道上取土，两相邻铲土道之间留出半个铲斗宽的土不铲。然后再在第二排（4、5区）铲土道上取土，其起点应在第一排铲土道的起点处向后移动半个铲土道长短。第三、四排铲土道依次后移，使各铲土道前、后、左、右重合起来。这样，铲土的后半段减小了切土宽度，能使拖拉机有足够的牵引力将铲斗装满，又可缩短铲土道长度和铲土时间。

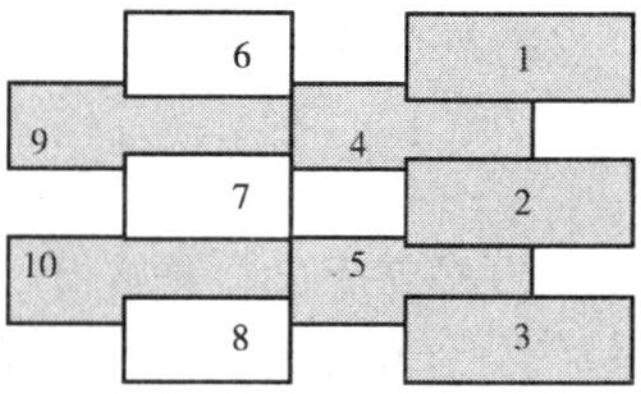

图4-10 铲运机跨铲铲土

d）下坡铲土。其原理与前述下坡推土一致，只是下坡铲土的角度最大不超过15°。先将铲土道的一端铲低，然后保持一定的坡度向后延伸铲土道，人为地创造下坡铲土的有利地形。由于使用牵引式铲运机为多，所以注意进入下坡地段时，立即放下铲斗以便利用铲斗和地面的摩阻力降低行驶速度；当铲斗装满，但后轮未进入缓坡地段前，不应提升铲斗和关闭斗门，以便利用斗前土的阻力而起制动作用。

e）顶推铲土。在坚硬的土、冻深在20cm以内的土、松散的干砂中作业时，由于拖拉机的附着力不够，牵引力不能充分发挥，可用推土机在铲运机行程中进行顶推助铲。此时一般要求工程量大，工作面宽，才不致窝工。如取土场宽度大于20m，长度大于80m，铲运机半周行程大于250m。

③挖掘机作业

a）正铲挖掘机。a. 侧向开挖，运行车辆的运行路线位于挖掘机开挖路线的两侧。要求卸土平均回转角小于90°，而且车辆可以直线进出，不需调头和倒驶，缩短了循环时间，提高效率。b. 正向开挖，装车时车辆停在挖掘机的后方，挖掘机在前方挖掘，回转卸土，其转角大于90°，从而增加了循环时间，但开挖工作面增加了。此外，由于车辆不能直接进出挖掘道，调头和倒驶使施工现场拥挤，挖掘机不能连续作业，效率降低。这种方式只适宜于挖掘进出口。

b）反铲挖掘机。a. 沟端开挖，开挖时挖掘机从沟的一端开始，然后沿沟中线倒退开挖，运输车辆停在沟侧，此时动臂只回转40°~45°左右即可卸料。b. 沟侧开挖，与前者不同，车辆停在沟端，挖掘机在沟侧，动臂回转90°即可卸料，由于每次循环所用的时间短，所以效率高，但挖掘机始终在沟侧行驶，开挖边坡较陡，应注意安全。

c）拉铲挖掘机。其挖掘方法基本与反铲挖掘机相同，只是挖掘的半径大，深度深。拉铲挖掘机开挖土方有两种方式，即沟侧开挖和沟端开挖。

④装载机作业

装载机工作效率高，兼有推土机和挖掘机两者的工作能力，可以进行铲掘、推运、整平、装载和牵引等多种作业，装载机适应性强，作业效率高，操纵简便，装载机与汽车配合的作业方式如下：

(1)“I”字形作业。运输车辆平行于工作面，装载机则垂直于工作面，前进铲土后，直线后退一定距离，并提升铲斗，此时，运输车辆退到装载机铲斗卸土位置，装满后驶离。这种方式装载机不需调头，但要求运输车辆与其配合默契。

(2)“V”字形作业。运输车辆与工作面成约60°夹角，装载机则垂直于工作面，前进铲土后，在倒车驶离过程中调头60°，使与运输车辆垂直，然后驶向运输车辆卸料。这种方式循环时间较短。

(3)运输车辆垂直于工作面，装载机铲土后，倒退并调转90°，然后驶向运输车辆卸土，这种方式有较宽的工作场地。

二、路面工程机械化施工方案

(一)沥青混合料路面

1. 拌和设备与运输机械

拌和设备启动前拉动警告信号，使各岗位人员相互联系，确认所有准备工作就绪及人员在岗才能合上电闸。对各组成部分的启动，按材料流向顺序开启。待每个部分空转片刻，确认工作良好后，才能开始上料，进入负荷运转。

用装载机将不同规格的材料投入相应的料仓，在拌和设备正常运行中要经常检查砂石材料仓储情况。注意储料的平衡及料仓过满而窜仓。同时检查振动筛的橡皮减振块，发现裂纹时要及时更换，储料仓中的存料要过半后才可开始称量。注意矿粉不能上得过满以免卡住机器，并防止沥青从保温箱中溢出。

拌和过程中时刻注意质量的检查：

(1)温度控制。使用带度盘和铠装枢轴的温度计，将枢轴从车箱一侧的预留孔中插入混合料中，使之达到一定的深度(15cm)，混合料直接与枢轴接触，可测出料中温度。用目测可以发现温度的高低，料车中冒出黄烟表明混合料过热；如果装车较困难，上车后，堆集很高，说明温度过低，沥青裹覆不匀；当然，混合料特别反光，难以堆集，甚至在振动下自卸车箱中混合料会变得很平，说明温度较高，或油料过量。

(2)取样和测试。取样按施工规范规定的取样频率、规格和位置，进行马歇尔稳定度、流值、空隙率、饱和度、沥青抽提试验、抽提后的矿料级配组成等测定，必要时进行残留稳定度测定(饱水72h、60℃的稳定度与60℃稳定度之比乘100%)。

(3)检测记录。工程编号、拌和厂位置、拌和设备的类型和型号、原材料来源、主要工作人员姓名和其他一些数据，如天气、日期、常温等资料。记录必须清楚、完整、准确，且必须存档。

拌和设备在停机之前必须先停止供应原材料，使滚筒空转3~5min，待筒内余料出完后，再停止滚筒转动。空转的同时加大喷燃器的风门，尽快驱逐筒内的废弃物，使筒冷却，然后关闭喷燃器的油门和燃油泵的总油门。停机后矿粉仓和矿粉升运机内不得有余料，在停止搅拌前先停止喷沥青，将进入搅拌器内的余料干拌几分钟后放净，以便刷净搅拌器内的残余沥青。用柴油清洗沥青系统防止沥青阻塞管道是拌和机停止后必不可少的一道工序。

沥青混合料成品要及时运往工地。确定运输车辆时，要计算或调查具体位置、施工条件、摊铺能力、运输距离和时间，以及所需混合料的种类和数量等。注意不能因为运输力量的不匹配而造成拌和设备时开时停,更不能使摊铺机出现待料停机的现象。在确定运输车辆数方面,已在第二节作过优化介绍,在此不作介绍。运输车辆的组织还要充分考虑在装料地点、卸料地点的车辆进出口的组织措施,装料后的过磅(地磅),卸料后空车的过磅等工作对运输的影响。

2. 沥青混合料摊铺

准备工作在摊铺前必须严格完成,否则将影响后来的进度。其主要内容包括:检查验收基层或黏结层,施工放样,确定各种标高,检查摊铺机的状况,检查刮板输送器、闸门和螺旋摊铺器(即供料系统)的状况是否良好:有无粘附沥青混合料(包括受料斗);振捣梁的底面及其前下部是否磨损过大,行程及运动速度是否恰当,它与熨平板之间的间隙以及离熨平板底面的高度是否合适;熨平板底面有无磨损、变形、黏附混合料;其加热装置是否良好;厚度调节器和拱度调节器是否良好;各部位有无异常振动;自动调平装置是否良好等。

选择摊铺机参数:

(1)熨平板宽度与拱度选择

路面横向摊铺次数 n 确定:

$$n=\frac{B-X}{b-X}$$

式中:B——路面宽度,m;

b——摊铺机熨平板的总宽度,m;

X——相邻摊铺带的重叠量,一般 $X=0.025\sim0.08$m。

n 应为整数,否则,在尽可能减少摊铺次数的前提下,使所剩的最后一条摊铺带的宽度不小于该摊铺机的标准摊铺宽度。实在不足时,只好采用切割装置(截断滑靴)来切窄摊铺带。

使用尽可能宽的摊铺带,以减少通过次数。同时控制:上下铺层的纵向接茬应错开 30cm 以上;纵向接茬处重叠量保持 2.5 ~5cm;接宽熨平板时必须同时相应地接长螺旋摊铺器和振捣梁,同时检查接长后熨平板板底的平直度和整体刚度。

再调整路拱横坡度。调整后必须标明拱度的绝对数值(mm)或横坡百分数。一般摊铺机采用前后两副调拱机构,其前拱调节量略大于后拱,这样调节有利于改善摊铺层的表面质量和结构致密的均匀性。如果调整不当,将出现表面致密不匀等缺陷。

(2)摊铺厚度确定和熨平板初始工作迎角调整

摊铺开始前要准备两块 5 ~10cm 的长方形垫木,厚度为混合料松铺厚度。把两块垫木放在熨平板两端的下面,如果熨平板加宽,垫木则放在加宽部分的近侧边处。让熨平板以自身重量落在垫木上。接着调整初始工作迎角,调整后必须在 5m 内多点检验实际摊铺厚度,取其均值,与设计值比较,决定是否继续调整。

具有自动调平装置的摊铺机,在机器结构上可以靠改变熨平板侧臂安装位置来获得有限级(如三级)的初始工作迎角,依靠电子液压调平装置来控制工作迎角的瞬时变化,以保证摊铺平整度。

(3)布料螺旋与熨平板前缘距离的调整

现代摊铺机的布料螺旋与熨平板前缘之间的距离是可以调整的。根据摊铺厚度、混合料级配及油石比、基层强度与刚度、矿料粒径等条件,对此距离进行调整。当摊铺厚度较大、矿料粒径也大、沥青混合料温度偏低、或发现摊铺层表面出现开裂波纹则宜将距离调大;在石灰稳定土、水泥稳定土、二灰及二灰土基层上摊铺厚度较小的沥青层时,宜将距离调小;一般摊铺条件下(厚度 10cm 以下的中、粗粒式沥青混合料,矿料粒径约 3cm,正常摊铺温度),宜将距离调至中间位置。这些调整会影响熨平板前沿堆料高度的变化,影响摊铺质量,一般这项调整在最后完成。

(4)摊铺机作业速度的选择

其速度对作业效率及摊铺质量影响极大,正确选择作业速度,是加快施工进度、提高摊铺质量的重要手段。现代摊铺机都具有较宽的速度变化范围,从零米到每分钟数十米之间,可进行无级调节。速度过快,摊铺层疏松、供料困难;速度过慢,使摊铺层表面出现台阶状,且不宜压实,过早出现波浪、搓板等破坏;当然,更不能出现时快时慢的速度,否则会导致摊铺机平衡系统的破坏,对平整度及压实度影响巨大。

3. 摊铺机施工过程的操作及注意事项

(1)熨平板加热

即使在夏天,也必须在开工前或停工后对熨平板进行加热,因为100℃以上的混合料碰到30℃以下的熨平板底面时,将会冷粘在板底上,这些粘附的粒料随板向前移动时,会拉裂铺层表面,随之形成沟槽和裂纹。在连续摊铺过程中,当熨平板已充分受热时,可暂停对其加热。当摊铺低温混合料和沥青砂时,熨平板则应连续加热。

(2)摊铺机供料机构操作

刮板输送器和向两侧布料的螺旋摊铺器等两部分,工作应相互配合,工作速度匹配。工作速度是保证路面平整度的最重要因素。

刮板输送器的运转速度及闸门的开启程度共同影响摊铺室的供料量。一般来说,刮板输送器的速度相对稳定,则摊铺室的供料量基本上依靠闸门的开启高度来调节。在摊铺速度恒定时,闸门开启过大,会使螺旋摊铺室中部集料过多,形成高堆,造成螺旋摊铺器的过载并加速其磨损。同时也增加熨平板的前进阻力,破坏熨平板的受力平衡,使熨平板向上浮起,铺层厚度增加。如果关小闸门,摊铺室的混合料突然减少,中部会形成下陷状(料的高度降低),结果使铺层厚度降低。摊铺室内最恰当的混合料是堆料的高度平齐或略高于螺旋摊铺器的轴心线,即稍微看见螺旋叶片或刚盖住叶片为佳。闸门的最佳开启程度,在保证摊铺室内混合料处于上述的正确堆料高度的状态下,要使刮板输送器和螺旋摊铺器在全部工作时间内,都能不停歇地运转。但由于基层不平以及其他复杂的原因,为保证摊铺室内混合料维持标准高度,刮板输送器与螺旋摊铺器不可避免地要有暂停运转和再启动的情况发生。这样过多的频繁停转和再启动会造成传动机构的过快磨损,不允许出现太多这种情况,一般应使它的运转时间占其全部工作时间的80%~90%。

(3)摊铺方式

摊铺时,先从横坡较低处开始铺筑。各条铺筑带的宽度最好相同,以节省重新接宽熨平板的时间(液压伸缩式调宽较省时)。使用单机进行不同宽度的多次摊铺时,应尽可能摊铺较窄的那一条,以减少拆接宽次数。但多机摊铺时,则应在尽量减少摊铺次数的前提下,各条摊铺带的宽度可以有所不同(即梯队作业方式),梯队间距不宜太大,一般在5~10m之间(国内也有10~75m,美国15.2~30.5m),以便形成热接茬。为减少横向施工接茬,每条摊铺带在一天中应尽可能长些,最好一个施工班组一条接茬,具体可结合实际情况确定。注意接茬处要涂油保持黏结的紧密和平整。

4. 沥青路面压实

沥青混合料的压实度要求较高,一般使用串联振动压路机(单轮压路机、双轮压路机),且用较大的频率和振幅,采用单轮驱动或双轮驱动,及铰接转向、前后轮偏移的铰接转向的转向系统。

机械化施工的压实一般遵循初压、复压和终压三道工序。初压整平稳定混合料,为复压创造有利条件,是压实的基础。复压使混合料密实、稳定、成型,混合料的密实程度取决于这一道工序,必须与初压紧密衔接,并采用重型压路机。终压是消除轮迹,最后形成平整的压实面,所以不宜采用重型压路机在高温下完成,否则,会影响平整度。为保证压实表面的平整、密实及外形美观,碾压应按一定的压实程序进行,对未压实的边角应辅以小型机具压实。

压实程序是:初压时,用6~8t双轮压路机或6~10t振动压路机(关闭振动装置)压两遍,初压温度为110~130℃,初压后检查平整度、路拱,必要时予以调整。如在碾压时出现推移,可待温度稍低后再压;如出现横向裂纹,应检查原因及时采取措施予以纠正。复压时用10~12t三轮压路机、10t振动压路机或相应的轮胎压路机进行,宜碾压4~6遍至稳定和无明显轮迹,复压温度为90~110℃。终压时用6~8t振动压路机(关闭振动装置)碾压2~4遍,终压温度为70~90℃。

压实注意:首先按施工规范的要求采用合理的行驶速度;其次压路机在行驶中前后轮迹要有规定的重叠量;三轮式压路机每次重叠宜为轮宽1/2,双轮压路机每次重叠宜为30cm;与摊铺机保持合理的距离,最大距离200m,以免碾压困难,或压痕明显;保持压路机滚轮湿润,以免粘附沥青混合料,但不能过多。

(二)水泥混凝土路面

水泥混凝土路面的机械化施工中介绍轨道式摊铺机与滑模式摊铺机的施工方法,以及施工中的注意事项。关于机械的选型及配套已在上节介绍过,在此仅就各有关机械的施工过程进行介绍。

1. 轨道式摊铺机施工

拌和:混凝土拌和的供料系统应尽量采用配有电子秤等自动计量设备,有困难时,最低限度也要采用集料箱加地磅的计量方法,而体积计量法难于达到计量准确的要求,应停止使用。采用自动计量设备,在施工前,应按混凝土配合比要求,对水泥、水和各种集料的用量准确调试后,输入到自动计量的控制存储器中,经试拌检验无误,再正式拌和生产。一般国产强制式拌和机为90~180s,双卧轴强制拌和机为60~90s。最短拌和时间不低于低限,最长拌和时间不超过最短拌和时间的三倍。拌和中,如需加入外加剂时,应对外加剂单独计量。混凝土各组材料的计量精度不应超过:水和水泥±1%;粗细集料±3%;外加剂±2%。

运输:运输应考虑蒸发失水和水化失水(指水泥在拌和之后,开始水化反应,其流动度下降),以及因运输的颠簸和振动使混凝土发生离析等。所以必须缩短时间,采取适当措施防止水分损失和离析。运输可以选择自卸车及搅拌运输车,当塌落度大于5.0cm时用搅拌车运输。从开始搅拌到浇筑的时间,用自卸车运输时必须不超过1h,用搅拌车时不得超过1.5h,若运输时间超过限值,或者在夏天铺筑路面时,宜使用缓凝剂。

卸料:卸料机械有两种,即侧向和纵向卸料。侧向卸料机在路面操作范围内操作,自卸车不进入路面铺筑范围,需有可供卸料机和汽车行驶的通道。纵向卸料机在铺筑范围内操作,由自卸汽车后退供料,在基层上不能预先安设传力杆及其支架。

模板:轨道是安装在模板上的,模板本身的精度及安装精度直接影响轨道的平顺、路面性能。模板承受从轨道传下来的机组重力,横向要保证模板的刚度。模板的数量要根据进度来配备,并要有拆模周期内的周转数量。设置纵缝必须预先在模板上作拉杆置放孔;传力杆必须与面板平行并垂直接缝。

摊铺:将倾倒在基层上或摊铺机箱内的混凝土按摊铺厚度均匀地摊铺在模板范围内。摊铺机械可以选用刮板式、箱式和螺旋式。①刮板式摊铺机重量轻,容易操作,容易掌握,使用较普遍。②箱式摊铺机重量大,摊铺均匀而准确,一次性将混合料全部放在箱内,摊铺能力大,故障较小。③螺旋式摊铺机的摊铺能力大,它与混凝土配合比、集料粒径和塌落度等因素有关,所以采用松铺系数控制压实厚度,见表4-14。

摊铺系数 表4-14

塌落度(cm)	1	2	3	4	5
松铺系数	1.25	1.22	1.19	1.17	1.15

振捣:采用振捣机或内部振动式振捣机进行混凝土振捣,紧接着摊铺机后面再一次整平和捣实。振捣机有振捣梁和复平梁组成,振动频率在50~100Hz之间,复平梁后余料堆集高度不应超过15cm,振捣梁后的混凝土回弹高度在2~5mm,靠近模板处的混凝土,用插入式振捣器补充振捣。

表面修整:振实后的混凝土还应进行整平、精光、纹理制作等工序,修整机有斜向移动和纵向移动两种。整平工序随时清除修光梁往复运行推到路面边沿的粗集料,确保整平效果和机械的正常行驶;精光工序对混凝土表面进行最后的修整,使混凝土表面更加致密、平整、美观;纹理制作提高水泥混凝土路面行车的安全性,即对路面进行拉槽或压槽,使路面在不影响平整度的情况下,具有良好的粗糙度,平均纹深控制在1~2mm。

养生:养生的施工不详述。

2. 滑模式摊铺机施工

该施工的详细过程与轨道式摊铺机类似,在此对滑模式摊铺机施工的方法和组织进行介绍。

湖北省某路桥公司引进美国的SF系列混凝土滑模式摊铺机,在施工中一次完成混凝土面板的摊铺、振捣、成型、打传力杆等工序,通过传杆器自动调节方向和高程,效率比较高。随同主机引进的还有TC系列纹理养生机(即拉毛和自动喷洒养生液)。滑模机的主要技术参数:柴油机功率145kW;摊铺宽度3.66~7.92m,摊铺厚度15~25cm,摊铺速度0.8~1.5m/min,空驶速度20m/min,振捣梁振动频率(120~137)次/min,外形尺寸3 048mm×9 233mm×3 200mm,自重20 412kg,要求混凝土塌落度4~6cm,平整度可达到3mm。

(1)滑模机的摊铺流程

滑模机由推进和摊铺两个基本装置组成。通过四个支柱油缸系统调整摊铺机的水平与横向位置,或在摊铺第二幅时将一侧履带抬高到现浇的第一幅混凝土路面上,随机行走过程中,拉杆按间距,从横向自动打入。滑模机工作时,通过螺旋布料器,将混凝土送入刮平器下,由刮平器计量进入内振器(即振捣棒)工作区内,振捣棒振频在(9 000~12 000)次/min,振捣有效半径为30cm,经振捣棒振捣的混凝土再经振捣梁振捣,强制混凝土骨料下沉,部分水泥砂浆上浮。

(2)工艺组织方式

采用自卸翻斗汽车运输混凝土,将混凝土卸在摊铺宽度内,螺旋器前的混凝土高度控制为螺旋器高度1/2~1/3,过低混凝土供应量不足,过高滑模机因阻力大机身上翘。滑模机的工作速度一般为0.8~1.0m/min。通过侧模成型的混凝土,混凝土表面常出现一些麻面、气泡,有的边角塌陷不齐,需由人工修理和处理。在混凝土表面稍形成强度时,用拉毛机拉毛,拉毛机形似钢丝刷,使用时容易带起砂粒,纹理不够均匀。养生、切缝、灌缝同轨道式摊铺机施工。配合摊铺机所需辅助人工,其劳力分工大致是:测量固定导向绳11人;指挥卸车、运送纵向拉杆、滑模机驾驶员各1人；拉毛机、清除车斗残留混凝土、盖麻袋片各2人；摊铺混凝土3人；修边、刷边6人；盖草袋养生8人；切缝机(4台)9人；共计46人。

SF系列滑模机速度快，8h可铺筑500~600m，振捣密实，平整度合格率较高，3mm合格率可达到80%~90%。

(3)滑模机施工中常见的问题

滑模机施工中常见的问题有：①坍边；②边沿塌落；③倒边和松散无边；④麻面。

分析主要原因有：①拌和料出现离析现象，大集料常被抛在一边，使集料与砂浆出现离析。②布料器布料往往将振捣的混凝土稀浆分到两边而导致倒边。③集料形状和配比。扁平状或圆状集料成形差，边沿在脱离滑模板后失去支撑就会倒边。

三、桥梁工程机械化施工方案

桥梁施工的机械很多，施工的设备更多。如钢管脚手架(支架)、木模板、钢模板、组合钢模板、万能杆件(桁架、墩塔架、龙门架)、贝雷架及贝雷桁架等设备。起重设备还有扒杆、龙门吊机、浮吊、缆索起重机(主索、起重索、牵引索、结索、扣索、缆风索、塔架及索鞍、地锚、电动卷扬机等)。

桥梁施工方案的选择除根据桥梁上部结构的特点，还要考虑地形、环境、安装方案的安全性、经济性、施工进度要求等，掌握周围的地理环境、地质条件及气候条件，以及运输条件、临时用地等资料，才能综合考虑选择什么样的施工方案。表4-15是在考虑桥梁的类型、跨径、施工的技术水平、机具设备条件等因素后选择的方案，可在施工方案选择时参考。

各种桥型可供选择的施工方案　　表4-15

桥型 施工方案	简支梁桥	悬臂梁桥 T形刚构	连续梁桥	刚架桥	拱桥	组合体系桥	斜拉桥	悬索桥
现场浇筑法	✓	✓	✓	✓	✓	✓	✓	
预制安装法	✓	✓		✓	✓	✓	✓	✓
悬臂施工法		✓	✓	✓	✓		✓	✓
转体施工法		✓		✓	✓		✓	
顶推施工法			✓		✓		✓	
逐孔施工法		✓	✓	✓	✓			
横移施工法	✓	✓	✓			✓	✓	
提升与浮运施工法	✓	✓	✓			✓		

桥梁施工技术的发展日新月异，随着大规模机械化施工的推广，桥梁施工现在已经不受障碍物的限制，只要根据水文、地质情况合理选择方案，进行全方位、立体交叉作业的组织方式，可使工期大为缩短，而且使质量提高、结构合理、跨度增加。另一方面，随着预应力及部分预应力的出现，为桥梁施工技术及管理开辟了更广阔的空间。就上部结构来说，已经有就地浇筑法、预制安装法、悬臂施工法、转体施工法、顶推施工法、移动模架逐孔施工法、横移施工法、提升与浮运施工法等等。这些多样化的施工法就是在机械施工的基础上，研究开发出来的。受篇幅所限，在此仅介绍钻孔灌注桩基础和上部结构的悬臂施工。

(一)钻孔灌注桩施工

钻孔灌注桩始于欧洲20世纪40年代初期，在我国50年代末期开始使用。开始时使用人力推钻孔，逐渐发展到冲抓锥、冲击锥、正反循环回旋钻、潜水电钻，孔径从 25cm 发展到 200cm 以上。钻孔桩的适用条件和设备选用见表 4-16。

钻孔灌注桩的适用方案 表 4-16

钻孔方法	适用范围			需否泥浆悬浮钻渣
	土层	孔径(cm)	孔深(m)	
人工推钻或机动推钻	黏性土、砂类土、含少量砂砾石(少于 30%，粒径小于 10cm)的土	60~160	30~40	不需要
正循环回转	黏性粉砂、细、中、粗砂，含少量砾石、卵石(少于 20%)的土，软岩	80~160	30~100	需要
反循环回转	黏性土、砂类土、含少量砾石、卵石(少于 20%，粒径小于钻杆内径 3/2)的土，软岩	80~120	用真空泵 <35 用空气吸泥机达 65	不需要
潜水钻机正循环	淤泥腐殖土、粉砂、砂类土	80~130	50	需要
冲抓锥	淤泥腐殖土，密实黏性土、砂类土、砂砾石、卵石	100~200	大于 20m 时，进度慢	不需要
冲击实心锥	黏性土、砂类土、砾石、卵石、漂石、较软岩石	80~200	50	需要
冲击空心锥	黏性土、砂类土、砾石、松散卵石	60~150	50	需要
振动钻孔	软土、黏性土、砂类土、砾石、松散卵石	25~50		不需要
人工钻孔	各种土石		15	

钻孔的常用方法分三种，即冲击法、冲抓法、旋转法等。冲击法用冲击钻孔或卷扬机带动冲锥，借助锥头自重下落产生的冲击力，反复冲击破碎土石或把土石挤入孔臂中，用泥浆浮起钻渣，或用抽渣筒或空气吸泥机排除而形成钻孔。冲抓法用冲抓锥靠自身重力产生冲击力，切入土层或破碎土层，叶瓣抓土、弃土以形成钻孔。旋转法用人力或钻机，通过钻杆带动锥或钻头旋转切削土壤，用泥浆浮起排除钻渣形成钻孔。钻孔方法的施工布置图见图 4-11，其常用钻头见图 4-12。

钻孔灌注桩的施工工艺是多变的，但常见的工艺可以参见图 4-13 所示。

从上图可知施工的主要工序有埋设护筒、制备泥浆、钻孔、清底、钢筋笼制作与吊装、灌注水下混凝土。

埋设护筒防止孔壁坍塌，其材料有木、钢板、钢筋混凝土等，要求坚固耐用、不漏水，内径应比钻孔直径大，每节长度 2~3m，但最多使用钢护筒。成孔是用各种钻孔方法将土石从设计桩位移走，并达到设计要求。常用的方法有回旋(正反循环回转)钻孔和冲锥、冲击锥钻孔。最后进行终孔检查和孔底清理，验收是否达到规范要求，其允许误差如表 4-17。

钻孔灌注桩成孔质量检验允许误差 表 4-17

序号	项目	允许偏差值	附注
1	孔的中心位置	群桩不大于 10cm，单桩不大于 5cm	
2	孔径	小于设计桩径	
3	倾斜度	直桩小于 1/100，斜桩小于设计斜度的 ±2.5%	
4	孔深	摩擦桩不短于设计规定，柱桩比设计深度大 5cm	柱桩指支撑在岩面或嵌入岩层的桩
5	孔内沉淀深度	摩擦桩不大于 $0.4d$~$0.6d$，柱桩不大于 5cm 和设计规定	争取不大于 $0.4d$，d 为设计桩径
6	清孔后泥浆深度	相对密度 1~1.2，黏度 17~20s，含砂 <4%	在钻孔的顶部和中部分别取样，取平均值
7	地质情况	与地质钻探资料基本符合	如出入较大，与设计、监理单位协商

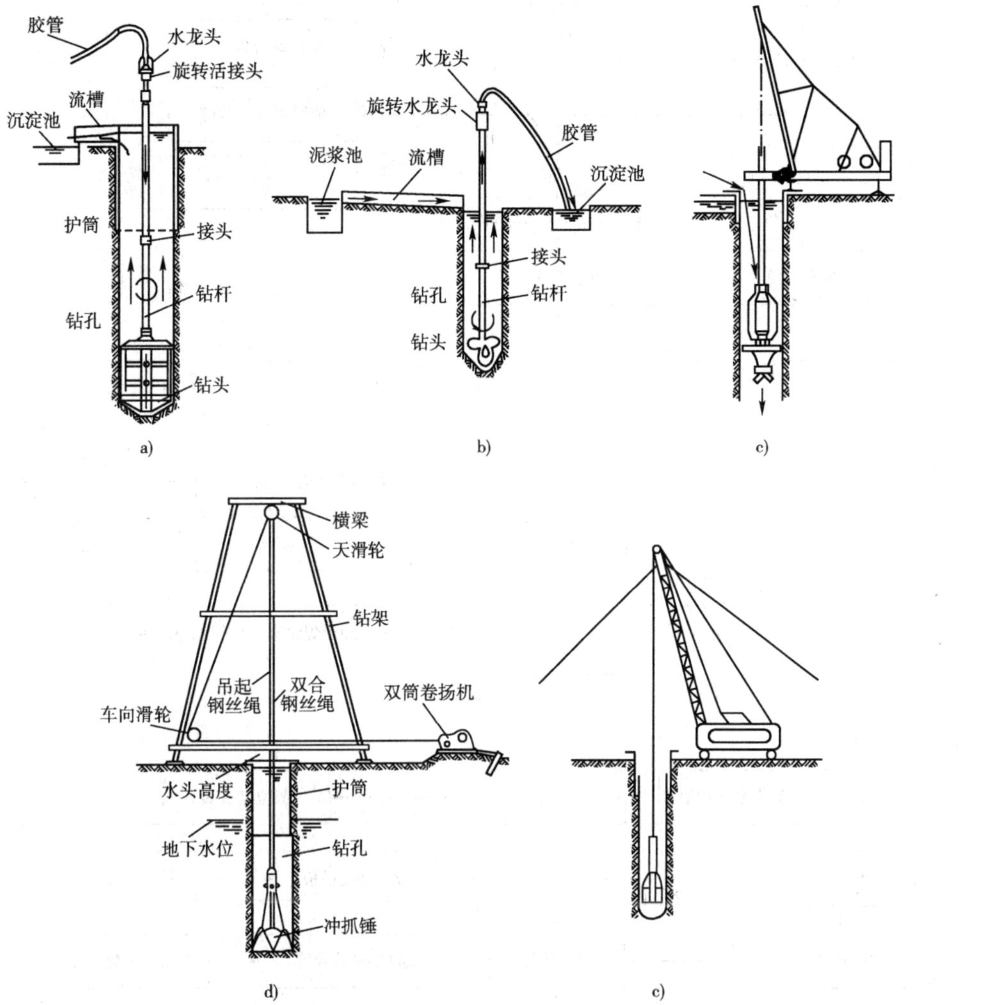

图 4-11　儿种钻孔方法的施工布置

a）正循环旋转钻孔施工；b）反循环旋转钻孔施工；c）潜水工程钻孔施工；d）冲抓钻孔施工；e）冲击钻孔施工

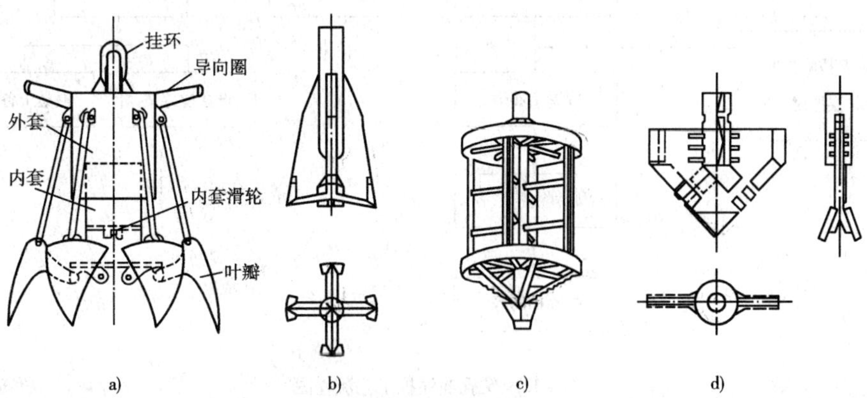

图 4-12　常用的钻头形式

a）六瓣双索冲抓锥；b）冲锥；c）圆笼鱼尾站；d）鱼尾站

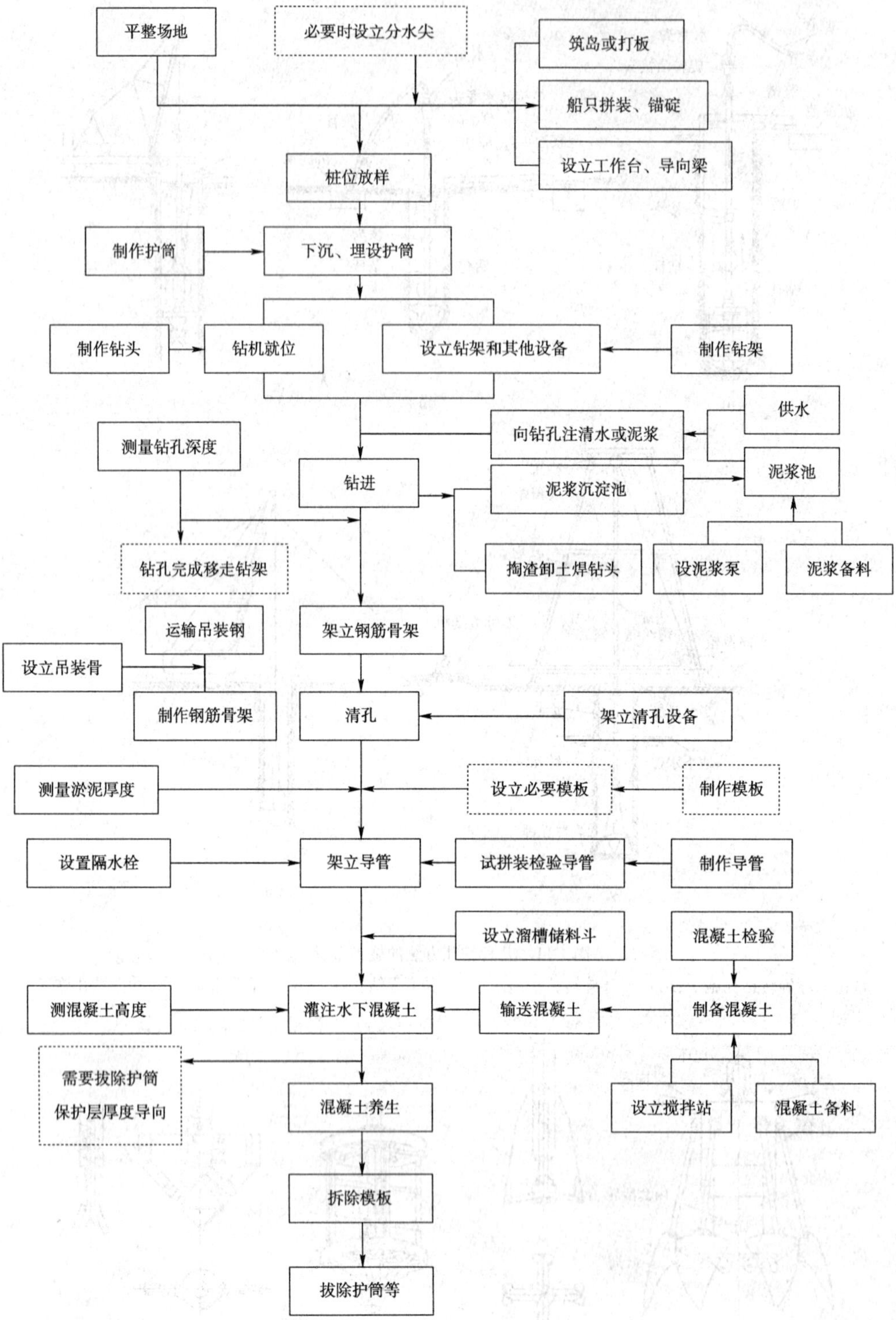

图 4-13　钻孔灌注桩工艺流程图

(二)斜拉桥悬臂施工法

悬臂施工法从20世纪80年代中期开始使用,至今发展、变化很大,但主要的工艺过程并没有改变，在大跨径连续梁桥和斜拉桥施工中，是常见的施工方法，在此，主要介绍斜拉桥的悬臂施工法。所牵涉的主要设备是挂篮，在墩柱两侧先采用托架支撑浇筑一定长度的梁段，这个长度称之为起步长度，然后即可拼制挂篮。应该注意施工时要保证墩与梁的临时固结，待合龙后再恢复原结构状态，如临时支座等。

1．挂篮

施工挂篮与托架挂篮是一个能够沿轨道行走的活动脚手架，悬挂在已经张拉锚固与墩身连接成整体的箱梁节段上。在挂篮上可以进行下一节段的模板、钢筋、管道的安设、混凝土浇筑和预应力张拉、灌浆等作业。完成一个循环后，新节段已和桥墩或梁体联成一个整体，成为悬臂梁的一部分，挂篮即可前移一段，再固定在新的节段位置上。如此循环直至悬臂梁浇筑完毕。

挂篮的种类很多，其结构也随之而各有不同。挂篮的承重结构可用万能杆件或贝雷钢架拼成，或采用专门设计的结构，它除了要能承受梁段自重和施工荷载外，还要求自重轻、刚度大、变形小及稳定性好、行走方便等。挂篮结构示意图如图 4-14。

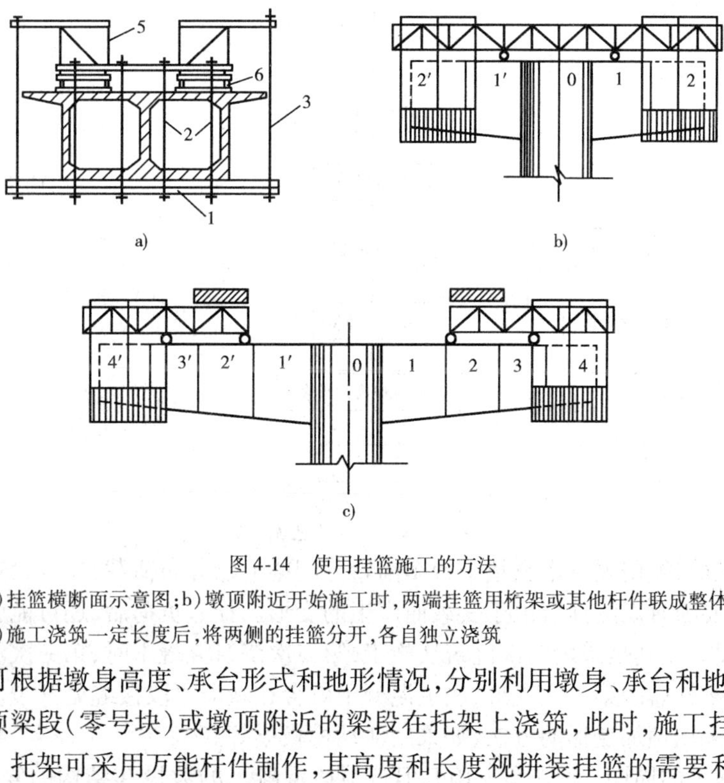

图 4-14　使用挂篮施工的方法

a）挂篮横断面示意图；b）墩顶附近开始施工时，两端挂篮用桁架或其他杆件联成整体；
c）施工浇筑一定长度后，将两侧的挂篮分开，各自独立浇筑

施工托架可根据墩身高度、承台形式和地形情况，分别利用墩身、承台和地面作支撑，设立支撑托架。墩顶梁段（零号块）或墩顶附近的梁段在托架上浇筑，此时，施工挂篮就在已浇筑的梁段上拼装。托架可采用万能杆件制作，其高度和长度视拼装挂篮的需要和拟浇块件长度而定。横桥向的宽度一般应与箱梁底面纵向线形的变化一致。为了消除托架在浇筑梁段混凝土时产生的变形，常用如千斤顶法、水箱法等对托架预加变形。

2．施工工艺流程图

当挂篮安装就位后，即可在其上进行梁段悬臂浇筑作业，施工工艺流程图如图 4-15。

上述工艺流程是按每一梁段的混凝土分两次浇筑排列的，即先浇筑底板混凝土，后浇肋板及顶板混凝土。当采用一次浇筑时，将浇筑顶板混凝土的工序与浇筑肋板及顶板混凝土的工序合并，其他工序不变。

3．混凝土浇筑工艺

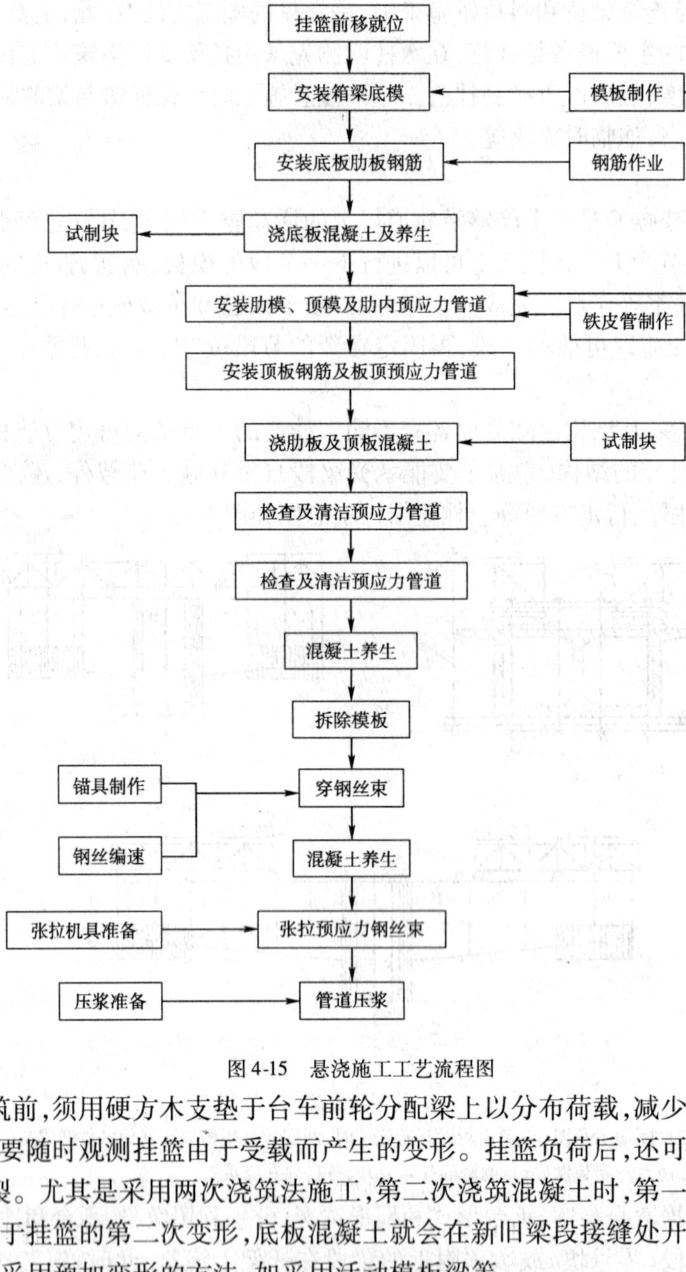

图 4-15　悬浇施工工艺流程图

混凝土浇筑前，须用硬方木支垫于台车前轮分配梁上以分布荷载，减少轮轴压力。浇筑混凝土的过程中，要随时观测挂篮由于受载而产生的变形。挂篮负荷后，还可能引起新旧梁段接缝处混凝土开裂。尤其是采用两次浇筑法施工，第二次浇筑混凝土时，第一次浇筑的底板混凝土已经凝结，由于挂篮的第二次变形，底板混凝土就会在新旧梁段接缝处开裂。为了避免这种裂缝，对挂篮可采用预加变形的方法，如采用活动模板梁等。

悬臂浇筑施工的周期一般为 6～10d，但依节段混凝土的数量和结构的复杂程度而不同。在悬浇施工中如何提高混凝土的早期强度对有效地缩短施工周期关系较大，这也是现场浇筑施工的共同问题。

墩顶零号块与桥墩临时固结是浇筑混凝土过程中的另一个重要问题。在浇筑零号块之前，在墩顶靠两侧先浇筑 C50 的混凝土楔形垫块，待零号块达到设计强度的 70% 以上时，在桥墩两侧各用 10 根 ϕ32mm 预应力粗钢筋从块件顶部张拉固定。这样就使得拼装过程中出现的不平衡力矩完全由临时的混凝土垫块和预应力筋共同承受。

4. 斜拉桥的悬臂施工

混凝土梁式桥施工有很多种方法在斜拉桥上都可以使用，如支架上现浇和拼装，悬臂现浇

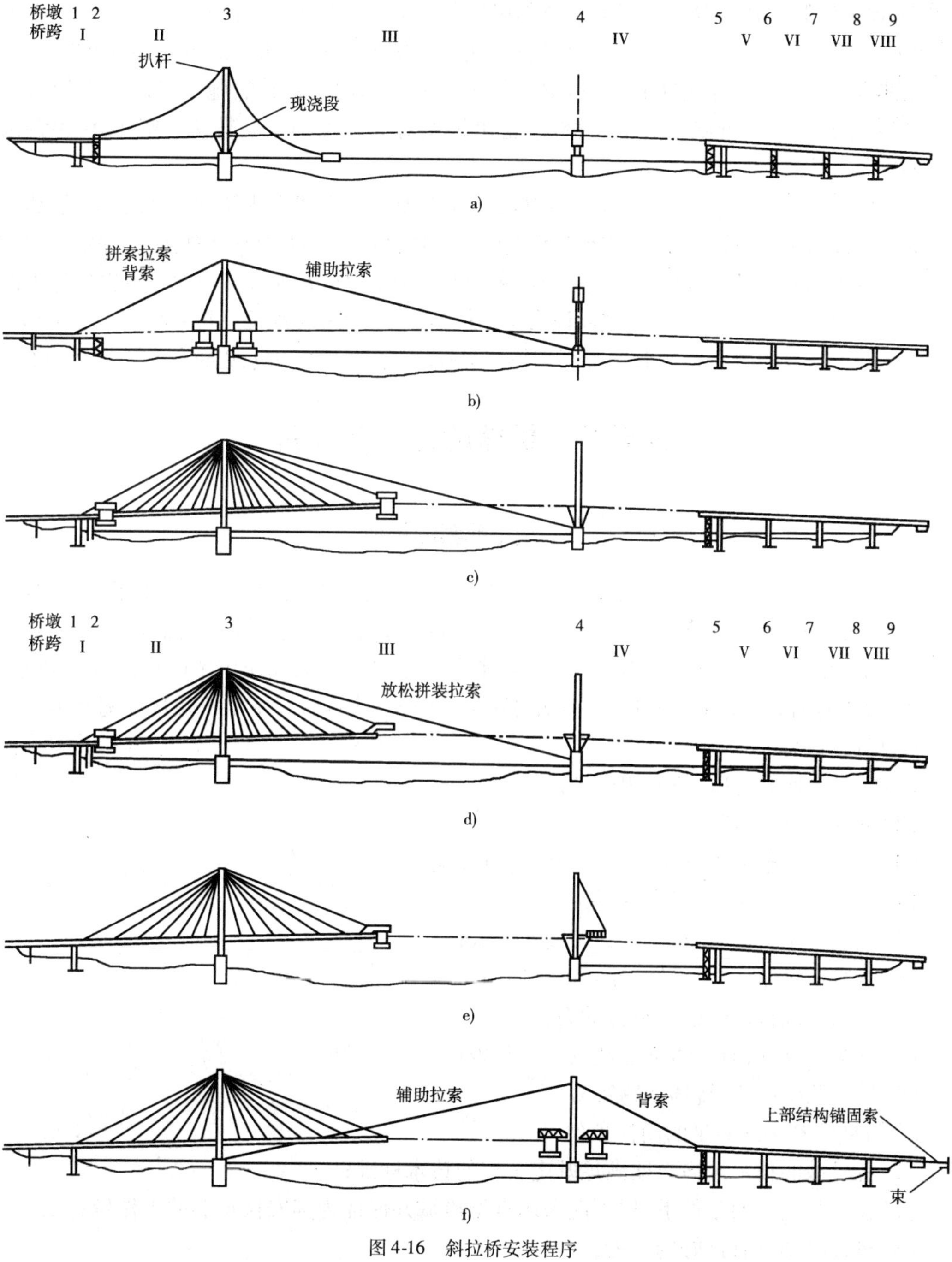

图4-16　斜拉桥安装程序

a）1. 在3号墩上搭设斜撑式支架
　2. 在支架上浇筑20m长现浇段
　3. 安设拼装拉索（背索和辅助拉索）

b）1. 安设移动式吊架丁现浇段上
　2. 浮运预制梁段
　3. 用移动式吊架悬拼梁段

c）1. 进行均衡对称的悬拼
　2. 边孔（第II跨）悬拼接近2号墩
　3. 在4号墩顶搭架斜撑式支架

d）1. 边孔合龙，形成锚固孔
　2. 放松拼装拉索
　3. 在4号墩的支架上现浇梁段

e）1. 主孔（第III跨）进行单悬臂拼装
　2. 2号墩处的吊梁移置于4号墩顶现浇段上

f）1. 安设拼装拉索
　2. 主孔的悬拼吊架移置于4号墩顶现浇段上
　3. 开始进行均衡对称悬拼

和拼装，顶推法和平转法等。由于斜拉桥的梁体尺寸较小，各节段有拉索，索塔还可以用来架设辅助钢索，因此无支架的施工方法更经济方便。其中悬臂施工法是混凝土斜拉桥施工中普遍采用的方法。不论主梁为T构、连续梁或悬臂梁皆可采用。悬臂法施工可以在支架上建造边跨，然后中跨采用悬臂施工的单悬臂法，也可采用对称施工的双悬臂法。图4-16为斜拉桥的主要安装程序。

双悬臂法的施工方案和步骤一般是这样：先在斜腿门式塔架上现浇20m长的梁段，然后用特制的移动式吊架起吊梁段，逐节进行悬臂拼装。梁段间用环氧树脂等材料粘结，并由拉索的水平分力施以预加力。梁内另布置有预应力的粗钢筋。为了保证在安装过程中不致出现过大的塔顶水平位移，在塔顶与另一个桥墩之间设有辅助拉索，它与边跨的背索一起来约束塔顶位移。这样每施工一个节段的周期只需4d。如果运输、起吊设备条件可以解决，以整体截面预制为好。

第五节　机械的选型与配套

一、选型配套的原则

从各种机械中，针对各种工程的不同需要选用合适的机械是个灵活多变的问题。但是把施工条件及经济性都考虑进来，则可以大大缩小选择的范围。机械的选型配套是一种复杂细致的工作，需要进行科学分析和决策，要把功能上的先进性和工程使用中的合理性结合起来，把技术标准与经济方案统一起来，切实从实际条件出发，认真做好施工机械选型配套工作。

1. 机械选型的一般原则

(1)能与工地的土质、地形相适应；

(2)可以满足工程质量标准；

(3)不会损坏施工现场周围已建好的建筑设施；

(4)能高效地完成既定的工程量；

(5)机械使用费用尽量减少，施工成本降低；

(6)更容易操作、方便维修、提高可靠性；

(7)可以实现自动化或节省劳动力；

(8)安全性能好，对环境不会造成污染和破坏；

(9)安装调试简便，转场运输容易。

2. 机械配套必须满足的简便条件

(1)各机械的技术规格必须满足既定工程的技术标准；

(2)在工艺允许的条件下，尽可能采用重型机械并保证为其安排足够的工作量；

(3)机械必须具有良好的性能；

(4)机械必须具有良好的可靠性。

3. 机械配套的基本原则

(1)选好既定工程的主导机械，其他机械必须围绕主导机械配套；

(2)尽量减少配套机械的数量；

(3)各配套机械的工作能力必须与主导机械匹配；

(4)采用合理的施工组织方案；

(5)同一作业要尽量使用同一型号的机械，以便于维修管理。

4. 主导机械及其相关注意事项

根据施工的特殊要求，需要选购专用机械设备，除了选型与配套的要求外，还应该注意主导机械及其相关的注意事项：

（1）正确选用主导机械。一套机械设备中的主导机械，决定着施工方式、方法、工程的质量和进度，并且在很大程度上决定着整套机械生产效率的发挥。

（2）合理搭配机械的数量。同一条件下配套机械的数量相对越多，整套机械的工作效率就越低，这对于单机工作效率低的机械进行配套更加突出。如 A、B 两台机械的工作效率分别为0.9，配套使用后总的工作效率为 $0.9\times0.9=0.81$。如果配套机械中有一台机械发生故障，则整个工程就可能停工，而配套机械相对增加，只能增加停工的机会。

（3）配套机械施工的施工段之间要保持相对平衡。工作效率、工作饱满程度、工程量大小等要保持均匀性，才能保证生产流水线的顺利进行。比如在挖土—运输作业中，要使自卸车的运输能力与挖掘机的挖土能力相适应，才能保证作业高效进行。

（4）配套机械作业时，要合理安排闲置台班备用。如果配套机械中一台机械突然出现故障而使得生产线停工，在没有备用机械台班的情况下，可能造成全面停工，这在施工现场是不允许的。

（5）机械选型配套时遇到困难，可否找到其他的选型配套方案。

（6）大型专用机械设备的购置与租赁，在配套选型中要合理处理，不能造成不必要的浪费。

二、选型配套的基本方法

机械的选型配套在公路施工中，由于施工方案的多样性，要想穷尽所有选型配套的方案是不可能的。但公路工程中复杂的选型配套莫过于土石方机械的合理选配，在此以土石方机械和路面机械、混凝土机械的选配问题作一介绍。

1. 根据工程性质进行机械的选配

土方机械的选配程序如图4-17所示，图中CI为圆锥指数（N/m^2），用圆锥贯入仪测定：

$$圆锥指数\ CI=\frac{P}{A}$$

式中：P——贯入力，N；

A——圆锥断面积，cm^2。

2. 根据作业的内容对机械选型配套

公路工程的机械在不同场合可以有不同的组合，在此根据常规作业的内容大致分为如表4-18所示的选型配套方法。

3. 机械选型配套的其他方法

机械的选型配套是一个复杂的工作，其制约条件很多，选配机械的方式也就不是唯一的，比如土石方机械的选配可以根据土质选配机械，根据运距选配机械等，受篇幅所限在此不一一详述。另外根据气象条件也可以选配机械。气象条件是一个不确定的因素，雨水直接恶化土的状况，所以要根据施工时期的选择来考虑土质条件受气候条件的变化。如在干旱时期使用轮胎式机械，但在雨季就不得不使用效率较差的履带式机械。

选择施工机械时，除了考虑作业的内容、土质条件、运距及气象条件外，还应该考虑与施工间接相关的其他条件来选配机械。如几项工程同时施工，要制定出能使用同样几项类型的计

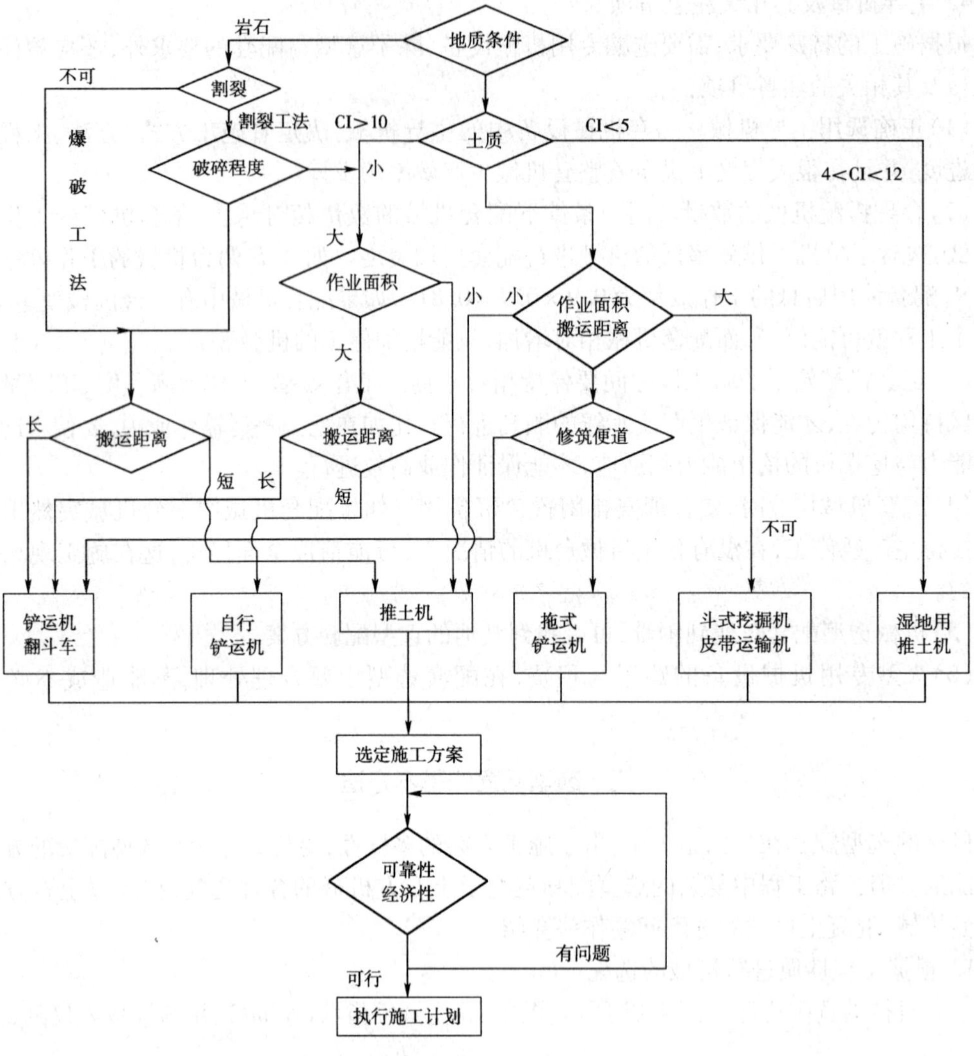

图 4-17　土方机械选配程序示例

划，即可使同样的施工项目不增加机械的种类，平时机械在同一个项目施工，空闲时转用到其他工程上，这样使机械能够得到有效的使用。同时，考虑选配机械时，还应考虑机械修配厂的配套。

三、选型配套的优化组合法

1. 最小规模法选择机械

机械选择有时遇到这样的问题：某些工程所需机械，在工程竣工之后，可能会出现因工程类型或任务的不连续而产生闲置或需折价出卖处理的情况。所以究竟选择哪种机械方案比较经济，往往取决于工程规模的大小。在某一工程规模之内，可能选用造价低而使用费用较高的机械，甚至

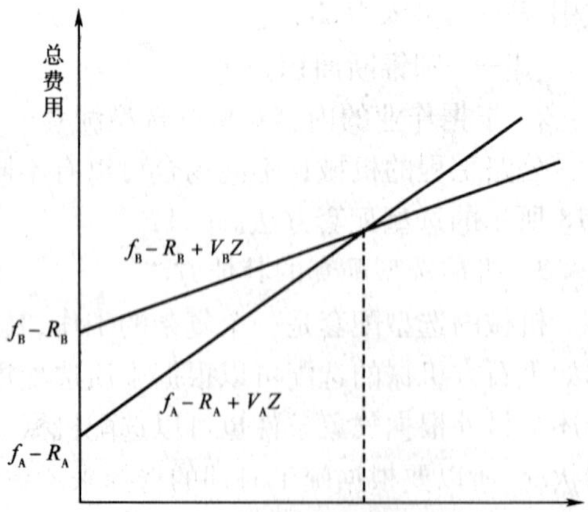

图 4-18　最小规模法

采用租赁较为合算；当超高了这一工程规模时，则需选用另外一种费用构成的机械方案较为合算。确定这种构成工程量规模界限的方法就是机械选择的最小规模法(图4-18)。

表4-18

作业内容		使用机械	摘要
清理草木	除掉灌木丛、杂草	机动平地机、小型推土机	铲除杂草及表土
	除掉灌木丛、树木、漂石	推土机、凿岩机、空气压缩机	根据树木的种类和直径，除了推土板之外，还可使用带耙齿的推土机、伐木机、剪切刀以提高效率
挖方	软土开挖	机械平地机、推土机、拖式铲运机、自行铲运机	修补道路、整地，短距离挖土运输，中长距离挖土运输
	硬土开挖	中大型推土机(带液压松土器)、凿岩机、空气压缩机	适应于风化岩、软石、漂石、混合土质；松土器不能使用时采用爆破
挖土装载	一般性挖土装载	推土机	推土机适用于100m以内的运距，作为挖掘机的辅助机械，以中大型为宜
		装载机、挖掘机、轮式装载机	对于挖掘能力要求不大的较松土质，宜使用轮式装载机；挖掘能力要求较大或土场荒芜时，使用履带式装载机或挖掘机
		拖式铲运机 自行式铲运机	根据运距、地形、土质来选型，松软土质和坡度较大时，一般使用拖式铲运机；运距较长，而现场较好则使用自行式铲运机
		斗轮式挖掘机 挖掘机	土方量较大且集中的工程，挖掘机工作半径大，并可旋转360°
		抓斗式挖掘机 拉铲挖掘机	抓斗式挖掘机适用于垂直深孔的挖掘，拉铲挖掘机适用于在河川等低而广的地方开挖
挖土装载	构筑物基础的开挖	推土机、装载机	大的基础挖掘时，到内部挖掘、装载
		挖掘机、拉铲挖掘机、抓斗式挖掘机	较小的基础挖掘时，在地面位置进行挖掘装载
运输	沟的开挖	自行平地机、推土机、抓斗式挖掘机、挖掘机、挖沟机	适用于便道侧沟的开挖及现场简易排水沟开挖；适用于上下水道、煤气管道埋设沟开挖
		推土机、拖式铲运机、自行铲运机、翻斗车	对于500m以下的中距离采用拖式铲运机，500m以上距离采用自行式铲运机或翻斗车运输
		湿地用推土机、履带式翻斗车	土质松软，但工程规模不大，无需改良路面时，使用湿地用推土机、履带式翻斗车
		四轮驱动挖掘机	搬运岩石等，不能使用铲运机时，可用轮式挖掘机来装运到50～100m运距
	用皮带或链条进行输送	皮带输送机、斗式提升机	皮带输送机适用于水平方向的运输，斗式提升机适用于垂直方向的运输
	用管道进行输送	管道	填筑工程等需搬运大量土方时，将土与水混合在一起，用管道压送
	用钢丝绳进行输送	架空索道	适用于浇筑混凝土堤坝或山地输送

续上表

作业内容		使用机械	摘要
铺筑		推土机、铲运机、湿地用推土机、自行式平地机	在一般的铺平工作中搬运机械为推土机或铲运机；用翻斗车运土时，则用推土机、湿地用推土机或自行式平地机来铺土
	大面积或高精度的铺平工作	自行式平地机（带自动找平装置）、湿地用推土机（带自动水准仪）	农田建设、水路填筑的平地、道路填土的平地等
	铺砌材料的铺平	碎石撒布机、沥青路面修整机	铺砌材料（基层材料）的铺平、铺土厚度受到严格限制时，使用碎石撒布机或沥青路面修整机
夯实	道路填土、江河筑堤、填筑堤坝的夯实	土壤夯实机、轮胎式压路机、羊角压路机、振动压路机、压路机	适用于大面积而较厚的填土层的夯实。振动压路机用于砂质成分多的土填筑；羊角压路机适用于黏性土填筑
夯实	填土坡面夯实	夯具、振动棒、牵引式振动压路机、坡面斗式挖掘机	沿着坡面进行夯实，规模小的时候使用夯具或振动棒；规模大的时候使用牵引式振动压路机
	桥涵的回填、侧沟等基础的夯实	夯具、振动棒	在面积受到限制的地方用来压实
路面面层铺筑	路拌法施工	石灰撒布车、稳定土拌和机、洒水车、振动压路机	用于二级以下的路面基层施工，对配合比要求严格控制的二级路不适宜
	厂拌法施工	厂拌稳定土拌和设备、自卸车、稳定土摊铺机、振动压路机、洒水车	用于一级、二级汽车专用路和高速公路施工，对配合比要求严格的路也适用
路面面层铺筑	沥青混凝土路面铺筑	沥青混凝土搅拌设备、自卸车、沥青混凝土摊铺机、振动压路机、轮胎压路机、撒砂车	用于层铺法施工的高等级公路和次高等级公路的沥青混凝土路面施工
	水泥混凝土路面铺筑	水泥混凝土搅拌设备、水泥混凝土搅拌运输车、轨道式水泥混凝土摊铺机、滑模式水泥混凝土摊铺机、RCC 摊铺机、振动压路机、纹理加工机、锯缝机、养生剂喷洒车	对于高等级塑性水泥混凝土路面可用滑模式摊铺机，也可用带有自动找平装置的轨道式摊铺机，RCC 路面的摊铺可用带有双强振夯板的沥青混凝土摊铺机或 RCC 专用摊铺机

设完成某种作业有 A、B 两种机械可供选择，工程竣工后将折价出售。机械 A 一次性投资为 f_A，工程竣工时残值估计为 R_A，单位年产量的年平均使用成本费为 V_A；机械 B 一次性投资为 f_B，工程竣工时残值估计为 R_B，单位年产量的年平均使用成本费为 V_B，现假定当工程量为 Z_0 时两种机械的总费用相等，即

$$f_A - R_A + V_A \cdot Z_0 = f_B - R_B + V_B \cdot Z_0$$

式中：V = 年平均使用费用/年产量

从而有：
$$Z_0 = \frac{(f_B - R_B) - (f_A - R_A)}{V_A - V_B}$$

这种情况可用图 4-18 表示。

平衡点 Z_0 就是最小规模。即当工程总工程量小于 Z_0 时，采用一次性投资小，而单位产量使用成本费较高的机械比较经济；工程量超高了 Z_0，则选用一次性投资较高，而使用成本较低的机械为优。两种机械的简单情况，很容易通过两两对比的方法推广到多种机械的选择。

【例 4-1】 假定 A、B 两种机械，工程竣工后将折价出售。已知 $f_A = 35$ 万元，$f_B = 20$ 万元；机械 A 年平均使用费用 2 万元，年产量 4.5 万元单位，单位产量的使用成本费 $V_A = 2/4.5 = 0.444$（元）；机械 B 年平均使用费用 1.2 万元，年产量 6.4 万元单位，机械 B 单位产量的使用

成本费 $V_B=1.2/6.4=0.188$(元);预计机械在工程完工时余值 $R_A=25$ 万元,$R_B=14$ 万元。问总工程量在 10 万个工程单位时,选用哪种机械比较经济?

【解】 先求出 $Z_0=\dfrac{(350\ 000-250\ 000)-(200\ 000-140\ 000)}{(0.444-0.188)}=156\ 250>100\ 000$

说明总工程量在最小规模之内,所以选用一次性投资小,单位使用成本费稍高的机械 A 较为经济。最小规模分析法适用于短期效益的经济效益分析。

2. 机械配套的最优组合法

某道施工工序需要若干种相关的机械协同工作,共同来完成。如基槽开挖工程中需采用挖掘机和机动翻斗车,二者互相配合方能完成挖槽任务。在这种情况下,这些相关机械之间的数量搭配有多种组合方式,在各种组合方式中,客观上存在着最经济的组合方式,即最优组合。最优组合法,就是通过计算和分析,确定最经济的机械组合方式。

n 种机械协同工作的每班产量通常表示为:

$$Y=A\prod_{j=1}^{n}X_j\cdot q_j$$

式中:Π——表示连乘号;

Y——n 种机械联机生产的每班产量;

A——产量基数;

X_j——机械 j 的台数;

q_j——机械 j 的效率系数($0<q_j<1$)。

这时,工序生产的每班费用为:

$$C=\sum_{j=1}^{n}B_j\cdot X_j$$

式中:C——n 种机械联机生产的每班总费用;

B_j——机械 j 的台班费用。

机械的最优组合,就是在工序产量 Y 一定的条件下,使工序总费用 C 达到最小值的机械组合。容易用数学方法推导出(推导过程略)最小费用的机械组合,即最优组合为:

$$X_j=\frac{q_j}{B_j}\left[\frac{Y}{A}\prod_{j=1}^{n}\left(\frac{B_j}{q_i}\right)^{q_j}\right]^{T}$$

式中:$T=1/\sum_{j=1}^{n}q_j\quad(j=1,2,3\cdots\cdots n)$

则

$$\min C=\sum_{j=1}^{n}B_j\cdot X_j=\frac{1}{T}\left[\frac{Y}{A}\prod_{j=1}^{n}\left(\frac{B_j}{q_j}\right)^{q_j}\right]^{T}$$

即如果按上述两式规定的机械数量进行组合,就可达到最小费用的目的。

【例 4-2】 假定某大型土方施工拟采用 W3-30 轮胎式挖掘机(X_1 台)挖土,配以机动翻斗车(X_2 辆)运土,运距为 200~300m。已知挖掘机台班费用 150 元,翻斗车台班费用 80 元。在每台挖掘机搭配的翻斗车不超过 4 辆的情况下,已对该工序生产的历史数据应用回归分析法确定出工序每班产量的算式为:

$$Y=70X_1^{0.4}\cdot X_2^{0.8}$$

规定每班产量在 $400m^3$ 左右,试进行机械的最优组合。

【解】 已知 $A=70$,$q_1=0.4$,$q_2=0.8$,$B_1=150$ 元,$B_2=80$ 元,$T=1/(q_1+q_2)=1/(0.4=$

0.8) =0.833,又 $Y=400\text{m}^3$。

机械的最优组合为：

$$X_1=\frac{q_1}{B_1}\left[\frac{Y}{A}\left(\frac{B_1}{q_1}\right)^{q_1}\cdot\left(\frac{B_2}{q_2}\right)^{q_2}\right]^{\mathrm{T}}=1.77(\text{台})$$

同理可得：$X_2=6.64$(台)

求出最小费用为：

$$\min C=796.7(\text{元/班})$$

取整数则 $X_1=2$(台)，$X_2=7$(台)。这样 $Y=70\times2^{0.4}\times7^{0.8}=438(\text{m}^3/\text{班})$，每班总台班费 $C=150\times2+80\times7=860$(元/班)，即选用 W3-30 轮胎式挖掘机 2 台，机动翻斗车 7 台的机械组合，每班产量 428m^3，每班总费用 860 元。

思考题

1. 机械化施工组织的任务和设计内容是什么？
2. 为什么进行专门化的施工组织设计？
3. 怎样处理机械化施工影响因素对公路施工的不良影响？
4. 机械化施工进度图与一般施工进度图的区别是什么？
5. 机械预定计划与机械耗材表的确定对公路施工组织有什么影响？
6. 怎样正确处理机械化施工中，某台(辆)机器是维修还是继续工作？
7. 机械维修保养的形式有哪些？
8. 简述经济车辆数的确定方法。
9. 施工机械为什么要进行匹配设计？
10. 试述与推土机匹配的作业机械在公路土石方工程中，有哪些配合形式？
11. 试述沥青混合料整个生产过程中，与摊铺机配合的相关机械有哪些？
12. 简述机械化施工方案与普通意义下的施工方案有何不同？
13. 你认为路堑开挖过程中，哪些地方最值得组织设计而又最节省费用？
14. 简述沥青混凝土路面的施工过程及注意事项。
15. 水泥混凝土路面机械化摊铺有几种方法？各有什么优缺点？
16. 简述钻孔灌注桩的工艺流程及施工机械的种类。
17. 试述悬臂法施工的优缺点，简述悬臂法施工的工艺流程。
18. 机械选型、配套的原则是什么？
19. 机械的配套选择可以按几种条件进行？
20. 机械配套的最优组合法的原则是什么？

第五章 网络计划技术

第一节 概 述

要对一个复杂的工程建设项目进行有效的管理,就必须依赖于进度计划;要做好进度计划,必须将工程建设项目的全部作业内容具体形象化,并按适当顺序加以安排,形成进度计划,从而对工程实行控制,达到预期建设目标。传统进度计划的表达方式是横道图法。随着科学技术的不断进步,工程建设规模的日益扩大,要求计划、生产管理的方法也必须科学化和现代化。网络计划技术符合统筹兼顾,适当安排的思想,适应现代化生产的组织管理和科学研究的需要,因而,在现代化大生产的组织管理中,该方法正在迅速地取代传统的计划管理方法。

一、网络计划发展简史

网络计划技术是20世纪50年代国外陆续出现的一些计划管理的新方法。由于这些方法将计划的工作关系均建立在网络模型上,把计划的编制、协调、优化和控制有机地结合起来,所以称之为网络计划技术。

1956年,美国杜邦·奈莫斯公司的摩根·沃克与赖明顿·兰德公司的詹姆斯·E·凯利合作,为管理公司内不同业务部门的工作,利用公司的Univocal计算机,开发了一种面向计算机描述工程项目的合理安排进度计划的方法,此方法后来被称为关键线路法(CPM)。并于1958年初,将其用于一座价值一千万美元的新化工厂的建设,通过与传统横道图法对比,结果使整个工程的工期缩短四个月。后来,此法又被用于设备维修,使原来因设备大修需停产125小时的工程缩短为78小时。仅一年就节约了近100万美元,五倍于公司用于发展研究CPM法所花费的经费。从此,网络计划技术的关键线路法得以广泛应用。

1958年美国海军特种计划局在研制北极星导弹核潜艇时,首次提出了这种控制进度的先进计划方法。北极星计划规模庞大,组织管理复杂,整个工程由8家总承包公司,250家分包公司,3 000家三包公司,9 000多厂商承担,采用网络计划技术的计划评审技术(PERT),使原定6年的研制时间提前了2年完成。

60年代后,美国又采用了PERT技术,组织了阿波罗载人登月计划,该计划运用了一个7千人的中心实验室,把120所大学,2万多个企业,42万人组织在一起,耗资400亿美元,在1969年,人类的足迹第一次踏上了月球,使PERT法声誉大振。

随后,网络计划技术风靡全球,使之得到了进一步发展。为适应各种计划管理需要,以CPM方法为基础,又研制出了其他一些网络计划法,如搭接网络技术(DLN)、图形评审技术(GERT)、决策网络计划法(DN)、风险评审技术(VERT)。仿真网络计划法和流水网络计划法等。至此,网络计划技术作为一种现代计划管理方法,被广泛应用于工业、农业、建筑业、国防和科学研究各个领域。

我国是从20世纪60年代开始运用网络计划的,著名数学家华罗庚教授结合我国实际,在吸收国外网络计划技术理论的基础上，将 CPM、PERT 等方法统一定名为统筹法。目前，网络计划技术在我国已广泛应用于国民经济各个领域的计划管理中，而应用最多的还是工程项目的施工组织与管理，并取得了巨大的经济效益。我国泸州长江大桥 3 号墩的施工过程中，由于使用网络计划方法进行施工计划和管理而提前一个月完工，节省投资 60 万元。根据国内统计资料，工程项目的计划与管理应用网络计划技术，可平均缩短工期 20%，节约费用 10% 左右。随着计算机的普及，网络计划技术在组织管理中的优越性也日益显著。

二、网络计划技术的特点

为说明网络计划技术，首先要了解什么是网络图。所谓网络图是由箭线和节点组成的，用来表示工作流程的有向、有序的网状图形。常见的网络图分为单代号网络图和双代号网络图两种。在网络图上加注工作的时间参数而编制成进度计划，称为网络计划。用网络计划对任务的工作进度计划进行安排和控制，以保证实现预定目标的科学的计划管理技术，即称为网络计划技术。

网络计划技术与传统的横道图计划管理比较，它具有以下特点。

(1)从工程整体出发，统筹安排，能明确地反映各工作间的先后顺序和相互制约、相互依赖关系。

(2)通过网络时间参数计算，能找出决定工期的关键线路和关键工作以及有机动时间的非关键工作，从而使管理人员胸中有数，抓主要矛盾，确保控制计划总工期和合理安排人力、物力、财力等资源，从而降低成本，缩短工期。

(3)通过网络计划优化，可在若干可行方案中找出最优方案。

(4)网络计划执行过程中，由于可通过时间参数计算预先知道各工作提前或推迟完成对整个计划的影响程度，管理人员可以采取技术组织措施对计划进行有效控制与监督，从而加强施工管理工作。

(5)可以利用计算机进行时间参数计算、优化、调整，从而提高管理效率。

(6)它不仅可用于控制项目施工进度，还可用于控制工程费用，如一定费用下工期最短或一定工期内费用最低等的网络计划优化。

(7)对规模庞大、联系复杂，所涉及单位、人员广泛的大型公路工程项目，使用网络计划技术编制工程进度计划可省时、省力，并加快计划变更、维护、反馈的速度和灵活性、准确性。

由于网络计划实际计算工作量大，调整复杂，如果不利用计算机处理这些工作，实际工作中很难发挥该技术的特点。此外，网络计划技术方法比横道图法和垂直图法难学难懂，因而，对技术人员的素质要求较高。因此，网络计划技术的推广应用，在计算机未普及利用，管理人员素质较低的施工企业，受到一定的制约。

三、网络计划技术的分类

按照不同的分类原则，可以将网络计划分成不同的类别。

1. 按表示方法分类

(1)双代号网络计划

双代号网络计划是以双代号表示法绘制的网络计划。网络图中，箭杆线用来表示工作，节点表示工作之间的相互连接关系。

(2)单代号网络计划

单代号网络计划是以单代号表示法绘制的网络计划。网络图中,每个节点表示一项工作,箭杆线仅是用来表示各项工作间相互制约、相互依赖关系。

2. 按性质分类

(1)肯定型网络计划

这是指工作、工作与工作之间的逻辑关系以及工作持续时间都肯定的网络计划。在这种网络计划中,各项工作的持续时间都是确定的单一的数值,整个网络计划有确定的计划总工期,肯定型网络计划是关键线路法(CPM)的模型。

(2)非肯定型网络计划

这是指工作、工作与工作之间的逻辑关系和工作持续时间三者中一项或多项不肯定的网络计划。在这种网络计划中,各项工作的持续时间只能按概率方法确定出三个值,整个网络计划无确定计划总工期,但可以计算完成工作的工期概率,非肯定型网络计划是计划评审法(PERT)的模型。

3. 按有无时间坐标分类

(1)时标网络计划

俗称时标网络,即与时间坐标联系在一起的网络图,即将网络图的箭杆按时间比例画成横道线,并保持原有网络的逻辑关系,是网络计划优化的工具。

(2)非时标网络计划

不按时间坐标绘制的网络计划,即是一般网络或抽象网络,其箭杆无时间比例,只代表非矢量的逻辑关系。

4. 按层次分类

(1)总网络计划

总网络计划是以整个计划任务为对象编制的网络计划,常用于编制整体进度计划。

(2)局部网络计划

局部网络计划是以计划任务的某一部分为对象编制的网络计划,常用于编制分部、分项工程的进度计划。俗称子体网络计划。

5. 按工作衔接特点分类

(1)普通网络计划

普通网络计划是工作间关系均按首尾衔接关系绘制的网络计划,如单、双代号及概率网络计划。

(2)搭接网络计划

搭接网络计划是按照各种规定的搭接时距绘制的网络计划。

(3)流水网络计划

流水网络计划是充分反映流水施工特点的网络计划。

四、网络计划技术在项目计划管理中应用的一般程序

以下介绍网络计划技术应用的程序。

(一)准备阶段

1. 确定网络计划目标

在编制网络计划时,首先应根据需要选择确定网络计划的目标。常见的目标:

(1)时间目标;

(2)时间—资源目标；

(3)时间—成本目标。

2. 调查研究

为了使网络计划科学而切合实际，计划编制人员应通过调查研究，拥有足够的、准确的各种资料。其调查研究的内容主要包括：

(1)项目有关的工作任务、实施条件、设计数据资料；

(2)有关定额、规程、标准、制度等；

(3)资源需求和供求情况；

(4)有关经验、统计资料和历史资料；

(5)其他有关技术经济资料。

调查研究可使用以下几种方法：即实际观察、测量与询问、会议调查、查阅资料、计算机检索、信息传递、分析预测等，通过对调查的资料进行综合分析研究，就可掌握项目全貌及其间的相互关系，从而预测项目的发展及其变化规律。

3. 工作方案设计

在计划目标已确定和调查研究的基础上，就可进行工作方案的设计，其主要内容包括：

(1)确定施工顺序；

(2)确定施工方法；

(3)选择需用使用的机械设备；

(4)确定重要的技术政策和组织原则；

(5)对施工中关键问题的技术和组织措施的制定；

(6)确定采用网络图的类型。

在进行工作方案设计时，应遵循以下几项基本要求：

(1)尽可能减少不必要的步骤，在工序分析基础上，寻求最佳程序；

(2)工艺应达到技术要求，并保证工程质量和安全；

(3)尽量采取先进技术和先进经验；

(4)组织管理分工合理、职责明确，充分调动全员积极性；

(5)有利于提高劳动生产率，缩短工期，降低成本和提高经济效益。

(二)绘制网络图

1. 项目分解

根据网络计划的管理要求和编制需要，确定项目分解的粗细程度，将项目分解为网络计划的基本组成单元——工作。

2. 逻辑关系分析

逻辑关系分析就是确定各项工作开始的顺序、作业方法及工艺流程，使之成为相互依赖和相互制约关系，它是绘制网络图的基础。

3. 绘制网络图

根据选定的网络计划类型以及项目分解和逻辑关系表，就可进行网络图的绘制，具体方法见后面几节内容。

(三)时间参数计算

按照网络计划的类型不同，根据相应的方法，即可计算出所绘网络图的各项时间参数，并确定出关键线路。

（四）编制可行网络计划

1. 检查与调整

对上述网络计划时间参数计算完后，应检查：工期是否符合要求；资源配置是否符合资源供应条件；成本控制是否符合要求。如果工期不满足要求，则应采取适当措施压缩关键工作的持续时间，如仍不能满足要求时，则需改变工作方案的组织关系进行调整；当资源强度超过供应可能时，则应调整非关键工作使资源降低。

2. 编制可行网络计划

对网络计划进行检查和调整之后，必须计算时间参数。根据调整后的网络图和时间参数，重新绘制可行网络计划。

（五）网络计划优化

可行网络计划一般需进行优化，方可编制正式网络计划。

1. 网络计划优化目标的确定

常见的优化目标有以下几种，可根据工程实际需要进行选择：

(1) 工期优化；

(2)“时间固定，资源均衡”的优化；

(3)“资源限定，时间最短”的优化；

(4) 时间—成本优化。

2. 编制正式网络计划

根据优化结果，即可绘制拟实施的正式网络计划，并编制网络计划说明书，其内容包括：

(1) 编制说明；

(2) 主要计划指标一览表；

(3) 执行计划的关键的说明；

(4) 需要解决的问题及主要措施；

(5) 其他需要说明的问题。

（六）网络计划的实施

1. 网络计划的贯彻

正式网络计划报请有关部门审批后，即可组织实施。一般应组织宣讲，进行必要的培训，建立相应的组织保证体系，将网络计划中的每一项工作落实到责任单位。作业性网络计划落实到责任者，并制定相应的保证计划实施的具体措施。

2. 计划执行中的检查和数据采集

为了对网络计划的执行进行控制，必须建立健全相应的检查制度和执行数据采集报告制度。检查和数据采集的主要内容有：关键工作的进度，非关键工作的进度及时差利用；工作逻辑关系的变化情况、资源状况、成本状况，存在的其他问题。对检查的结果和收集反馈的有关数据进行分析，抓住关键问题，及时制定对策。对网络计划在执行中发生的偏差，应及时予以调整，从而保证计划的顺利实施。计划调整的内容常见的有：工作持续时间的调整；工作项目的调整；资源强度的调整；成本控制。

（七）网络计划的总结分析

为了不断积累经验，提高计划管理水平，应在网络计划完成后，及时进行总结分析，并应形成制度。通常总结分析的内容包括：

(1) 各项目的完成情况，包括时间目标、资源目标、成本目标等的完成情况；

(2)计划工作中存在的问题及原因分析；

(3)计划工作中的经验总结分析；

(4)提高计划工作水平的措施等。

网络计划管理程序如图5-1所示。

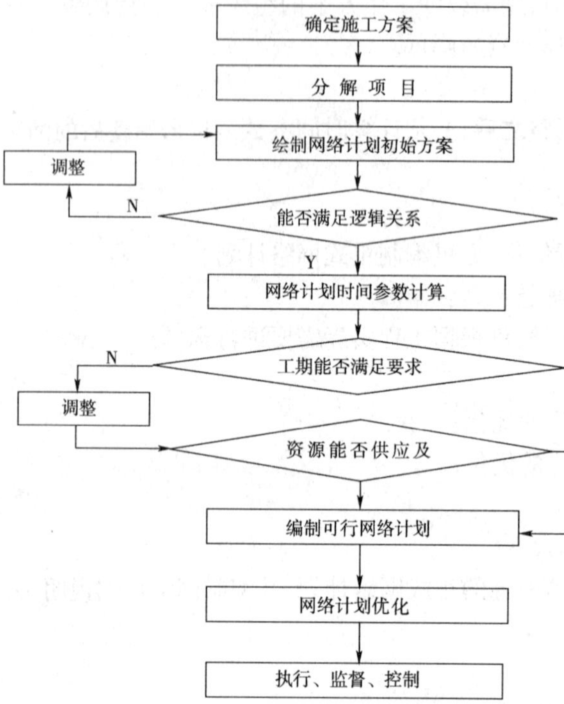

图5-1 网络计划管理流程图

第二节 双代号网络图的绘制

一、双代号网络图的组成

网络图是一种表示整个计划中各道工序(或工作)的先后次序、相互逻辑关系和所需时间的网状矢线图。双代号网络计划是目前应用较为普遍的一种网络计划形式,它利用网络技术表示一项工程任务或一个计划中各项工作的先后、衔接关系和所需时间、资源且其中工作用两个代号表示的工作流程图。双代号网络图由三个要素组成,即箭杆线、节点和线路,如图5-2所示。

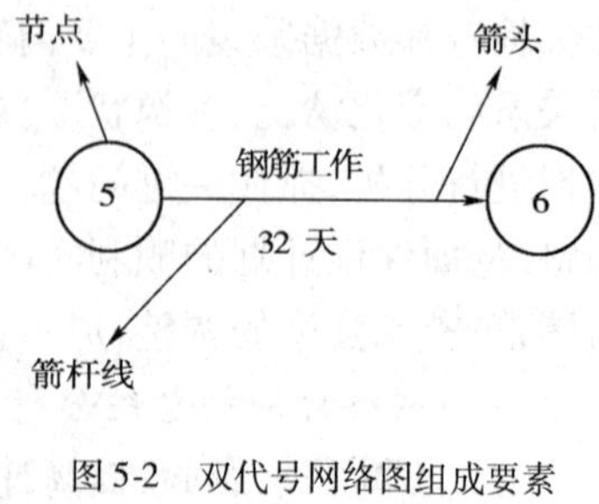

图5-2 双代号网络图组成要素

1. 箭杆线(工作或工序)

箭杆线是网络图的重要组成部分,在双代号网络图中,用箭杆线"——→"表示,每一个箭杆线表示一道工序或一项工作。该工作或工序可以是作为成本计算对象的单位工程,如路基工程、路面工程、桥梁工程和交通工程等,也可以是进一步细分的分项工程,如面层、基层、基础等,甚至还可以细分到具体的工序,如支模、绑扎钢筋、混凝土浇筑等。就具体的网络计划而言,箭杆线所代表的工作，主要取决于网络计划的详细程度。

在网络计划中的工序可分为实工序和虚工序两种。

实工序用实箭杆线表示（——→），是指需要消耗时间或资源的工序，如挖基坑、浇筑混凝土、填筑路堤等这些工作既消耗资源又消耗时间，如混凝土的养生、稳定类基层的养生就只消耗时间而不消耗资源。

虚工序用虚箭杆线表示（----→），如图5-3中③----→④所示，表示的工作既不消耗时间也不消耗资源，而是一个假想的工作，它只是表示相邻前后工作之间的逻辑关系。

箭线的方向表示工序进行的方向，箭线的长短和曲折对网络图没有影响（时标网络图除外）。

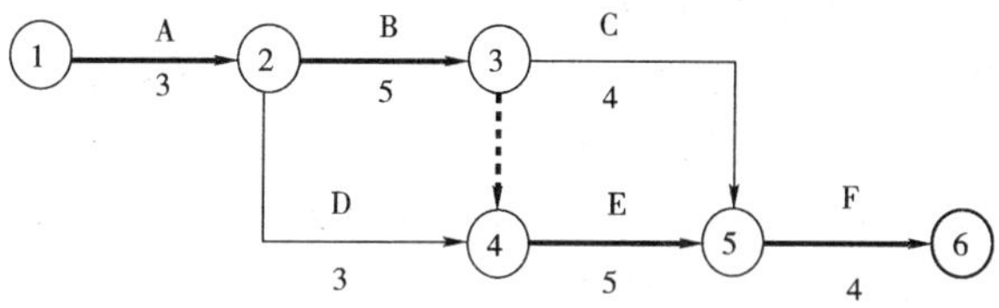

图 5-3 双代号网络图

2. 节点（或事件）

节点即前后两工序的交点，表示工序的开始、结束和连接等关系。它是一个瞬间概念，不消耗时间和资源。

网络图中第一个节点称原始（或开始）节点，最后一个节点称结束（或终点）节点，其他节点称为中间节点。同一节点（除原始和结束节点外），既是前面工序的完工节点，又是后面工序的开工节点，如图 5-3 所示。

节点的编号代表工序的名称，编号的要求是：由小到大、从左至右，箭头的号码大于箭尾的号码，不允许重号，但可不必连续编号，以便增减新的节点。

3. 线路

线路是指网络图中从原始节点到结束节点之间可连通的线路。显然，一个网络图中线路有许多条，通过有关计算，就可以从中找到工作时间最长的线路，此线路就称为关键线路。工作时间少于关键线路的线路称为非关键线路。位于关键线路上的工序称为关键工序，在网络图中常用粗箭线或双线箭线，如图 5-3 所示。

关键线路上关键工序完成的快慢直接影响着整个工程的工期。但关键线路不是一成不变的，在一定条件下会转化。非关键线路上的工序有一定的机动时间，称为时差，它意味着该工序（线路）开工时间或完成日期容许适当提前或延期而不影响整个计划的按期结束。

时差是网络计划优化的基础，如果将非关键工序在时差范围内放慢施工速度，增加工序的持续时间，并把部分人力、机具转移到关键工序上去，加快关键工序的进行，就可达到均衡施工和缩短工期的目的。

二、双代号网络图的识图

1. 工作的表示方法

一项工作用一条箭杆线和两个节点表示，节点可以是圆圈，也可以是其他形式，在其中填入编号，如 i、j 等。而工作名称和完成工作所需的资源标注在箭杆线的上、下方，如图5-4所示。工作名称和持续时间可以用相应的代码表示，于是图 5-4 又可表示为图 5-5。

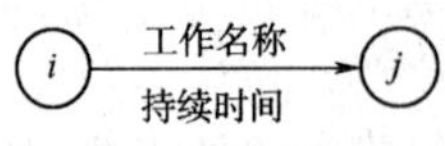

图 5-4

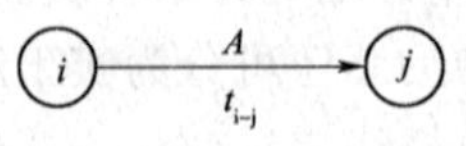

图 5-5

2. 工作关系及其表示

(1)工作关系:是指工作进行时客观上存在的一种先后次序关系。这种关系有以下五种类型。

紧前工作:就某一项工作而言,紧靠其前面的工作称为该工作的紧前工作;

紧后工作:就某一项工作而言,紧靠其后面的工作称为该工作的紧后工作;

平行工作:就某一项工作而言,与其平行的工作称为该工作的平行工作;

先行工作:就某一项工作而言,其前面的工作称为该工作的先行工作;

后续工作:就某一项工作而言,其后面的工作称为该工作的后续工作。

该工作本身则可叫本工作。下面以图 5-6 所示的双代号网络图为例说明各种工作关系。

以 F 工作作为本工作,则 F 工作的紧前工作是在 F 工作开始节点③结束的工作,即 B、C 工作;F 工作的紧后工作是在 F 工作结束节点⑤开始的工作 H;F 工作的平行工作是与 F 工作同一节点开始的工作 E;F 工作的先行工作有 A、B 和 C 工作;F 工作的后续工作有 H 工作。以 E 工作作为本工作,则 E 工作的紧前工作是 B、C,E 工作的紧后工作很显然有 G 工作,由于 E 工作的结束节点④上有一条流出去的虚箭线,而虚工作是不消耗时间也不消耗资源的工作,只表示工作之间的逻辑关系,所以 E 工作的紧后工作还应沿着该虚箭线追到其箭头节点⑤上,在⑤开始的工作 H 也是 E 工作的紧后工作。同理,以 H 工作为本工作,则 H 工作的紧前工作有 F 工作,又由于 H 工作的开始节点⑤有虚工作流入,因而应逆着该虚箭线追到其箭尾节点④,在④节点结束的工作也为 H 工作的紧前工作,所以 H 工作的紧前工作有 F、D 和 E 工作。

(2)工作关系的表示

在网络计划图中,各工作之间的关系变化多端,下面就常见的工作关系的表示方法介绍如下。

全约束:A、B 工作均完成后同时进行 C 和 D 工作,即 A 工作的紧后工作有 C、D 工作,B 工作的紧后工作亦有 C、D 工作。网络计划图即可表示为图 5-7。

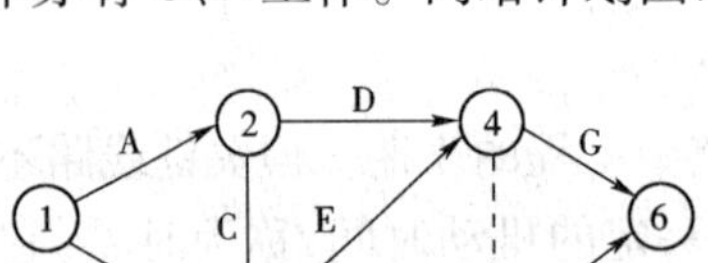

图 5-6 双代号网络

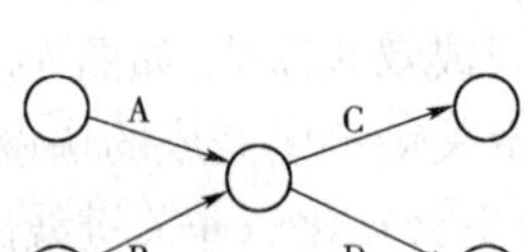

图 5-7 全约束网络计划图

半约束:A 工作的紧后工作有 C、D 工作,B 工作的紧后工作有 C、D 工作中的一半即一项工作,如 D,其网络计划图可表示为图 5-8。

三分之一约束:A 工作的紧后工作有 C、D 工作,B 工作的紧后工作有 D、E 工作,C、D、E 三项工作只有一项 D 工作是 A 工作的紧后工作,又是 B 工作的紧后工作。其网络计划图可表示为图 5-9。

3. 箭线

对于一个节点而言,可能有许多箭线同时进入或流出该节点,进入该节点的箭线称为该节点的内向箭线;流出该节点的箭线称为该节点的外向箭线。如图 5-6 中,②节点的内向箭线为①——→②,外向箭线为②——→③和②——→④。

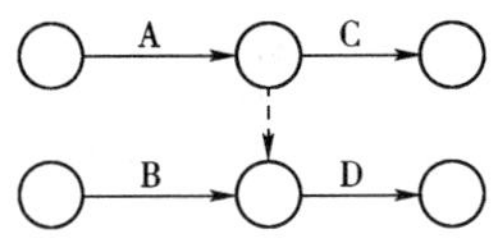

图 5-8 半约束网络计划图

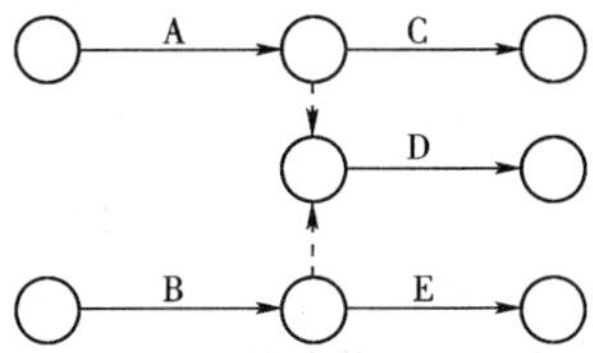

图 5-9 三分之一约束网络计划图

4. 节点

开始节点:无内向箭线的节点,如图 5-6 中的①节点;

结束节点:无外向箭线的节点,如图 5-6 中的⑥节点;

中间节点:既有内向箭线又有外向箭线的节点,如图 5-6 中的②、③、④、⑤节点。

三、绘制双代号网络图的基本规则

绘制双代号网络图时,应正确地表达工作间的逻辑关系和引用虚工作并遵循有关绘图的基本规则,否则,绘制的网络图就不能正确地反映工程项目的施工流程和进行时间参数的计算。绘制双代号网络图必须遵循以下基本规则。

1. 一张网络图只允许一个开始节点和一个终点节点

例如,图 5-10a)双代号网络图有两个起始节点①、②,这是不允许的。解决此问题的最简单的方法是用虚箭线把节点①与②连接起来,使网络图变成一个起点,见图 5-10b)。

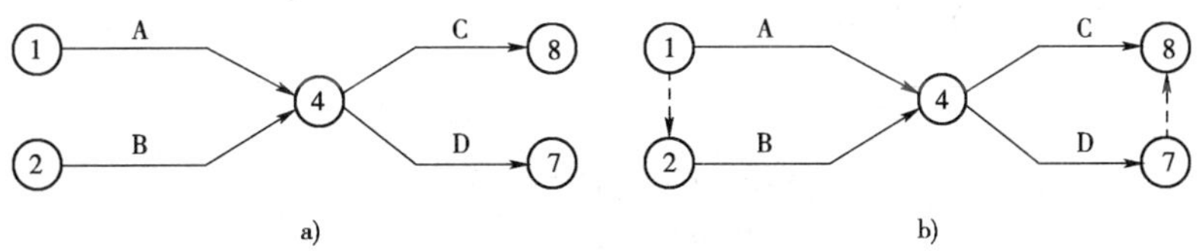

图 5-10 网络图的开始、约束节点画法

a)错误网络图;b)正确网络图

又如在网络图中出现了多个结束节点,图 5-10a)中的节点⑦、⑧出现了两个终点,这也是不允许的。此时同样增设虚箭线把节点⑦与⑧连接起来,或虚设节点⑨,将⑦、⑧连接起来使之成为一个终节点,如图 5-10b)所示。

2. 一对节点之间只允许一条箭线

在双代号网络图中,两个代号表示一项唯一的工作,如果一对节点之间有两条甚至更多条箭线同时存在,则无法分清这两个代号究竟代表哪一项工作。这种情况下正确的表达方法是引入虚箭线,见图 5-10。

3. 网络计划图中不允许出现闭合回路

在网络计划图中,如果从一个节点出发沿某一条线路又能回到原出发的节点,称此线路为闭合回路。图 5-11a)中节点③、④、⑤是一条闭合回路,它表示的工作关系是错误的,工艺流程相互矛盾,工作 A、B、C 的每一项都无法开始,也无法结束,此时若用计算机计算网络图时间参数时只进行循环运行,不能输出计算结果。遇到这种情况的处理办法一般是更改反箭线消除闭合回路,如图 5-11b)所示。

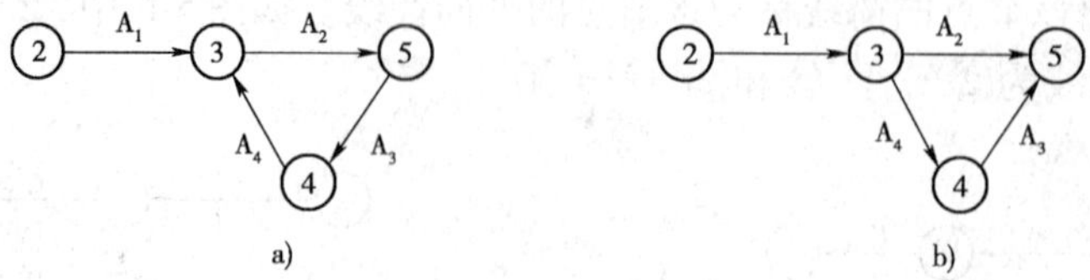

图 5-11　网络图不允许出现闭合回路

a）错误网络图；b）正确网络图

4．网络计划图中不允许出现线段、双向箭头，并应避免使用反向箭线

表示工程进度计划的网络图是一种施工进程方向的网状流程图，有向线段中箭头方向为施工前进方向，所以不允许出现无箭头的线段和双向箭头的箭杆线。箭杆线所表达的工作需要占用时间，而时间是不可逆的，应避免使用反向箭杆线，否则容易引起闭合回路；在时标网络计划图中，更不允许出现反向箭线。

5．网络计划图的布局应合理，尽量避免箭线交叉

网络图的布局调整的目的，除避免箭钱交叉外，还应尽量使图面整齐美观，如图 5-12 所示。当箭杆线交叉不可避免时，应采用“暗桥”、“断线”、“指向”等方法加以处理，如图 5-13 所示。

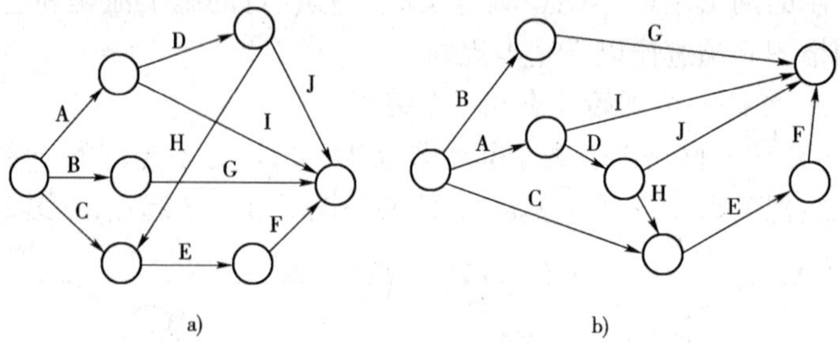

图 5-12　网络图尽量避免交叉

a）错误网络图；b）正确网络图

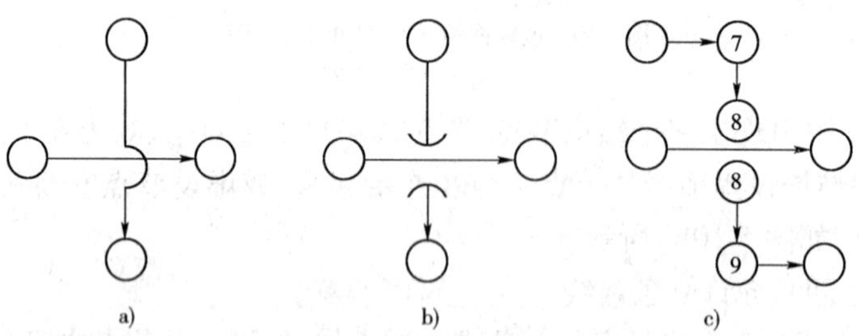

图 5-13　箭杆线交叉的处理方法

a）暗桥法；b）断线法；c）指向法

四、双代号网络计划图的绘制

1．绘制双代号网络计划图的步骤

（1）工程任务分解。首先应清楚地显示计划的内容，将工程任务分解为若干个单项的工作。

（2）确定各单项工作的相互逻辑关系。逻辑关系包括工艺逻辑关系和组织逻辑关系，即

明确指出各工作在开始之前应完成哪些工作(紧前工作),或者工作结束之后有哪些工作(紧后工作)。这一点对于一个熟悉工程任务情况和本单位物质技术条件的计划人员来说,找出工作之间的相互逻辑关系并不困难。

(3)确定各单项工作的持续时间。当考虑资源和费用问题时,还应给出相应的数据。确定工作的持续时间至关重要,工作持续时间的可靠性,直接影响计划的质量。若时间定的太短,则会造成人为的紧张局面,甚至工作无法完成;如果时间定的太长,又造成时间上的浪费。在确定工作的持续时间时,应不受工作重要性、指令工期等条件的约束,也就是应按正常情况下所需时间而确定。

(4)资料列表。以上三项确定之后,应将这些资料填写到工作关系表中去。通常的工作关系表的基本内容包括:工作代号、工作名称、紧后工作(或紧前工作)、持续时间等。

(5)绘制双代号网络计划草图。草图绘制时,根据拟定的紧前工作关系,可按后退法绘制,所谓后退法即指采用从最终节点到最初节点的方法来绘制;如果拟定的是紧后工作关系,则可按前进法绘制,所谓前进法,即指从最初节点开始到最终节点的方法。当然紧前工作关系和紧后工作关系也可以相互转换。比如说:A 的紧后工作是 B,则换句话说,B 的紧前工作是 A,这两句话意思是一样的,只是表达方式不同。因此,我们后面所举例中,以前进法来绘制双代号网络图。

(6)整理成图。由于绘制草图时,主要目的是表明各工作关系,所以布局上不是十分合理,同时难免会有多余虚工作等。因而整理草图的工作主要有,去掉多余的虚箭线,调整位置,尽量去掉箭杆线的交叉,检查工作关系是否正确,检查是否符合绘图规则。

(7)节点的编号。节点的编号代表工序的名称,编号的要求是:由小到大、从左至右,箭头的号码大于箭尾的号码,不允许重号,但可不必连续编号,以便增减新的节点。节点编号习惯方法在满足节点编号规则的前提下,可按以下方法进行节点编号。

①水平编号法:从网络图起点开始,由左到右按箭线顺序编号。

②垂直编号法:从网络图起点开始自左到右足列由上而下编号,每列编号根据编号规则进行。

③删除箭线法:先给网络图起点编号,再在图上划去该节点引出的全部箭线,并对图中剩下的没有箭线进入的节点依次编号,直到全部节点编完号为止。

2. 双代号网络图工作逻辑关系的表示方法

工作逻辑关系是工作进展中客观存在的一种先后顺序关系。在表示工程进度计划的网络图中,工作之间的逻辑关系是由施工组织、施工技术、工艺流程、资源供应、施工场地等决定的。各项工作之间逻辑关系表达正确与否,是网络计划图能否反映工程项目实际情况的关键。如果工作逻辑关系表示错了,则网络计划图的时间参数计算就会发生错误,关键线路和工程计划总工期也跟着发生错误。

要绘制一张正确反映工作逻辑关系的网络计划图,必须搞清工作之间的关系。工作之间基本的逻辑关系有四种:

(1)本项工作必须在哪些工作之前进行?

(2)本项工作必须在哪些工作之后进行?

(3)本项工作可以与哪些工作平行进行?

(4)本项工作的进行与哪些工作无关?

在工程实际的网络计划图中,各项工作之间的逻辑关系是复杂多变的,表 5-1 中所列的是网络计划图中常见的一些工作关系的表示方法。各工作名称以字母表示，供绘制双代号网络计划图时参考。

常见工作逻辑关系的表示方法　　表 5-1

序号	工作之间的逻辑关系	网络图中的表示方法
1	A 完成后同时进行 B 和 C	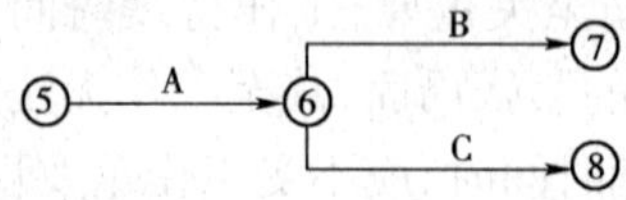
2	A 和 B 同时完成后进行 C	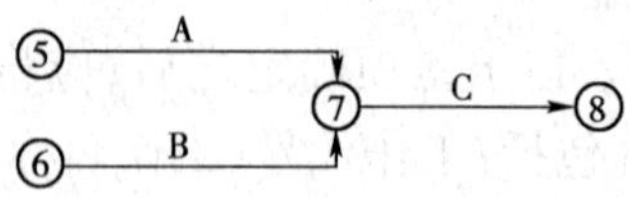
3	A 和 B 同时完成后，同时进行 C、D	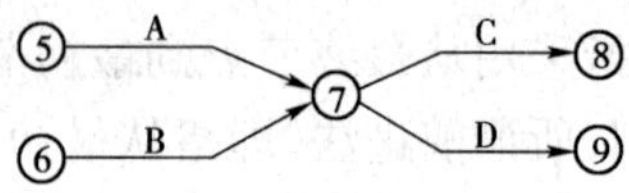
4	A 完成后进行 C,A 和 B 同时完成后，同时 D	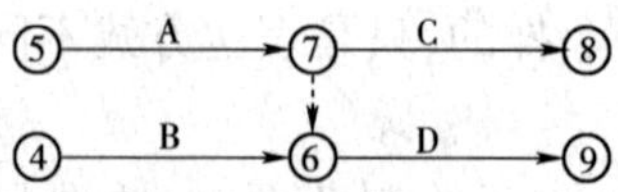
5	A 和 B 同时完成后进行 D； A 和 B、C 同时完成后进行 E； D 和 E 同时完成后进行 F	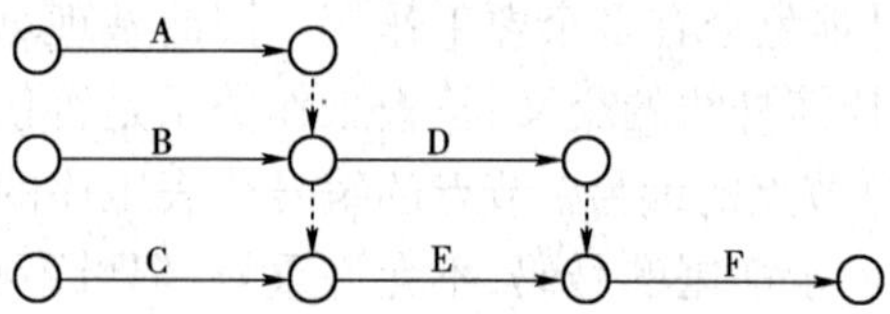
6	A 和 B 同时完成后 C； B、D 同时完成后进行 E	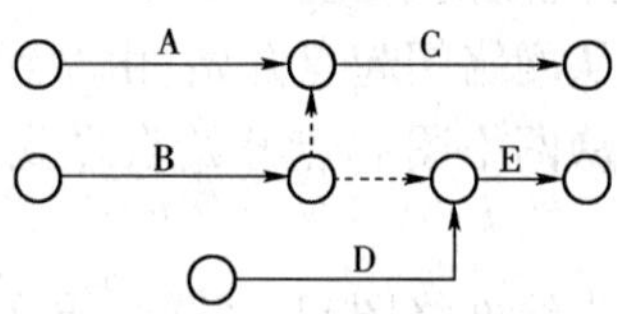
7	A 和 B、C 同时完成后进行 D； B 和 C 同时完成后进行 E	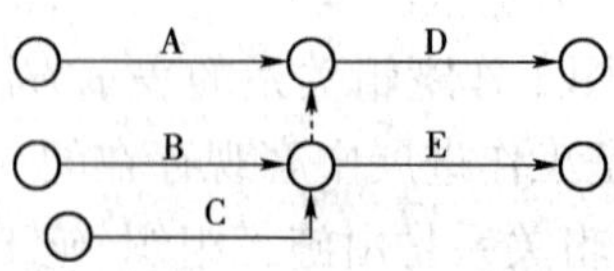
8	A 完成后进行 C； A 和 B 同时完成后进行 D； B 完成后进行 E	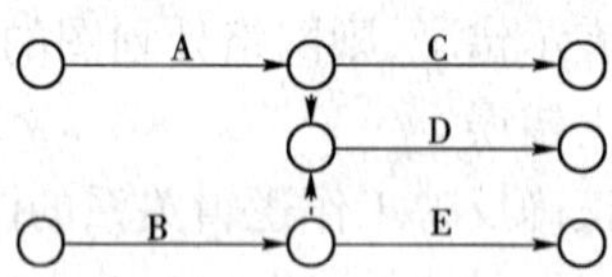
9	A 和 B 流水施工：A_1 完成后进行 A_2 和 B_1；A_2 完成后进行 A_3；A_2 和 B_1 同时完成后进行 B_2；A_3 和 B_2 同时完成后进行 B_3	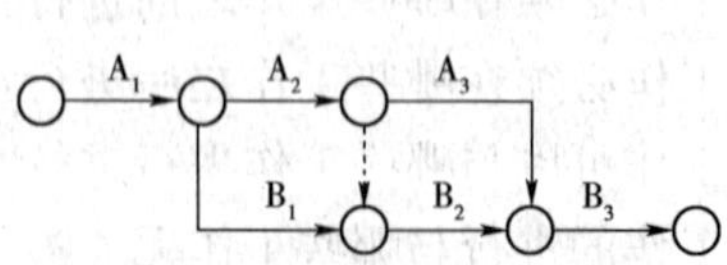

3. 虚箭线的应用

在绘制工程进度计划网络图时，根据工作关系的需要增设虚箭线，下面介绍虚箭线在表达工作间逻辑关系中的应用。

(1)虚箭线用于解决工作间逻辑关系的连接

在表5-1序号4中，工作A的紧后工作为C，工作B的紧后工作为D，但工作D又是工作A的紧后的工作，为了把A、D两项工作的前后关系连接起来，需引入虚工作。由于虚工作的持续时间为零，所以A工作完成后D工作才能开始。同理在表5-1序号5、6竖向虚工作，7、8和9第一种表示方法中，虚箭线都是在工作关系连接方面的应用。

(2)虚箭线用于解决工作关系的逻辑断路问题

绘制双代号网络计划图时，容易产生错误之处是把不该发生的工作逻辑关系连接起来，使网络图发生与实际不相符的逻辑错误。这时必须引入虚箭线隔断原来没有的工作联系，这种处理方法称为“断路法”。绘双代号网络图时应特别注意，下面举例说明。

例如，某桥基础工程施工可分解为挖基坑、地基处理、砌基础、回填土4道工序，分两个施工段流水施工。如果绘成图5-14a)双代号网络图那就错了，因为第二施工段上的挖基坑(挖2)与第一个施工段上砌基础(砌1)不存在逻辑关系，同样填1与处2也不存在逻辑关系。正确的绘制方法应把不该发生逻辑关系的工序连接引入虚箭线断开，如图5-14b)所示。此法在流水作业施工进度计划双代号网络图中广泛应用。

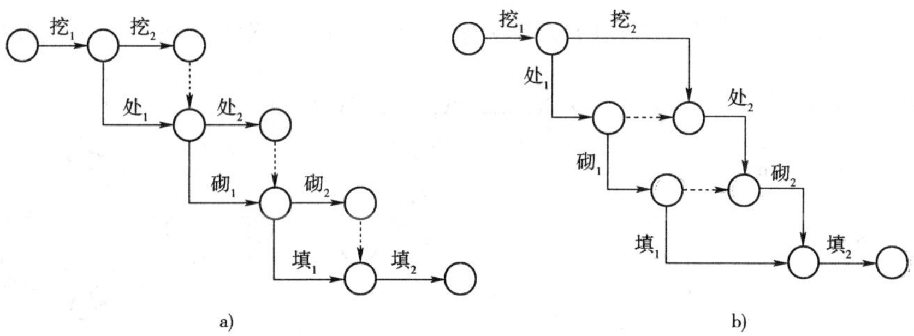

图5-14 虚箭线表示工作关系断路中的应用

a)错误网络图；b)正确网络图

(3)当两项或两项以上的工作同时开始和同时结束时，必须引入虚箭线，以免造成混乱

图5-15a)中，工作B、C、D三条箭线共用③、⑤两个节点，则代号(3,5)同时表示工作B、C、D，这样就产生了混乱。如果引入虚箭线，则符合双代号网络图每项工作均由一根箭线和两个节点代号组成的基本含义，如图5-15b)所示。

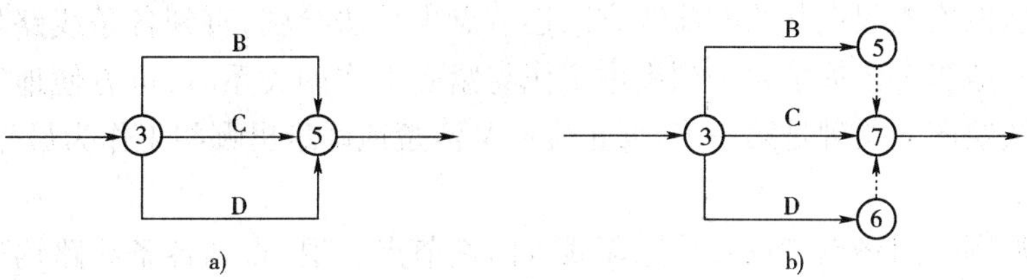

图5-15 虚箭线在两项或两项以上同时开始同时结束工作中的应用

a)错误网络图；b)正确网络图

(4)虚箭线在不同工程项目之间工作有联系时的应用

例如，甲、乙两项独立的工程项目施工时，应分别绘制双代号网络图；但如果两工程的某些

工序需要共用某台施工机械或某个技术班组时，就应引入虚箭线表示这些联系，如图5-16所示。

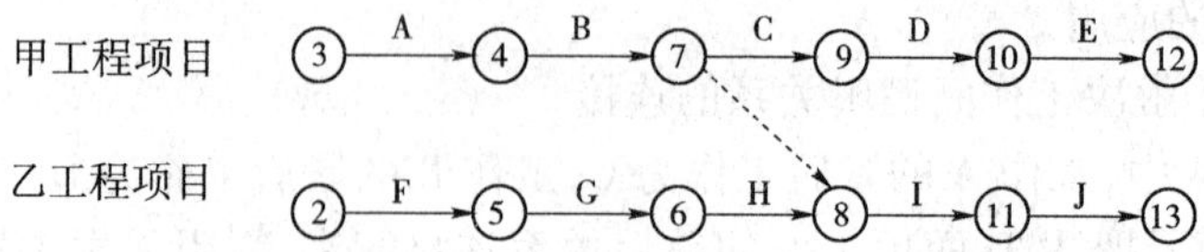

图5-16　虚箭线在不同工程项目中的应用

从图5-16可以看出，乙工程项目的I工序不仅要等紧前工序H完成而且在甲工程项目的B工序也应完成后才能开始。

综上所述，在绘制双代号网络计划图时，引用虚箭线是非常重要的。但是，在什么地方、在什么情况下引用虚箭线的判断比较困难，一般是先增设虚箭线，待网络计划图构成以后，再删除不必要的虚箭线。因为多余的虚箭线会增加绘图工作量和计算工作量，而且没有必要的虚箭线还会使网络图复杂，所以应将其删除。删除多余虚箭线的方法如下。

①如果虚箭线是由节点发出的唯一的外向箭线，一般应将这条虚箭线删除；但当这条虚箭线是为了区分两个节点间的两个或两个以上工作同时开始又同时结束时；或流水网络中的某些虚箭线就不能删除，如图5-17所示。

②当一个节点有两条虚箭线进入，一般可清除其中一条虚箭线，图5-17中删除了一条虚箭线。在图5-18中节点②的两条外向虚箭线和节点⑤的两条内向虚箭线都不能删除。

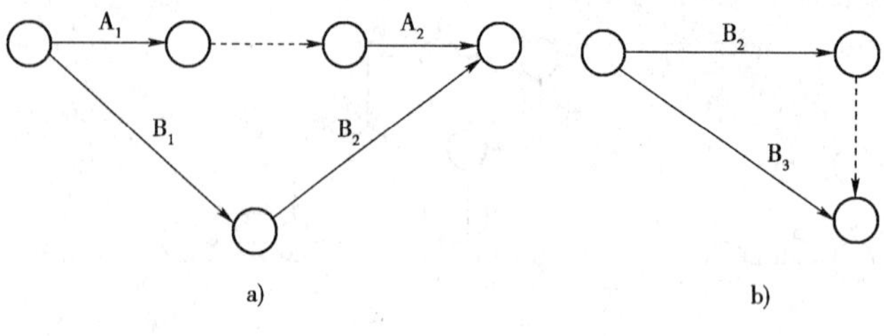

图5-17　虚箭线处理方法之一

a)可以删除的虚箭线；b)不可以删除的虚箭线

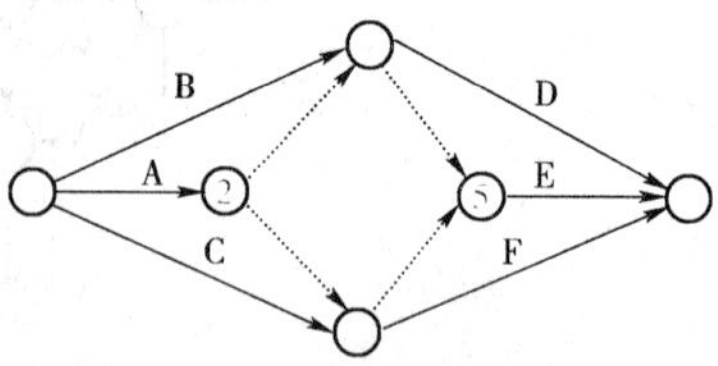

图5-18　虚箭线处理方法之二

4. 网络图的绘制方法

构成工作关系及工作持续时间后，绘制网络计划图通常采用前进法、后退法及先粗后细法。

(1)前进法

前进法是从网络图起点开始顺箭线方向逐节点生长法绘图，直到各条线路均达到网络图的终点为止。一般当工作关系表中列出本工作与紧后工作的关系时，可方便地采用前进法绘网络图。前进法绘图的关键是第一步，要正确而又清楚地确定出哪些工作为最先开始的工作。

(2)后退法

后退法是从网络图终点节点开始逆箭线方向逐节点后退，直到各条线路均退回到网络图的起点为止。一般当工作关系表中列出本工作与紧前工作关系时，使用后退法较为方便。后退法绘网络图的关键是后退的第一步，也应正确又清楚地确定出哪些工作为最后结束的工作。

(3)先粗后细法

在工程进度计划实际网络图绘制中；可先粗略划分工程项目，然后逐步细分，先绘制分项或分部工程的子网络图，再拼成单位工程或单项工程总网络图。因此，工程实际绘制网络计划图时应广泛采用先粗后细法。

5．工程应用实例及示例

(1)某段城市道路扩建工程应用实例

某一段城市道路扩建工程，工作项目划分与工作相互关系及工作持续时间见表5-2，试绘制其施工进度双代号网络计划图。

根据表5-2所列工作关系，如果采用前进法绘网络图，关键是确定A为开始工作，然后从表5-2中找出紧前工作与本工作的前后关系，逐节前进绘图直至网络图的终点；若采用后退法绘网络图，关键是确定H为结束工作，再从表5-2中寻找本工作与紧前工作的前后关系，逐节后退绘图直到网络图的起点。绘制的双代号网络计划图如图5-19所示。

工作项目划分明细表　　表5-2

工作代号	A	B	C	D	E	F	G	H
工作名称	测量	土方工程	路基工程	安装排水设施	清理杂物	路面工程	路肩施工	清理现场
紧前工作	—	A	B	B	B	C、D	C、E	F、G
持续时间(d)	1	10	2	5	1	3	2	1

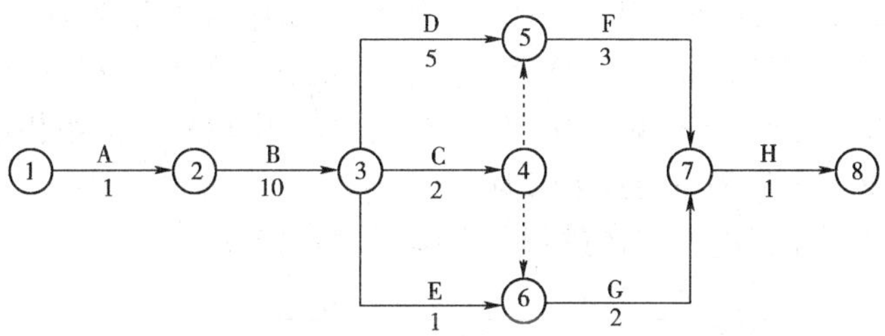

图5-19　道路更新工程施工进度双代号网络计划图

(2)某立交桥工程应用实例

某合同段立交桥工程施工工期直接影响主线路基和四条匝道路基填筑，据此确定工程项目的工作组成和工作间的逻辑关系及工作持续时间，如表5-3所示。绘制双代号网络图。

根据表5-3工作逻辑关系，利用后退法或前进法绘制某立交桥施工进度的双代号网络图，见图5-20。

工 作 关 系 表　　表5-3

工作代号	工作内容	紧前工作	持续时间(周)	工作代号	工作内容	紧前工作	持续时间(周)
A	临建工程	–	5	I	修筑预制场	E	1
B	施工组织设计	A	3	J	主梁预制	I	6
C	平整场地	A	1	K	盖梁施工	H	4
D	材料进场	B	3	L	预制场吊装设备安装	F	1
E	主桥施工放样	B	1	M	吊装准备工作	L	1
F	材质及配合比试验	C	1	N	主梁安装	J、K、M	3
G	基础工程施工	D	4	P	桥面系统施工	N	2
H	桥墩施工	G	3				

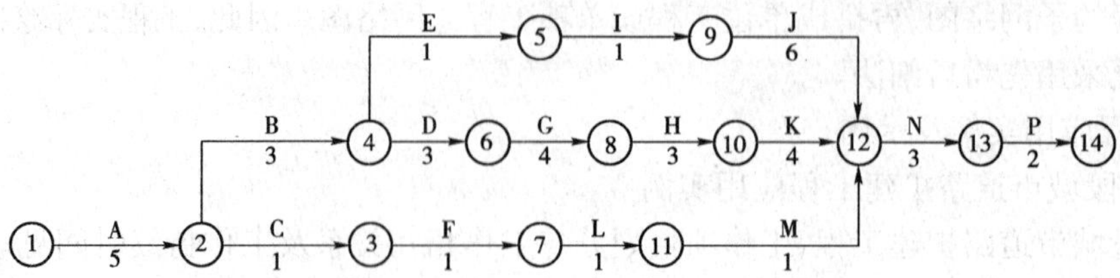

图 5-20　某立交桥施工进度双代号网络图

(3)根据表 5-4 绘制双代号网络图

工 作 关 系 表　　表 5-4

工作代号	A	B	C	D	E	F	G	H	I	J
紧后工作	D	G	E、F	G、H	H、I	—	J	J	—	—

第一步根据工作关系表 5-4 用前进法绘制草图,关键是确定 A、B、C 工作同时开始,并且在"紧后工作"栏目中找到有约束关系的局部联系,按"越是简单的关系越要先画"的原则,将系列局部联系从左而右的连接即可。见图 5-21a)。第二步调整网络图的步距,避免箭杆线交叉,见图 5-21b)。

第三步用后退法检查图 5-21b)中工作相互关系是否全部符合表 5-4。检查发现节点⑤处前面有虚工作(4,5)后面还有虚工作(5,6)使工作 E 和工作 G 产生前后关系,此关系在表 5-4 中不存在,应引入虚箭线断路以隔断工作 E 和工作 G 的前后关系。网络图的复核也可采用紧前工作或者紧后工作关系的定义,将图中定义的关系与表中给定的关系相比较,检查两者是否吻合来决定是否调整图中的关系,见图 5-21c)。

第四步对工作关系正确的网络图进行节点编号,如图 5-21c)。

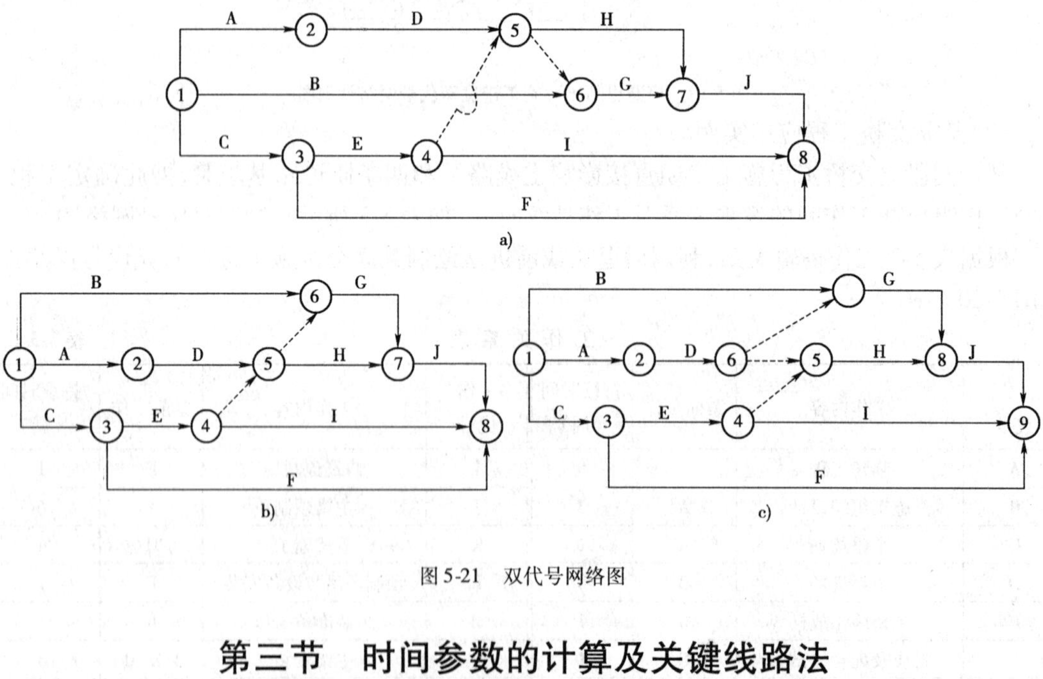

图 5-21　双代号网络图

第三节　时间参数的计算及关键线路法

正确地绘制代表工程项目进度计划的双代号网络图,只是把工程项目工作之间的逻辑关系用网络计划的形式表达出来了。网络计划技术是一种定量分析方法,它可以为工程计划管理提供一系列重要的定量信息,而这些定量信息是通过网络计划图时间参数计算以后获得的。

1. 时间参数的计算目的

通过网络计划图时间参数的计算可以达到下列目的。

(1)确定完成整个计划的总工期,各项工作的最早可能开始时间和最早可能完成时间。

(2)确定各工作的最迟必须开始时间和最迟必须完成时间,各项工作的各种机动时间与计划中的关键工作及关键线路。

(3)是绘制时标网络计划图的基础,网络图经过时间参数计算后,才可绘制时间坐标网络计划图,以便为网络计划下达执行提供依据。

(4)是网络计划调整与优化的前提条件,时间参数计算后发现工期超出合同工期,工程费用消耗过高。由时标网络图上绘出的资源调配图看出资源供应明显不均衡等,必须对原网络计划图进行必要的调整与优化,以达到既定的计划管理目标。

2. 时间参数分类

网络计划的时间参数按其特性可分为控制性时间参数和协调性时间参数两类。

(1)控制性时间参数

①最早时间系列参数包括:工作的最早可能开始时间(ES)、工作的最早可能完成时间(EF)、节点的最早可能实现时间(ET)。

②最迟时间系列参数包括:工作的最迟必须开始时间(LS)、工作的最迟必须完成时间(LF)、节点的最迟必须实现时间(LT)。

(2)协调性时间参数

工作的总时差(TF)、工作的局部时差(或称工作的自由时差)(FF)、工作的相干时差(IF)、工作的独立时差(DF)。

这里所说的时差,即为工作的机动时间,它意味着一些工作适当地推迟开始或者推迟完成时,并不影响整个计划的完成时间。

3. 时间参数的计算假定

为了使网络图时间参数计算都建立在统一的网络模型上,并共同规定时间计算的起点,必须做出以下计算假定。

①网络计划图中工作的持续时间是已知的,即为肯定型网络模型。

②工作的可能开始或完成,或者必须开始或完成时间均以单位时间终了时刻为计算标准。

$ES_A=6$ 天表示工作 A 的最早可能开始时间为第 6 天(末),又如 $LF_B=16$ 天则为工作 B 最迟必须在第 16 天(末)完成。工作日以时间的原点为起算点,与实际工程进度控制的日历时间有一定的差距。在日历上,$ES_A=6$ 天表示工作 A 的最早开始时间为某月 7 日,又如 $LF_B=16$天则为工作 B 最迟必须在某月 16 日完成。

4. 双代号网络图图算法的图例

无论是双代号网络图还是单代号网络图,网络图时间参数计算原理完全相同。本节以双代号网络图为例,采用图上计算法计算时间参数。双代号网络图既可进行工作时间参数计算,也可进行节点时间参数计算,其图算法的图例是计算者定义的,为了说明时间参数的意义与图中图例的位置对应,计算者在计算前都应该对图例的定义有一个约定。在此不一一列举。

一、节点时间参数计算

1. 节点的最早可能实现时间(ET)

节点的最早可能实现时间(ET):是指以计划起始节点的时间 $ET_{(1)}=0$ 为起点,沿着各条线路达到每一个节点的时刻,它表示该节点之前工作已经全部完成,其后的紧后工作最早可能开始的时间用公式表示即为:

$$ET_{(j)}=\max\{ET_{(i)}+t_{(i,j)}\} \quad (j=2,3,4,\cdots,n) \tag{5-1}$$

式中:$t_{(i,j)}$——工作(i,j)的持续时间;

n——网络计划图中终点节点的编号。

按上式计算得到终点节点的最早可能实现时间即是计划(算)工期。

$$ET_{(n)}=T$$

2. 节点的最迟实现时间(LT)

节点的最迟实现时间(LT):是指在计划工期确定的情况下,从网络计划图结束节点开始,逆向推算即得各节点的最迟实现时间。先给定 $LT_{(n)}=ET_{(n)}=T$,由此递推:

$$LT_{(i)}=\min\{LT_{(j)}-t_{(i,j)}\} \quad (i=n-1,n-2,\cdots,2,1);(j-1>1) \tag{5-2}$$

3. 节点时间参数计算步骤

(1)设起始节点的最早可能实现时间 $ET_{(1)}=0$,顺箭头计算各节点的最早可能实现时间 $ET_{(j)}$;如果是汇集节点,即有多条箭线进入的节点,则应对进入节点的各条箭线分别进行计算,然后取其中最大值作为该节点的 ET 值;继续计算直到终节点得到 $LT_{(n)}$。

(2)终点节点的最早可能实现时间 $ET_{(n)}=T$,即等于计划工期。

(3)设终点节点的最迟必须实现时间 $LT_{(n)}=ET_{(n)}$,逆箭头计算各节点的最迟必须实现时间 $LT_{(i)}$;如果是分枝节点,即有多条箭线发出的节点,则应对发出节点的各条箭线分别进行计算,然后取其中最小值作为该节点的 LT 值;继续计算直到起始节点。

二、工作时间参数计算

(1)工作的最早可能开始时间(ES) 是指一项工作在其紧前工作都结束后,可以开始工作的最早时间。很显然工作(i,j)的最早可能开始时间就等于该工作箭尾节点(i)的最早可能实现时间。即:

$$ES_{(i,j)}=ET_{(i)} \tag{5-3}$$

(2)工作的最早可能结束时间(EF) 正常情况下,工作(i,j)若能在最早可能开始时间开始,对应就有一个最早可能结束时间,它就等于箭尾节点的最早可能实现时间或者工作的最早可能开始时间加上工作(i,j)的持续时间 $t_{(i,j)}$,即:

$$EF_{(i,j)}=ES_{(i,j)}+t_{(i,j)} \tag{5-4}$$

(3)工作的最迟必须结束时间(LF) 是指一项工作在不影响工程按总工期结束的条件下,最迟必须结束的时间,它必须在紧后工作开始之前完成。从工作终点节点逆箭线计算,工作(i,j)最迟必须结束时间应等于节点 j 的最迟必须实现时间,即:

$$LF_{(i,j)}=LT_{(j)} \tag{5-5}$$

(4)工作的最迟必须开始时间(LS) 在正常情况下,与工作的最迟必须结束时间相对应,有工作的最迟必须开始时间。它即为工作最迟结束时间减去该工作的持续时间。

$$LS_{(i,j)}=LF_{(i,j)}-t_{(i,j)} \tag{5-6}$$

三、工作的时差计算

时差反映工作在一定条件下的机动时间范围。通常分为总时差、局部时差、相关时差和独立时差。

1. 总时差(TF)

工作的总时差 $TF_{(i,j)}$ 是指在不影响任何一个紧后工作的最迟开始时间的条件下，工作 (i,j) 所拥有的最大机动时间。具体地说，它是在保证本工作以最迟完成时间完工的前提下，允许该工作推迟其最早开始时间或延长其持续时间的幅度。工作 (i,j) 的总时差计算公式如下：

$$\begin{aligned} TF_{(i,j)} &= LT_{(j)} - ET_{(i)} - t_{(i,j)} \\ &= LF_{(i,j)} - ES_{(i,j)} - t_{(i,j)} \\ &= LS_{(i,j)} - ES_{(i,j)} \\ &= LF_{(i,j)} - EF_{(i,j)} \end{aligned} \tag{5-7}$$

由上式看出，对任何一项工作 (i,j)，其总时差可能有三种情况：

(1) $TF_{(i,j)} > 0$，说明该工作存在机动时间；

(2) $TF_{(i,j)} = 0$，说明该工作没有机动时间；

(3) $TF_{(i,j)} < 0$，说明该工作存在负时差，计划工期长于规定工期，应采取技术组织措施予以缩短，确保计划总工期。

2. 局部时差(FF)

工作的局部时差 $FF_{(i,j)}$ 是指在不影响其紧后工作的最早可能开始时间的条件下，工作 (i,j) 所具有的机动时间。具体地说，它是在不影响紧后工作按最早开始时间开工的前提下，允许该工作推迟最早开始时间或延长其持续时间的幅度。工作 (i,j) 的局部时差计算公式如下：

$$FF_{(i,j)} = ET_{(j)} - ET_{(i)} - t_{(i,j)} \tag{5-8}$$

3. 相干时差(IF)

工作的相干时差 $IF_{(i,j)}$ 是指可以与紧后工作共同利用的机动时间。具体地说，是在工作总时差中，除局部时差外，剩余的那部分时差。工作 (i,j) 的相干时差计算公如下：

$$IF_{(i,j)} = TF_{(i,j)} - FF_{(i,j)} = LT_{(j)} - ET_{(j)} \tag{5-9}$$

4. 独立时差(DF)

工作的独立时差 $DF_{(i,j)}$ 是指为本工作所独有而其前后工作不可能利用的时差。具地说，它是在不影响紧后工作按照最早开始时间开工的前提下，允许该工作推迟其最迟开时间或延长其持续时间的幅度。其计算公式如下：

$$\begin{aligned} DF_{(i,j)} &= ET_{(j)} - LT_{(i)} - t_{(i,j)} \\ &= FF_{(i,j)} - IF_{(h,i)} \quad (n < i) \end{aligned} \tag{5-10}$$

式中：$IF_{(h,j)}$——紧前工作的相干时差。

当 $DF_{(i,j)} < 0$ 时，取 $DF_{(i,j)} = 0$

综上所述，四种工作时差的形成条件和相互关系如图 5-22 所示。

(1)总时差对其紧前工作和紧后工作均有影响。

(2)一项工作的局部时差只限于本工作利用，不能转移给紧后工作利用，对紧后工作的时差无影响，但对其紧前工作有影响，如运用，将使紧前工作时差减少。

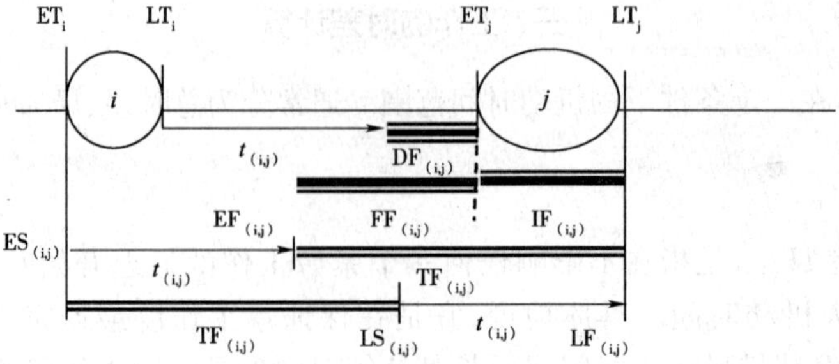

图 5-22 时间参数关系图

(3)一项工作的相干时差对其紧前工作无影响,但对紧后工作的时差有影响,如果动用该时差,将使紧后工作的时差减少或消失。它可以转让给紧后工作,变为局部时差而被利用。

(4)一项工作的独立时差只能被本工作使用,如动用,对其紧前工作和紧后工作均无影响。

四、关键线路及其确定

1. 线路

线路是指网络计划图中沿箭线方向由开始节点至结束节点的一系列节点箭线组成的通路。每条线路均由一些工作组成,这些工作持续时间之和就是这条线路的长度。

2. 关键线路

网络图的各条线路中,持续时间之和最长的线路即为关键线路。关键线路上的工作称为关键工作。

3. 非关键线路

网络计划图中除关键线路以外的线路,即为非关键线路。非关键线路中存在时差的工作称为非关键工作。非关键线路上的工作并非全由非关键工作组成。

4. 关键线路的确定

关键线路确定的方法有很多,下面介绍两种简单易行的方法。

(1)关键线路上所有工作的总时差均为零,反过来,如果工作的总时差为零,则它必是关键工作。由此,只要连接网络计划中总时差为零的工作,就可以确定出关键线路。

(2)关键线路上所有节点的两个时间参数均相等,反过来,如果节点的两个时间参数相等,该节点一定是关键线路上的节点,即成为关键线路上的关键节点,但是由任意两个关键节点组成的工作,并非是关键工作。如果由此判别还需加上条件:箭尾节点时间 + 工作持续时间 = 箭头节点时间,满足此两条件的工作,即为关键工作。

5. 关键线路的特性

(1)关键线路上各工作的总时差均为零。

(2)关键线路在网络计划中不一定只有一条,有时存在多条,但关键工作所占比重并不大。据统计资料,对于一个具有 100 项工作的网络计划,它的关键工作数目约有 12 ~ 15 项,一个具有 1 000 项工作的网络计划,关键工作的数目约是 70 ~ 80 项,而一个具有 5 000 项工作的网络计划,关键工作数目仅有 150 ~ 160 项。这样就有可能使工程项目的管理者集中精力抓住主要矛盾,做好计划管理工作。

(3)非关键工作如果将总时差全部用完,就会转化为关键工作。

(4)当非关键线路延长的时间超过它的总时差,关键线路就转变为非关键线路。

五、时间参数的计算方法

(一)时间参数的计算方法

1. 列式计算法

列式计算法是根据各项时间参数的计算公式,逐一计算的方法。该法是网络计划时间参数计算的基本方法。

2. 图上计算法

图上计算法是按照各时间参数计算公式,直接在网络图上计算时间参数的方法。由于计算过程在图上直接进行,不需列计算式,既快又不易出错,计算结果直接标在网络图上。此法只限于对简单网络计划图的认识理解计算,不适合于大型网络计划图的时间参数计算。

3. 电算法

由于网络计划技术是一个数学模型,可以采用电子计算机进行计算,电算法是按照各时间参数的计算公式编制电算程序,计算网络图的各项时间参数,适合于大型网络计划图的时间参数计算。

(二)图算法计算双代号网络图时间参数

1. 节点时间参数的计算

(1)计算节点最早时间(ET)

节点最早时间即为节点的最早可能实现时间(ET),是节点后各工作的统一最早可能开始时间。网络图起始节点(1)的最早可能实现时间为零,$ET_{(1)}=0$,沿箭线方向逐个节点地计算到网络图的终点(n),某节点的紧前工作全部完成,本工作才能最早开始。所以节点最早时间不一定等于该节点前各工作的最早可能完成时间,因为这些工作最早开始时间可能不相等,工作持续时间也可能不相同,也就是说进入这个节点的紧前工作不全部完成,本项工作就无法开始。因此,节点(j)的最早可能实现时间应等于该节点紧前工作(i,j)的最早可能完成时间的最大值,用公式(5-1)表示。

现以图5-23所示的双代号网络图为例,计算各节点的最早可能实现时间如下,并按节点时间参数计算图例规定标注在图5-23上。

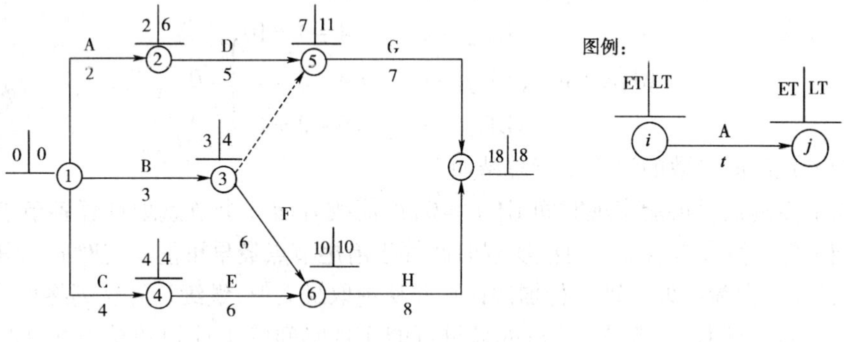

图5-23 节点时间参数计算

$ET_{(1)}=0$,其他节点根据式(5-1)计算得:

$$ET_{(2)}=ET_{(1)}+t_{(1,2)}=0+2=2$$
$$ET_{(3)}=ET_{(1)}+t_{(1,3)}=0+3=3$$

$$ET_{(4)}=ET_{(1)}+t_{(1,4)}=0+4=4$$

$$ET_{(5)}=\max\begin{Bmatrix}ET_{(1)}+t_{(1,3)}=0+3=3\\ET_{(2)}+t_{(2,5)}=2+5=7\end{Bmatrix}=7$$

$$ET_{(6)}=\max\begin{Bmatrix}ET_{(3)}+t_{(3,6)}=3+6=9\\ET_{(4)}+t_{(4,6)}=4+6=10\end{Bmatrix}=10$$

$$ET_{(7)}=\max\begin{Bmatrix}ET_{(3)}+t_{(3,6)}=3+6=9\\ET_{(4)}+t_{(4,6)}=4+6=10\end{Bmatrix}=18$$

网络图终点(n)的最早可能实现时间就是计划的总工期(T),即 $T=ET_{(n)}$,因此,图 5-23 双代号网络计划图的总工期 $T=18$。

(2)计算节点最迟时间(LT)

节点最迟时间即为节点的最迟必须实现时间(LT),是节点之前的各工作统一最迟必须完成时间。由式(5-2)知,节点的最迟必须实现时间,就是计划工期确定的条件下,从网络图的终点(n)开始,逆着箭线方向逐个节点地算到网络图的起点。终点(n)节点的最迟必须实现时间也等于计划工期,即:$LT_{(n)}=T$。

需要注意的是,节点最迟时间不一定等于该节点后各工作的最迟必须开始时间。箭尾节点的最迟必须实现时间等于箭头节点的最迟必须实现时间与其工作持续时间之差;当节点 i 有多条箭线同时出发时,应对每条箭线都进行计算,然后取其最小值作为该节点的最迟必须实现时间。

以图 5-23 双代号网络图为例,计算各节点的最迟必须实现时间,并将计算结果标注在图例规定的位置。

$LT_{(7)}=ET_{(7)}=18$,其他节点按式(5-2)计算如下:

$$LT_{(6)}=LT_{(7)}-t_{(6,7)}=18-8=10$$

$$L7_{(5)}=LT_{(7)}-t_{(5,7)}=18-7=11$$

$$LT_{(4)}=LT_{(6)}-t_{(4,6)}=10-6=4$$

$$LT_{(3)}=\min\begin{Bmatrix}LT_{(6)}-t_{(3,6)}=10-6=4\\LT_{(5)}-t_{(3,5)}=11-0=11\end{Bmatrix}=4$$

$$LT_{(2)}=LT_{(5)}-t_{(2,5)}=11-5=6$$

$$LT_{(1)}=\min\begin{Bmatrix}LT_{(4)}-t_{(1,4)}=4-4=10\\LT_{(3)}-t_{(1,3)}=4-3=9\\LT_{(2)}-t_{(1,2)}=6-2=4\end{Bmatrix}=0$$

网络图节点时间参数的计算步骤总结如下:

①起始节点的最早可能实现时间 $ET_{(1)}=0$,沿箭线方向逐个节点地计算各节点的最早可能实现时间 $ET_{(j)}$,箭头节点最早可能实现时间等于箭尾节点最早可能实现时间与其工作持续时间之和,且在内向箭线处分别进行加法计算并从中取最大值,继续计算直到终点(n)为止。

②当无规定工期时,终点节点(n)的最早可能实现时间等于计划的总工期,即 $T=ET_{(n)}$,也等于该节点(n)的最迟必须实现时间,也就是 $LT_{(n)}=ET_{(n)}$。

③节点的最迟必须实现时间,应按箭线逆方向逐个节点地算到网络图的起点,箭尾节点的最迟必须实现时间等于箭头节点的最迟必须实现时间与其工作持续时间之差,且在外向箭线处分别进行减法计算并从中取最小值。

2. 工作时间参数计算

利用已经计算出来的节点参数，按式(5-3)计算。

(1)工作最早可能开始时间(ES)计算

工作的最早可能开始时间，是指一项工作在具有了一定工作条件和资源条件后可以开始工作的最早时间。在工作流程上，各项工作要等到其紧前工作都结束以后方能开始。很明显工作(i,j)的最早可能开始时间就等于箭尾节点(j)的最早可能实现时间，即按照式(5-3)计算如下(并标注在图5-24上)：

据式(5-3)：$ES_{(i,j)} = ET_{(i)}$，即得：

$ES_{(1,2)} = ET_{(1)} = 0$； $ES_{(1,3)} = ET_{(1)} = 0$；

$ES_{(1,4)} = ET_{(1)} = 0$； $ES_{(2,5)} = ET_{(2)} = 2$；

$ES_{(4,6)} = ET_{(4)} = 4$； $ES_{(3,6)} = ET_{(3)} = 3$；

$ES_{(5,7)} = ET_{(5)} = 7$； $ES_{(6,7)} = ET_{(6)} = 10$。

(2)工作最早可能结束时间(EF)计算

正常情况下，工作(i,j)若能在最早可能开始时间开始，对应就有一个最早可能结束时间，它就等于箭尾节点的最早可能实现时间或者工作的最早可能开始时间加上工作(i,j)的持续时间$t_{(i,j)}$，即按照式(5-4)计算如下(并标注在图5-24上)：

据式(5-4)：$EF_{(i,j)} = ES_{(i,j)} + t_{(i,j)}$，即得：

$EF_{(1,2)} = ES_{(1,2)} + t_{(1,2)} = 0 + 2 = 2$ $EF_{(1,3)} = ES_{(1,3)} + t_{(1,3)} = 0 + 3 = 3$

$EF_{(1,4)} = ES_{(1,4)} + t_{(1,4)} = 0 + 4 = 4$ $EF_{(2,5)} = ES_{(2,5)} + t_{(2,5)} = 2 + 5 = 7$

$EF_{(3,6)} = ES_{(3,6)} + t_{(3,6)} = 3 + 6 = 9$ $EF_{(4,6)} = ES_{(4,6)} + t_{(4,6)} = 4 + 6 = 10$

$EF_{(5,7)} = ES_{(5,7)} + t_{(5,7)} = 7 + 7 = 14$ $EF_{(6,7)} = ES_{(6,7)} + t_{(6,7)} = 10 + 8 = 18$

(3)工作最迟必须结束时间(LF)计算

工作最迟必须结束时间(LF)是指一项工作在不影响工程按总工期结束的条件下最迟必须结束的时间，它必须在紧后工作开始之前完成。计算工作的最迟必须结束时间应从箭头方向向箭尾逐项进行计算。工作(i,j)就等于箭头节点(j)的最迟必须实现时间$LT_{(j)}$，按照式(5-5)计算如下(并标注在图5-24上)：

据式(5-5)：$LF_{(i,j)} = LT_{(j)}$，即得：

$LF_{(1,2)} = LT_{(2)} = 6$； $LF_{(4,6)} = LT_{(6)} = 10$；

$LF_{(1,3)} = LT_{(3)} = 4$； $LF_{(3,6)} = LT_{(6)} = 10$；

$LF_{(1,4)} = LT_{(4)} = 4$； $LF_{(5,7)} = LT_{(7)} = 18$；

$LF_{(2,5)} = LT_{(5)} = 11$； $LF_{(6,7)} = LT_{(7)} = 18$。

(4)工作最迟必须开始时间(LS)计算

在正常情况下，工作(i,j)结束的迟是因为开始的迟，所以工作(i,j)如果能在最迟必须结束时间结束，对应的就有一个最迟必须开始时间，它等于工作(i,j)的箭头节点(j)的最迟必须实现时间$LT_{(j)}$或其最迟必须结束时间$LF_{(i,j)}$减去工作(i,j)的持续时间$t_{(i,j)}$，即按照式(5-6)计算如下(并标注在图5-24上)：

据式(5-6)：$LS_{(i,j)} = LF_{(i,j)} - t_{(i,j)}$，即得：

$LS_{(1,2)} = LF_{(1,2)} - t_{(1,2)} = 6 - 2 = 4$ $LS_{(1,3)} = LF_{(1,3)} - t_{(1,3)} = 4 - 3 = 1$

$LS_{(1,4)} = LF_{(1,4)} - t_{(1,4)} = 4 - 4 = 0$ $LS_{(2,5)} = LF_{(2,5)} - t_{(2,5)} = 11 - 5 = 6$

$LS_{(3,6)} = LF_{(3,6)} - t_{(3,6)} = 10 - 6 = 4$ $LS_{(4,6)} = LF_{(4,6)} - t_{(4,6)} = 10 - 6 = 4$

$$LS_{(5,7)} = LF_{(5,7)} - t_{(5,7)} = 18 - 7 = 11 \qquad LS_{(6,7)} = LF_{(6,7)} - t_{(6,7)} = 18 - 8 = 10$$

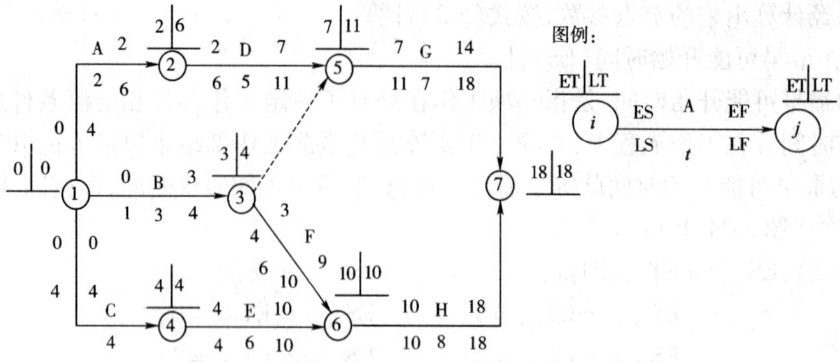

图 5-24　工作时间参数计算

网络图工作时间参数的计算步骤总结如下。

①工作参数的计算以控制性参数——节点参数为依据,在节点参数的图例中,起点到终点的节点参数符合从小到大排列的规律,因此最左边的为 ET_i,最右边的为 LT_j,称$[ET_i, LT_j]$为工作(i,j)的时间边界。

②工作的最早可能时间就是在图例中向左看齐,让开始时间对准起点的 ET_i(左边界),则最早完成时间为在左边界上加一个持续时间 $t_{(i,j)}$。

③工作的最迟时间就是在图例中向右看齐,让结束时间对准起点的 ET_i(右边界),则最迟开始时间为在右边界上减去一个持续时间 $t_{(i,j)}$。

3．时差参数计算

工作的时差也称为工作的机动时间,是在计划工期不变的条件下,工作的最早可能开始(或完成)时间与最迟必须开始(或完成)时间的差值。按时差的不同性质和作用,一般分为工作的总时差和局部时差。

(1)计算工作的总时差(TF)

工作(i,j)的总时差 $TF_{(i,j)}$,是在不影响任何一项紧后工作(i,j)的最迟必须开始时间条件下,本工作(i,j)所拥有的极限机动时间。按式(5-7)计算如下(标注在网络图 5-25 上):

据式:$TF_{(i,j)} = LT_{(j)} - ET_{(i)} - t_{(i,j)} = LS_{(i,j)} - ES_{(i,j)} = LF_{(i,j)} - EF_{(i,j)}$

$$TF_{(1,2)} = LS_{(1,2)} - ES_{(1,2)} = 4 - 0 = 4 = LT_{(2)} - ET_{(1)} - t_{(1,2)} = 6 - 0 - 2 = 4$$

$$TF_{(1,3)} = LS_{(1,3)} - ES_{(1,3)} = 1 - 0 = 1 = LT_{(3)} - ET_{(1)} - t_{(1,3)} = 4 - 0 - 3 = 1$$

$$TF_{(1,4)} = LS_{(1,4)} - ES_{(1,4)} = 0 - 0 = 0 = LT_{(4)} - ET_{(1)} - t_{(1,4)} = 4 - 0 - 4 = 0$$

$$TF_{(2,5)} = LS_{(2,5)} - ES_{(2,5)} = 6 - 2 = 4 = LT_{(5)} - ET_{(2)} - t_{(2,5)} = 11 - 2 - 5 = 4$$

$$TF_{(3,6)} = LS_{(3,6)} - ES_{(3,6)} = 4 - 0 = 4 = LT_{(6)} - ET_{(3)} - t_{(3,6)} = 6 - 0 - 2 = 4$$

$$TF_{(4,6)} = LS_{(4,6)} - ES_{(4,6)} = 4 - 4 = 0 = LT_{(6)} - ET_{(4)} - t_{(4,6)} = 10 - 4 - 6 = 0$$

$$TF_{(5,7)} = LS_{(5,7)} - ES_{(5,7)} = 4 - 0 = 4 = LT_{(7)} - ET_{(5)} - t_{(5,7)} = 18 - 7 - 7 = 4$$

$$TF_{(6,7)} = LS_{(6,7)} - ES_{(6,7)} = 10 - 10 = 0 = LT_{(7)} - ET_{(6)} - t_{(6,7)} = 18 - 10 - 8 = 0$$

(2)计算工作的局部时差(FF)

工作(i,j)的局部时差 $FF_{(i,j)}$,是在不影响任何一项紧后工作(i,j)最早可能开始时间的条件下,本工作(i,j)所具有的机动时间。工作(i,j)的局部时差反应了工作(i,j)最早可能完成时间到其紧后工作(j,k)最早可能开始时间之间的时间间隔,有时也被称为自由时差,它属于总时差的一部分。按式(5-8)计算如下(并标注在图 5-25 上):

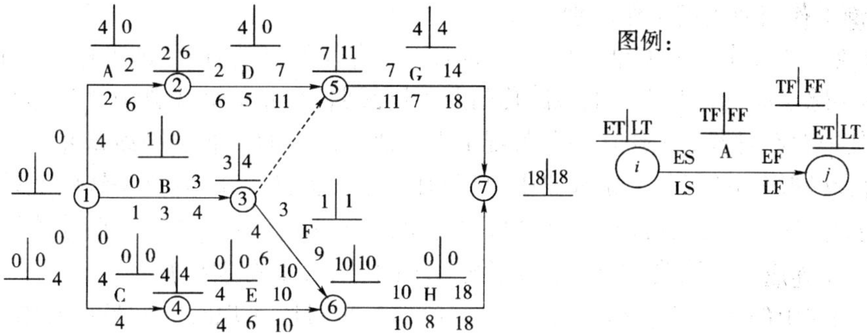

图 5-25　时差参数计算

据式：$FF_{(i,j)}=ET_{(j)}-ET_{(i)}-t_{(i,j)}$

$FF_{(1,2)}=ET_{(2)}-ET_{(1)}-t_{(1,2)}=2-0-2=0$　$FF_{(1,3)}=ET_{(3)}-ET_{(1)}-t_{(1,3)}=3-0-3=0$

$FF_{(1,4)}=ET_{(4)}-ET_{(1)}-t_{(1,4)}=4-0-4=0$　$FF_{(2,5)}=ET_{(5)}-ET_{(2)}-t_{(2,5)}=7-2-5=0$

$FF_{(3,6)}=ET_{(6)}-ET_{(3)}-t_{(3,6)}=10-3-6=1$　$FF_{(4,6)}=ET_{(6)}-ET_{(4)}-t_{(4,6)}=10-4-6=0$

$FF_{(5,7)}=ET_{(7)}-ET_{(5)}-t_{(5,7)}=18-7-7=4$　$FF_{(6,7)}=ET_{(7)}-ET_{(6)}-t_{(6,7)}=18-10-8=0$

工作局部时差有以下主要特点：

①工作的局部时差总是小于或等于其总时差，即 $FF_{(i,j)}\leqslant TF_{(i,j)}$。

②使用工作的局部时差，对紧后工作的最早可能开始时间没有任何影响。

③工作的局部时差用于控制工程项目实施过程中的中间进度或称为形象进度，即用来掌握网络计划图中各项工作的最早时间，以便控制计划各阶段按期完成。

综上所述，工作时差的计算有十分重要的意义，计划管理人员根据时差的大小来协调施工组织，控制项目的总工期。如在时差范围内改变工作的开始或完成时间以达到施工均衡性的目的；或在机动时间内适当增加非关键工作的持续时间，相应地将其部分劳动力和设备、材料转移到关键工作中去，以确保关键工作从而达到按期或提前完成工程进度计划的目的。

网络图工作时间参数的计算采用图算法计算时差参数，主要是避免抽象记忆计算公式，而是利用图例的相对位置理解参数的计算过程和方法。因此计算步骤如下。

①掌握计算工作参数的左右时间边界，找到节点参数从小到大排列的规律，分清左边最小，右边最大。

②总时差的计算是用"最右边减去最左边再减去时间"或者"最大值减去最小值再减去时间"即可求出总时差数值大小。即工作的总时差等于箭头节点最迟时间减去箭尾节点最早时间再减去其工作的持续时间。

③局部时差的计算是用"两节点上左边时间相减再减去时间"或者"左边相减再减时间"的方法即可求出局部时差的数值大小。工作的局部时差等于箭头节点最早时间减去箭尾节点最早时间再减去其工作的持续时间。

4. 关键线路的特性

(1)判别关键工作

使用总时差判断关键工作的充要条件是：

$$TF_{(i,j)}=0 \quad 其中\ i,j\in 图$$

如图 5-25 中①→④→⑥→⑦即为关键线路，关键线路一般在图中以双箭线标明。

(2)关键工作与非关键工作区别

关键线路上的工作称为关键工作。关键工作没有任何机动时间,即工作的总时差为零。在网络计划中除了关键线路之外的线路称为非关键线路,在非关键线路中总是存在有一定数量的时差,其中存在时差的工作称为非关键工作。值得注意的是非关键线路并不是全由非关键工作组成,在网络图的任何一条线路中,只要有一项非关键工作,则这条线路就是非关键线路,其线路长度小于关键线路长度。所以,只有全部由关键工作组成的线路才能构成关键线路,即关键工作连成关键线路,不在关键线路上的工作则为非关键工作。

网络计划图中的每个节点都有两个时间参数,最早可能实现时间和最迟必须实现时间。利用节点时间参数来确定关键线路时,首先要判别节点是否为关键节点,如果节点最早可能实现时间等于节点最迟必须实现时间,即 $ET_{(j)} = LT_{(j)}$,则称节点 j 为关键节点;其次要判断两个关键节点之间的工作是否构成关键工作,其判别式为:

$$箭尾节点时间 + 工作持续时间 = 箭头节点时间$$

如果上式成立,则这项工作为关键工作,否则就是非关键工作。

(3)关键工作其他确定方法

计算网络计划时间参数的目的之一是找出计划中的关键线路。找出了关键线路也就抓住了工程进度计划的主要矛盾,这样就可使工程管理人员在施工的组织和管理工作中做到心中有数。所谓线路,是指网络计划图中顺箭线方向由起点至终点的一系列节点箭线组成的通路;在一个网络计划中,一般可以存在多条关键线路,但也有只有一条关键线路的网络计划图。

每条线路均由若干项工作组成,这些工作的持续时间之和就是这条线路的长度,即线路的总持续时间。任何一个网络计划中至少有一条最长的线路;这条线路的总持续时间决定了这个网络计划的总工期。在这种线路中,没有任何机动时间,线路上的任何工作有延误就会使总工期相应地延长;任何工作的持续时间如有缩短,则可使总工期缩短,这种线路是按期完成计划的关键所在,因而称之为关键线路。在关键线路上的各项工作称为关键工作,关键工作没有任何机动时间,即工作的总时差为零。

在网络计划中除了关键线路之外的线路都称为非关键线路,在非关键线路中总是或多或少地存有时差,其中存在时差的工作称为非关键工作,需要指出的是非关键线路并不是全由非关键工作组成。在任何一条线路上,只要有一项非关键工作,这条线路就是非关键线路,它的总长度小于关键线路。所以,只有全部由关键工作组成的线路才能成为关键线路。

确定关键线路的方法很多,下面介绍两种简单易行的关键线路确定方法。

①关键线路上所有工作的总时差均为零,反之亦真。

这是确定关键线路的充分必要条件。因此,只要连接网络计划中总时差为零的工作,就可以确定出关键线路。

②关键线路上所有节点的两个时间参数均相等,反之不真。

网络计划图中每一个节点都具有两个时间参数,即最早可能实现时间和最迟必须实现时间,利用节点时间参数相等来确定关键线路,只是确定关键线路的必要条件,而不是充分必要条件。

③关键线路是从网络计划起点到终点之间持续时间最长的线路;

④非关键工作如果使用了总时差,就可能转化为关键工作;当非关键线路延长的时间超过它的总时差,关键线路就转变成为非关键线路。

第四节　时间坐标网络计划

一、时间坐标网络计划的概念

时间坐标网络计划，简称时标网络计划，是网络计划的另一种表达形式。前面所介绍的网络计划是一般网络计划。在一般网络计划中，工作的持续时间由箭杆线下方标注的时间来表明，其箭杆线的长短与时间无关，这种网络计划的好处是修改起来方便。如果工作顺序，相互间关系及时间要求变动时，改动网络计划是很方便。但是因为没有时间坐标，看起来就不直观，不能清楚地在网络计划图上直接看出各项工作的开始时间和结束时间。

为了克服一般网络计划所存在的不足，就产生了时间坐标网络计划。与一般网络计划相比，时标网络计划更能够表达进度计划中各项工作之间恰当的时间关系；使网络计划图易于理解、方便应用。其箭杆线的长短和所在位置表示着工作的时间进程。此外，时标网络计划还是计划管理人员分析计划和对网络计划进行优化的有力工具。

1. 时标网络计划的特点

(1)时标网络计划结合了横道图和网络图的优点，既有通常使用的横道计划图的时间比例，又具有网络计划图中的逻辑关系，能直观地反映出整个计划的时间进程。

(2)时标网络计划能直接反映出各项工作的开始和结束时间，机动时间及网络计划中的关键线路。在计划执行过程中，可以随时查出哪些工作应该已经完成，哪些工作正在进行及哪些工作将要开始。

(3)由于时标网络计划图能清楚地表示出哪些工作需要同时进行，因此可以确定在同一时间内对劳动力、材料和机械设备等资源的需要量。

(4)通过优化调整后的时标网络计划，可以直接作为进度计划下达到执行单位使用。

(5)时标网络计划的调整比较麻烦，当情况发生变化时，如资源的变动或工期拖延后要对时标网络计划进行修改时，因为改变工作持续时间就需要改变箭杆线的长度和节点的位置，这样往往因移动局部几项工作而牵动整个网络计划。

2. 时标网络计划的应用

(1)利用时标网络可以方便地编制工作项目少、工艺过程较简单的施工进度计划，编制中能迅速地边计算、边绘制、边调整。

(2)对于大型复杂的工程，可以先用时标网络计划的形式绘制各分部工程的网络计划，然后再综合起来绘制出比较简明的总网络计划；也可以先编制一个总的施工网络计划，然后每隔一段时间，再对下一阶段应开始的分部工程绘制详细的时标子网络计划图。在执行过程中，如果时间有变化，则不必改动整个网络计划图，而只对这阶段分部工程的子网络计划进行修订就可以了。

(3)由于时间坐标网络计划清楚、直观，能直接表示各项工作的时间进程，所以可将已编制并计算优化好的一般网络计划绘制成时标网络计划，并作为进度计划下达执行。

二、时间坐标网络计划的绘制

时间坐标网络计划图可以按节点最早时间和节点最迟时间标画。这种时标网络计划图主要供计划管理人员分析计划和实施资源优化之用。

1. 按节点最早时间绘制时标网络

图5-26所示,是一个一般网络计划图,现按节点最早时间把它绘制成时标网络计划。绘制步骤如下:

(1)绘制前,首先对一般网络计划进行计算,求出各节点的时间参数作为绘制时标网络图的依据,并确定关键线路;

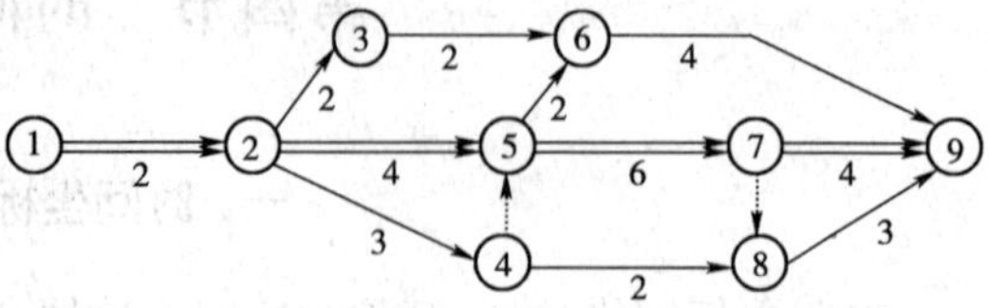

图5-26 一般网络计划图

(2)作出时间坐标;按节点最早开始时间把关键线路绘制在图中适当的位置;

(3)按节点最早时间绘制非关键线路。图5-27所示为按节点最早时间绘制的时标网络计划图,需要注意:

①时标网络计划图中所有节点的位置,应按节点的最早可能实现时间绘制在相应的时间坐标上。

②工作用实箭线表示,实箭线的长短表示工作持续时间的长度;虚工作仍用虚箭线表示;工作的机动时间用虚线表示,并在实箭线和虚线分界处加一节止短线。虚箭线靠右画。

③时间坐标网络计划图中各节点的纵向位置没有时间的含意。

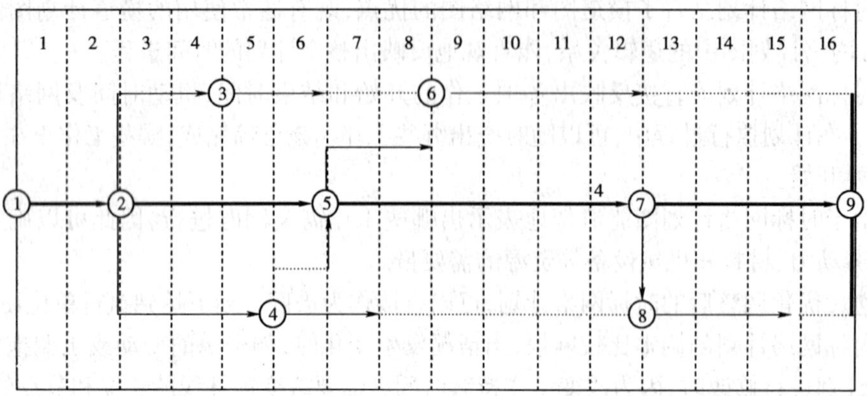

图5-27 按节点最早时间绘制的时标网络

2. 按节点最迟时间绘制时标网络

这里仍以图5-26所示一般网络计划为例,来按节点最迟必须实现时间绘制成时标网络,绘制步骤如下:

(1)首先对网络计划图进行计算,求出各节点的时间参数作为画图依据,并确定关键线路;

(2)作出时间坐标,按节点最迟必须实现时间把关键线路绘制在图中适当的位置;

(3)按节点最迟时间绘制非关键线路。虚箭线靠右画。

图5-28所示为按节点最迟时间绘制的时标网络计划图。同样应注意,这时时标网络计划图中所有节点的位置,应按各节点的最迟必须实现时间绘制在相应的时间坐标上。图中各项工作及其持续时间、机动时间和虚工作的表示方法与按最早时间绘制的时标网络计划相同。

从图5-27和图5-28可以看到,按最早时间绘制的时标网络图的特点是“前紧后松”,线路的机动时间多半分布在后面。此时图中所表示的机动时间为各工作的局部时差。按最迟开始时间绘制的时标网络图的特点是“前松后紧”，即线路的机动时间多半分布在前面。此时图中所表示的机动时间不是各项工作的局部时差或其他时差，它是工作以最迟必须开始时间开始，并以最迟必须结束时间结束时所具有的机动时间。

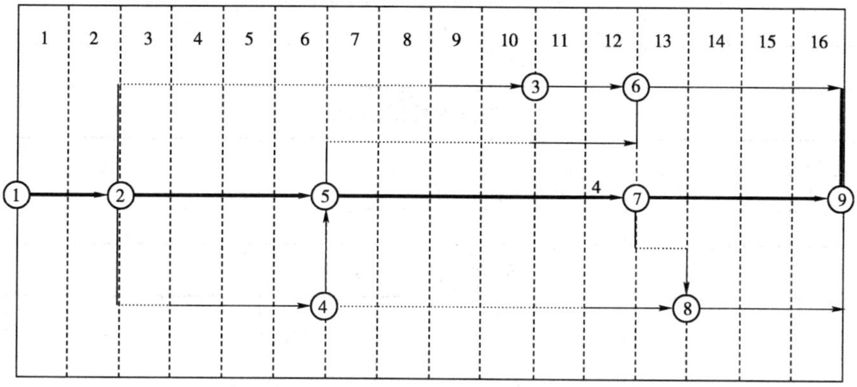

图 5-28　按节点最迟时间绘制的时标网络

在绘制时要注意以下几点：

①在定各个节点的位置时，一定要在所有内向箭线全部绘出以后，才能最后确定该节点的位置；

②每项工作的实箭线长度，必须严格按照其持续时间来画，如果该工作与紧后工作的开始节点还有距离时，应用虚线加以连接；

③绘制的时标网络计划图最好与原一般网络计划图的形状相似，以便检查和核对。

3. 时间坐标的表示方法

时间刻度画在什么位置，采用什么形式并无一定的标准，时标可以采用垂直分格，也可以只绘制在网络计划图的上方或者下方。常用的时间坐标有以下几种形式，它们各有特点，因而可以根据需要选用。

当图面比较窄时，可以使用表 5-5 的形式，这时时间坐标放在图的上方。

表 5-5

工作日(d)	1	2	3	4	5	6	7	8	…

当图面比较宽时，可以使用表 5-6 的形式，这时时间坐标在图的上下方都绘制出来，这样看起来方便些。

表 5-6

工作日(d)	1	2	3	4	5	6	7	8	…
工作日(d)	1	2	3	4	5	6	7	8	…

表 5-7 所示的时间坐标形式称为日历时间坐标网络计划。而表 5-8 所示的时间坐标形式适用于安排月旬进度时标网络计划。表 5-9 所示的形式适用于安排年度进度计划。

日历时间坐标网络计划　　表 5-7

月份 / 日期 / 工程名称	26	27	28	29	30	31	1	2	3	4
月份	8　月					9　月				
日期	26	27	28	29	30	31	1	2	3	4
	一	二	三	四	五	六	日	一	二	三

月旬进度时标网络计划　　表 5-8

月	6	7	8	
旬	上　中　下	上　中　下	上　中　下	

年度进度计划　　表 5-9

年	2001	2001	2002	2002
月	11	12	1	2
周	1　2　3　4	5　6　7　8	9　10　11　12	

第五节　单代号网络图的绘制与计算

一、单代号网络计划图的构成

单代号网络计划图和双代号网络计划图一样，也由三要素组成，但其含义却完全不同。

1. 节点

单代号网络计划图中的节点可以用圆圈或方框表示，一个节点表示一项具体的工作过程。节点所表示的工作的名称、持续时间和代号一般都标注在圆圈内，如图 5-29 所示。值得注意的是单代号网络图的开始节点和结束节点不同于双代号网络图，而是要视网络图中最先开始的工作数量或者最后结束的工作数量的多少来决定节点的选择方式。如果同时存在多个最先开始或最后结束的工作，就必须虚设一个始工作（图 5-30）；如果只有一个最先开始工作或一个最后结束工作就不能虚设了。

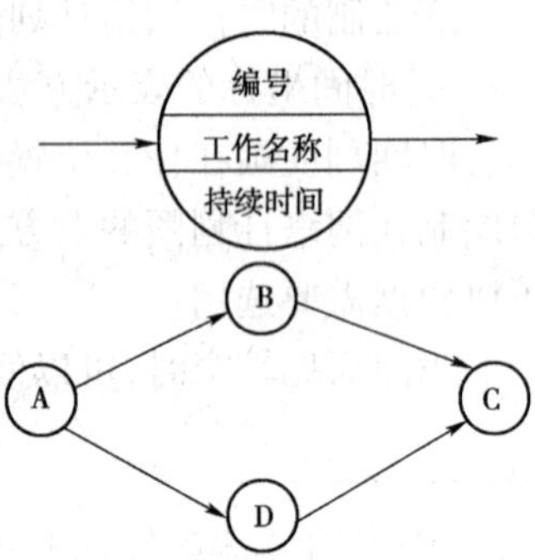

图 5-29　节点示意图

2. 箭线

在单代号网络计划图中箭线表示工作之间的相互逻辑关系，它既不消耗时间也不消耗资源，代表工作之间的直接约束关系。因此在单代号网络计划图中不用虚箭线，箭杆线的箭头方向表示着工作的前进方向。同时逻辑关系越是复杂，表示直接联系的箭线就越多，因此就可以出现箭线交叉的情况。如图 5-29 所示的单代号网络图中，A 为 B、D 的紧前工作，C 为 B、D 的紧后工作。

3. 方向

与双代号网络图一样，在单代号网络计划图中，也表示物流，代表路线的方向，在网络图中，存在大量的线路，对网络图研究的中心任务是研究关键线路。

二、单代号网络计划图的绘制

单代号网络计划与双代号网络计划图表达的计划内容是一致的，两者的区别仅在于绘图的符号所表示的意义不同。单代号网络计划图的绘制过程和双代号网络计划图一样，先将计划任务分解成若干项具体的工作，然后确定这些工作之间的相互关系，以及各项工作的持续时间，持续时间的确定仍然应按正常情况下来进行。

1. 单代号网络图逻辑关系的表示

由于单代号网络图与双代号网络图的区别仅在于图形表达符号不同，而表达进度计划的内容是相同的，所以绘制双代号网络图的基本规则，在单代号网络图绘制中都应遵守。即一张单代号网络图也只能允许一个起点和一个终点，且除网络图开始节点和结束节点外，其他中间节点，其前面至少必须有一个紧前工作节点，其后面至少必须有一个紧后工作节点，并以箭线相连接。如图5-30所示的单代号网络计划图，它的开始节点和结束节点都是虚设的。

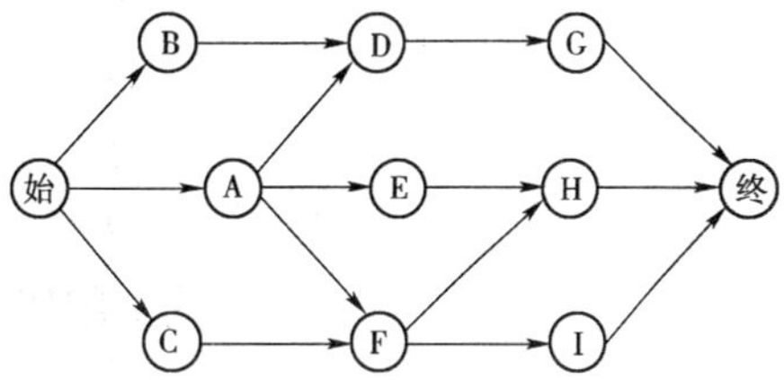

图5-30　虚拟开始节点和结束节点的单代号网络图

此外单代号网络计划图中，一个代号只能代表唯一的某项工作；不允许出现闭合回路和不允许出现双向箭线或线段，避免使用反向箭线，以及网络图布局应合理等，与双代号网络图绘制规则完全相同。

2. 单代号网络图的绘图方法

绘制单代号网络计划图的方法，也可采用前进法、后退法和先粗后细法。工程项目进度计划实际应用中，主要采用先粗后细法绘制单代号网络图。确定工作之间的相互关系表后，多数采用前进法或后退法绘制单代号网络图。

3. 单代号网络图的特点

通过单代号网络图与双代号网络图的比较可以看出，单代号网络图的绘制方法比较简单，图中各项工作的相互关系容易表达而且不存在虚工作，使得单代号网络图便于检查与修改。但是单代号网络图不能绘制成时标网络图，而双代号网络图可绘成时标图，特别是双代号网络图按节点最早开始时间绘制时标网络图时，可以清楚地反映出工作的局部时差，所以进行进度计划下达和对网络计划优化时，经常采用双代号网络计划图。由于双代号网络图和单代号网络图各有优缺点，因此两种形式的网络计划图的应用都很普遍。

4. 单代号网络图的绘图

【例5-1】 画出如表5-10逻辑关系所示的单代号网络图。

表5-10

工作名称	A	B	C	D	E	F	G
紧前工作	—	A	A	B	A、B	D、E	D、F、C

【解】 如图5-31所示。

【例5-2】 画出如表5-11逻辑关系所示的单代号网络图。

表5-11

工作名称	A	B	C	D	E	F
紧后工作	D、E、F	D、F	E、F	—	—	—

【解】 如图5-32所示。

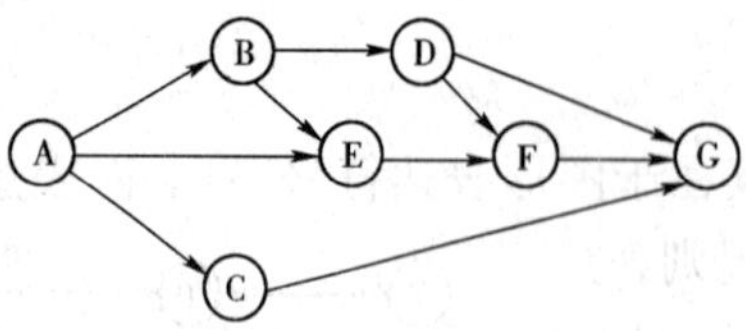

图5-31 单代号网络图

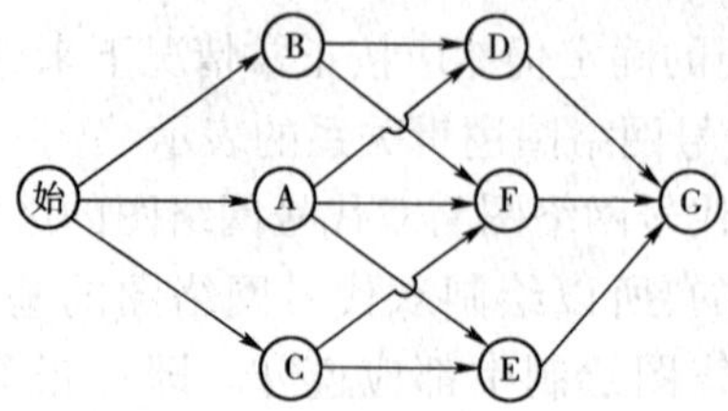

图5-32 单代号网络图

三、单代号网络图时间参数的计算

由于单代号网络计划图中用节点表示工作，所以它只有工作时间参数的计算，而不存在节点时间参数的计算。单代号网络图的工作时间参数计算内容和时间参数的含义及其计算目的与双代号网络图相同，即计算工作的最早时间(ES与EF)、工作的最迟时间(LF和LS)、工作的机动时间(TF与FF)等。单代号网络图工作时间参数的计算步骤和方法，以及计算公式与双代号网络图基本相同，下面以图算法为例予以说明。

1. 计算工作的最早时间

(1)工作最早可能开始时间(ES)的计算

计算工作的最早可能开始时间应从网络图起点开始，按箭线方向逐项工作进行计算，直到终点节点为止。由于开始工作的最早可能开始时间为零，即 $ES_1=0$(1为起始节点即开始工作)，其他工作的最早开始时间应等于紧前工作最早开始时间与其工作持续时间之和最大值，其计算公式为：

$$ES_j=\max\{ES_i+t_i\}=\max\{EF_i\} \tag{5-11}$$

式中：ES_j——工作 j 的最早可能开始时间，工作 i 之紧前工作；

ES_i——工作 i 的最早可能开始时间；

EF_i——工作 i 的最早可能完成时间；

t_i——工作 i 的持续时间，$i=1\sim n-1$，$j=2\sim n$，n 为单代号网络图终点节点代号。

工作的最早可能开始时间也等于紧前工作中最早可能完成时间的最大值，即紧前工作全部完成本项工作才能开始。

(2)工作的最早可能完成时间(EF)的计算

工作的最早可能完成时间(EF_i)的计算公式为：

$$EF_i=ES_i+t_i \quad (i=1\sim n) \tag{5-12}$$

终点节点(n)的最早可能完成时间(EF_n)就是单代号网络计划工期(T)，即 $T=EF_n$。

现以图5-33所示的单代号网络图为例，利用式(5-11)和式(5-12)计算各项工作的最早时间，最早时间计算结果标注在图5-33图例规定的位置。

计算依据如下。

$ES_1=0$，则：$EF_1=ES_1+t_1=0+5=5$

$ES_2=EF_1=5$，则：$EF_2=ES_2+t_2=5+10=15$

$ES_3=EF_1=5$，则：$EF_3=ES_3+t_3=5+5=10$

$ES_4=EF_2=15$，则：$EF_4=ES_4+t_4=15+10=25$

$ES_5=EF_2=15$，则：$EF_5=ES_5+t_5=15+4=19$

而：

$$ES_6 = \max\begin{cases}EF_3\\EF_5\end{cases} = \max\begin{cases}10\\19\end{cases} = 19$$

$$EF_6 = 19 + 5 = 24$$

$$ES_7 = \max\begin{cases}EF_4\\EF_6\end{cases} = \max\begin{cases}25\\24\end{cases} = 25$$

$$EF_7 = 25 + 5 = 30$$

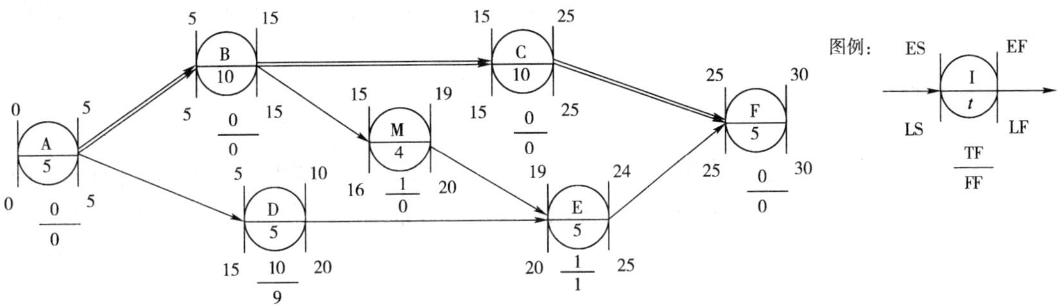

图 5-33　单代号网络图时间参数计算

根据 $T = EF_n$，可得计划工期 $T = 30$。

2. 计算工作的最迟时间

(1)工作的最迟必须完成时间(LF)的计算

计算工作的最迟时间应从网络图的结束节点开始，逆着箭线方向逐项地计算到开始节点。最后结束工作的最迟必须完成时间应保证总工期不被拖延，所以网络图终点节点的最迟必须完成时间应等于该节点的最早可能完成时间，即：$LF_n = EF_n = T$

则：$LS_n = LF_n - t_n$

本工作 i 的最迟必须完成时间 LF_i 应等于紧后工作 j 的最迟必须完成时间 LF_j 与其工作持续时间 t_j 之差的最小值，即

$$LF_i = \min\{LF_j - t_j\} = \min\{LS_j\} \quad (5\text{-}13)$$

即工作的最迟必须完成时间也等于紧后工作中最迟必须开始时间的最小者，这是因为任何一项工作的完成时间都不应影响紧后工作的最迟必须开始时间。

(2)计算工作的最迟必须开始时间(LS)

工作的最迟必须开始时间的计算公式为：

$$LS_i = LF_i - t_i \quad (5\text{-}14)$$

再以图 5-33 为例，利用式(5-13)和式(5-14)计算单代号网络图的各项工作的最迟时间，并将工作的最迟时间参数计算结果标注在图 5-33 的图例对应位置上。计算过程如下：

$LF_7 = EF_7 = 30$，则：$LS_7 = LF_7 - t_7 = 30 - 5 = 25$

$LF_6 = LS_7 = 25$，则：$LS_6 = LF_6 - t_6 = 25 - 5 = 20$

$LF_5 = LS_6 = 20$，则：$LS_5 = LF_5 - t_5 = 20 - 4 = 16$

$LF_4 = LS_7 = 25$，则：$LS_4 = LF_4 - t_4 = 25 - 10 = 15$

$LF_3 = LS_6 = 20$，则：$LS_3 = LF_3 - t_3 = 20 - 5 = 15$

$LF_6 = LS_7 = 25$，则：$LS_6 = LF_6 - t_6 = 25 - 5 = 20$

而：

$$LF_2 = \min\begin{cases}LS_4\\LS_5\end{cases} = \min\begin{cases}15\\16\end{cases} = 15$$

$$LS_2 = 15 - 10 = 5$$

$$LF_1 = \min\begin{cases}LS_2\\LS_3\end{cases} = \min\begin{cases}5\\15\end{cases} = 5$$

$$LS_1 = 5 - 5 = 0$$

由此可见,利用公式逐项计算工作的最早时间和最迟时间参数是很麻烦的。在单代号网络图中,控制性工作时间参数的计算,同样可以采用图上计算法直接计算,并将所得的计算结果直接标在图上,如图 5-33 所示。

3. 计算工作的时差

(1)计算工作的总时差(TF)

在单代号网络计划图中,工作总时差的概念与双代号网络图完全相同,利用已经计算的各项工作最早开始和最迟开始时间,可方便地计算各项工作的总时差,所以工作的总时差计算公式为:

$$TF_i = LS_i - ES_i = LF_i - EF_i \tag{5-15}$$

(2)计算工作的局部时差(FF)

单代号网络图中工作的局部时差概念也与双代号网络图相同,但是在单代号网络计划图中,本项工作有若干项紧后工作时,紧后工作的最早可能开始时间不一定相同。此时应取紧后工作最早可能开始时间的最小值,减去本工作的最早可能完成时间。所以工作的局部时差的计算公式为:

$$FF_i = \min\{ES_j - EF_i\} \tag{5-16}$$

计算结果见图 5-33 的图例位置。其计算过程如下:

$TF_1 = LS_1 - ES_1 = 0 - 0 = 0$;$FF_1 = \min\ \{ES_2, ES_3\} - ES_1 - t_1 = 0$;

$TF_2 = LS_2 - ES_2 = 5 - 5 = 0$;$FF_1 = \min\ \{ES_4, ES_5\} - ES_2 - t_2 = 0$;

$TF_3 = LS_3 - ES_3 = 15 - 5 = 10$;$FF_3 = ES_6 - EF_3 = 19 - 10 = 9$;

$TF_4 = LS_1 - ES_1 = 15 - 15 = 0$;$FF_4 = ES_7 - EF_4 = 25 - 25 = 0$;

$TF_5 = LS_5 - ES_5 = 16 - 15 = 1$;$FF_5 = 19 - 19 = 0$;

$TF_6 = 20 - 19 = 1$;$FF_6 = 25 - 24 = 1$;

$TF_7 = 25 - 25 = 0$;$FF_7 = 0$。

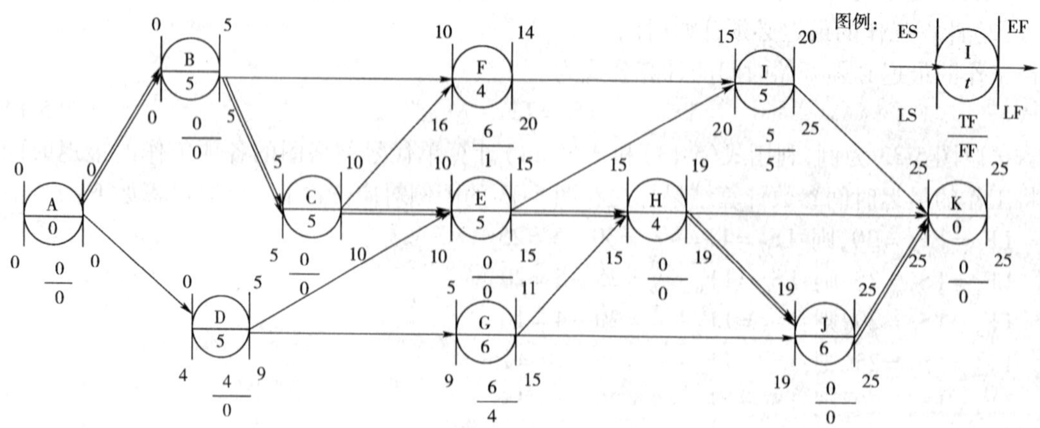

图 5-34　图算法直接计算单代号

4. 关键线路的确定

单代号网络计划图中确定关键线路的方法与双代号网络计划图基本相同，单代号网络图主要采用关键工作法确定关键线路，即首先连接工作总时差为零的关键工作自始至终的线路，然后使用条件 $EF_I = ES_J$；$LF_I = LS_J$ 则可判断就是关键线路。在图 5-33 中关键工作为 A、B、C、F，由此连成的路线即为关键线路，用双线标出，见图 5-33 双实线。

用图算法直接计算如图 5-34 所示。

第六节　网络计划的优化

网络计划经计算后，得出的是初始方案，这个方案只是一种可行方案，要获得最佳方案，还必须进行网络计划的优化。网络计划的优化就是通过利用时差，不断改善网络计划的初始方案，在满足既定的条件下，按照某一衡量指标（如时间、成本、物资）来寻求最优方案。根据网络计划优化条件和目标不同，通常有工期优化，时间费用优化和资源优化等几种。

一、工 期 优 化

各项工作的工程量一定，持续时间即工期与投入的资源在一定条件下总是成反变关系。工期优化是在允许的条件下，根据实际需要，对工期适当缩短或延长。以达到按上级规定工期或计划工期完工的要求。所以，当变化工期，而不影响资源的变化，特别是缩短工期而不增加资源当然是最理想的优化方法；其次再考虑其他优化方法。工期优化仅从时间角度进行考虑，即只计算工期，不计算资源。

当计算工期短于规定工期时，意味着所有工作都具有正时差，进行优化时，这些机动时间可以用来增加某些工作的持续时间，从而减少单位时间资源消耗量。

当计算工期大于规定时间时，出现负时差，说明整个工程或计划不能在计划工期内或规定的工期内完工，这时就必须缩短组成关键线路的各项工作的持续时间，或改变网络计划的逻辑关系以缩短工期。

1. 组织措施的优化方法

（1）作业方式的选择

顺序作业方式工期最长，平行作业方式工期最短，流水作业方式工期介于二者之间，条件允许时，可采用平行流水作业，将工期缩短。特别是路基、路面工程可以划分成多段，采用流水作业或平行作业，都可以缩短工期。

（2）作业顺序的选择

对多个施工段，多道工序，其施工的顺序不同，其工期也不一样。如果找到一个最佳的施工顺序进行施工使工期缩短。那么，就可以在不增加资源的情况下，达到缩短工期的目的。该种方法见第二章有关的内容。

（3）从计划外增加资源

从计划外增加资源，如增加机械设备、运输车辆、劳动力等，来加速关键工作的完成，从而使计划工期缩短。

2. 缩短关键线路的方法

缩短关键线路的持续时间，有各种不同的途径和方法，下面介绍常用的两种方法。

（1）平均加快法

当网络计划的各项工作采用正常持续时间，通过计算所得到的计划工期超过规定工期不多时，可以采用这种方法，即将超过规定工期的时间，平均分摊到所有采取适当措施可能加快施工速度、缩短工期的关键工作上，现以图 5-35 为例加以具体说明。

①按规定工期计算网络计划的计划工期，图中持续时间带括号的表示不能采取加快速度的工作。

假设本例规定工期为 130 天，采用图算法将节点时间参数及工作总时差（用括号标注在箭杆线下方）标在图上，如图 5-36 所示。

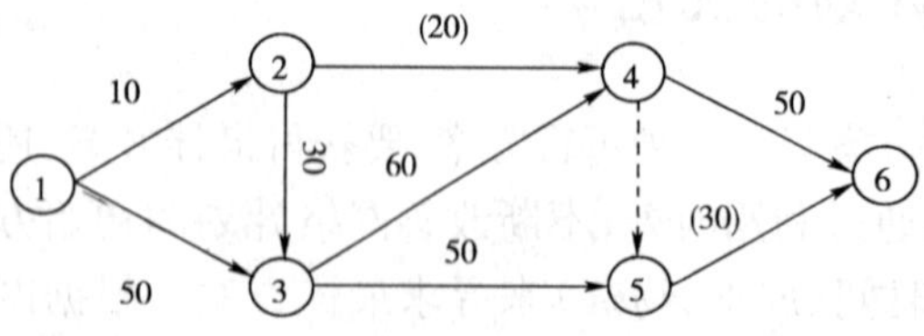

图 5-35

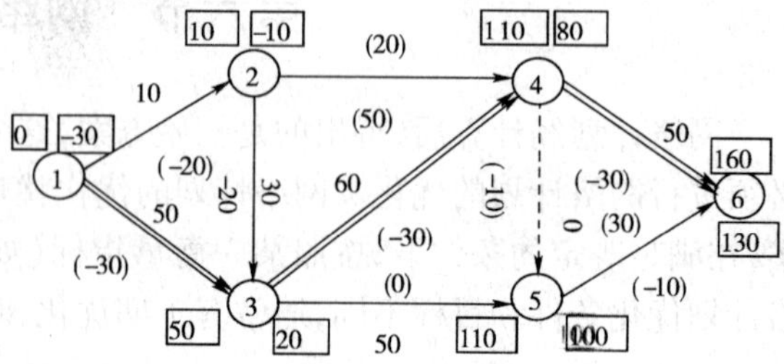

图 5-36

②找出可以缩短持续时间的关键工作

根据计算结果，找出网络图上时差最小的线路，即关键线路，如图上的关键线路，可研究先缩短其中关键工作的持续时间，以满足规定要求。

从图 5-36 中可以看出，最小时差 minTF = −30 的线路即 1 −3 −4 −6 为关键线路，假设一条关键线路上可以采取措施加快进度的所有工作称为集合 A，则：

$$A=\{(1、3),(3、4),(4,6)\}$$

集合 A 的总持续时间为：

$$T_{\mathrm{A}}=\sum_{(i,j)\in A}t_{\mathrm{i-j}} \tag{5-17}$$

本例由于工作 1→3、3→4、4→6 都可以采取措施加快进度，因此：

$$T_{\mathrm{A}}=t_{1-3}+t_{3-4}+t_{4-6}=50+60+50=160(\text{天})$$

③计算关键工作所应缩短的时间为：

$$\Delta t_{\mathrm{i-j}}=\frac{T_{\mathrm{i-j}}}{T_{\mathrm{A}}}\mathrm{minTF}(i,j)\in A \tag{5-18}$$

并满足：

$$\sum_{(i,j)\in A}\Delta t_{\mathrm{i-j}}=\mathrm{minTF} \tag{5-19}$$

本例 $\Delta t_{1-3}=\frac{50}{60}\times(-30)=-9.4\approx-9(\text{天})$；$\Delta t_{3-4}=\frac{60}{160}\times(-30)=-11.3\approx-11(\text{天})$

$\Delta t_{4-6}=-30-[(-9)+(-11)]=10(\text{天})$。

④用缩短后的持续时间重新计算网络图

集合 A 中各关键工作缩短后的持续时间为：

$$t'_{\mathrm{i-j}}=t_{\mathrm{i-j}}+\Delta t_{\mathrm{i-j}}\quad(i,j)\in A \tag{5-20}$$

因此，本例中：$t'_{1-3}=50+(-9)=41(\text{天})$；$t'_{3-4}=60+(-11)=49(\text{天})$；

$t'_{4-6}=50+(-10)=40(\text{天})$

重新计算结果如图 5-37 所示，此时，将已经缩短持续时间的关键工作，作为不能加快进度的工作处理，并用带括号的持续时间标在关键工作箭杆线的上方。

⑤如果网络图中有两条以上的关键线路，或者重新计算后关键线路已经改变，计划工期仍然超过规定工期，则重复以上步骤，直到计划工期满足规定要求为止（本例已经符合规定工期要求）。

（2）依次加快法

一般来说，当计划工期与规定工期相差较大的时候，通常应该采用增加施工机具和人数或其他技术组织措施来解决，为此，可按照施工工艺要求的先后顺序，并根据技术上可行，经济上合理的原则，事先选择若干可以加快进度的工作，确定其加快后的最短持续时间。现以图5-38为例，假设规定工期为100天，预先确定工作1→3、2→3、3→4、3→5和4→6采取加快措施后最短持续时间分别为30、15、30、25和25（标注在持续时间后的括号内），现说明采用依次加快法进行工期优化的步骤。

①按规定工期计算网络图，如图5-38所示，总时差标在箭杆线下方的括号内。

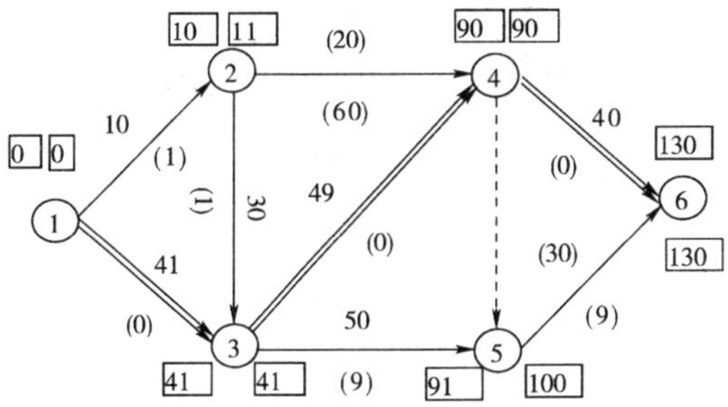

图 5-37

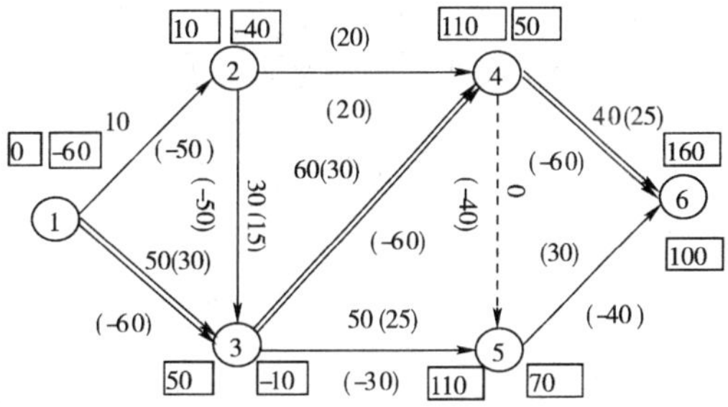

图 5-38

②在关键线路上，依次将可加快进度的工作用加快后持续时间 d_{i-j} 取代正常持续时间 t_{i-j}，直到缩短的持续时间总和大于或等于关键线路总时差的绝对值为止，即：

$$\sum(t_{i-j}-d_{i-j}) \geqslant |\mathrm{minTF}| \tag{5-21}$$

然后重新进行网络图的计算，同样，如果网络图中有两条以上的关键线路时，应逐次缩短各条关键线路的持续时间，本例中关键线路为1→3、3→4、4→6所组成，依次用其加快后的持续时间取代正常的持续时间。则：

$$\sum(t_{i-j}-d_{i-j})=(50-30)+(60-30)+(50-25)=75$$

$$|\mathrm{minTF}|=|(-60)|=60(\text{天})$$

$$\sum(t_{i-j}-d_{i-j})=75 \geqslant |\mathrm{minTF}|=60$$

重新进行网络图的计算，如图5-39。

图5-39中关键线路已经转移到1→2→3→5→6，在这条关键线路上，有工作2→3，3→5可以加快进度，因此，可重复步骤②，分别用 d_{2-3}、d_{3-5} 取代 t_{2-3} 和 t_{3-5}，这时有：

$$\sum(t_{i-j}-d_{i-j})=(30-15)+(50-25)=40 \geqslant |\mathrm{minTF}|=20(\text{天})$$

网络图的重新计算结果如图5-40所示，至此，计划工期90 < 100（天），满足工期要求。

二、时间—费用优化

工期优化是在不考虑工程费用的情况下进行的。事实上，在一般工程项目中，要加快某项工作，通常都需要增加劳动力、材料或机械设备，而这些都会引起工程费用的增加，因此工程费用与工期有着密切的关系。公路工程总费用是由直接费用和间接费用两部分组成，其中直接费用是指完成工程所需要的劳动力、原材料、机械设备及其各种影响增加等费用；间接费用则包括管理费、公用福利事业费、利息和一切不便于计入直接费用的其他附加费用。它们与工期之间的关系如图 5-41 所示。缩短工期,会引起直接费用的增加和间接费用的减少;延长工期,会引起直接费用的减少和间接费用的增加。因此,对于某一个项目来说,就不能简单地认为缩短工期就会增加工程费用,或延长工期就会减少工程费用。这就是我们所要解决的时间—费用优化问题,通常我们要求的是工程费用最小(如图 5-42 中的 B 点),与最小工程费用相对应的工期即为最优工期。

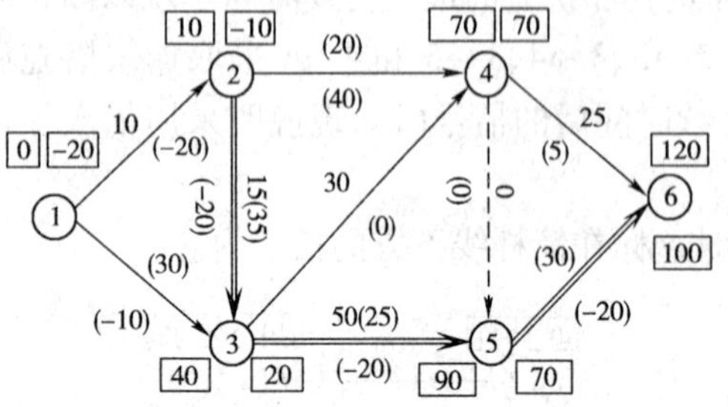

图 5-39

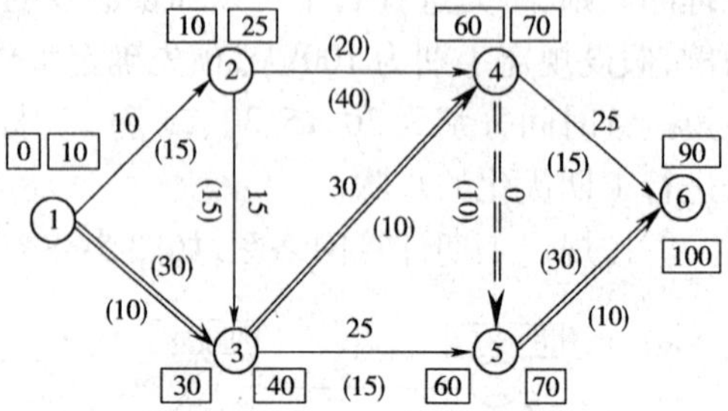

图 5-40

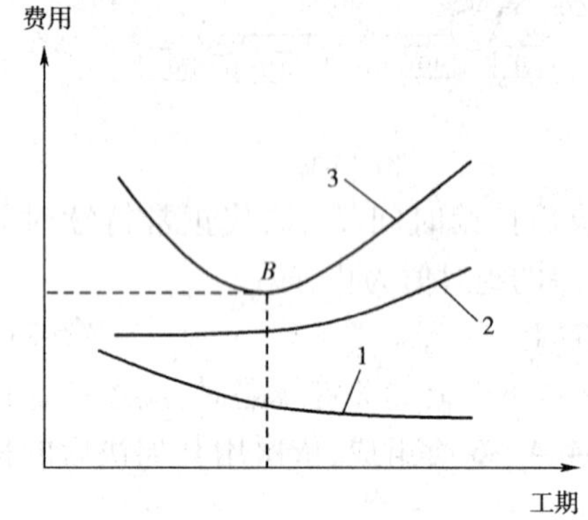

图 5-41 工期—费用曲线

1-直接费用;2-间接费用;3-费用总和

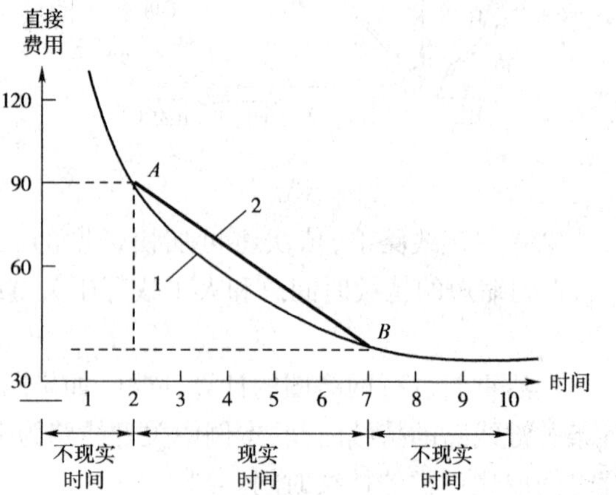

图 5-42 直接费用与时间关系曲线

1-实际的曲线;2-假设的曲线

直接费用与工期之间的关系,最简单的可用连接曲线上的两点的直线 AB 来表示(图 5-42)。B 点直接费用最小(C_N),与此费用相对应的工期(T_N)为正常工期。A 点是完成工作的最短期限(极限期限,即 T_S),与此相对应的费用为 C_S。显然,单位时间费用的变化率(费用斜率 E)为:

$$E = (C_S - C_N) \div (T_N - T_S) \tag{5-22}$$

图 5-42 意味着某项工序直接费用随着工序持续时间的改变而变化的关系。

由于 AB 之间可近似地取直线,故单位时间费用变化率(E)是固定的。在图 5-42 中:

$$E = (90 - 30) \div (7 - 2) = 12(\text{元/天})$$

不同工序的 E 值是不同的,E 值愈大,意味着施工持续时间变化一天所增加的费用也愈大。为此,要统筹缩短工期,首先要缩短位于关键线路上 E 值最小的工作持续时间,从而使工期缩短而直接费用增加最小。

我们优化的目的是通过从计划工期压缩到最短工期,求出整个计划的费用曲线。在关键线路中选择被压缩各项工作必须满足:

（1）被压缩的工作是关键线路上的工作；

（2）被压缩工作的持续时间不短于最短工期，工期可进行压缩；

（3）被压缩工作的费用斜率是关键线路上可压缩工作中最小的工作。

其优化的步骤为：

（1）在关键线路中，找出费用斜率最小的进行压缩，并计算总工期和总费用，然后检查关键线路是否发生变化，若关键线路没有变化，则可继续进行压缩；

（2）若关键线路改变或关键线路增加，此时进行压缩，必须压缩关键线路上的工作，或者对多条关键线路同时压缩；

（3）用压缩工期后得到的费用和工期可以绘制直接（间接）费用和工期的关系曲线；

（4）将直接费用、间接费用与工期的关系曲线叠加，可得总费用与工期的关系曲线，则可得到总费用最小时的工期。

网络计划的时间—费用优化，是一个不断调整、逐渐逼近较优解的过程，因此其计算工作量较大，特别是当网络计划中的工序较多时，手算比较麻烦，一般应借助计算机来完成。目前，国内已有相应的计算程序。

三、资源优化

任何一个工作的工程量一定，其工期与消耗的资源成反变。在实际工程中，资源的供应（如材料的供应），在一定时期内的总数量是有限的。如某工作施工需要量较大，多于有限的供应量，那么，在保持不增加供应量的情况下，工期就会延长，那么网络计划的工期延长应控制在最短的工期内。另一方面，资源还有一个合理使用的问题，力求最大限度地降低成本，达到资源的均衡使用。可以概括为两类：①资源有限，工期最短；②工期规定，资源均衡。

（一）资源有限，工期最短

设网络计划需要 S 种不同的资源，已知每天可能供应的数量分别为 $A_1(t)$、$A_2(t)$、$\cdots A_S(t)$，完成每一项工序 $i-j$ 仅需要其中一种资源，设为第 K 种，单位时间资源需要量以 $r_{i-j}^{(K)}$ 表示，并假定其为常数。在资源供应满足 r_{i-j}^{K} 条件下；完成工序 $i-j$ 所需的作业时间以 $t_{(i-j)}$ 表示。以 $W_{i-j}^{(K)}$ 表示工作 $i \quad j$ 所需要的第 K 种资源总数，则 $W_{i-j}^{(K)}=r_{i-j}^{(K)} \cdot t_{i-j}$。整个网络计划第 K 种资源的总需要量为：

$$\sum_{v(i,j)} W_{i-j}^{(K)}=\sum_{v(i,j)} r_{i-j}^{(K)} \cdot t_{i-j} \tag{5-23}$$

假定 $A_K(t)$（$K=1$、2、3、$\cdots$、S）为常数，即 $A_K(t)=A_K$，那么最短工期的下界为：

$$\max_K\left[\frac{1}{A_K}\sum_{v(i,j)} W_{(i-j)}^{(K)}\right] \tag{5-24}$$

如果在不考虑资源供应的限制条件下，求得网络计划关键线路的长度为 L_{CP}，则在满足资源供应限制的条件下，其工期必然满足下式：

$$T \geqslant \max\left[L_{CP}, \max\left(\frac{1}{A_K}\sum_{v(i,j)} W_{(i-j)}^{(K)}\right)\right] \tag{5-25}$$

此工期即为要求之较短工期。具体求解时，先根据网络图绘制按工序最早可能开始时间的时标网络图及相应的资源需要量动态曲线，并找出关键线路的长度、关键工序和非关键工序的总时差。如果资源需要量不满足规定的限制条件时，则应对网络计划进行调整。调整时先在资源需要量动态图上找出超过规定物资的时间区段，然后把处于这些区段中间的非关键工序在总时差范围内移动，以使其满足规定的资源限制条件，再绘制调整后的网络计划的资源需要量动态曲线,并检查其是否符合规定的限定条件。如不符合,则重复上述步骤,直到所有区段均能满足规定的资源限制条件为止。

为了把问题简化,假定所有工作都需要同样的一种资源,即 $S=1$。以下介绍一种近视解法。

1. 基本方法

(1)根据网络图,先绘制相应于各工作最早开始时间的时标网络图及相应的资源需要量动态曲线,从中找出关键线路的长度,位于关键线路的工作及非关键线路上各项工作的总时差,如果资源需要量不满足规定的限制条件时,那么就需要进行调整。

(2)假定 t 表示时间,t_0 表示整个网络计划的开始瞬间时,因此 $t_0=0$,资源需要量动态曲线一般是一个阶梯形的情形。

假定在时间区段(以下简称时段)$[t_0,t_1]$内每天需要的资源量为常数。研究在时段$[t_0,t_1]$内的工作,根据以下原则对这些工作进行编号:

①先对关键线路上的工作进行编号,其编号为 $1,2,\cdots,K_1$;

②然后对非关键线路上的工作按总时差递增编号,其编号为 $K_{1+1},K_{1+2},\cdots$;

③对于总时差相等的非关键工作,按每天需要的资源量递减编号。

(3)把位于时段$[t_0,t_1]$内的工作,按其编号从小到大的顺序,将每天需要的资源量进行累加,以累加数不超过可能供应的条件为限。余下的工作就移至 t_1 开始。

2. 一般步骤

假定已计算了 K 步,在时段$[t_0,t_1]$内的工作每天所需的资源需要量没有超过限制条件时,那么就继续计算第 $K+1$ 步。

(1)重复"第一步 1"。

(2)假定在时段$[t_K,t_{K+1}]$内的工作每天需要的资源需要量为常数。

研究在时段$[t_K,t_{K+1}]$内的工作,即在 t_K 左开始或在 t_K 开始,而在 t_{K+1}之右结束或在 t_{K+1} 结束的工作。根据以下原则对这些工作进行编号:

①对于各工作内部不允许中断的问题。

首先,对 t_K 之前开始,而在 t_K 之后结束的工作,根据新的总时差与其开始时间至 t_{K+1} 的距离之差$[TF_{i-j}-(t_{K+1}-ES_{i-j})]$的递增顺序编号,其编号为 $1,2,\cdots,K_2$;差值相等的工作,按其每天的资源需要量递增顺序编号。

其次,对于在时段$[t_K,t_{K+1}]$内余下的工作,按"第一步 2"的原则编号,依次为 K_{2+1},K_{2+2},…。

②对于各工作内部允许中断的问题。

在 t_K 之前开始,而在 t_K 之后结束的工作,把其 t_K 之前部分当作一个独立的工作处理,t_K 之后部分按"第一步 2"的原则编号。

③其余工作按"第一步 3"同样的方法进行。

对于各工作内部不允许中断的问题,在 t_K 之前开始的工作如需右移,那么就整个工作右移,移至 t_{K+1} 开始。

以上的计算方法同样适用于解决多种资源的问题。

3. 优化示例

现以图 5-43 为例说明以上优化过程。图中箭杆线上方的数据,表示该工作需要的资源需要量 $r_{i-j}^{(K)}$,箭杆线下面的数据为工作的持续时间 $t_{(i-j)}$。按照各工作最早开始时间绘制的时标网络图如图 5-44 所示。

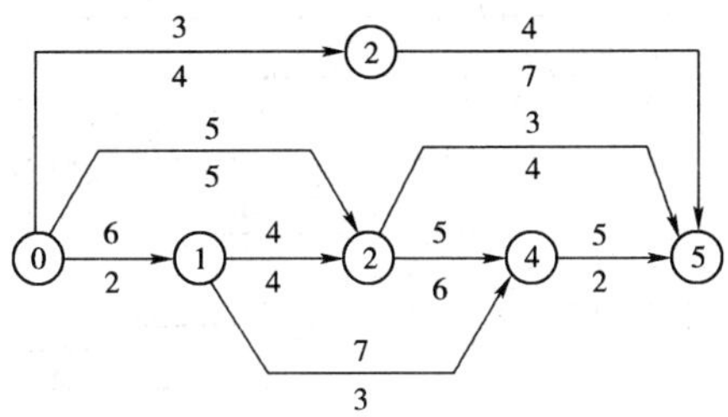

图 5-43

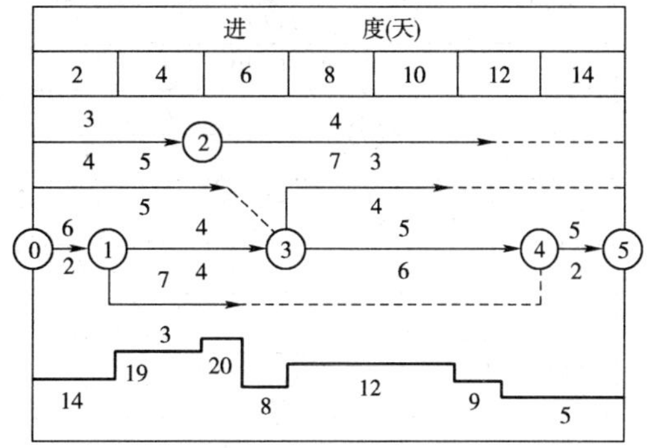

图 5-44

假定每天可能供应的资源需要量为常数 $A=12$ 单位，工作不允许中断。

从图 5-44 可以看出，时段[0,2]、[2,4]、[4,5]每天所需要的资源需要量分别为 14、19 和 20 单位，都超出了可能供应的限制条件。因此计划必须进行调整。

第一步，研究时段[$t_0=0,t_1=2$]的调整。

处于该时段内同时进行的工作有 0－1，0－2 和 0－3，按照第一步的编号原则，它们的顺序见表 5-12。

表 5-12

编号顺序	工作名称 i—j	每天资源需要量 r	编号依据
1	0－1	6	关键工作 $TF_{0-1}=0$
2	0－3	5	非关键工作 $TF_{0-3}=1$
3	0－2	3	非关键工作 $TF_{0-2}=3$

按编号顺序将各工作每天的资源需要量进行累加，其中 1、2 两项相加为 11，而第 3 项每天资源需要量是 3，如果累加进去就等于 14，超出了可能的限制条件，因此工作 0－2 应推迟到 $t_1=2$ 之后开始。

第二步，首先绘制第一步调整后的时标网络图及其相应的资源需要量动态曲线，如图5-45 所示。

研究时段[$t_1=2,t_2=5$]的调整。处于该时段同时进行的工作有 0－2、0－3、1－3 和1－4，根据一般步骤的编号原则，它们的顺序见表 5-13。

表 5-13

编号顺序	工作名称 i—j	每天资源需要量 r	编号依据
1	0－3	5	在 $t_1=2$ 之前已经开始
2	1－3	4	关键工作 $TF_{1-2}=0$
3	0－2	3	非关键工作 $TF_{1-2}=1$
4	1－4	7	非关键工作 $TF_{1-4}=7$

按编号顺序将工作 0－3、1－3 和 0－2 三项资源需要量之和为 12，故工作 1－4 必须推迟到 $t_2=5$ 之后开始。

第三步，绘制第二步调整后的时标网络图及其相应的资源需要量动态曲线，如图 5-46 所示。从中可以看出[$t_2=5,t_3=6$]的每天资源需要量为 14，故需继续调整。处于该时段的工作有 0－2、1－3 和 1－4，按一般步骤其编号顺序见表 5-14。

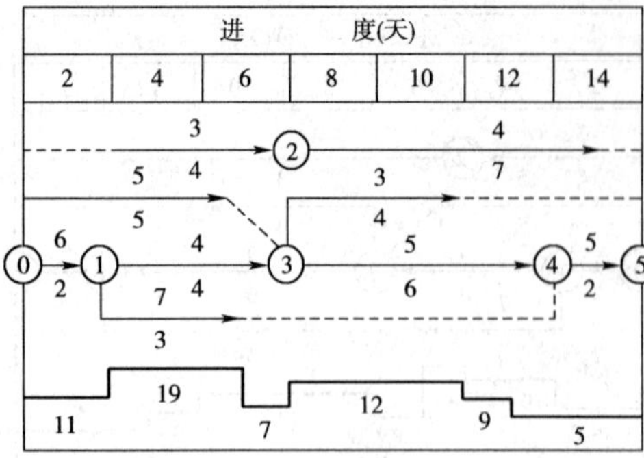

图 5-45

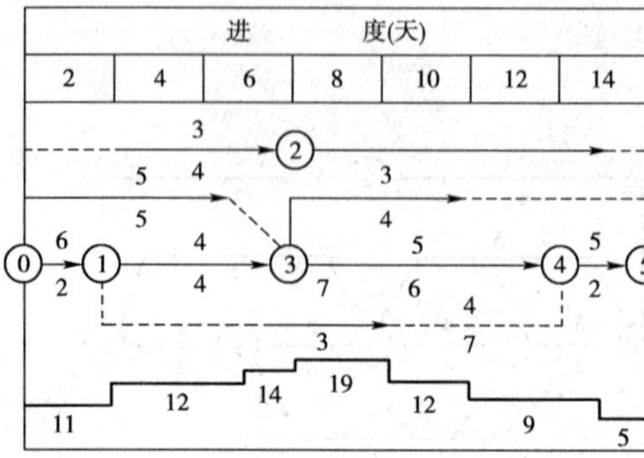

图 5-46

表 5-14

编号顺序	工作名称 $i—j$	每天资源需要量 r	编 号 依 据
1	1－3	4	在 $t_2=5$ 之前已经开始，$TF_{1-3}-(t_3-ES_{1-3})=0-(6-2)=-4$
2	0－2	4	在 $t_2=5$ 之前已经开始，$TF_{0-2}-(t_3-ES_{0-2})=1-(6-2)=-3$
3	1－4	7	非关键工作 $TF_{1-4}=4$

显然，工作 1－4 应推迟到 $t_3=6$ 之后开始。

以此类推，继续以上各步骤调整，最后可得图 5-47 所示资源有限、工期最短的优化近似解。

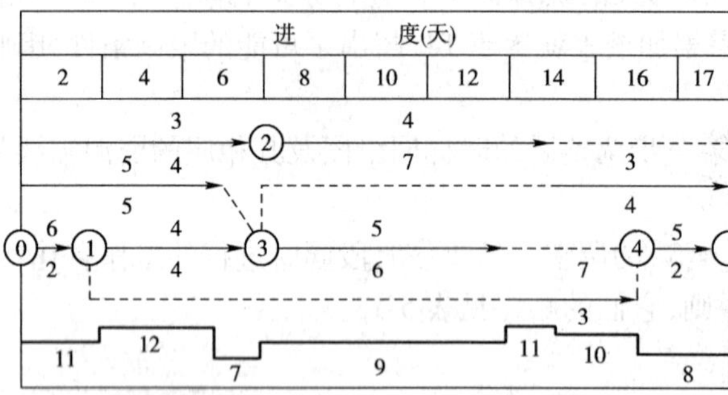

图 5-47

(二)工期规定、资源均衡

此种优化目的是在工期限定的条件下，寻求某种资源消耗量均衡。

为使问题简化起见，假定对于每个工序$(i-j)$，其 r_{i-j} 为常数，且假定所有工序都需要同一种资源，即 $S=1$。

衡量资源消耗量的不均衡程度，可用方差与极差两个指标来衡量。由于资源需要量动态曲线一般为阶梯形，其方差值为：

$$\frac{1}{T}\sum_{1}^{T}[R_{(t)}-R_{m}]^2=\frac{1}{T}[\sum_{1}^{T}R_{(t)}^2-\sum_{1}^{T}2R_{(t)R_m}+\sum_{1}^{T}R_m^2]=\frac{1}{T}\sum_{1}^{T}R_{(t)}^2-R_m^2 \tag{5-26}$$

式中：$R_{(t)}$——在瞬时 t 需要的资源量；

R_m——资源需要量的平均值；

T——规定工期。

由于 T、R_m 为常数，故要使方差值最小，即应使式(5-27)值为最小：

$$\frac{1}{T}R_{(t)}^2 = R_1^2 + R_2^2 + \cdots + R_T^2 \tag{5-27}$$

极差值为：

$$\max_{t\in[0,T]} |R_{(t)} - R_m| \tag{5-28}$$

使方差和极差值最小，这是两个从不同的角度进行目标优化的问题，其解法也不相同。一般用近似方法求解。限于篇幅，仅介绍方差最小的近似解法。

1. 找出关键线路的长度及非关键工作的总时差

根据满足工期规定条件的网络图，绘制相应于各工作最早开始时间的时标网络计划及资源需要量动态曲线，从中找出关键线路的长度和非关键工作的总时差，为使计划的总持续时间满足工期规定的条件，因此在调整过程中不考虑关键工作的调整。

2. 按节点最早开始的先后顺序自右向左进行调整

如果节点 L 为最右(后)的一个节点，那么就首先对以节点 L 为结束节点的工作进行调整。又如果以节点 L 为结束节点的工作中，工作 $K-L$ 为开始时间最迟的非关键工作，那么就首先考虑工作 $K-L$ 的调整。

假定工作 $K-L$ 在第 i 天开始，在第 j 天结束，如果工作 $K-L$ 向右移 1 天，那么第 i 天的资源需要量将减少 r_{K-L}，而第 $j+1$ 天的资源需要量将增加 r_{K-L}，即：

$$R'_i = R_i - r_{K-L}$$

$$R'_{j+1} = R_{j+1} + r_{K-L}$$

工作 $K-L$ 向右移 1 天后，方差 $R_1^2 + R_2^2 + \cdots + R_T^2$ 的变化值为：

$$2r_{K-L}[R_{j+1} - (R - r_{K-L})]$$

因此，当上式为负值时，即意味着工作 $K-L$ 右移 1 天能使方差值减小，那么就将工作 $K-L$ 右移 1 天。

在新的动态曲线上按上述方法继续考虑工作 $K-L$ 是否还能再右移 1 天，直到不能移动为止。

如果出现 $R_{j+1} > (R_i - r_{K-L})$ 即表示工作 $K-L$ 不能右移 1 天，那么就考虑工作 $K-L$ 能否右移多天(在总时差的范围内)，如果能够使方差值减小，就右移多天。

如果工作 $K-L$ 的右移确定以后，就按上述方法考虑其他工作的右移。

3. 按节点最早开始的先后顺序，自右向左继续调整

在所有工作都按节点最早开始时间的先后顺序，自右向左进行了一次调整之后，为使方差进一步减小，再按节点最早开始时间的先后顺序，自右向左进行第二次调整。反复循环，直到所有工作的位置不能再移动为止。

以上的计算方法同样适用于近似地解决多种资源的优化问题。

4. 优化示例

我们仍用图 5-43 为例，说明工期规定，资源均衡的优化步骤。

假设资源的供应条件没有限制，图 5-44 显然是一个可行的进度计划，每天资源最大需要量为 $R_{max}=20$ 单位，每天平均需要量为：

$$R_m = \frac{14 \times 2 + 19 \times 2 + 20 \times 1 + 8 \times 1 + 12 \times 4 + 9 \times 1 + 5 \times 3}{14} = 11.85$$

资源需要量的不均衡系数为：

$$K = \frac{R_{max}}{R_m} = \frac{20}{11.86} = 1.7$$

我们的目标是工期不变的条件下改善网络计划的进度安排，选择资源消耗量均衡的计划方案。

第一次调整。

(1)对以5号节点结束的两项非关键工作2－5和3－5进行调整(工作4－5是关键工作，不考虑调整)。从图5-44可知，工作3－5的开始时间(第6天)比2－5的开始时间(第四天)迟，因此，先考虑工作3－5的调整。

由于：$R_{11} - (R_7 - r_{3-5}) = 9 - (12 - 3) = 0$，可右移1天，$ES_{3-5} = 7$

$R_{12} - (R_8 - r_{3-5}) = 5 - (12 - 3) = -4$，可再右移1天，$ES_{3-5} = 8$

$R_{13} - (R_9 - r_{3-5}) = 5 - (12 - 3) = -4$，可再右移1天，$ES_{3-5} = 9$

$R_{14} - (R_{10} - r_{3-5}) = 5 - (12 - 3) = -4$，可再右移1天，$ES_{3-5} = 10$

可见，工作3－5逐天移到[10,14]内进行均能使资源消耗动态曲线的方差值减少，如图5-48所示。

以图5-48为依据，再对工作2－5进行调整。

由于：$R_{12} - (R_5 - r_{2-5}) = 8 - (20 - 4) = -8$，可右移1天，$ES_{2-5} = 5$；

$R_{13} - (R_6 - r_{2-5}) = 8 - (8 - 4) = 4$，不能右移。

因此，工作2－5只能右移1天，如图5-49所示。

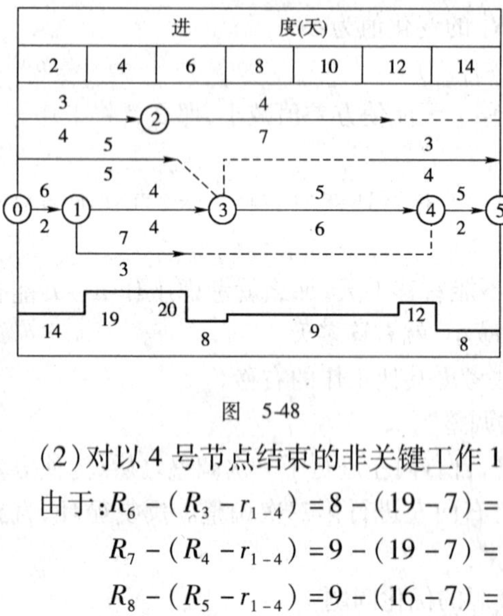

图 5-48

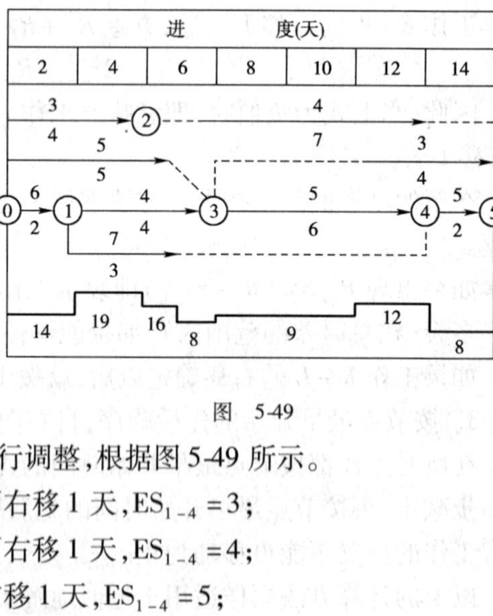

图 5-49

(2)对以4号节点结束的非关键工作1－4进行调整，根据图5-49所示。

由于：$R_6 - (R_3 - r_{1-4}) = 8 - (19 - 7) = -4$，可右移1天，$ES_{1-4} = 3$；

$R_7 - (R_4 - r_{1-4}) = 9 - (19 - 7) = -3$，可右移1天，$ES_{1-4} = 4$；

$R_8 - (R_5 - r_{1-4}) = 9 - (16 - 7) = 0$，可右移1天，$ES_{1-4} = 5$；

$R_9 - (R_6 - r_{1-4}) = 9 - (15 - 7) = 1$，不可右移(必须注意此处$R_6 = 8 + 7 = 15$；是以工作1－4右移到时段[5,8]后的动态曲线为依据)，如图5-50所示。

考虑工作1－4在此基础能否右移2天、3天、4天，经计算不能右移。

(3)分别对以节点3、2、1为结束节点的非关键工作进行调整，可发现不能右移。

第二次调整。

(1)在图 5-50 的基础上,对以 5 号节点为结束节点的工作 2－5 继续调整。

由于:$R_{13}-(R_6-r_{2-5})=8-(15-4)=-4$,可右移 1 天,$ES_{2-5}=6$;

$R_{14}-(R_7-r_{2-5})=8-(16-4)=-4$,可右移 1 天,$ES_{2-5}=7$;

工作 2－5 右移 2 天后得图 5-51。

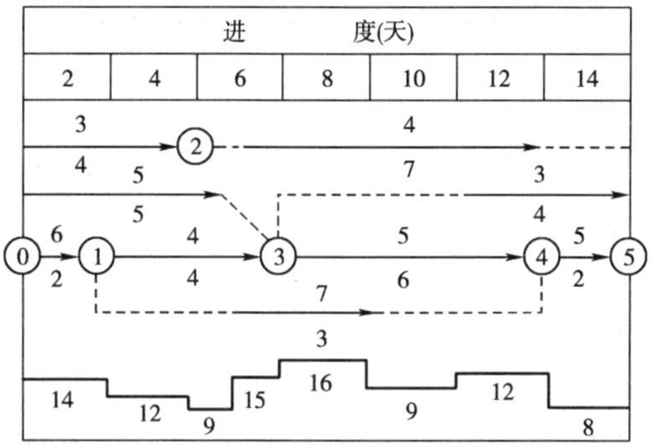

图 5-50

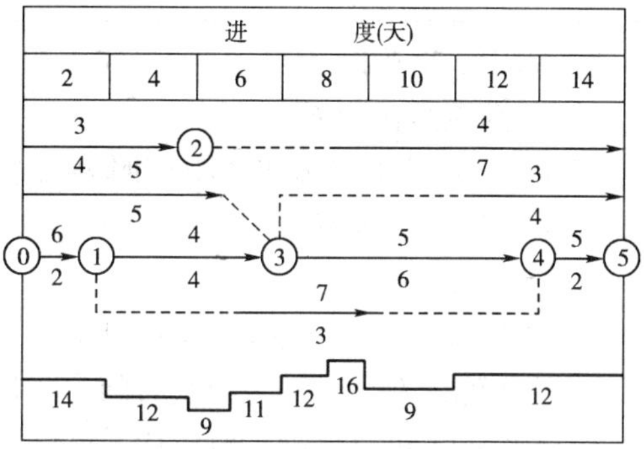

图 5-51

(2)分别对以节点 4、3、2、1 为结束节点的非关键工作进行调整,计算表明不能右移。解毕。

从图 5-51 可以看出,优化后资源需要量动态曲线的不均衡系数为:

$$K=\frac{R_{max}}{R_m}=\frac{16}{11.86}=1.35<1.7$$

第七节　其他网络计划方法

网络计划技术在几十年的应用和发展中,除前面介绍的最有代表性的关键线路法(CPM)外,世界各国相继应用开发了一些新型的网络计划技术,如流水施工网络计划、非肯定性网络计划(计划评审法)、搭接网络计划等,从而形成了较完善的网络计划方法。

一、流水施工网络计划

流水施工网络计划方法是 20 世纪 70 年代末与 80 年代初由我国土建施工组织与管理人员研究出的一种新型网络计划方法。它针对我国建筑业多年应用推广的网络计划方法,遇到流水施工网络计划问题,结合计划管理的实际情况和施工条件,综合运用流水施工原理和网络计划技术,开发研究的一种新型网络计划方法。

一般网络计划方法应用于流水施工时,尽可能使工作连续,以便加快施工进度,缩短工期。而在施工组织上不考虑各作业队能否连续施工。如果采用双代号网络图表示流水施工进度计划时,则必须把一个项目分割成为一系列独立的工序,计划变成完整系统,计算工作量加大,使施工组织保证专业施工和机械连续作业成为流水施工的核心。

下面举例说明如何利用网络计划满足流水施工组织的要求,并充分发挥两者的优点。

例如,某项工程分为 4 个施工段,该工程有三道工序即 A、B、C,分别组织 3 个专业队进行流水施工,各道工序在每个施工段的作业时间见表 5-15 所示。

表 5-15

各工序在各个施工段上的持续时间

工　　序	各施工段的作业时间(d)			
	I	II	III	IV
A	2	3	3	2
B	2	2	3	3
C	3	3	3	2

1．组织流水施工

(1)计算流水步距 K

相邻两工序之间的流水步距按照第二章介绍的"时间累加数列错位相减取大差法"计算得 $K_{A,B}=4(d)$,$K_{B,C}=2(d)$。则流水施工总工期 $T=17(d)$。

(2)流水施工总工期 T

流水施工总工期 $T=\sum K+\sum t=4+2+3+3+3+2=17(d)$。

2．流水施工双代号网络图及时间参数计算

根据表 5-13 可以绘制一般双代号网络图并计算时间参数,如图 5-52 所示,总工期为 16d。

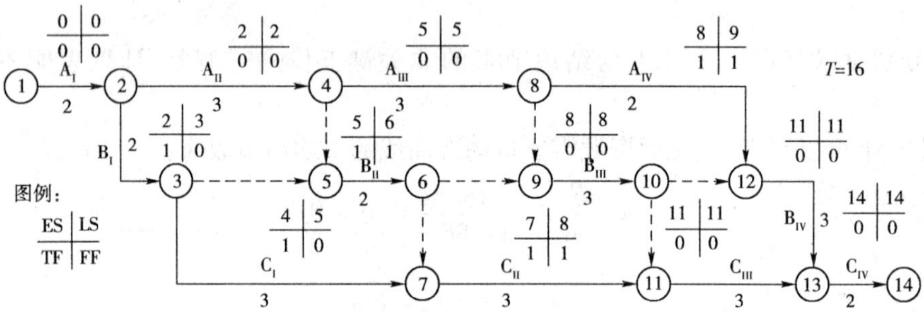

图 5-52　流水施工双代号网络图

由图 5-52 可以看出,专业队 A 只有按最早开始时间在各个施工段上开始工作才能做到连续施工;专业队 C 必须按最迟开始时间工作才可不间断地进行;而专业队 B 不管按最早或最迟开始时间进行,均不能实现连续施工。

3．表达流水施工组织的双代号网络图

目前使用的网络计划方法不能表达流水施工计划,其唯一的原因是没有反映流水施工组织的要求,两相邻工序的最早开始时间不是按流水步距计算确定的,如果把流水步距这个因素加入到一般的双代号网络图中,那么,只要所有工序均按最早开始时间进行施工,则所有专业队都能连续作业,从而形成表达流水施工组织的双代号网络图,如图 5-53 所示,其计划工期为 17d。

由此可见,要使网络计划满足流水施工的要求,只要把流水步距的概念引入网络计划方法中,就能使流水施工和网络计划的优势兼而备之。

二、非肯定型网络计划

前面介绍的网络计划关键线路法,在分析计算中工作之间的关系是确定的,工作的持续时间也都是确定的,因此称之为肯定型网络计划方法(CPM)。但是,在大型的公路工程项目和技术复杂的桥梁工程项目中,或者在新技术、新工艺、新结构和新设备等工程项目中,尽管其中各项工作之间的关系是确定的,由于受到自然、人为因素多方面影响,而各项工作的持续时间

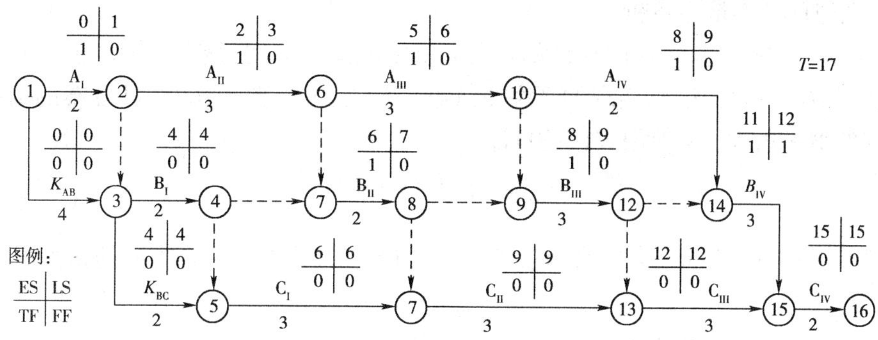

图 5-53　引入流水步距的双代号网络图

则是非确定的，或者因为工作的影响因素太多而不便确定。此时可采用网络计划的非肯定型网络计划方法，也称计划评审法（PERT），用于编制工程项目进度计划。

非肯定型网络计划图的画法、时间参数计算及优化方法基本上与肯定型网络计划方法相同。但非肯定型网络计划有它独自的特点，就是在时间上要考虑随机因素。首先要对作业时间进行估计，然后针对估计的作业持续时间计算出期望工期，利用概率计算出按指令工期完成计划的可能性的大小，从而找出完成计划可能性最大的工期，以提高计划的可靠性。

（一）工作持续时间的估计

非肯定型网络计划是一种概率型网络计划方法，在网络计划阶段一个事件的实现到另一个事件的实现要持续多少时间是难以确定的。而公路工程项目在施工阶段，其进度计划的时间确定一般为非肯定型，原因是工程基本在野外进行，受气候的影响很大；另外，施工现场呈线性分布，材料运输供应及管理都较困难。所以各项工作的持续时间，需要计划管理人员根据类似工程性质的施工经验进行合理估计，把工作持续时间作为随机变量，应用概率理论进行科学处理。

1. 工作持续时间的三个估计值

（1）乐观时间 a——在最有利的条件下，完成该项工作所需的最短时间；

（2）悲观时间 b——在最不利的条件下，完成该项工作所需的最长时间；

（3）可能时间 c——在正常条件下完成工作所需要的时间，也称最可能实现时间。

以上三个时间估计值存在着这样的关系：$a \leqslant c \leqslant b$。它们是某一随机过程出现频率分布有代表性数据，如图5-54所示。所有的时间可能估计值均位于 a 和 b 两边界之间。如果将此过程进行若干次，可以观察到以不同频率出现的各种估计值位于 a 和 b 为界的区间内。

2. 工作持续时间的期望值（平均持续时间）

期望值描述了持续时间随机变量的取值中心，有了期望值就可以进行非肯定型网络计划的时间参数计算。我国著名数学家华罗庚教授假定可能时间 c 发生的可能性两倍于乐观时间 a，也两倍于悲观时间 b，用加权平均法计算工作持续时间的期望值 t_m。

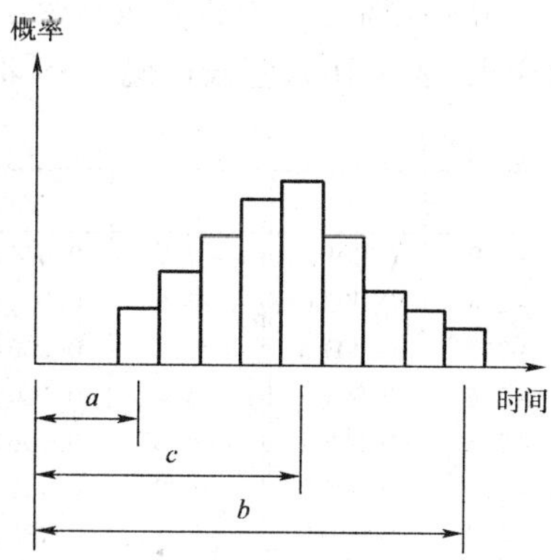

图 5-54　时间估计值的频率分布

$$t_m = \frac{a + 4c + b}{6} \tag{5-29}$$

3. 持续时间的离散性分析

判断某活动的平均持续时间估计偏差的大小可用方差 σ^2 来衡量。方差愈大,说明平均持续时间分布的离散程度愈大,实现的概率便愈小。反之,方差愈小,说明其分布的离散程度也愈小,实现的概率就大。方差用式(5-30)计算。

$$\delta^2 = \left(\frac{(b-a)}{6}\right)^2 \tag{5-30}$$

有时用均方差 σ 或标准离差来衡量工作持续时间的离散性,它是方差的正平方根,即:

$$\delta = \frac{b-a}{6} \tag{5-31}$$

(二)期望工期与方差及计划完成的概率

1. 计划的期望工期与方差

求出网络计划各项工作持续时间的期望值和方差值后,就可以求出整个计划的期望工期及其方差,并求出计划按期完成的概率。

计算计划的期望工期与肯定性网络计划求总工期的方法一样,即网络计划关键线路上所有持续时间的期望值 t_m 和方差 σ^2 的总和为计划的期望工期 T_m 和期望工期的方差 δ_P^2:

$$T_m = \sum_{cp} t_m \tag{5-32}$$

$$\delta_P^2 = \sum_{cp} \delta^2 \tag{5-33}$$

式中:cp——关键线路。

由于计划的期望工期 T_m 是通过各项工作的持续时间期望值求得的,所以 T_m 亦为随机变量。为了判断它的肯定程度,还需计算期望工期的方差 δ_P^2。值得注意的是,当网络计划存在两条以上关键线路时,计划期望工期的方差,应在多条关键线路的方差中取最大值。

2. 计算按期完成的概率

计算出计划工期的期望值和方差后,运用概率论的基本原理,便可以求出一个重要参数,即计划按期完成的概率。

当一个网络计划存在多项工作事件,而且每项工作持续时间的期望值对计划的期望工期影响又不大时,计划的期望工期随机变量就能较好地服从概率论中的正态分布,于是可以运用正态分布的原理计算计划按指令工期 T 完成的概率。即求出概率系数(Z)之后,再依据正态分布表(表 5-16),查表得概率 $P(Z)$。概率系数 Z 的计算公式如下:

概率表(摘录) 表 5-16

Z	P	Z	P	Z	P	Z	P	Z	P
-2.9	0.001 9	-1.7	0.044 6	-0.5	0.308 5	0.7	0.758 0	1.9	0.971 3
-2.8	0.002 6	-1.6	0.054 8	-0.4	0.344 6	0.8	0.788 1	2.0	0.977 0
-2.7	0.003 5	-1.5	0.066 8	-0.3	0.382 1	0.9	0.815 9	2.1	0.982 1
-2.6	0.004 7	-1.4	0.080 8	-0.2	0.420 7	1.0	0.841 3	2.2	0.986 1
-2.5	0.006 2	-1.3	0.096 8	-0.1	0.460 2	1.1	0.864 3	2.3	0.989 3
-2.4	0.008 2	-1.2	0.115 1	0	0.500 0	1.2	0.884 9	2.4	0.991 8
-2.3	0.010 7	-1.1	0.135 7	0.1	0.539 8	1.3	0.903 2	2.5	0.993 8
-2.2	0.013 9	-1.0	0.158 7	0.2	0.579 3	1.4	0.919 2	2.6	0.995 3
-2.1	0.017 9	-0.9	0.184 1	0.3	0.617 9	1.5	0.933 2	2.7	0.996 5
-2.0	0.022 8	-0.8	0.211 9	0.4	0.655 4	1.6	0.945 2	2.8	0.997 4
-1.9	0.028 7	-0.7	0.242 0	0.5	0.691 5	1.7	0.955 4	2.9	0.998 1
-1.8	0.035 9	-0.6	0.274 3	0.6	0.725 7	1.8	0.964 1	3.0	0.998 7

$$Z=\frac{T-T_m}{\delta_p} \tag{5-34}$$

反之，如果预先给定了概率 $P(Z)$，由表 5-14 中可查出概率系数 Z 值，从而可以计算出所需的指令工期 T。由公式(5-33)可得：

$$T=T_m+Z\times\delta_p \tag{5-35}$$

（三）非肯定性网络计划时间参数的计算

求出了非肯定性网络计划的期望工期及其方差，以及计划按指令工期完成的概率以后，则可对整个计划的最终工期目标进行合理的控制。但是，计划实施阶段某一时刻，实际完成情况及其实现的概率，还需计算网络图节点时间参数。

1. 计算节点最早时间及方差

非肯定性网络计划与肯定性网络计划的计算原理相同，则节点最早时间（ET）和方差 δ^2（ET）计算公式为：

设 $ET_1=0$，　　$\delta^2(ET_1)=0$

$$\left.\begin{aligned}ET_j&=\max\{ET_i+t_m\}\\ \delta^2(ET_j)&=\max\{\delta^2(ET_i)+\delta^2(t_m)\}\end{aligned}\right\} \tag{5-36}$$

式(5-36)由网络图起点节点开始沿箭线方向逐个计算到终点节点为止。

2. 计算节点最迟时间及方差

设 $LT_n=ET_n$（n 为网络图的终点节点），当指令工期为 T 时，则 $LT_n=T$；当无指令工期时，计划的期望工期 $T_m=LT_n$；　$\delta^2(ET_n)=0$。

$$\left.\begin{aligned}LT_i&=\min\{ET_j-t_m\}\\ \delta^2(LT_i)&=\min\{\delta^2(ET_j)+\delta^2(t_m)\}\end{aligned}\right\} \tag{5-37}$$

式(5-37)由网络图终点节点开始逆箭线方向逐个计算到起点节点为止。

3. 计算节点时差及实现概率

非肯定性网络计划分析及计算均以节点为基准，节点时间变动范围称节点的时差（松弛时间）。

$$\left.\begin{aligned}TF_i&=LT_i-ET_i\\ \delta^2(TF_i)&=\delta^2(LT_i)+\delta^2(ET_i)\end{aligned}\right\} \tag{5-38}$$

在非肯定性网络计划中，TF = 0 的节点称为关键节点，关键节点及其顺序关键箭杆组成关键线路，这一点与肯定性网络计划类似。不同之处在于非肯定性网络计划中时差是一个正态分布的随机变量，计算所得的 TF 值是一个期望值，因此可以根据 TF 及其方差 δ^2（TF）估计节点完成的概率。

节点工期完成的概率可根据下式求出正态分布偏离值 Z 后，查表 5-14 得出概率 $P(Z)$。

$$Z=\frac{TF_i}{\delta}=\frac{LT_i-ET_i}{\sqrt{\delta^2(LT_i)+\delta^2(ET_i)}} \tag{5-39}$$

4. 保证节点在规定期限完成的概率

有时某一节点的完成期限在网络计划编制以前已有规定，如桥梁工程施工中，基础工程必须在汛期到来之前完成，以便继续进行其他部分施工。对于这种情况，必须求出该节点完成的最早时间 ET 与规定期限 PT 之间的关系。当 PT > ET 时，自然易于保证按期或提前完成；当 PT < ET 时，则需估计保证该节点在规定期限完成的概率 P。

为求保证节点 i 在 PT_i 期限内完成的概率,可先按下式求出 Z_i:

$$Z_i = \frac{PT_i - ET_i}{\delta(ET_i)} \tag{5-40}$$

然后根据 Z_i 查表5-14求出 P 值。

同理,若工程最终期限已事先确定,则可按式(5-40)计算保证规定工期最终期限完成的概率;或根据规定的概率寻求可能性最大的工期。由公式(5-40)得:

$$PT_i = ET_i + Z_i \times \delta(ET_i) \tag{5-41}$$

5. 计算举例

已知某项目的网络计划如图5-55所示,试计算网络图节点时间参数及其实现的概率,并分析指令工期等于期望工期情况下和指令工期为28d和34d时计划完成的概率。若要求计划完成概率达95%,则指令工期应不小于多少天?

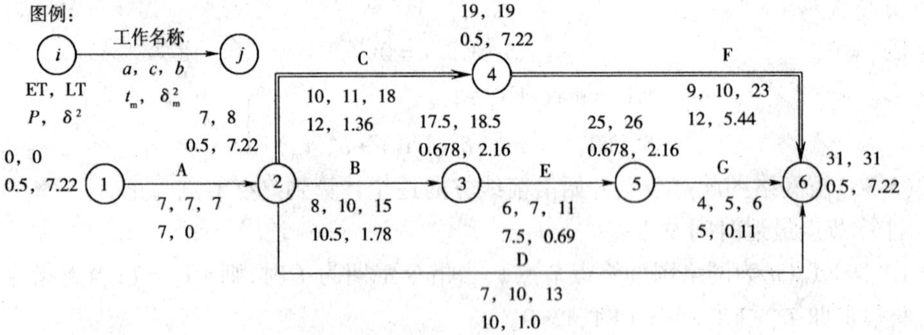

图5-55 非肯定性网络计划时间参数计算

(1)根据网络图上所标注的数据,计算各项工作的 t_m 及 δ_m^2。按公式(5-29)和公式(5-30)计算,结果标注在图5-55上。

(2)计算节点最早时间及方差

由公式(5-36)得:

$ET_1 = 0$ $\qquad \delta^2(ET_1) = 0$

$ET_2 = 0 + 7 = 0$ $\qquad \delta^2(ET_2) = 0 + 0 = 0$

$ET_3 = 7 + 10.5 = 17.5$ $\qquad \delta^2(ET_3) = 0 + 1.36 = 1.36$

$ET_4 = 7 + 12 = 19$ $\qquad \delta^2(ET_4) = 0 + 1.78 = 1.78$

$ET_5 = 17.5 + 7.5 = 25$ $\qquad \delta^2(ET_5) = 1.36 + 0.69 = 2.05$

$ET_6 = \max\begin{Bmatrix}19 + 12 = 31\\25 + 5 = 30\end{Bmatrix} = 31$ $\qquad \delta^2(ET_6) = \max\begin{Bmatrix}1.78 + 5.44 = 7.22\\2.05 + 0.11 = 2.16\end{Bmatrix} = 7.22$

(3)计算节点最迟时间及方差

由公式(5-37)得:

$LT_6 = ET_6 = 31$ $\qquad \delta^2(LT_6) = 0$

$LT_5 = 31 - 5 = 26$ $\qquad \delta^2(LT_5) = 0 + 0.11 = 0.11$

$LT_4 = 31 - 12 = 19$ $\qquad \delta^2(LT_4) = 0 + 5.44 = 5.44$

$LT_3 = 26 - 7.5 = 18.5$ $\qquad \delta^2(LT_3) = 0.11 + 0.69 = 0.8$

$LT_2 = \min\begin{Bmatrix}19 - 12 = 7\\18.5 - 10.5 = 8\end{Bmatrix} = 31$ $\qquad \delta^2(LT_2) = \max\begin{Bmatrix}1.78 + 5.44 = 7.22\\1.36 + 0.8 = 2.16\end{Bmatrix} = 7.22$

$LT_1 = 7 - 7 = 0$ $\delta^2(LT_1) = 7.22 + 0 = 7.22$

(4)计算节点时差及实现的概率

由公式(5-38)得:

$LT_1 = 0 - 0 = 0$ $\delta^2(LT_1) = 0 + 7.22 = 7.22$

$TF_2 = 0 - 0 = 0$ $\delta^2(TF_2) = 0 + 7.22 = 7.22$

$TF_3 = 18.5 - 17.5 = 1$ $\delta^2(TF_3) = 1.36 + 0.8 = 2.16$

$TF_4 = 19 - 19 = 0$ $\delta^2(TF_4) = 1.78 + 5.44 = 7.22$

$TF_5 = 26 - 25 = 1$ $\delta^2(TF_5) = 2.05 + 0.11 = 2.16$

$TF_4 = 31 - 31 = 0$ $\delta^2(TF_6) = 7.22 + 0 = 7.22$

关键节点为①、②、④、⑥,连成关键线路①→②→④→⑥。由公式(5-39)得:

$Z_1 = Z_2 = Z_4 = Z_6 = 0$,查表5-16得:

$P_1 = P_2 = P_4 = P_6 = 0.5 = 50\%$

$Z_3 = Z_5 = 1/2.16 = 0.463$,查表5-16得:$P_3 = P_5 = 0.678 = 67.8\%$

(5)求规定工期完成的概率

当指令工期 T 等于期望工期 T_m 时,按期完成计划的概率由式(5-32)、式(5-33)、式(5-34)得:

$$T_m = 7 + 12 + 12 = 31 \qquad \delta_P^2 = 0 + 1.78 + 5.44 = 7.22 \qquad Z = \frac{31 - 31}{7.22} = 0$$

查表5-14得 $P(Z) = P(0) = 50\%$,即当 $T = T_m$ 时,按期完成计划的概率为50%。

当 $T = 28\text{d}$ 时,$Z = \dfrac{28 - 31}{7.22} = -0.416$

查表5-14得 $P(-0.416) = 35.06\%$,即当 $T = 28\text{d}$ 时,按期完成的概率为35.06%。

当 $T = 34\text{d}$ 时,$Z = \dfrac{34 - 31}{7.22} = 0.416$

查表5-14得 $P(0.416) = 66.1\%$,即当 $T = 34\text{d}$ 时,按期完成的概率为66.1%。

如果要求计划完成的概率为95%,即 $P(Z) = 0.95$,查表5-14得 $Z = 1.64$,由式(5-35)计算指令工期 T 为:

$$T = T_m + Z \times \delta_p = 31 + 1.64 \times 7.22 = 42.84\text{d}$$

若要求计划完成的可能性达95%时,则应规定工期为42.84天。

三、搭接网络计划

(一)搭接关系的表示方法

关键线路法,无论是双代号网络计划还是单代号网络计划,网络计划方法中的工作关系是一种固定的衔接关系,即一项工作必须在紧前工作结束后才能开始,或必须在其紧后工作开始之前完成。但在实际工程项目的网络计划中,工作之间的逻辑关系并非只有衔接关系,在多数情况下都存在着搭接关系。

1. 搭接关系与搭接网络计划

工程项目网络计划在许多情况下,紧后工作的开始并不以紧前工作的完成为条件,而只要紧前工作开始一段时间以后,能为紧后工作提供一定的开始的条件,紧后工作就可以开始且与紧前工作平行作业。工作之间的这种关系称为搭接关系。

例如,相邻的两项工作 A 和 B,它们的持续时间分别为 15d 和 10d,A 工作开始 5d 后 B 工作即可开始,而不必等 A 工作结束,此时用横道图表示如图 5-56a)所示。若用前述的网络计划图表示这种搭接关系,则必须把 A 工作分为两部分 A_1 和 A_2,以双代号网络图表示,见图 5-56b)所示,单代号网络图表示则为图 5-56c)所示。这样表达虽然关系清楚、严格,但会增加绘图工作量,也相应增加计算工作量。

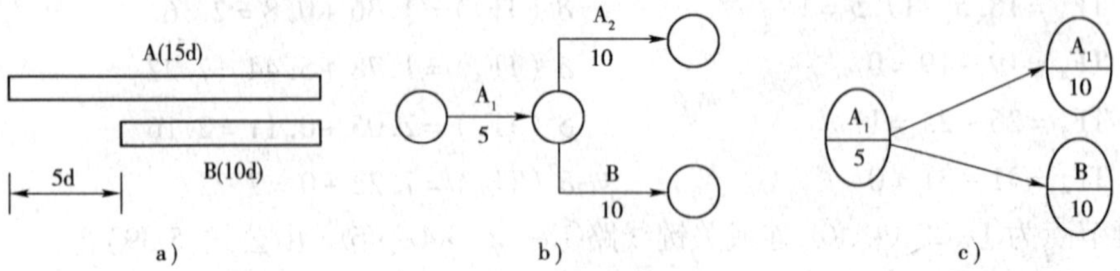

图 5-56　A、B 工作搭接关系表达方式

a)横道图方式;b)双代号网络图方式;c)单代号网络图方式

为了使搭接关系简单直接地表达,以利于网络计划编制工作的简化,于是开发应用了多种搭接网络计划方法,即考虑工作间搭接关系的网络计划方法称为搭接网络计划。搭接网络计划一般用单代号网络表达。

2. 搭接关系的分类

在搭接网络计划中,工作间的逻辑关系是由相邻两项工作之间的不同时距决定的。时距就是紧前工作与紧后工作的先后开始或结束之间的时间间隔。由于相邻两项工作各有开始和结束时间,所以基本连接关系有 4 种情况,用单代号网络图表达如图 5-57 所示。

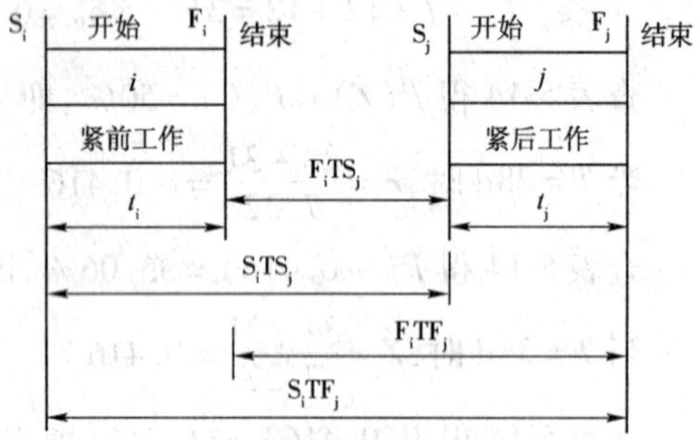

图 5-57　单代号网络图表达基本时距

(1)结束到开始关系(F_iTS_j)

时距 F_iTS_j 表示工作 i 结束后,工作 j 在规定的时距内开始,如图 5-58 所示。

例如,修筑路堤护坡时,应等路堤自然沉降后才能浆砌护坡,这个等待时间就是 F_iTS_j 时距关系。

(2)开始到开始关系(S_iTS_j)

时距 S_iTS_j 表示工作 i 开始一定的时距后,工作 j 就可开始,如图 5-59 所示。

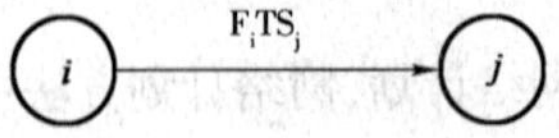

图　5-58

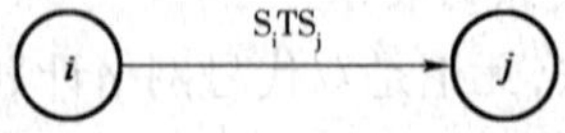

图　5-59

例如,公路工程路基和路面施工中,路基修筑一定时间后,为铺设路面创造了一定的施工条件,路面施工就可以开始,这种工作之间的时间间隔就是 S_iTS_j 的关系。

(3)结束到结束关系(F_iTF_j)

时距 F_iTF_j 表示工作 i 结束后,经过一定的时距工作 j 也应该结束,如图 5-60 所示。

例如,路基施工结束后,路面施工还需一定的时间才能结束,这种工作结束之间的时间间

隔就是 F_iTF_j 时距。

(4)开始到结束关系(S_iTF_j)

时距 S_iTF_j 表示工作 i 开始后一定的时距内，工作 j 就应当结束，如图 5-61 所示。

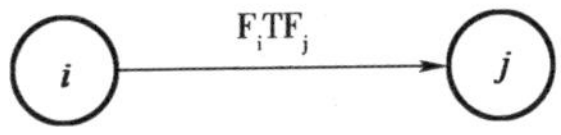

图 5-60

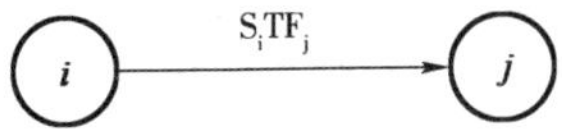

图 5-61

例如，桥梁工程明挖基础施工中，地下水位高程高出基底高程的部分开挖基坑，必须待降低地下水位以后才能开始，即基坑开挖时地下水位降低必须完成。这种时距关系就是 S_iTF_j 时间间隔。

(5)混合时距关系

当出现上述两种以上的时距关系时称为混合关系。搭接网络计划中除上述4种基本时距关系外，还可能同时出现多种工作间的连接关系，如两项工作同时受 S_iTS_j 和 F_iTF_j 限制，或者由 F_iTS_j 和 S_iTF_j 同时限制等。如图 5-62 所示。

图 5-62　工作间混合时距关系

图 5-62a)中，当 $S_iTS_j = 7d$ 和 $F_iTF_j = 4d$ 时，表示工作 i 开始 7d 后，工作 j 就应当开始，工作 i 结束后，工作 j 在 4d 内结束；图 5-62b)中，当 $F_iTS_j = 5d$ 和 $S_iTF_j = 8d$ 时，则表示工作 i 结束 5d 后，工作 j 就可以开始，工作 i 开始 8d 后，工作 j 也应该结束。

(二)搭接网络图的绘制及其时间参数计算

1. 搭接网络计划图的绘制

与双代号网络图或单代号网络图的绘制方法一样，要绘制一个项目的搭接网络图，首先必须分解这个工程项目，即将项目分解成若干项工作；然后确定出各项工作之间的搭接情况，并依据实际情况计算出各种关系所需要的时距；最后根据搭接关系及其时距，按照一般网络计划图的绘制方法，画出搭接网络计划图。

由此可见，绘制搭接网络计划图的关键是确定各项工作之间的搭接关系及其时距，而这些关系及时距的大小由工程项目的实际情况决定，只要知道工作间的各种搭接关系及其时距，就不难绘制搭接网络计划图。如图 5-63 所示。

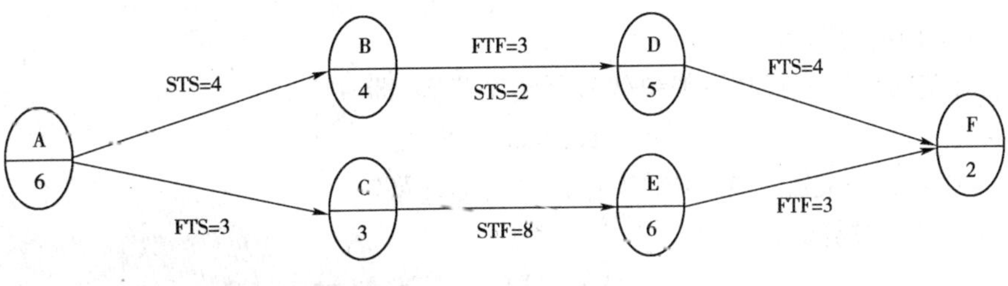

图 5-63　单代号搭接网络计划图

2. 搭接网络计划时间参数计算

如同单代号网络图一样，搭接网络计划的时间参数只有工作时间参数，包括控制性时间参数(ES、SF、LS、LF)和协调性时间参数(TF、FF)。由于搭接网络计划中，各项工作往往受多种连接关系的约束，所以在其时间参数计算时，应依据不同的连接关系分别考虑。其基本关系如图 5-64 所示。

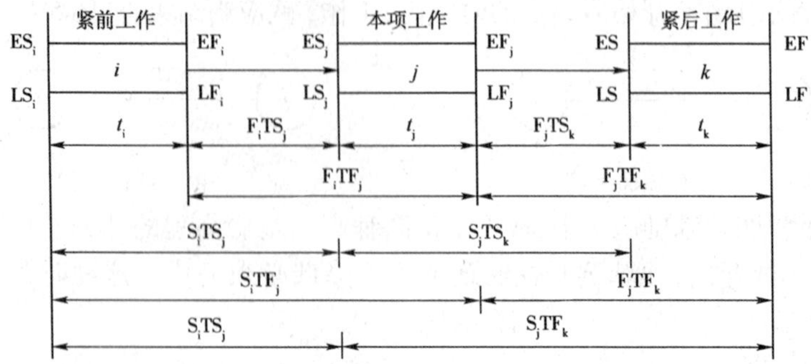

图 5-64　工作之间基本连接关系及时间参数表示

由图 5-64 所示的工作之间基本连接关系，根据单代号网络图工作时间参数计算原理，以及搭接关系及其时距类型，可方便地列出搭接网络计划时间参数的计算公式。

(1)计算工作的最早开始时间和最早完成时间

$ES_1=0$(1 为单代号搭接网络图的起点)

$$ES_j=\max\begin{cases}ES_i+S_iTS_j & STS\\ ES_i+t_i+F_iTS_j & FTS\end{cases} \tag{5-42}$$

$$EF_j=\max\begin{cases}ES_j+t_j & STS\\ ES_j+t_j & FTS\\ EF_i+F_iTF_j & FTF\\ ES_i+S_iTF_j & STF\end{cases} \tag{5-43}$$

(2)计算工作的最迟结束时间和最迟开始时间

$LF_n=EF_n=T$　　(n 为网络图的终点)

$$LF_j=\min\begin{cases}LS_k-F_jTS_k & FTS\\ LF_k-F_jTK_k & FTF\end{cases} \tag{5-44}$$

$$LS_j=\min\begin{cases}LF_j-t_j & FTS\\ LF_j-t_j & FTF\\ LS_k-S_jTS_k & STS\\ LF_k-S_jTF_k & STF\end{cases} \tag{5-45}$$

(3)计算工作的总时差

工作总时差的计算公式与一般单代号网络图相同，即

$$TF_j=LS_j-ES_j \tag{5-46}$$

当 $TF_j=0$ 时，j 为关键工作，关键工作连成关键线路。

(4)计算工作的局部时差

$$FF_j=\begin{cases}ES_k-EF_j-F_jTS_k & FTS\\ ES_k-ES_j-S_jTS_k & STS\\ EF_k-EF_j-F_jTF_k & FTF\\ EF_k-ES_j-S_jTK_k & STF\end{cases} \tag{5-47}$$

当 $TF_j=0$ 时，FF_j 一定为零，即 $FF_j=0$。

3. 时间参数计算举例分析

某工程项目搭接网络计划图如图 5-65 所示。

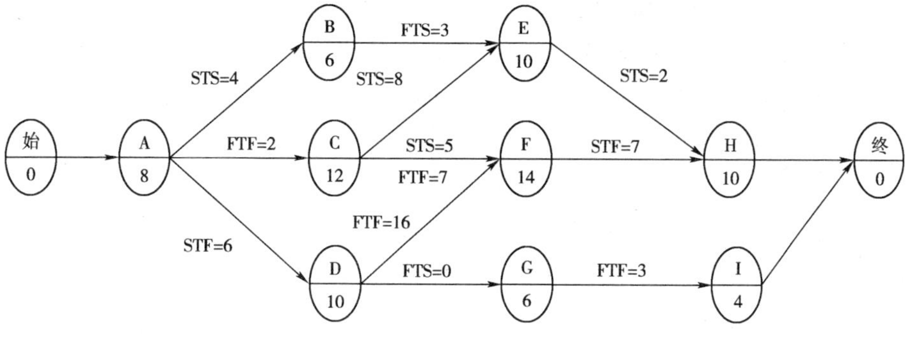

图 5-65 某项目单代号搭接网络计划

（1）计算工作的最早开始和最早完成时间

计算工作的最早时间系列系数，必须从网络图的起点按箭线方向逐项工作依次算到终点。且与起点相连工作的最早开始时间均为零，即 $ES_A=0$，而 $EF_A=ES_A+t_A=0+8=8$。其他各项工作的最早开始时间和最早完成时间按式（5-36）与式（5-37）分别计算如下：

$$①\begin{cases}ES_B=ES_A+S_ATS_B=0+4=4\\EF_B=ES_B+t_B=4+6=10\end{cases}$$

$$②\begin{cases}EF_C=EF_A+F_ATF_C=8+2=10\\ES_C=EF_C-t_C=10-12=-2\end{cases}$$

在单代号搭接网络计划图中，虚设的起点应与没有内向箭线的工作相联系。当某项中间工作的 ES_i 为负值时，应把该项工作（如 C）用虚线与起点联系起来，如图 5-66 所示。

这时工作 C 的最早开始时间由起点决定，即 $ES_C=0$；工作 C 的最早完成时间也需要重新计算：

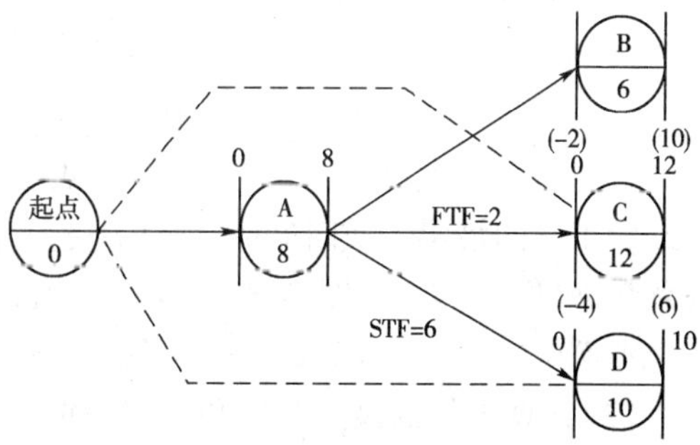

图 5-66 ES 为负值的处理方法

$$③EF_C=ES_C+t_C=0+12=12$$

$$④\begin{cases}EF_D=EF_A+S_ATF_D=0+6=6\\ES_D=EF_D-t_D=6-10=-4\end{cases}$$

工作 D 的 $ES_D=-4$，处理方法同工作 C，将工作 D 用虚线与起点连接，如图 5-66 所示。则：

$$ES_D=0\quad EF_D=ES_D+t_D=0+10=10$$

$$⑤\begin{cases}ES_E=\max\begin{Bmatrix}EF_B+F_BTS_C=10+3=13\\ES_C+S_CTS_E=0+8=8\end{Bmatrix}=13\\EF_E=ES_E+t_E=13+10=23\end{cases}$$

⑥$\begin{cases} EF_F = \max\begin{Bmatrix} ES_C + S_CTS_F + t_F = 0 + 5 + 14 = 19 \\ EF_C + F_CTF_E = 12 + 7 = 19 \\ EF_D + F_FTF_F = 10 + 16 = 26 \end{Bmatrix} = 26 \\ ES_E = EF_E - t_F = 26 - 14 = 12 \end{cases}$

⑦$\begin{cases} ES_G = EF_D + S_ETS_G + t_H = 13 + 2 + 10 = 25 \\ EF_G = EF_D + t_G = 10 + 6 = 16 \end{cases}$

⑧$\begin{cases} EF_H = \max\begin{Bmatrix} ES_E + S_ETS_H + t_H = 13 + 2 + 10 = 25 \\ ES_F = S_FTS_H = 12 + 7 = 19 \end{Bmatrix} = 25 \\ ES_H = ES_H - t_H = 25 - 10 = 15 \end{cases}$

⑨$\begin{cases} ES_I = EF_G + F_GTF_I = 16 + 3 = 19 \\ EF_I = EF_I - t_I = 19 - 4 = 15 \end{cases}$

⑩$EF_{终} = \max\{EF_H, EF_I\} = \max\{22, 19\} = 22$

在一般情况下，$EF_{终}$ 就是网络计划的总工期。然而在本例中，如图 5-67 所示，决定该项目工期的工作却不是 H、I 这两项工作，而是中间工作 F，此时应按以下方法处理。

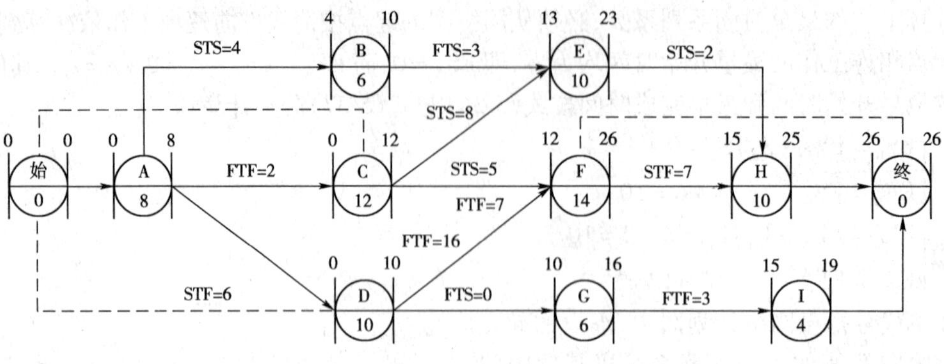

图 5-67　搭接网络图 ES 和 EF 的计算

终点一般是虚设的，只与无外向箭线的工作相连接。但是当中间工作的最早完成时间大于最后工作的最早完成时间时，为了决定工程项目的总工期，必须把该工作与终点节点用虚线联系起来（图 5-67 中应将工作 F 与终点用虚线连接），然后再计算项目计划的总工期 T。

本例中，$T = \max\{26, 25, 19\} = 26$。

（2）计算工作的最迟开始和最迟完成时间

计算工作的最迟时间系列参数，必须从网络图的终点开始逆箭线方向逐项工作依次算到起点，以计划工期作为与终点相连工作的最迟完成时间开始计算。即：

①$\begin{cases} LF_F = LF_H = LF_I = 26 \\ LS_F = LF_F - t_F = 26 - 14 = 12 \\ LS_H = LF_H - t_H = 26 - 10 = 16 \\ LS_I = LF_I - t_I = 26 - 4 = 22 \end{cases}$

其他各项工作的最迟完成时间和最迟开始时间分别按式（5-38）和式（5-39）计算如下：

②$\begin{cases} LS_E = LS_H - S_ETS_H = 16 - 2 = 14 \\ LS_E = LS_E + t_E = 14 + 10 = 24 \end{cases}$

③$\begin{cases} LF_G = LF_I - F_G TF_I = 26 - 3 = 23 \\ LS_G = LF_G - t_G = 23 - 6 = 17 \end{cases}$

④$\begin{cases} LF_D = \min\begin{Bmatrix} LF_F - F_D TF_F = 26 - 16 = 10 \\ LS_G - F_D TS_G = 17 - 0 = 17 \end{Bmatrix} = 10 \\ LS_D = LF_D - t_D = 10 - 10 = 0 \end{cases}$

⑤$\begin{cases} LS_C = \min\begin{Bmatrix} LS_E - S_C TS_E = 14 - 8 = 6 \\ LS_F - S_C TS_F = 12 - 5 = 7 \\ LS_F - F_C TF_F - t_C = 26 - 7 - 12 = 7 \end{Bmatrix} = 6 \\ LF_C = LS_S + t_C = 6 + 12 = 18 \end{cases}$

⑥$\begin{cases} LF_B = LS_E - F_D TS_E = 14 - 3 = 11 \\ LS_B = LF_B - t_B = 11 - 6 = 5 \end{cases}$

⑦$\begin{cases} LS_A = \min\begin{Bmatrix} LS_B - S_A TS_B = 5 - 4 = 1 \\ LF_C - F_A TF_C - t_A = 18 - 2 - 8 = 8 \\ LF_D - S_A TF_D = 10 - 6 = 4 \end{Bmatrix} = 1 \\ LF_A = LS_A + t_A = 1 + 8 = 9 \end{cases}$

⑧$LS_{起点} = 0$　　　$LF_{起点} = 0$

(3)计算工作的时差

①工作的总时差

由式(5-40)计算,各项工作的总时差 TF 分别为:

$$TF_{起点} = 0 \quad TF_A = 1 \quad TF_B = 1 \quad TF_C = 6 \quad TF_D = 0 \quad TF_E = 1$$
$$TF_F = 0 \quad TF_G = 7 \quad TF_H = 1 \quad TF_I = 7 \quad TF_{终点} = 0$$

②由式(5-41)计算,各项工作的局部总时差 FF 分别为:

$$FF_{起点} = \min\{ES_A, ES_C, ES_D\} - ES_{起点} = 0$$

$$FF_A = \min\begin{Bmatrix} ES_B - ES_A - S_A TS_B = 4 - 0 - 4 = 0 \\ EF_C - EF_A - F_A TF_C = 12 - 8 - 2 = 2 \\ EF_D - ES_A - S_A TF_D = 10 \quad 0 - 6 = 4 \end{Bmatrix} = 0$$

$$FF_B = ES_E - EF_B - F_B TS_E = 13 - 10 - 3 = 0$$

$$FF_C = \min\begin{Bmatrix} ES_E - ES_C - S_C TS_E = 13 - 0 - 8 = 5 \\ ES_F - ES_C - S_C TS_F = 12 - 0 - 5 = 7 \\ EF_F - EF_C - F_C TF_F = 26 - 18 - 7 = 1 \end{Bmatrix} = 1$$

$$FF_D = \min\begin{Bmatrix} EF_F - EF_D - F_D TF_F = 26 - 10 - 16 = 0 \\ EF_G - EF_D - F_D TS_G = 10 - 10 - 0 = 0 \end{Bmatrix} = 0$$

$$FF_E = ES_H - ES_E - S_E TS_H = 15 - 13 - 2 = 0$$

$$FF_F = \min\begin{Bmatrix} EF_{终} - EF_F = 26 - 26 = 0 \\ EF_H - ES_F - S_F TF_H = 25 - 12 - 7 = 6 \end{Bmatrix} - 0$$

$$FF_G = EF_I - EF_G - F_G TF_I = 19 - 16 - 3 = 0$$

$$FF_H = ES_{终} - EF_H = 26 - 25 = 1$$

$$FF_I = ES_{终} - EF_I = 26 - 19 = 7$$

某工程项目单代号搭接网络计划所有工作的时间参数结果如图 5-68 所示。

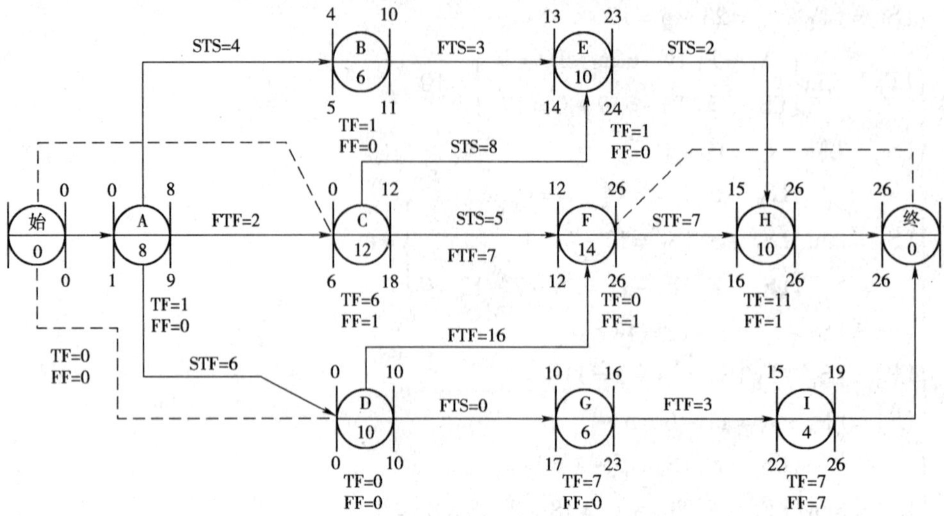

图 5-68　某工程单代号搭接网络计划时间参数计算

(4)确定关键线路

搭接网络计划同样由多条线路组成,而且各条线路的长度也不一定相同,其中线路持续时间最长的线路决定着计划的总工期,称之为关键线路。需要注意的是,搭接网络计划各工作之间存在着多种连接关系,这与一般网络计划中仅有衔接关系不同。所以,搭接网络计划中线路的长度并不等于该线路上所有工作持续时间之和,例如,图 5-68 中线路起始 – A – C – F—H – 终点,其各工作持续时间之和为 44,但计划的总工期却为 26。因此,当搭接网络计划中线路有多条时,不能用线路枚举法确定关键线路,必须通过工作的总时差为零来判别关键工作,关键工作连成关键线路。在图 5-68 中,关键工作为 D、F,关键线路为起始 – D – F – 终点。

思考题

1. 什么是网络计划方法? 其表示方法有哪几种?
2. 网络图与横道图比较具有哪些优点?
3. 双代号网络图中,虚工作怎样表示,其作用是什么?
4. 何谓关键线路? 它有何特点?
5. 什么是时差? 时差有哪几种类型?
6. 网络图的绘图规则有哪些?
7. 网络图的计算方法有哪几种?
8. 时标网络图有何特点? 绘制步骤是什么?
9. 网络计划优化的原理是什么? 有哪些内容?
10. 试述总时差在实际工程施工中的意义和作用?
11. 简述网络计划控制工程进度的操作步骤?

练习题

1. 根据表 5-17 绘制双代号网络图,计算时间参数,并指出关键线路和计算总工期。

表 5-17

工序名称	A	B	C	D	E	F	G	H	I	J	K	L
紧前工作	–	–	A	A	A,F	B,C	F	D,E	E,G	E,G	H,I	J
持续时间	5	3	2	4	5	3	1	3	2	5	3	5

2. 根据表 5-18 绘制单代号网络图,计算时间参数,并指出关键线路和计算总工期。

表 5-18

工序名称	A	B	C	D	E	F	G	H	I	J
紧前工作	–	–	A,B	B	B	C,D	C,D,E	D,E	F	F,G,H
持续时间	3	5	3	5	4	5	4	3	4	5

3. 根据表 5-19 绘制时间坐标网络图。

表 5-19

工序名称	A	B	C	D	E	F	G	H	I
紧前工作	–	–	A	B	B	A,D	E	C,E,F	G
持续时间	2	5	3	5	2	5	4	5	2

4. 某路线工程有四座盖板通道采用流水作业,持续时间如表 5-20 所示。

(1)绘制双代号网络图。

(2)用图算法计算时间参数。

(3)确定关键线路并分析与一般流水作业的区别。

(4)绘制流水施工网络图,并计算时间参数。

表 5-20

施工段 施工工序	持续时间			
	一	二	三	四
挖基	3	5	6	4
砌片石	6	4	7	5
现浇墙体	8	10	9	12
盖板安装	2	4	3	2

第六章　公路工程定额

第一节　定 额 概 述

一、定额的定义

定额属于计价依据的主要内容之一。所谓计价依据是指计算工程造价的基础资料的总称,除包括定额、指标、费率、基础单价外,还包括设计图纸、工程量数据以及政府主管部门颁发的各种经济法规、政策、计价办法等。

按计价依据的作用分,定额一般分两部分:一是工程定额;一是费用定额。公路工程定额指《公路工程预算定额》、《公路工程概算定额》及《公路工程估算指标》等;公路工程费用定额是指《公路工程机械台班费用定额》、《公路基本建设工程概算、预算编制办法》和《公路工程基本建设工程估算编制办法》中规定的各项费用定额和费率。本章主要介绍工程定额这一计价依据。

企业在生产经营活动过程中,在一定的条件下,对人力、物力、财力的使用和消耗,经过科学的测定、分析、计算,确定一些合理的数学指标,作为管理和生产所应遵守或达到的标准,这个标准就是定额。也就是说,定额是在正常的生产(施工)技术和组织条件下为完成单位合格产品所规定的人力、机械、材料、资金等消耗量的标准。由于定额是在正常施工条件下,完成规定计量单位的符合国家技术标准、技术规范(包括设计、施工、验收等技术规范)和质量评定标准,并反映一定时间施工技术和工艺水平所必需的人工、材料、施工机械台班消耗量的额定标准。在建筑材料、设计、施工及相关规范未有突破性的变化之前,其消耗量具有相对的稳定性。

定额是规定在生产中各种社会必要劳动的消耗量的标准额度,是计算工、料、机械台班消耗量的依据,它是随着现代化大生产的出现和管理科学的产生而产生的。定额的产生和发展,与资本主义企业管理科学化及管理科学的发展不可分割地联系在一起,是反映社会商品生产发展的必然产物,也是反映一个国家生产力水平和科技水平的标志。

二、定额的发展及现状

19 世纪末 20 世纪初,在发展最快的美国,形成了系统的经济管理理论。而管理成为科学应该说是美国人泰勒开始的,以至于西方人都尊称泰勒为“管理之父”。美国的科学技术发展很快,机器设备虽然先进,但在管理上仍然沿用传统的经验方法,生产力受到极大的约束。泰勒发现了这一问题并很快找到解决方法,主要着眼于提高劳动生产率,刺激工人的劳动积极性。他突破了当时传统经验方法的羁绊,通过科学试验,对工作时间的合理利用进行细致的研究,制定出所谓标准的操作方法,即通过对工人进行训练,要求工人改变过去习惯的操作方法,取消不必要的操作程序,并且在此基础上制定出较高的工时定额,用工时定额评价工人工作的好坏;为了使工人能够达到定额,大大提高工作效率,又制定了工具、机器、材料和作业环境的标准化原理；为了鼓励工人努力完成定额，还制定了一种有差别的计件工资制度。

从泰勒制的标准操作方法、工时定额、工具和材料等要素的标准化，有差别的计件工资制度等主要内容来看，工时定额在其中占十分重要的位置。首先，较高的定额水平直接体现了泰勒制的主要目的：即提高工人的劳动效率，降低产品成本，增加企业盈利，而所有其他方法的内容则是为了达到这一目的而制定的措施。其次，工时定额作为评价工人工作的尺度，并和有差别的计件工资制度相结合，使其本身也成为提高劳动效率的有力措施。

继泰勒之后，20 世纪 20 年代出现了行为科学。它从社会学和心理学的角度，对工人在生产中的行为以及这些行为产生的原因进行分析研究，强调重视社会环境及人际关系对人的行为的影响。着重研究人的本性和需要、行为的动机，特别是生产中的人际关系，以达到提高生产效率的目的。行为科学是在资本主义社会矛盾加剧的情况下出现的，它弥补了泰勒等人科学管理理论的不足，但并不能取代科学管理。相反，在后期发展中二者进行有机的结合，定额的发展朝着更先进更合理更科学的方向发展。

我国定额工作从建国以来，一直受到高度重视，如在“一五”期间，国家计划委员会就在 1954 年颁布了《一九五四年建筑工程设计预算定额(试行草案)》。由于我国公路工程建设起步很晚，建国初期基本上都是凭经验自编一些定额试用。公路工程定额的出现可追溯到 1954 年 8 月，交通部在公路总局的设计局内设立了预算定额科，由此拉开了公路工程定额工作及管理工作的序幕。1954 年在国家技术标准、技术规范统一的前提下，开始增加力量编制《公路基本建设预算定额》，1955 年正式在全国公布施行，随着初步设计和施工图设计模式的确立，公路定额管理部门陆续编制了《公路工程施工定额》，其中劳动定额作为衡量施工企业工人劳动生产力的标志，同时贯彻按劳分配的原则，以作为编制工程预算(人工部分)的依据；接着编制了《公路工程概算指标》，并重新修订《公路工程预算定额》。但从 1957 ~ 1967 年，概预算工作几经反复，一直处于停顿状态。到 1978 年，公路工程建设才得以发展，定额工作全面走向正规化管理的轨道，1984 年 11 月 15 日，在国家计委文件的指导下，经交通部批准组建“交通部公路工程定额站”，从此定额管理工作及编制工作在全国各省区定额站展开。经过对其他土建行业定额工作的研究分析后，组织造价人员系统建立公路工程定额及造价工作完整的体系，既适应公路工程技术标准、规范的发展需要，又与国家经济的方针、政策相协调，并且具有公路工程造价管理的特色。于 1992 年全面系统的制定并公布了《公路工程施工定额》、《公路工程预算定额》、《公路工程概算定额》、《公路工程估算指标》、《公路工程机械台班费用定额》、《公路工程基本建设工程概算、预算编制办法》、《公路工程基本建设工程估算编制办法》，2007 年全面系统地修定了 92 定额并即将公布使用。

计划经济时期，定额是国家作为调控物价的文件，它反应的是测算造价的指令；市场经济时期，定额用来作为测算产品价格的工具，反应公路工程建筑市场的客观现实，同时标志政府在指导和促进施工企业提高劳动生产率方面，起到很大指导作用。在市场经济环境下，企业与社会平均水平的差距，通过这些定额就可以很准确地测算出来。因此公路工程定额在相当长的一段时期内对社会、对企业、对工程价格测算都会发挥十分重要的作用。

三、定额的特点

我国公路工程定额具有科学性、系统性、统一性、权威性、稳定性的特点。

1. 定额的科学性

定额的科学性主要表现在两个方面：①公路工程定额必须和生产力发展水平相适应，反映公路工程施工中物资消耗的客观规律，作为公路基本建设计划、调节、组织、预测、控制的可靠依据；②定额管理在理论、方法和手段上是科学的，以适应现代科学技术和信息社会发展的需要。

定额中的各类参数是在认真研究客观规律的基础上，自觉地遵照客观规律的要求，运用科学的方法确定的。其次表现在技术方法上，吸取了现代科学管理的成就，具有一套严密的、科学的确定定额的技术方法。

2. 定额的系统性

一种专业定额是一个完整独立的系统，公路工程定额从测定到使用，直至再修订都是为了全面反映公路工程所有的工程内容和项目。与公路技术标准、规范相配套，完全准确反映公路工程施工工艺流程中的每一个环节。

公路工程定额是为公路建设这个庞大的实体系统服务的，公路项目分解可以做出成千上万道工序，而其内部却层次分明，如项、目、节的划分。任何一个分部分项工程在公路工程定额中都能一一确定，如概预算定额中，一共有七章定额来将所有公路工程的内容分割，包容。而且在编制定额的过程中，每一个不同工作都有不同的计算规则或计算模型，他们互相协调组成一个完整的系统。

3. 定额的统一性

公路工程定额由初期借助于国家统一的技术标准、规范到现在依据交通工程的统一标准、规范，在交通部定额总站的统一领导下，按照定额的制定、颁布和贯彻执行的统一行动，使定额工作及定额的管理工作有统一的程序、统一的原则、统一的要求、统一的用途。

国家对经济发展有计划的宏观调控职能决定了定额的统一性。公路工程定额的一系列工作的全面进行，需要巨大的人力、财力投入，同时它也给社会以巨大的回报。我国是社会主义公有制为主体的国家，所以定额除了具有西方发达资本主义国家的作用外，比如技术比较、计算规则、信息交流等，我国定额还表现为从行政角度干预工程投资规模和建设项目的经济效益。保证有限的资金投入发挥最大的作用，这在资本主义制度下是不可能的，我国公路工程定额的出现正是为了统一和指导公路建筑市场，在计划经济向市场经济转轨的初期以定额保证市场正常有序的运行。

4. 定额的权威性

定额的这一特点表现在我国定额权威性和强制性这两方面，而且在一定条件下具有经济法规的性质，同时也看出，我国定额的信誉和信赖程度极高，也说明定额及定额管理的刚性约束和严肃性。

只有科学的定额才具有权威性。在社会主义市场经济的条件下，定额必然牵涉到各有关方面的经济关系和利益关系。赋予定额以一定的强制性，就意味着在规定的范围内，对于定额的使用者和执行者来说，不论主观上是否愿意，都必须严格按定额的要求和规定执行。特别是在目前建筑市场不太规范的情况下，定额的权威性显得尤其重要，它可以帮助理顺与建设项目有关的各方面的经济关系和利益关系。所以，这一特点是对生产消费水平的合理限制，不是降低或提高消费水平，更不是限制和约束生产力的发展，而是最大限度的保证生产力水平的提高。

值得注意的是，定额毕竟是主观对客观的反映，定额的科学性受人们认识水平的限制，所以定额的权威性也不能绝对化。随着投资体制的改革和投资主体多元化格局的形成，以及企业经营机制的转变，定额的这一特点也将相应调整自己的位置，这种权威性的特点就会弱化。

施工企业本身的定额管理能力的逐渐提高,正是政府行为的目的。定额管理工作本身又要求改革自身的缺点,以适应市场经济形势下的经济政策。

5. 定额的稳定性

定额所反映的是一定时期内的施工技术和先进工艺的水平,所以表现为一定的稳定性。一般在 5 ~ 10 年之间,是公路工程定额的稳定期。自从 1992 年公布定额以来,现在正着手修编新定额。因为编制或修改定额是一项十分复杂的工作,它需要动员和组织大量的人力和物力,需要收集大量的资料、数据,需要进行反复的调查研究、测算、比较、平衡、审查、批准,以及印刷、发行等工作,所以需要很长的周期来完成这些工作。

另一方面,定额的稳定给政府决策和经济的宏观调控带来有力的保证。设想公路定额如果经常变动,今天的造价,明天就会变成另外一个数值,这种变化当然是不允许的。总之,定额的稳定是必须的,也是相对的;定额的变化是绝对的,定额修编及完善是不断进行的。

四、定额的作用

1. 定额是节约社会劳动和提高生产效率的工具

一方面生产性的施工定额直接作用于建筑安装工人,企业以定额作为促使工人节约社会劳动(工作时间、原材料等)和提高劳动效率、加快工作进度的手段,以增加市场竞争能力,获取更多利润;另一方面,作为工程造价计算依据的各类定额,又促使企业加强管理,把社会劳动的消耗控制在合理的限度范围内;第三,作为项目决策的定额指标,又在更高层次上促使项目投资者合理而有效地利用和分配社会劳动。所有这些都说明,定额在工程建设中节约社会劳动和优化资源配置方面起着十分重要的作用。

2. 定额是国家对工程建设项目进行宏观调控和管理的手段

市场经济并不排斥宏观调控,即使在资本主义国家,政府也要利用各种手段影响和调控经济的发展。利用定额对工程建设进行宏观调控和管理主要表现在:①对工程造价进行管理和调控;②对资源配置和流向进行预测和平衡;③对经济结构,包括企业结构和所有制结构进行合理的调控,也包括对技术结构和产品结构的调整。

3. 定额有利于市场竞争

定额是对市场信息的加工,又是对市场信息的传递。定额所具有的准确信息为市场需求主体和供给主体之间的竞争,以及供给主体之间的公平竞争,提供了有利条件。

4. 定额是对市场行为的规范

定额既是投资决策的依据,又是价格决策的依据。对投资者来说,他可以利用定额来权衡自己的财务状况和支付能力、预测资金投入和预期回报,还可以充分利用有关定额的大量信息,有效提高其项目决策的科学性,优化其投资行为。对于建筑企业来说,由于有关定额在一定程度上制约着工程中人工、物资的消耗,因此会影响到建筑产品的价格水平。企业在投标报价时,只有充分考虑定额的要求,做出正确的价格决策,才能占有市场竞争优势,才能获得更多的工程合同。可见,定额在上述两个方面规范了市场主体的经济行为。因而对完善我国固定资产投资市场和建筑市场,都能起到重要作用。

5. 定额有利于完善市场的信息系统

定额管理是对大量信息的加工,也是对大量市场信息进行传递,同时也收集市场信息反馈信息的管理。信息是市场体系中的不可或缺的要素。它的可靠性、完备性和灵敏性是市场成熟和市场效率的标志。在我国,以定额形式建立和完善市场信息系统,是以公有制经济为主体的社会主义市场经济的特点，在发达的资本主义国家是难以想像的。

6. 定额有利于推广先进的施工技术和工艺

定额水平中包含着某些已成熟的先进的施工技术和经验，工人要达到和超过定额，就必须掌握和应用这些先进技术；如果工人要大幅度超过定额水平，他就必须具备创造性的劳动。第一，在自己的工作中注意改进工具和改进技术操作方法，注意原材料的节约，避免原材料和能源的浪费。第二，企业或主管部门为了推行施工工具和施工方法，贯彻定额也就意味着推广先进技术。第三，企业或主管部门为了推行定额，往往要组织技术培训，以帮助工人能达到或超过定额。这样，新技术、新工艺、新材料、新经验就很容易推广而大大提高全社会的劳动生产率。

第二节 定额的分类

工程建设定额是一个综合概念，是工程建设中各类定额的总称，它包括许多种类定额。由于具体的生产条件各异，根据使用对象和组织生产的目的不同，编制出不同的定额。

一、按定额反映的实物消耗内容分类

在施工生产中起主要作用的有三大要素，即劳动力、材料、机械。公路工程定额是按实物量法编制的定额，所以工、料、机三种因素在公路定额中是主要内容。据此将定额分为劳动消耗定额、材料消耗定额和机械消耗定额三种，分类图如图 6-1 所示。

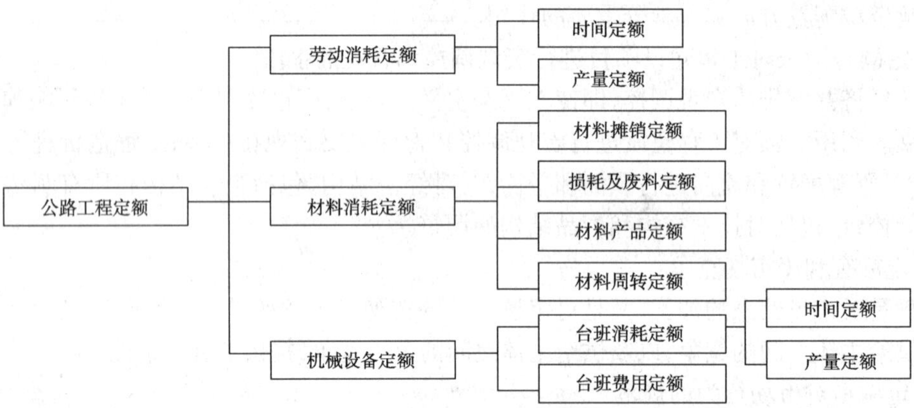

图 6-1 公路工程定额实物消耗分类图

1. 劳动消耗定额

简称劳动定额，亦称工时定额或人工定额。它是在正常的生产技术和生产组织条件下，为完成单位合格产品所规定的劳动量消耗标准。劳动消耗定额分时间定额和产量定额。

(1)时间定额

是指在技术条件正常、生产工具使用合理和劳动组织正常的条件下生产单位合格产品所消耗的劳动时间。每一工日除潜水工作按 6 小时、隧道工作按 7 小时外，其余均按 8 小时计算。时间定额的计算方法如下：

$$\text{单位产品的时间定额} = \frac{1}{\text{每工产量定额}} = \frac{\text{班组成员工日数总和}}{\text{班组完成产品数量总和}} \tag{6-1}$$

例如，《公路工程预算定额》，人工挖运(人工运输 20m)普通土，产品单位 1 000m^3，时间定

额是 181.1 工日。它的工作内容包括挖松、装土、运送、卸除、空回全部操作过程。

(2)产量定额

是指在技术条件正常、生产工具使用合理和劳动组织正常的条件下,工人在单位时间内完成合格产品的数量。产量定额计算方法如下:

$$\text{产量定额}=\frac{1}{\text{单位产品的时间定额}}=\frac{\text{班组完成产品数量总和}}{\text{班组成员工日数总和}} \tag{6-2}$$

如上例,完成 1 000m^3 普通土的时间定额为 181.1 工日,则每工日产量定额为 1 000m^3/181.1 工日 =5.52m^3/工日。

2. 材料消耗定额

简称材料定额,是指在节约和合理使用材料的条件下,完成一定合格产品所需消耗材料的数量标准。它包括材料的净用量和必要的工艺性损耗及废料数量。

材料是指工程建设中使用的原材料、产品、半成品、构配件、燃料以及水、电等动力资源的统称。材料作为劳动对象构成工程的实体,需要数量很大,种类繁多。所以材料消耗量的多少,消耗是否合理,不仅关系到资源的有效利用,影响市场供求状况,而且对建设工程的项目投资、建筑产品的成本控制都起着决定性影响。材料消耗定额的计算方法如下:

$$\text{材料消耗定额}=\text{完成单位合格产品的材料净用量}\times(1+\text{材料损耗率}) \tag{6-3}$$

例如:《公路工程预算定额》,现浇 C30 混凝土墩、台帽,每完成 10m^3 实体需要消耗10.2m^3 的 C30 混凝土拌和料,其中 10m^3 为混凝土拌和料的净用量,0.2m^3 为混凝土混合料的损耗量,则完成 10m^3 实体的原材料消耗定额按式(6-3)及基本定额混凝土配比计算如下:

$$\text{32.5 级水泥}=(1+2\%)\times 377\text{kg/m}^3\times 10\text{m}^3=3\ 845\text{kg}$$

$$\text{中(粗)砂}=(1+2\%)\times 0.46\text{m}^3/\text{m}^3\times 10\text{m}^3=4.69\text{m}^3$$

$$\text{4cm 碎石}=(1+2\%)\times 0.83\text{m}^3/\text{m}^3\times 10\text{m}^3=8.47\text{m}^3$$

完成 10m^3 实体合格产品的其他材料消耗定额还有:原木 0.186m^3;锯材 0.307m^3;铁件 27.2kg;铁钉 2.9kg;水 12m^3;其他材料费 8.6 元等。

材料消耗定额还有下述两种表现形式。

(1)材料产品定额 是指用一定规格的原料,在合理的操作条件下获得的标准产品的数量。

(2)材料周转定额 产品所消耗的材料中包括工程本身使用的材料和为工程服务的辅助材料(如模板、支撑等所需之木材等),周转材料应按规定进行周转使用。这种周转性材料在施工中合理周转使用的次数和用量称为材料周转及摊销定额(见预算定额附录)。在现行预算定额中,周转性材料均按正常周转次数摊入定额之中,具体规定详见《公路工程预算定额》总说明及附录。

3. 机械台班消耗定额

简称机械定额,它规定了在正常施工条件下,合理地组织生产与合理地利用某种机械完成单位合格产品所必需的机械台班消耗标准,或在单位时间内机械完成的产品数量。机械台班定额按其表现形式分为机械时间定额和机械产量定额两种。

机械时间定额是指在一定的工作内容和质量安全要求的条件下,规定某种机械完成单位产品所需要的时间,如"台时"或"台班"等。机械产量定额与机械时间定额互成倒数。例如:柴油打桩机打混凝土方桩,按《公路工程预算定额》,其机械时间定额为完成 10m^3 基桩需 1.38 台班,机械产量定额则是:

$$10\text{m}^3/1.38\text{ 台班}=7.25\text{m}^3/\text{台班}$$

4. 机械台班费用定额

交通部颁布的《公路工程机械台班费用定额》是目前编制公路基本建设工程概预算，进行经济核算和结算的依据。公路养护的大、中修工程可参考使用。

该定额的用途主要如下。

(1)分析计算台班单价：即按预算定额总说明的规定编制预算的台班单价，应按该定额分析计算。

(2)计算台班消耗人工、燃料等实物量：为了编制施工组织设计，需要统计人工、材料、机械的实物量，以确保劳动力和材料等的供应。有关机械所消耗的各种物资的实物量，要根据本定额分析计算确定。

(3)直接引用编制预算：某些省、市或地方，可按当地交通厅的规定，直接引用定额中的基价作为台班单价来编制预算。

机械台班费用由不变费用和可变费用组成。不变费用包括折旧费、大修理费、经常修理费、安装拆卸及辅助设施费；可变费用包括机上作业人员的工资、动力燃料费、养路费及车船使用税。因此，在编制工程概预算时，就必须以一个台班为单位，按其所消耗的工时、燃料及费用折算为货币形式表示，这就是"机械台班费用定额"。施工中所用驾驶工人数、燃料消耗数，可根据工程所需各种机械台班总数，分别按机械台班费用定额计算之。

二、按使用要求分类

在公路基本建设活动中，工程建设工作所处的阶段不同，编制工程造价文件的主要依据——定额是不同的，按使用要求可分为：施工定额、预算定额、概算定额、估算指标等，如图6-2所示。

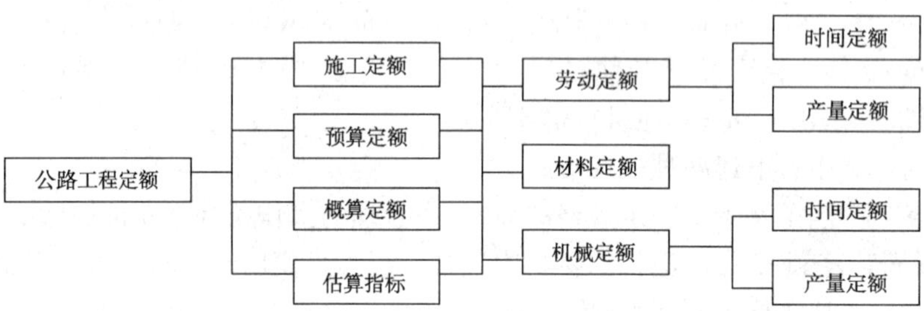

图6-2　公路工程定额用途分类图

1. 施工定额

从施工定额性质上看，施工定额是属于施工企业内部使用的定额，体现一个企业在激烈的市场竞争中，对于完成同样产品的工程量，企业表现出来的竞争力。施工定额是在施工阶段及施工准备阶段使用的定额，一般只有施工企业内部人员使用。各个施工企业的施工定额不一定相同，为保持企业具有较强的竞争力，企业之间的施工定额在某种意义上说应该是保密的。所以施工企业内部要不断挖潜改造，提高自身定额水平，不断增强投标报价的竞争力。

施工定额是规定建筑安装工人或小组在正常施工条件下，完成单位合格产品的劳动力、材料和机械消耗的数量标准。它是施工企业组织生产、编制施工阶段施工组织设计和施工作业计划、签发工程任务单和限额领料单、考核工效、评奖、计算劳动报酬、加强企业成本管理和经济核算、编制施工预算的依据。而且是编制预算定额和补充定额的基础。它包括时间定额和产量定额，定额水平是平均先进的水平。采用的产品计量单位一般比较细，其中时间一般以工日或工时计，产品以最小单位（m、m^2、m^3 等）计，定额子目多、细目划分复杂。

2. 预算定额

预算定额的性质是属于计价定额的性质。它体现一个工程项目在正常条件下，用货币形式描述的一定时期的工程造价。那么，预算定额的定额水平是社会平均水平，是从国家的政策、法规等方面表现出一个时期生产力的发展水平，它具有广泛的社会性。对一个工程造价的确定，是施工单位、建设单位、银行以及监理单位都十分关心的编制依据。

预算定额是在施工定额的基础上经综合扩大通过一定的计算方法编制出来的。它是按分项工程和结构构件的要求，以一定产品单位来规定劳动力、材料和机械的消耗数量。预算定额采用的产品单位比施工定额大，如时间以工日、台班计，产品以 10m、1 000m^2、10m^3 等计，主要是为了满足编制施工图预算的要求。它是编制施工图预算的基本依据，是确定和控制基本建设投资额，对结构的设计方案进行技术经济比较，对新结构、新材料进行技术经济分析的依据，是编制施工组织计划、确定劳动力、材料和机械需要量的依据，是工程结算、施工企业进行经济核算和经济活动分析的依据，而且是编制概算定额和概算扩大定额的基础。预算定额水平是社会平均水平，它比施工定额的定额水平低。

3. 概算定额

概算定额在性质上与预算定额是相同的。在基本建设程序中，概算文件是国家对工程项目造价进行宏观控制，国民经济部门对资金流向进行控制的主要依据。所以概算定额与预算定额同样重要，只是适用于基本建设阶段不同而编制不同的工程造价文件。

概算定额是在预算定额的基础上加以综合扩大而形成的，因而产品常使用更大的单位来表示，如：小桥涵以 1 座（道）等表示。概算定额的定额水平也是社会平均水平，但相比而言要比预算定额的定额水平低，它是编制设计概算、修正概算的主要依据；是进行设计方案和施工方案经济比较和选择的重要依据；是主要材料采购、供应计划的计算基础，而且是编制估算指标的基础。

4. 公路工程估算指标

估算指标既不同于施工定额，又不同于概、预算定额。它是在研究阶段编制投资估算文件的依据，而估算的总费用仅仅只作为社会效益或内部收益率、投资回收期计算的参考，所以它的作用和重要性是特别的。随着市场经济的发展，工程项目的研究及可行性越来越受到重视，估算指标更加表现出它的重要性。

估算指标额根据国家发改委统一安排，由交通部公路工程定额站主编，各省、自治区、直辖市交通厅（局）和部属公路设计单位共同参与完成。估算指标是在有关单位总结多年全国公路建设项目的设计资料和竣工文件的基础上，选用合理的工程量，各种标准施工图纸，以现行的公路工程技术标准、技术规范、《概算定额》，各项费用定额为依据制定的。

估算指标主要是做好公路基本建设项目可行性研究中的投资估算工作，为经济效益评价提供建设项目的计算依据。它包括综合指标和分项指标两部分。

（1）综合指标：是以人工、主要材料和其他材料费、机械使用费消耗量及各项费用指标等全部工程造价为表现形式的指标。其项目划分按全国省区、公路等级、地质地貌区划的类型，以公路公里为单位编制的实物量指标。它是编制建设项目建议书（预可行性研究）投资估算的依据。

（2）分项指标：是以各项工程的人工、主要材料和其他材料费、机械使用费消耗量及施工管理费指标为表现形式的指标。其项目的划分与概算定额十分接近。它是编制设计计划任务书前的工程可行性研究估算投资的依据。

三、按编制单位和执行定额的范围不同分类

工程建设定额可分为全国统一定额、行业统一定额、地区统一定额、企业定额和补充定额五种。

(1)全国统一定额:是由国家建设行政主管部门,综合全国工程建设中技术和施工组织管理的情况编制,并在全国范围内执行的定额,如全国统一安装工程定额。

(2)行业统一定额:是考虑到各行业部门专业工程技术特点,以及施工生产和管理水平编制的。一般是只在本行业和相同专业性质的范围内使用的专业定额。如矿井建设工程定额、铁路建设工程定额、公路建设工程定额等。

(3)地区统一定额:包括省、自治区、直辖市定额。地区统一定额主要是考虑地区性特点和全国统一定额水平做适当调整补充编制的。由于各地区不同的气候条件、经济技术条件、物质资源条件和交通运输条件等,构成对定额项目、内容和水平的影响,是地区统一定额存在的客观依据。

(4)企业定额:是指由施工企业考虑本企业具体情况,参照国家、部门或地区定额的水平制定的定额。企业定额只在企业内部使用,是企业综合实力的一个标志。企业定额水平一般应高于国家现行定额,才能满足生产技术发展、企业管理和市场竞争的需要。

(5)补充定额:是指随着设计、施工技术的发展,现行定额不能满足需要的情况下,为补充缺项所编制的定额。补充定额只能在指定的范围内使用,也可以作为以后修订定额的基础。

四、按专业不同分类

各个不同专业都分别有相应的主管部门颁发的在本系统使用的定额,如:建筑安装工程定额、设备安装工程定额、给排水工程定额、公路工程定额、铁路工程定额、水利水电工程定额、水运工程定额、井巷工程定额等。

第三节　定额的应用

在公路建设生产活动中,正确地使用定额是非常重要的。为了正确使用定额,必须全面了解定额,深刻理解定额,熟练地掌握定额。最好通过编制概(预)算等的实践,来熟练地运用定额,也可以通过练习题的方法掌握定额。因公路工程定额项目繁多,现以公路工程常用的《公路工程预算定额》和《公路工程概算定额》为主,举例介绍其运用方法。

一、关于引用定额的编号

(一)定额的基本组成

现行的《公路工程概算定额》(以下简称《概算定额》)和《公路工程预算定额》(以下简称《预算定额》)的组成部分均包括:颁发定额的文件号;目录;总说明;章、节说明;定额表;《预算定额》还包括附录。

1. 总说明

规定使用范围、使用条件、定额使用中的一般规定(如特殊符号、文字)等,对正确运用定额具有重要作用,在使用定额时应特别注意《概算定额》和《预算定额》在总说明中的规定。

2. 章、节说明

对每一章、节的具体使用要求及注意事项作出了说明，特别是工程量计算规则。章、节说明对于正确运用定额具有重要作用。要想准确而又熟练地运用定额，必须透彻地理解这些说明，而且争取全面记住。故需反复、认真地学习好这些说明。

3. 定额表

定额表是各类定额的最基本的组成部分，是定额指标数额的具体表示；概算定额和预算定额的表格形式基本相同。其基本组成有：表号及定额表名称、工程内容、计量单位、顺序号、项目、代号、细目及栏号、小注等。现将定额表的构成和主要栏目说明如下。

(1)表号及定额表名称，如《预算定额》"1-1-5 填前夯(压)实及填前挖松"，见表6-1。表号是编制概预算文件时与其对应定额时的一一对应的关系符号，名称表达了一张定额表的基本属性或分类。

1-1-5 填前夯(压)实及填前挖松 表6-1

工程内容：填前夯(压)实：原地面平整，夯(压)实。

填前挖松：将土挖松。

单位：1 000m²

<table>
<tr><td rowspan="4">顺序号</td><td rowspan="4">项　目</td><td rowspan="4">单位</td><td rowspan="4">代号</td><td colspan="4">填前夯(压)实</td><td rowspan="4">填前挖松</td></tr>
<tr><td rowspan="3">人工夯实</td><td colspan="2">履带式拖拉机</td><td rowspan="3">12 ~ 15t 光轮压路机</td></tr>
<tr><td colspan="2">功率(kW)</td></tr>
<tr><td>75 以内</td><td>120 以内</td></tr>
<tr><td></td><td></td><td></td><td></td><td>1</td><td>2</td><td>3</td><td>4</td><td>5</td></tr>
<tr><td>1</td><td>人工</td><td>工日</td><td>1</td><td>32.9</td><td>2.8</td><td>2.8</td><td>2.8</td><td>6.2</td></tr>
<tr><td>2</td><td>75kW 以内履带式拖拉机</td><td>台班</td><td>1063</td><td>—</td><td>0.17</td><td>—</td><td>—</td><td>—</td></tr>
<tr><td>3</td><td>120kW 以内履带式拖拉机</td><td>台班</td><td>1065</td><td>—</td><td>—</td><td>0.12</td><td>—</td><td>—</td></tr>
<tr><td>4</td><td>12 ~ 15t 光轮压路机</td><td>台班</td><td>1078</td><td>—</td><td>—</td><td>—</td><td>0.3</td><td>—</td></tr>
<tr><td>3</td><td>基价</td><td>元</td><td>1999</td><td>580</td><td>104</td><td>104</td><td>128</td><td>111</td></tr>
</table>

注：1. 夯(压)实如需用水时，备水费用另行计算；

2. 填前挖松适用丁地面横坡 1 : 10 ~ 1 : 5；

3. 二级及二级以上等级公路的填前压实应采用压路机压实。

(2)工程内容，主要说明本定额表所包括的操作内容及对应详细工艺流程。查定额时，将实际发生的操作内容与表中的工程内容进行比较，若不一致时，应进行补充或采取其他措施。

(3)定额单位即工程项目计量单位，如 10m、10m³ 构件、1 000m、1km、1 公路公里、1 道涵长及每增减 1m 等。

(4)顺序号，表征人、料、机及费用的顺序号，起简化说明的作用。

(5)项目，即本定额表的工程所需人工、材料、机具、费用的名称、规格。

(6)代号，当采用电算方法来编制公路工程概、预算时，可引用表中代号作为对工、料、机名称的识别符号。也称数组变量代号。

(7)工程细目，表征本定额表所包括的工程细目，如预算定额"1-1-5"表中的"人工夯实"、"填前挖松"等。也称"子目"、"栏目"。

(8)栏号，指工程细目编号，如表 1-1-5 所示定额中"人工夯实"栏号为 1，"填前挖松"栏号为 5。也称子目号、栏目号。

(9)定额值，即定额表中各种资源的消耗量数值。其中括号内的数值，一般是指所需半成品的数量(定额值)。如表4-3-1所示定额中的“C30水泥混凝土”所对应的“(10.20m^3)”,是指现浇10m^3墩、台帽,需消耗C30水泥混凝土10.20m^3。注意此值在编制概预算文件时不可直接列入。

(10)基价,亦称定额基价。它是指该工程细目的在指定时间与地点的工程价格。

(11)注,有些定额表列有“注”,是对本表的特别说明。使用定额时,必须仔细阅读,以免发生错误。

4. 附录

在预算定额中列有附录,如“路面材料计算基础数据”、“基本定额”、“材料周转及摊销”和“定额基价人工、材料单位质量、单价表”。附录是编制定额的基本数据,也是编制补充定额的依据,同时还是定额抽换的依据。

(二)定额的编号

在编制概预算文件时,在计算表格中均要列出所用的定额表号。一般采用:[页号-表号-栏号]的编写方法。例如《预算定额》中[40-1-1-18-3]就是指引用40页的表1-1-18(第一章1-1-18表)中的第3栏,即10t以内振动压路机碾压高速、一级公路土方。这种编号方法容易查找,复核检查方便,不易出错。但书写字码较多,在概预算表中占格较宽。

另一种编号方法是省去页号,按[章-表-栏]三符号法。如《预算定额》中浆砌片石基础的定额号为[4-5-2-1]。而目前一般情况下采用电算法编制概预算文件,在编制预算文件时,采用8位数进行编码,即章占1位,节占2位,表占2位,栏占3位,如40405121表示预算定额第4章第4节第5个表第121栏。

定额编号在概预算文件中十分重要。一方面是保证复核、审查人员利用编号快速查找,核对所用定额的准确性;另一方面,对如此繁多的工程细目的工作内容以编号形式建立一一对应的模式,便于计算机处理及修编定额人员的统计工作。第三,在概预算文件的08表中,“定额代号”一栏必须填上对应的定额细目代号。无论手工计算,还是计算机处理,都必须保证该栏目的准确性。

(三)运用定额的步骤

所谓运用定额,就是平时所说的“查定额”,是根据编制概预算的具体条件和目的,查得需要的、正确的定额的过程。为了正确地运用定额;首先,必须反复学习定额、熟练地掌握定额,其次,必须收集并熟悉中央及地方交通主管部门有关定额运用方面的文件和规定。在此前提下,运用定额的基本步骤如下。

(1)根据运用定额的目的,确定所用定额的种类(是概算定额还是预算定额)。

(2)根据概(预)算项目表,依次按目、节确定欲查定额的项目名称,再据此在《定额》目录中找到其所在页次,并找到所需定额表。但要注意核查定额的工作内容、作业方式是否与施工组织设计相符。如人工挖土这项作业,在路基工程中有1-1-6表,桥梁工程中有4-1-1表,等等。

(3)查到定额表后再进行如下步骤

①看看定额表“工程内容”与设计要求、施工组织要求有无出入,若无出入,则可在表中找到相应的细目,并进一步确定子目(栏号)。

②检查定额表的计量单位与工程项目取定的计量单位是否一致、是否符合规定的工程量计算规则。

③看看定额的总说明、章说明、节说明以及表下的小注是否与所查子目的定额查定有关,

若有关,则采取相应措施。

④根据设计图纸和施工组织设计检查一下子目中有无需要抽换的定额?是否允许抽换?若应抽换,则进行具体抽换计算。

⑤依子目各序号确定各项定额值,可直接引用的就直接抄录,需计算的则在计算后抄录。

(4)重新按上述步骤复核。

(5)该项目的细目定额查完后,再查定该项目的另外细目的定额,依次完成后,再查另一项目的定额。

当熟练运用之后,上列步骤,可不必依次进行。

(四)运用定额应注意的问题

(1)计量单位要与项目单位一致,特别是在抽换、增列计算时更应注意;

(2)当项目中任何(工、料、机)定额值变化时,不要忘记其相应基价也要作相应的变化。

(3)当查定额时,首先要鉴别工程项目是属于哪类工程,以免盲目随意确定而在表中找不到栏目、无法计算或错误引用定额。如“汽车运土”与“汽车运输”(构件)就是如此,前者为路基工程,而后者为桥梁工程。

(4)定额表中对某些物品规定按成品价格编制预算,如“其他工程”中的Z形柱、铝合金标志等;而对某些物品则规定按半成品价格编制预算,查定额时要注意。

(五)定额运用的要点

(1)正确选择子目,不重不漏;

(2)子目名称简练直观,尤其在修改子目名称时;

(3)看清工程量计量单位,特别在抽换、增量计算时更应注意;

(4)详细阅读总说明、章节说明及小注,熟能生巧;

(5)设计图纸要求和定额子目或序号是否一致,否则可能要抽换;

(6)施工方法要根据施工组织设计及现场条件来确定;

(7)认真核对工程内容,防止漏列或重列,根据施工经验及对定额的了解确定;

(8)特别强调对附属工程定额的查找、补充。

二、定额单位与工程数量

工程量的正确与否直接影响概预算造价,怎样将工程数量使用正确是造价人员注意的一个重要环节。由于设计图纸中的工程量或工程量清单中工程量,它们的单位和内容与所用定额的单位和内容并不完全一致,往往需要造价人员根据定额的需要进行换算或调整,达到计算造价与实际造价相符的目的。设计者一般对概预算或定额并不一定十分了解,仅从设计角度出发计算并统计工程量,与定额的计量单位及计算要求有一定的出入,怎样使计量单位、计算方法符合定额的工程量计算规则并正确计算工程量,就此类问题介绍几个典型处理方法。

1. 体积与面积单位调整

计算中应特别注意面积与体积的不一致,这一点很容易被紧张的节奏和粗心的编制人员疏忽。在预算定额中有很多这样的情况。

例如人工挖土质台阶,定额代号为预[1-1-4],定额单位1 000m^2,设计图纸或施工图工程量一般都以m^3为单位列出。要换算为统一的面积单位,先分析和统计设计图纸上的开挖深度、宽度,计算平均开挖深度(或加权平均深度),然后用设计体积除以平均深度,从而求得平均面积。当然,当挖台阶的工程量较小,而且开挖地点集中于1~2处时,就不必如此计算了。

又如沥青混凝土路面，定额代号为预[2-2-14]，定额单位为1 000m^3，设计图纸或施工图工程量一般是以1 000m^2为单位列出，要根据设计图纸将工程量换算。与此类似的还有填前夯实土的回填；清除场地的砍挖树根、回填等都存在换算问题。

2. 体积与个数的调整

在编制概预算文件时，如果遇到个数与体积的不一致，其换算不是简单的数学计算，必须在手头边准备大量计算方面的基础资料，而这些基础资料的获得必须与厂商、政府管理部门取得联系，从任何教科书或参考书上是难以获得的。

如支座与伸缩缝。设计者一般提供各种型号及对应的个数（包括固定支座、滑动式支座），而定额单位却是t或dm^3，必须找到有关生产厂家及型号，如标准图纸和基本数据等，才能换算出定额单位所需的t或dm^3。伸缩缝的单位多变，设计者一般提供桥梁长度数据（即伸缩缝长度），但如毛勒伸缩缝及沥青麻絮伸缩缝定额单位则是t或m^2。还有些伸缩缝的补充定额的单位是m^3，如NST伸缩缝等。

像这一类定额的单位及工程量有很多，在桥梁工程部分，如钢护筒、金属设备、泄水孔等工程数量的计算就应该注意换算，并且，注意收集有关的基础数据。

3. 工程量的自定方法

一个工程项目所牵涉的定额不是都能在设计图纸上反映的，换句话说，一个完整项目的概预算造价除包括施工图纸上的工程数量外，还应考虑与施工方案及施工组织措施有关的其他工程涉及的定额。

(1)临时工程范围。临时电力电信线路、临时便道的里程，按实际需要确定（现场调查）。这一部分工程量原则上不超过总长度的1/3，但也要充分考虑各种构造物运输不便、引用地方电网不便所造成的临时工程的增加。临时用电中构造物的动力用电如果没有临时工程项目，则应在自发电的电价中考虑。临时道路考虑仓库、加工场、预制场、弃土及借土的便道距离。另一方面，临时仓库、加工场地、临时建筑物等在筹建过程中的一系列的相关工程内容的工程量必须考虑进去。

(2)很容易遗忘但牵涉工程量较大的一部分内容通常在土石方工程上。清除场地后回填土石方体积；填前夯实后增加的土石方体积；自然沉降引起增加的土石方体积；根据施工规范必须超宽填筑的体积；都是必须增加补充计算的工程数量。而这部分工程量既无图纸，又无规范可查，只有造价人员根据土质资料及施工组织的详细资料具体问题具体分析，按施工现场实际情况具体计算。

4. 工程量与定额单位相同但存在一定的换算关系

定额单位与工程量单位一致，但有时不能直接使用，必须提供一定的换算关系后才能正确使用。如路基土石方体积单位的天然密实方与压实方之间的差值，及混凝土、砂浆考虑损耗的体积。

(1)土石方工程数量与定额单位

定额默认挖方及运输两种条件下均按天然密实方施工考虑，填方按压实方碾压考虑。根据概算定额第一章说明，换算系数均已存在（如定额说明表列数据），但使用定额时，该系数能否正确运用将极大影响造价。一般来说，在单位工程内（或一标段内），主要考虑纵横向利用方是否能平衡。如果纵横向利用方能够绝对平衡，表列系数实际上是无用的；当挖方远大于填方，即存在一定弃方时，该表列系数也无用；只有在填方大于挖方时，即需借土填筑时；或在某填方段上需在红线外大量借方时，表列系数才有用。当挖方利用完后，剩下的需继续填筑的体积(剩余填筑体积)即可计算出来,这部分工程量是压实方体积。当利用取土点借土填筑时,其挖土的工程量、运土的工程量就要考虑天然密实方与压实方之间的换算系数。即挖土体积按借土体积乘以挖方系数,运土体积按借土体积乘以运土系数。如挖松土系数1.23,运土的系数为1.19。值得注意的是:运输时仅考虑其本身的系数(如1.19),不能与挖方系数连乘,即不能同时两次乘以挖土及运土的系数。

(2)混凝土及砂浆体积

在该方面要特别注意成品的混凝土体积与搅拌混凝土体积含义不同;砌体中的砂浆与搅拌中砂浆含义不同。因为搅拌中的混凝土、砂浆要包括正常的损耗数量,但配比调整时,应按搅拌时的混凝土、砂浆计算,而成品混凝土、砂浆则不能直接参与调整计算,这在抽换计算中应区分清楚。

限于篇幅,这些运用十分容易忽视,但又是能体现概预算编制水平的"小问题",本节只能起到抛砖引玉的作用,望读者多加练习,细致考虑,提高定额的运用水平。

三、定额的直接套用

如果设计图的要求、工作内容及确定的工程项目完全与相应定额的内容符合,可直接套用定额。这一部分定额在编制概预算文件时的定额量占总定额量的50%以上,因此准确使用这些简单定额,可以节约大量的编制时间,应该保证这一部分定额100%的正确。但要特别注意各定额的总说明、章节说明、定额表中的小注、工程量单位等,应细心阅读,以免在使用中发生错误。

【例6-1】 确定人工挖运普通土(人工挑抬)运40m的预算定额,重载运输升7%的坡。

【解】 (1)由预算定额目录可知该定额在9页,定额表号为1-1-6;

(2)确定定额号为[9-1-1-6-2+4]或[10106002,辅助定额10106004];

(3)该定额小注3规定:如遇升降坡时,除按水平运距计算运距外,并按坡度不同需增加运距,重新计算运距为$40+40\times7\%\times7=60$m,具体规定见预算定额9页;

(4)计算定额值

人工:$18.1+18.2\times\dfrac{60-20}{10}=253.9$(工日/1 000m^3);

基价:$8\ 910+895\times4=12\ 490$(元)。

【例6-2】 某桥的草袋围堰工程,装草袋土的运距为220m,围堰高2.2m,确定该工程的预算定额值。

【解】 (1)由预算定额目录可知该定额在287页,定额表号为4-2-2。

(2)确定定额号为[287-4-2-2-6]或[40202006]。

(3)该定额节说明2规定,该定额中已包括50m以内人工挖运土方的工日数量,当取土运距超过50m时,按人工挖运土方的增运定额增加运输用工,具体规定见预算定额219页节说明。

(4)计算定额值

人工$38.8+18.2\times\dfrac{220-50}{10}\times\dfrac{68.41}{1\ 000}=59.97$(工日),草袋1 139个,土(68.41m^3)不计价,基价$3\ 150+895\times17\times68.41\div1\ 000=4\ 191$(元)。

【例6-3】 某桥梁工程以手推车运预制构件,每个构件的质量均小于3t,需构件出坑堆放,运输重载升4%的坡,运距84m,确定预算定额。

【解】 (1)由预算定额目录可知该定额在613页,定额表号为4-8-1。

(2)确定定额号为[613-4-8-1-1+2]或[40801001,辅助定额40801002]。

(3)该定额节说明1、3、4规定,本节的各种运输运距超过第一个定额运距单位时,其运距尾数不足一个定额单位的半数时不计,超过半数时按一个定额运距单位计算;本节定额未列构件出坑堆放的定额,如需出坑堆放,可按相应构件运输第一个运距单位定额计列;当运输遇到升降坡时,按定额该节规定的系数进行换算,其具体规定见预算定额612页节说明。

(4)计算定额值

人工 $2.5+2.5+0.4\times\frac{80-10}{10}\times1.5=9.2$(工日),其他材料费8.4元,基价 $127+127+20\times7\times1.5=464$(元)。

【例6-4】 某桥梁拱盔宽度18m,净跨径30m,拱矢比1/4,起拱线至地面高度为12m,全桥5孔,确定2孔的拱盔立面积、支架立面积和该桥满堂式木拱盔人工、基价预算定额值。

【解】 (1)由预算定额目录可知该定额在631页,定额表号为4-9-2。

(2)确定定额号为[631-4-9-2-3]或[40902003]。

(3)该定额节说明1、9、10规定:桥梁拱盔、木支架及简单支架均按有效宽度8.5m计,钢支架按有效宽度12.0m计,如实际宽度与定额不同时可按比例换算;说明9、10给出了工程量的计算方法,其具体规定见预算定额628页节说明。

(4)计算工程量。

拱盔立面积工程量:$F=2\times0.172\times30^2=309.6m^2$

支架立面积工程量:$F=30\times12\times2=720m^2$

(5)计算定额值

人工 $37.9\times(18/8.5)=80.26$(工日),基价 $3\,933\times(18/8.5)=8\,329$(元)。

【例6-5】 用预算定额确定预制及安装某路线桥涵缘(帽)石的人工的用量。已知设计数量为 $50m^3$,C15混凝土,钢模施工。

【解】 (1)由预算定额目录可知预制小型构件在588页,定额表号为4-7-28;安装小型构件定额在591页,定额表号为4-7-29。

(2)确定预制小型构件的定额号为[588-4-7-28-2]或[40728002];安装小型构件的定额号为[591-4-7-29-1]或[40729001]。

(3)该定额节说明13(2)规定:编制预算时,构件的预制数量应为安装定额中括号内所列的构件备制数量,其具体规定见预算定额511页节说明。

(4)计算定额值

预制:人工 $46.7\times5\times1.01=235.84$(工日);

安装:人工 $13.6\times5=68$(工日)。

四、复杂定额的套用

复杂定额指一个定额的工程内容与设计图纸不符,为了加以完善而需进行另外相关定额的补充的定额。即必须由多个定额才能完成一道工艺流程的组合定额。这一部分定额占总定额量的比重不大,但对总造价的影响有时是很大的。

如果按设计图的要求、工作内容及确定的工程项目不完全与相应定额的工程项目符合,则不能直接套用简单定额。这些工艺流程必须几个定额联合起来才能完成。一般在编制时有设计的工艺流程与定额的工程内容是否一致；定额值中的"项目"与工艺过程中的消耗是否有差别，如多出一种材料或少掉一种材料或机械等。遇到这些矛盾首先要看定额表小注，再看节说明、章说明，但也要特别注意定额总说明及使用要求，应细心阅读，以免发生错误。

【例 6-6】 用《公路工程预算定额》确定自行汽车配合挖掘机联合作业 1 000m^3 普通土所消耗的人工、机械数量。（4t 自行汽车运距 1.5km，挖掘机挖斗容积 0.5m^3）

【解】 根据路基工程的土石方工程查《预算定额》[15-1-1-11-5 +6]

工程内容：(1)装、运、卸；(2)空回；

定额单位：1 000m^3。

分析工艺流程，缺挖土工序，补查《预算定额》[12-1-1-9-2]。

工程内容：安设挖掘机，开辟工作面，挖土，装车，移位，清理工作面。

定额单位：1 000m^3。

分析两表的工艺流程，合并相加后，定额单位 1 000m^3，工程数量为 1 000m^3，则消耗的人工、机械数量为：

人工：4.5/1 000m^3 ×1 000m^3 =4.5 工日；

推土机：0.72/1 000m^3 ×1 000m^3 =0.72 台班；

挖掘机：3.37/1 000m^3 ×1 000m^3 =3.37 台班；

自卸汽车：[13.65 +2.02 ×(1.5-1)/0.5]/1 000m^3 ×1 000m^3 =15.67 台班。

注：以上例题请读者自己比较概算、预算定额的不同与相同之处。

五、基本定额的运用

由于定额是按一般正常合理的施工组织和正常的施工条件编制的，定额中所采用的施工方法和工程质量标准，主要是根据国家现行公路工程施工技术及验收规范、质量评定标准及安全操作规程取定的。因此，使用定额时不得因具体工程的施工组织、操作方法和材料消耗与定额的规定不同而变更定额。只有在以下几种情况下，才允许对定额中某些项目进行抽换，使定额的使用更符合实际情况。

(1)就地浇筑钢筋混凝土梁用的支架及拱圈用的拱盔、支架，如确因施工安排达不到规定的周转次数时，可根据具体情况进行换算并按规定计算回收。

(2)在使用预算定额时，路面基层材料、混凝土、砂浆的配合比与定额不相符时，以及水泥标号与定额中的水泥标号不同时，水泥用量可按预算定额附录二的基本定额中的混凝土、砂浆配合比表进行换算。

(3)钢筋工程中，当设计用光圆钢筋和带肋钢筋的比例与定额比例不同时，可进行换算。

(4)如施工中必须使用特殊机械时，可按具体情况进行换算。

【例 6-7】 某三级公路路面基层为综合稳定土，设计配比为水泥：石灰：土 =4：8：88，厚 30cm，采用拖拉机带铧犁沿路拌和，初期洒水养生，洒水用水源运距 6km，确定概算定额。

【解】 (1)由概算定额目录可知定额在 131 页，定额表号为 2-1-6。

(2)确定定额号为[131-2-1-6-9 +10]或[2106009，辅助定额 2106010]。

(3)该定额节说明 1、2 和章说明 4 规定：如超过定额规定的压实厚度需分层拌和和碾压时，拖拉机、平地机和压路机台班数量加倍，每 1 000m^2 增加 3 个工日；当设计配比与定额配比不同时要进行换算；定额中凡列有洒水汽车的子目均按 5km 范围内洒水汽车在水源处吸水编制，如水源运距大于 5km 时，应增列洒水汽车的台班消耗。其具体规定见概算定额 103 页章说明和105页节说明。

(4)该定额子目中水泥、石灰、土的配比不同于设计配比需进行抽换。

(5)计算定额值:

人工:$20.2+(30-15)\times1.0+3.0=38.2$(工日)

32.5级水泥:$[15.147+(30-15)\times1.01]\times\frac{4}{6}=20.198$(t)

生石灰:$[10.393+(30-15)\times0.693]\times\frac{8}{4}=41.576$(t)

土:$[195.29+(30-15)\times13.02]\times\frac{88}{90}=381.910(m^3)$

设备摊销费:$1.6+15\times0.1=3.1$(元)

120kW以内自行式平地机:$0.38\times2=0.76$(台班)

75kW以内履带式拖拉机:$0.21\times2=0.42$(台班)

6~8t光轮压路机:$0.28\times2=0.56$(台班)

12~15t光轮压路机:$1.30\times2=2.60$(台班)

6 000L以内洒水汽车:$0.87+(30-15)\times0.04+0.89\times2\times\frac{(0.87+15\times0.04)\times35}{1\,000}$

$=1.562$(台班)

基价:

$$10\,006+15\times570+(20.198-15.147-1.01\times15)\times320+(41.576-10.393-15\times0.693)\times105+(381.91-195.29-15\times13.02)\times8+3\times49.2+0.38\times908.89+0.21\times525.55+0.28\times251.49+1.3\times411.77+458\times2\times\frac{(0.87+15\times0.04)\times35}{1\,000}=18\,694(元)$$

【例6-8】 某桥梁的台帽工程设计为C35水泥混凝土,台帽钢筋设计为光圆钢筋25t,带肋钢筋30t,确定水泥混凝土及钢筋的预算定额值(采用钢模施工)。

【解】 (1)由预算定额目录可知定额在477页,定额表号为4-6-3。

(2)确定定额号为[477-4-6-3-2]或[40603002]和[477-4-6-3-9]或[40603009]。

(3)该定额子目中混凝土配合比与设计配合比不同;光圆钢筋和带肋钢筋的比例不同需进行换算。

当混凝土强度等级及砂浆强度等级等与设计强度等级不同时,需运用基本定额进行抽换。基本定额是指在合理的条件下,为生产单位数量半成品、中间产品所规定的各种资源(工、料、机、费用等)消耗量标准。基本定额按其消耗资源对象的不同可分为劳动定额和材料消耗定额两类,基本定额的具体内容见预算定额995页。其用途有进行定额抽换和分析分项工程或半成品所需的人工、材料、机械消耗量。

(4)计算定额值:

混凝土:查基本定额1011页混凝土配比表(不可作为施工配合比使用)可知:

$1m^3$ C35混凝土需:32.5级水泥418kg;中粗砂$0.45m^3$;碎石$0.82m^3$。

人工21.6工日,原木$0.029m^3$,锯材$0.052m^3$,型钢0.019t,铁件44.8kg,32.5级水泥:$10.2\times0.418=4.264$(t),水$12m^3$,中粗砂$10.2\times0.45=4.59m^3$,碎石$10.2\times0.82=8.364m^3$,其他材料费59.2元,20t以内汽车式起重机0.88台班,小型机具使用费8.6元。

基价：$4\ 564+(4.264-3.845)\times320+(4.59-4.69)\times60+(8.364-8.47)\times55=4\ 686$（元）。

钢筋：定额中光圆钢筋和带肋钢筋比例为1∶5.029；设计为1∶1.2，需要换算。

设光圆钢筋为x、带肋钢筋为y，则：

$$\begin{cases}\dfrac{x}{y}=\dfrac{25}{30}\\ x+y=1.025\end{cases}\Rightarrow\begin{cases}x=0.466\\ y=0.559\end{cases}$$

人工9.3工日，光圆钢筋0.466t，带肋钢筋0.559t，电焊条2.8kg，20～22号铁丝3.6kg，32kVA以内交流电焊机0.43台班，小型机具使用费24.1元。

基价：$4\ 031+(0.466-0.17)\times3\ 300+(0.559-0.855)\times3\ 400=4\ 002$（元）

【例6-9】 某跨径20m的石拱桥，浆砌块石拱圈工程，设计采用M10水泥砂浆砌筑，试问编制预算时是否需要抽换？怎样抽换？

【解】 (1)由概算定额目录可知定额在442页，定额表号为4-5-3。

(2)确定定额号为[442-4-5-3-8]或[40503008]。

(3)该定额节说明1规定：定额中M5、M7.5和M12.5水泥砂浆为砌筑砂浆，M10和M15水泥砂浆为勾缝用砂浆，所以需用进行抽换。其具体规定见预算定额438页节说明。

(4)计算定额值：

查基本定额1009页砂浆配比表可知：$1m^3$ M10砂浆需32.5级水泥311kg，中粗砂$1.07m^3$。

人工19.3工日，原木$0.012m^3$，锯材$0.016m^3$，铁钉0.1kg，8～12号铁丝1.5kg，32.5级水泥$(2.7+0.11)\times0.311=0.874$(t)，水$15m^3$，中粗砂$(2.7+0.11)\times1.07=3.007(m^3)$，块石$10.5m^3$，其他材料费4.5元，小型机具使用费5.6元。

基价：$2\ 328+(0.874-0.751)\times320+(3.06-3.007)\times60=2\ 364$（元）。

【例6-10】 某2孔跨径为20m的石拱桥，制备1孔木拱盔（满堂式），试确定其实际周转次数的周转性材料预算定额。

【解】 (1)由预算定额目录可知定额在631页，定额表号为4-9-2；

(2)确定定额号为[631-4-9-2-2]或[40902002]；

(3)该定额总说明8规定：就地浇筑钢筋混凝土用的支架及拱圈用的拱盔、支架，如确因施工安排达不到规定的周转次数时，可根据具体的情况换算并按规定计算回收。其具体规定见预算定额总说明第八条。

在预算定额的附录中编制有材料的周转及摊销定额，它的主要用途有：

①规定各种周转性材料的周转、摊销次数；

②对达不到规定周转次数的材料定额进行抽换。

③具体计算可按下式进行：

$$E'=E\times K$$

式中：E'——实际周转次数的周转性材料定额；

E——定额规定的周转性材料定额。

$K=n/n'$

n——定额规定的材料周转次数；

n'——实际的材料周转次数。

(4)计算(表6-2)

表 6-2

序号	材料规格名称	单位	定额值 E	n	n'	K	换算值 E'
1	原木	m^3	0.471	5	2	2.5	1.178
2	锯材	m^3	1.625	5	2	2.5	4.063
3	铁件	kg	41.8	5	2	2.5	104.5
4	铁钉	kg	1.1	4	2	2	2.2

六、定额的补充

随着科学技术的发展,新结构、新工艺、新材料、新设备在公路工程上推广使用很快,但是定额的制定必须要有一定的周期,在新定额未颁布以前,为了合理正确的反应工程造价和经济效益,在现行使用的概、预算定额基础上,已编制有部颁补充定额、地区补充定额和部分工程项目的一次性补充定额等。所以在查用现行定额时,应注意定额表左上方的"工程内容"所包含的项目与实际工程项目是否完全一致,结构形式、施工工艺是否相同。根据施工经验、实际的工程内容及对定额了解选用相应的补充定额,做到定额使用不重不漏,特别应注意在设计资料中工程量计算表不提供的一些工程量和设计内容。

【例 6-11】 某中桥河中桥墩挖基工程,施工地面水深 1m,人工挖基,摇头扒杆卷扬机吊运普通土的预算定额。

【解】 (1)由预算定额目录可知定额在 277 页,定额表号为 4-1-2;

(2)确定定额号为[277-4-1-2-2]或[40102002];

(3)该定额表左上角"工程内容"包括:①人工挖土方;②装土、卷扬机吊运土出坑外;③清理、整平、夯实土质基底;④挖排水沟或集水井;⑤搭拆脚手架,移动摇头扒杆及整修便道;⑥取土回填、铺平、洒水、夯实。

(4)根据施工过程和工艺的要求,应补充抽水及扒杆的制作、安装、拆除定额。

(5)应补充的定额号如下:

①抽水:在该定额节说明中进行补充;

②扒杆的制作、安装、拆除定额号为[605-4-7-33-3]或[40733003]。

【例 6-12】 确定某桥梁用单导梁安装标准跨径 20m 的预应力混凝土空心板的预算定额。

【解】 (1)由预算定额目录可知定额在 537 页,定额表号为 4-7-13;

(2)确定定额号为[537-4-7-13-9]或[40713009];

(3)该定额表左上角"工程内容"包括:①整修构件;②构件起吊、横移、就位、校正;③单导梁过墩移动;④锯断吊环。

(4)根据施工过程和工艺的要求,应补充金属结构吊装设备(单导梁)定额。

(5)应补充的定额号为:[599-4-7-31-1]或[40731001]。

第四节　定额的管理

确定定额的水平必须兼顾国家和职工的利益。定额水平先进,表明可以用较少的劳动和物质消耗生产较多的产品,获得较多的利益。定额水平过高和过低,都不利于调动工人的生产积极性,不利于贯彻按劳分配原则,不利于促进生产的发展。因此,定额的水平必须先进合理,这就是在正常的生产条件下,大多数工人经过努力能够达到,部分可以超过,少数比较接近的水平,这样才具有动员和促进的作用。以后随着生产技术条件的发展、变化和工人技术水平熟练程度的不断提高,原来先进合理的定额,执行一段时间以后,就会落后于生产发展的要求,必须做出相应的修改。在修改时,要注意不同行业、不同工种、不同工序之间定额水平的相对平衡,否则会造成忙闲不均,影响生产、影响资金的合理分配,造成职工的内部矛盾,影响安定团结。

定额确定后,必须认真贯彻执行,充分发挥定额在生产和管理中的积极作用,使之成为设计、计划、施工等有关单位和建设银行在实际工作中必须遵循的标准;成为衡量各项经济活动成果的尺度。

一、定额管理的任务

公路工程定额管理的任务与公路建设的管理任务相适应,主要表现为以下五个方面。

1. 深化定额的改革

按照价值规律和等价交换的原则,在合理确定工程造价费用构成的基础上,进一步理清价格和费用的关系,并且根据国家政策规定及市场价格变动情况,通过发布价格信息及工程造价指数,对工程造价实行动态调整,逐步形成国家宏观调控,以市场调节造价为主的价格机制,并且国家宏观调控、企业法人对建设项目投资全过程负责,企业经营管理和成本管理趋于完善。改革包括5个方面的内容。

(1)在市场经济条件下,为确切地反映建筑安装工程费用的性质和内容,创造公平竞争的市场环境,制定关于调整建筑安装工程费用组成的若干规定,对建筑安装工程成本费用进行规范。

(2)按照量价分离和工程实体性消耗与施工措施消耗相分离的原则,对计价定额进行改革。人工、材料、机械等消耗量标准由国家制定基础定额及工程量计算规则,实现国家对计价定额的消耗量进行宏观控制;对人工、材料、机械台班费用单价等区别不同情况,实行调整与放开相结合的办法,从而改变了国家对定额管理的模式。

(3)针对当前价格、利率、汇率、税率等不断变动已成为影响工程造价的重要因素的实际情况,组织各地区、各部门工程造价管理部门定期发布反映市场价格水平的价格信息和调整指数,实行动态管理。

(4)采取了依据不同工程类别实行差别费率和差别利润率,改变过去按企业隶属关系和资质等级的做法,促进了企业间的平等竞争。

(5)为鼓励企业逐步做到按工程类别成本报价,提高企业的竞争能力,在计价定额的表现形式上,实行工程实体性消耗和施工措施消耗相分离的做法。

2. 节约社会劳动

节约社会劳动是合理利用资源和资金的一个极其重要的方面,是提高公路工程建设投资效益的标志和主要途经。公路建设中劳动的投入,数量大、周期长、资源使用紧张、资金短缺。节约社会劳动,不仅给一个项目或一个企业带来经济效益,而且会从宏观上给国民经济的发展带来积极影响。通过定额的制定、定额的执行、定额的调整,达到控制工程建设的耗费,节约社会劳动的目的。

3. 缩短建设工期和施工工期

公路建设工期长、规模大,由于体制和管理等方面的原因,拖长施工工期的现象十分普遍。这样,造成浪费资源和降低投资效益。如果我国在现有建设规模的基础上,平均建设工期每5年缩短1年,就能增加国民经济收入500亿左右。相反,工期延长1年,国民经济收入将减少300亿,并且多支出管理费等100亿左右。通过对定额的管理,找到缩短工期的考核标准和评价尺度,使施工企业的施工工期得以有效的控制,并对施工单位形成有效的工期约束。

4. 协调公路施工中各方面的经济利益关系

公路施工中,国家、建设单位(业主)、施工企业和生产工人、监理和监督管理单位等与工程施工密切相关的这些单位,国家是投资主体,建设单位是筹建者或筹资者,施工企业是工程施工的承包者,工人是生产者,工程监理工程师是项目实施的管理者。在市场经济的条件下,各方面都存在相互的经济利益关系和矛盾,定额的管理就是要维护各方面的正当利益,正确处理各方面的经济关系。定额是中立者,也是执法者。

5. 促进公路建设中两个转变的实现

两个根本转变指:一是经济体制从传统的计划经济向市场经济体制的转变;二是经济增长方式从粗放型向集约型转变。定额管理的任务就是要在定额的指导下,引导公路建设的体制逐步向市场经济的轨道迈进,提高劳动生产率,向集约型经济增长模式靠拢。在公路建设这一领域内赶上或超过世界发达国家的建设水平。

二、定额管理的内容

定额管理的内容从操作工程来看,大致有三个方面:定额的编制修订,定额的贯彻执行,定额的信息反馈。

从市场的信息流程来看,定额管理的主要内容有:信息的采集、加工和传递、反馈的过程,关系图如图 6-3 所示。

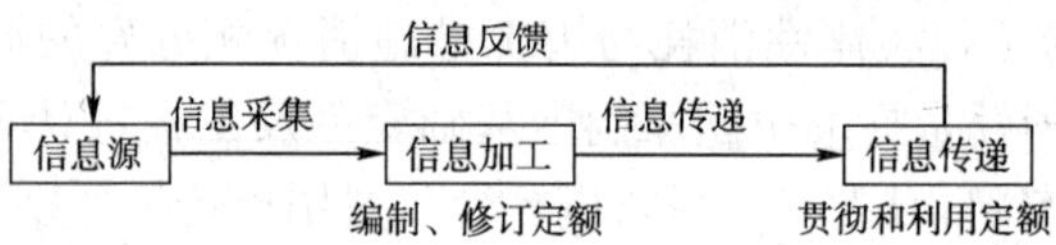

图 6-3　定额信息流程图

定额管理工作的具体内容如下:

(1)制定定额的编制计划和方案;

(2)积累、收集和分析、整理基础资料;

(3)编制、修订定额;

(4)审批、发布各省区补充定额;

(5)组织新编定额的征询意见;

(6)整理和分析意见、建议,诊断新编定额中存在的问题;

(7)对新编定额进行必要的调整和修改;

(8)组织新定额交底和一定范围的宣传、解释和答疑;

(9)从各方面为现行定额的贯彻执行创造条件,积极推行新定额;

(10)监督、储存定额的执行,主持定额纠纷的仲裁;

(11)收集、储存定额的执行情况,反馈信息。

三、定额管理的组织机构

我国公路工程定额管理的组织机构是多部门、多层次的管理,建立定额管理机构就在于能够在公路系统内组织各方面力量,调动各方面的积极性,快速、准确收集各地方的定额资料、信息,并发动专家优势制定补充定额,达到快速跟上新技术、新工艺发展的步伐。

从管理机构权限的划分来看,建设部标准定额司是归口领导机构,它主要负责制定和颁布有关定额的政策、法规、发展规划；组织颁发定额；委托研究机构测定、修订定额；规划专业定额人才的培训工作；制定造价工程师执业资格制度等工作。交通部定额站具体负责在交通系统内各项定额、造价管理工作。

定额管理机构属于政府职能，是国家管理和控制工程造价的有效工具；在进一步深化经济体制改革的形势下，定额仍然是国家对公路建设进行预测、决策、宏观调控的手段。当然，定额贯彻执行还需公路设计单位、建设单位、施工单位及监理单位的大力宣传和解释、运用推广。在贯彻执行定额中要抓好以下几件事。

(1)加强政治思想工作。

(2)及时地将定额下达到班组和个人，做到工人知定额，干活依标准、考核有依据。

(3)创造为完成定额的必要条件，例如加强生产准备、做好机器维修保养、合理安排生产任务，保证材料、动力、工具的供应等。

(4)定额的贯彻执行与技术革新和技术改造，开展合理化建议运动，组织社会主义劳动竞赛，总结推广先进经验等工作紧密结合。

(5)加强培训，提高工人的文化和技术水平。

(6)正确贯彻按劳分配的原则，把完成定额的情况作为奖励、调资、评比先进的依据之一。

(7)加强定额执行情况的统计、检查和分析工作。

(8)建立健全的定额管理机构，配备必要的定额工作人员，加强定额的管理。

定额执行一段时间以后，由于施工中新结构、新材料的采用，由于新的施工方法推广和劳动生产率的提高等原因，就会逐渐地不再适应生产力发展的水平了，因而成为落后、陈旧的定额。一般表现为：①定额项目的水平明显地落后于现有的生产力水平；②缺少某些反映新结构、新材料和新的施工工艺的定额项目；③一些在实际工作中失去存在意义的定额项目仍未淘汰。

陈旧的、落后的定额不仅使定额应有的作用不能发挥出来，而且如果长期允许这种情况存在，就会导致建设费用增加、企业经营管理水平下降、劳动纪律松弛、材料物质浪费、机械利用效率降低等一系列不良后果。当定额逐渐成为生产力进一步发展的障碍时，定额就应当重新修订。但是，修订定额的间隔时间既不宜过长，也不宜过短。间隔时间过长将使定额脱离生产实际，不利于生产的发展；间隔时间过短，将使定额失去必要的稳定性。因此从长远来看，定额需要一次又一次地修订；而从某一个阶段来看，定额又要相对稳定。如果没有一个稳定的定额，就确立不起定额的权威，就不能使定额在企业和广大职工赢得信任，也就失去了定额的作用。而且，修订定额的工作繁重，工作周期很长，修订定额间隔时间过短，在技术上也近乎是不可能的。

修订定额视需要可以是局部修订，也可以是全面修订。两者在方法上基本是相同的，仅在工作范围大小和工作量多少上不一。

重新修编定额，须经主管机关批准方可执行。

建国以来，公路工程概预算定额在交通部领导下经过几次修正。从 1954 年开始编制第一套《公路基本建设预算定额》，经过十年动乱的洗劫，又在 1978 年开始第二次修订，1990 年进行第三次修订，在目前使用的定额水平的基础上，广泛吸取各省(区)意见，注意了各行业间、工种间、工序间的平衡，反复测算调整而形成的。1996 年在现行 92 定额的基础上对定额计价进行了修订。交通部定额站在 92 定额的基础上进行第四次全面修订补充，2007 年出版发行，并于 2008 年 1 月实施。

思考题

1. 什么是定额？定额的二重性是什么？

2. 从计划经济向市场经济转轨的过程，定额所起的作用是什么？

3. 定额的特点是什么？定额的作用是什么？

4. 定额按实物量消耗的分类有哪几种？按使用要求分类有哪几种？

5. 定额的抽换在哪几个方面进行？为什么进行抽换？

6. 定额管理的任务和内容是什么？

7. 补充定额的作用是什么？

8. 怎样才能快速查定额？

9. 怎样使用定额才能正确而全面？

10. 概算定额与预算定额的主要区别是什么？

练习题

1. 编制概算文件时，某工地需要原木 150m^3，采用人工装卸，4t 载重汽车运输，确定概算定额。

2. 某工程在路堑开挖前，需开挖盖山土石方，最大开挖深度 0.8m，采用人工开挖土方 210m^3，确定预算定额。

3. 某路线工程的路缘带采用预制、安装 C30 混凝土块 35m^3，中间填土 350m^3，填土利用路基余方，采用人工挑抬运输普通土 40m，确定预算定额。

4. 分析水泥混凝土构件预制场在准备、建造、施工、直到安装前的工艺流程中，所牵涉的预算定额的工程内容。

5. 列出预应力构件在预制、安装过程中，采用后张法施工所牵涉的预算定额的工程内容或预算定额栏目。

6. 列出沥青混合料的施工过程中，在集中拌和条件下，从准备、建造、拌和直到摊铺所牵涉的预算定额的工程内容或预算定额栏目。

第七章　公路工程概预算

第一节　概　　述

一、基本建设工程投资与概预算

投资是指为了实现某一特定目的而将其能支配的资源投入社会再生产过程的一种社会实践活动。它是最重要和最复杂的经济活动之一。公路基本建设工程投资是众多投资中的一种。国家和社会通过对公路工程项目的投资活动,建立起交通运输的基本通道,为社会的经济发展和人民的生活提供最根本和最直接的物质条件。因此,必须对基本建设工程投资进行科学的管理和严格的控制。

我国基本建设投资的管理与控制基本上分为三个层次。第一个层次是国家。国家通过基本建设计划和有关政策,在宏观上对基本建设投资进行管理和控制。如制定基本建设程序,要求每一个基本建设项目严格遵守基本建设程序。计划部门代表国家根据建设项目可行性研究报告的评审意见来进行项目审批,并按项目的设计概算来控制投资总额。第二个层次是项目申报单位,即项目建设单位。项目建设单位具体对基本建设项目的造价进行控制,他自己或委托设计单位编制可行性研究报告,提出项目建议书,并根据批准的可行性研究报告组织设计,根据批准的设计概算(或施工图预算)编制标底组织施工招标,确定施工单位和委托监理单位。在施工过程中,委托监理工程师对工程费用进行严格管理。通过这一系列工作对建设成本(或造价)进行控制。第三个层次是施工单位(或承包单位)。建设项目由施工单位具体实施,并在施工前编制施工预算,对工程成本进行严格控制。

以上三个层次涉及计划、建设、设计、监理和施工各部门,他们都必须以国家利益为原则,从各自的工作和需要出发,对基本建设项目进行严格和科学的管理,为国家把好经济关。要达到上述目的,其基本手段就是制定概预算定额。

投资是一项复杂的活动,尤其对公路工程项目投资是一个涉及面广,影响因素众多的动态系统。要对这个动态的过程进行有效地控制,一方面应全面了解它的运动变化规律和特征,另一方面应对投资活动的变化发展进行量化。正是这种数量变化上的特征,为我们提供了观察和控制投资活动的可能,也提供了投资控制的基础和控制指标。这个量或指标就是投资额。投资额不同于投资,虽然我们在使用上对两者不加区分,但投资额只是投资活动的数量表现,两个概念紧密联系但又有区别。投资额只是衡量投资活动规模的一个指标,表示投资活动所耗费资源的总和。在商品经济条件下,各种资源均折算成货币,因此,投资额总以货币表示,也就是说,投资额就是投资活动所需的货币归集总额。按计算范围,资金来源和用途不同,投资额可分为一系列指标,如总投资、全部投资、固定资产投资、流动资产投资、技术更新改造投资和设备投资等。

为了进行控制,我们必须对投资在量的方面有一个参考值,这个值又叫目标值或计划值。

控制时,就以其为参考目标,而实际的量所发生的变化就围绕它上下波动。控制的任务是使这种波动尽可能的减小。因此,目标值的确定是控制的一个关键工作。投资本身是一个逐步开展和不断深化的过程,因此,在其运动过程的不同阶段便有不同的测算工作,形成不同的投资额和不同的测算种类。随着投资活动的不断深化,要求对投资额进行不同浓度和精度的测算,相应的形成了一个完整地反映投资在数量变化上的投资额测验算体系。即从项目决策到竣工交付使用的整个过程中,根据在不同阶段投资额的作用和精度要求的不同,形成了投资估算,设计概算,施工图预算、施工预算、标底、投标报价、结算和决算等8种测算方式,并由此构成了建设项目投资额的测算体系。

在以上8种测验算方式中,工程概预算具有特别重要的意义和作用,是基本建设工程投资管理的基本环节。概预算是编制建设工程经济文件的主要依据,也是其他测算方式(投资估算除外)的基础。

基本建设工程(或简称建设项目)设计概算和施工图预算,是指在执行基本建设程序过程中,根据不同设计阶段设计文件的具体内容和国家规定的定额、指标及各项费用的取费标准,预先计算和确定每项新建、扩建、改建和重建工程所需要的全部投资额的文件,它是从经济上反映建设项目在不同建设阶段的特点,是按照国家规定的特殊计划程序,预先计算和确定基本建设工程价格的计划文件,是基本建设程序的重要组成部分。由于概预算的重要性,故在投资额测算体系中居于主导地位。

二、概预算制度的形成和发展

建筑安装工程是按期货方式进行交换的商品,但它们的生产过程不同于一般的工业产品,具有单件性和固定性的特点,建筑产品按照特定的使用要求单独设计,每项工程不但在建筑规模、工程结构上有较大差别,而且其价值因受自然和经济条件的影响各不相同。产品是固定的,生产是流动的,这就决定了建筑产品的特殊生产方法。就是将分项工程作为假定的产品,根据社会正常生产水平规定其人工、材料和施工机械消耗定额,即概预算定额作为确定建筑安装工程价值的统一标准。建筑安装工程概算、预算即是根据工程设计包含的分部分项工程量和其相对应地区的人工、材料、机械单价表及有关费用标准编制而成。

建筑工程概预算制度产生于早期的资本主义国家,其历史可以追溯到16世纪,例如英国概预算制度至今已有四百多年发展史。概预算制度的发展过程大致可分为三个阶段。16世纪到18世纪末,是第一阶段,由“测量员”对已完工程的工程量进行测量并估价;19世纪初期,是预算工作发展的第二阶段,由“预算师”在开工之前,按照施工图纸进行工程量计算,以作为承包人投标的基础,中标后的预算书就成为合同文件的重要组成部分;20世纪40年代发展到第三阶段,建立了“投资计划和控制的制度”,他们的投资计划相当于我国的初步设计概算或投资估算,作为投资者预测其投资效果,进行投资决策和控制的依据。

建立统一的预算制度,我国始于大规模经济建设的“一五”计划时期,从原苏联学来的。1958年后,中央不再统管概预算工作,下放给各省、市、自治区管理,不久在“文革”中被作为“修正主义的管、卡、压”进行了批判。1967年废除了预算制度,实行经常费办法,即施工企业的工资和管理费由国家拨付,材料费向建设单位实报实销。这实际上是供给制造成了不讲管理,不讲核算,不计成本的吃“大锅饭”局面,以致损失浪费严重,投资效果极差。1973年取消经常费办法,恢复预算制度。十一届三中全会以后,国家加强了基本建设预算管理,多次部署整顿和加强“三算”的管理工作,要求做到设计要有概算,施工要有预算,竣工要有决算，以促进经济核算，发挥投资的预定效果。同时，国家还组织了设计部门、施工部门和建设银行及各主管部门制定了工程预算、概算定额及各项费用标准，作为编制基本建设概预算的依据。

实践证明,基本建设预算制度,不仅为按等价交换原则办理工程价款的拨付和结算提供依据,而且,更重要的是促进施工企业加强经济核算和企业管理,促进设计部门改进设计方案,提高设计精度,从而为基本建设投资、决策、分配、管理、核算和监督提供依据。所以,建立和完善基本建设预算制度,对加强基本建设管理,提高投资效益,都具有极重要的意义。

长期以来,我国用处理自然经济和产品经济的方式来对待建筑业,致使建筑产品价格和价值严重背离,工程没有真正做到定价在先,而是干后再说,这些弊病限制着商品经济的发展。特别是建筑市场开放,实行招标承包制,这种矛盾就更进一步加剧和突出了。建筑产品价格是否合理,不能单纯从价值是价格的基础出发。价格既要反映价值,又要反映供求关系,所以建筑产品价格的制定和调整,既要以价值为基础,又要充分考虑供求关系。一方面,国家通过投资需求和预算定额体系指导调节建筑产品的价格,这说明建筑业同其他物质部门的区别,也表明预算定额体系的特定意义;另一方面建筑产品价格改革,必然打破旧的、一统到底的预算制模式,使建筑产品的市场价格(应该是浮动的)逐步纳入概预算定额体系指导下形成的合同价格。现在实行监理制度的项目,其价格便较好地体现了建筑产品价格的本质特征和要求,随着监理制度的推广和深化,建筑产品的价格将会更准确地体现价值规律的要求和市场竞争特性。

总之,无论是国外还是国内,概预算制度都是随着商品经济的发展而逐步形成与不断完善的,概预算制度也肯定会进一步得到加强和完善。

就公路工程概预算而言,其形成和发展一方面与我国经济建设的发展密切相关,一方面也直接反映我国公路建设的发展情况,随着公路建设的发展和对公路基本建设投资管理水平的不断提高,公路工程概预算也在不断改进和加强。由于公路基本建设概预算是国家对公路投资进行管理的基本手段和工具。并且,概预算本身的直接理论基础是定额管理,因此,公路工程概预算不可避免地具有时代特征。国家通过颁发《公路基本建设工程概算、预算编制办法》(以后简称《编制办法》)和《公路工程概算定额》与《公路工程预算定额》等法律文件来实现对公路工程概预算工作的指导与管理。由《编制办法》体现国家在某一时期的经济政策和有关法规的要求,而定额则反映某一时期我国公路施工生产与管理的水平,因而《编制办法》与定额两者都应随时代的发展而变化,从而促使概预算工作不断完善。例如 1992 年 5 月颁布的《公路工程概算定额》与《公路工程预算定额》同 1983 年元月所颁布的相应定额就有很大差别;而 1996 年的《编制办法》也比 1992 年的《编制办法》有较大改进。

三、公路工程概预算的分类和投资额测算体系

1. 公路工程概预算的分类

根据我国的设计和概预算文件编制以及管理方法,对公路基本建设工程有如下规定:

(1)采用两阶段设计的建设项目,在初步设计阶段,必须编制总概算;在施工图设计阶段,必须编制施工图预算。

(2)采用三阶段设计的建设项目,除按上述要求外,在技术设计阶段,还必须编制修正概算。

(3)在基本建设全过程中,除按上述要求外,在其他建设阶段,还必须编制以概预算为基础(投资估算除外)的其他有关投资额测算文件。

2. 投资额测算体系

为了对公路基本建设工程进行全面而有效的工程造价管理,在项目的各阶段都必须编制有关的造价文件,这些不同造价文件的投资额则要根据其主要内容要求,由不同测算工作来完成。投资额按公路工程的建设程序进行分类,有如下几种。

(1)投资估算

投资估算,一般是指在投资前期(规划、项目建议书、可行性研究报告)阶段,建设单位向国家申请拟定项目或国家进行决策时,确定建设项目在规划、项目建议书、可行性研究报告等不同阶段的相应投资总额而编制的经济文件。

国家对任何一个拟建项目,都要通过对可行性研究报告的全面评审后,才能决定是否正式立项。在可行性研究中,除考虑国家经济发展上的需要和技术上的可行性外,还要考虑经济上的合理性。投资估算为投资决策提供数量依据,也是建设项目经济效益分析中确定成本的主要依据,因此,它是建设项目在初步设计前各阶段工作中,作为拟建项目在经济上是否合理的重要文件。它具有如下几个方面的作用。

①它是国家决定拟建项目是否继续进行研究的依据。

②它是国家审批项目建议书的依据。

③它是国家审批建设项目可行性研究报告的依据。

可行性研究报告被批准后,投资估算就作为控制初步设计概预算的依据,也是国家对建设项目所下达的投资限额,并可作为资金筹措计划的依据。

④它是国家编制中长期规划和保持合理投资结构的依据。

根据投资估算的作用不同,其内容的深浅程度也不尽相同。公路工程投资估算是公路建设项目可行性研究报告中的重要内容,它可分为两类,一类是项目建议书投资估算,一类是工程可行性研究投资估算。交通部在 2007 年公布了《公路工程投资估算编制办法》和《公路工程估算指标》,在编制公路工程投资估算时,应按其规定执行,并应满足预可行性研究和工程可行性研究的要求。

(2)概算

概算又分为设计概算和修正概算两种。设计概算是指在初步设计或技术设计阶段,由设计单位根据设计图纸、概算定额、各类费用定额、建设地区的自然条件和技术经济条件等资料,预先计算和确定建设项目从筹建至竣工验收的全部建设费用的造价文件。它是设计文件的重要组成部分,是国家确定和控制公路基本建设投资总额,安排基本建设计划,选择最优设计方案的依据。建设项目的总概算一经批准,在其随后的其他阶段是不能随意突破的。

(3)施工图预算

公路基本建设工程不论采用几个阶段设计,设计单位在施工图设计阶段均应编制施工图预算。施工图预算是以设计单位为主,必要时可邀请施工单位、建设单位参加,根据施工图设计的工程量和施工方案,按预算定额和各类费用定额,所编制的反映工程造价的文件。它是考核施工图设计经济合理性的依据,对于按施工图预算承包的工程它又是签订建筑安装工程合同,实行建设单位和施工单位投资包干和办理工程结算的依据;对于进行施工招标的工程,施工图预算也是编制工程标底的依据;同时,它也是施工单位加强经营管理,搞好经济核算的基础。

施工图预算必须以施工图图纸、说明书、施工组织设计(或施工方案)以及编制预算的法令性文件为依据。

(4)施工预算

施工预算是施工单位进行成本控制与成本核算的依据，也是施工单位进行劳动组织与安排，以及进行材料和机械管理的依据，对施工组织和施工生产有着极为重要的作用。

施工预算是指施工阶段，在施工图预算的控制下，施工单位根据施工图计算的分项工程量、施工定额、施工组织设计或分部分项工程施工过程的设计及其他有关技术资料，通过工料分析，计算和确定完成一个工程项目或一个单位工程或其中的分部分项工程所需的人工、材料、机械台班消耗量及其他相应费用的造价文件。施工预算所反映的是完成工程项目的成本，是成本控制的主要目标。

(5)标底编制

工程项目实行招标，按发包工程的工程内容(通常由工程量清单来明确)、设计文件、合同条件以及技术规范和有关定额等资料进行编制。标底是一项重要的投资额测算文件，是评标的一个基本依据，也是衡量投标人报价水平高低的基本指标，在招投标工作中起着关键作用。其编制一方面应遵守国家的有关规定和要求，另一方面应力求准确。标底一般以设计概算和施工图预算为基础编制，以其中的建筑安装工程费为主，且不准超过批准的概算或施工图预算的限额。

(6)报价

报价是由投标单位根据招标文件及有关定额(有时往往是投标单位根据自身的施工经验与管理水平所制定的企业定额)和招标项目所在地区的自然、社会和经济条件及施工组织方案和投标单位自身条件，计算完成招标工程所需各项费用的造价文件。报价是投标文件最重要的组成部分和主要内容，是投标工作的关键和核心，也是决定能否中标的主要依据。报价过高，中标率就会降低；报价过低，尽管中标率增大，但可能无利可图，甚至承担工程方亏本的风险，因此，能否准确计算和合理确定工程报价，是施工企业在投标竞争中能否获胜的前提条件。中标单位的报价，将直接成为工程承包合同价的主要基础，并对将来的施工过程起着严格的制约作用。承包单位和业主均不能随意更改报价。

报价同施工预算比较接近，但不同于施工预算。报价的费用组成和计算方法同概预算类似，但其编制体系和要求均不同于概预算，尤其目前招投标工作中，一般采用单价合同，因而使报价时的费用分摊同概预算的费用计算方式有很大差别。总的看来，报价和概预算的差别主要体现在两个方面：一是概预算文件必须按国家有关规定进行编制，尤其是各费用的计算，更能体现施工单位的一般水平。二是概预算经设计单位编完后，必须经建设单位或其主管部门、建设银行等审查批准后才能作为建设单位与施工单位结算工程价款的依据；而报价则可以根据投标单位对工程和招标文件的理解程度，在预算造价上下浮动，无需预先送建设单位审核。因此，报价比概预算更复杂，也比概预算更灵活。

报价与标底有极为密切的关系，标底同概预算的性质很相近，编制方式也相同，都有较为严格的要求。报价则比标底编制要灵活，虽然二者有很明显的差别，并且从不同角度来对同一工程的价值进行预测，计算结果很难相同，但又有极密切的相关关系。随着公路工程投资体制的进一步改革(如项目业主责任制的推行)，公路工程招投标制度的进一步完善和公路施工监理制度的推广，将会进一步加强和完善标底与报价这两种测算工作，也必然会使各方和更多的人们认识这两种测算工作的重要性，从而把它们做得更好。

(7)工程结算

工程项目的建设是一个复杂的过程，涉及的单位是一些相对独立的经济实体，有着各自的经济利益，在项目建设过程中承担着不同的工程内容，因此，无论公路工程项目采用何种方式进行建设，在建设过程中，各经济实体之间必然会发生货币收支行为。这种在项目建设过程中由于器材采购、劳务供应，施工单位已完工程点交和可行性研究及设计任务的完成等经济活动而引起的货币收支行为，就是项目结算。在社会主义商品经济条件下，公路建设项目的建设过程也是一种商品的生产过程，其间所发生的一系列工作和活动最终都要通过结算来作最后评价。因此，正确而及时地组织项目结算，全面做好项目结算的各项工作，对于加速资金周转，加强经济核算，促进建设任务的完成，保证项目建设的顺利进行以及加强对项目建设过程的财政信用监督等方面都有着十分重要的意义。项目的结算过程，实际上也是组织基本建设活动，实行基本建设拨、贷款的投资过程，也是及时掌握项目投资活动中的动态及其变化情况的过程。项目结算是国家组织的基本建设经济活动，及时掌握经济活动信息，实现固定资产再生产任务的重要手段。同时，通过结算，可以协助建设单位有计划地组织一切货币收支活动，使各企业、各单位的劳动耗能及时得到补偿。

项目结算的主要内容包括货物结算、劳务供应结算、工程（费用）结算及其他货币资金的结算等。货物结算是指建设单位同其他经济单位之间，由于物资的采购和转移而发生的结算；劳务供应结算是指建设单位同其他单位之间，由于互相提供劳务而发生的结算；工程费用结算指建设单位同施工单位之间，由于拨付各种预付款和支付已完工程等费用而发生的结算；其他货币资金结算是指基本建设各部门，各企业和各单位之间由于资金往来以及他们同建设银行之间，因存款、放款业务而发生的结算。

工程费用结算习惯上又称为工程价款结算，是项目结算中最重要和最关键的部分，是项目结算的主体内容，占整个项目结算额的75% ~80%。工程价款结算，一般以实际完成的工程量和有关合同单价以及施工过程中现场实际情况的变化资料（如工程变更通知、计日工使用记录等）计算当月应付的工程价款。施工单位将实际完成的工程量填入各种报表，按月送交驻地监理工程师验收签认，然后向建设单位提交当月工程价款结算单。根据结算应付的工作价款经总监理工程师签认的支付证书，财务部门才能转账。目前，由于各地区施工单位流动资金支付方式的差别和具体工程项目的不同，工程价款的结算方法有多种形式。建设银行1990年实行的《建设工程价款结算办法》第五条规定：建设工程价款结算可以根据不同情况采取多种方式：①按月结算；②竣工后一起结算；③分段结算；④约定的其他结算方式。而实行FIDIC条款的合同，则明确规定了计量支付条款，对结算内容、结算方式、结算时间、结算程序给予了明确规定，一般是按月申报，期中支付，分段结算，最终结清。

(8)竣工决算

竣工决算是指在建设项目完工后竣工验收阶段，由建设单位编制的建设项目从筹建到建成投产或使用的全部实际成本的技术经济文件。它是公路建设投资管理的重要环节，是公路工程竣工验收及交付使用的重要依据，也是进行公路建设项目财务总结，银行对其实行监督的必要手段。其内容由文字说明和结算报表两部分组成。文字说明主要包括：工程概况；设计概算和基本建设规划执行情况；各项技术经济指标完成情况；各项拨款（或贷款）使用情况；建设成本和投资效果的分析以及建设过程中的主要经验；存在的问题和解决意见等。

应当注意，施工单位往往也根据工程结算结果，编制单位工程竣工成本决算，核算单位工程的预算成本、实际成本和成本降低额。工程结算人员经企业内部成本分析，突出经营效果，总结经验，提高经营管理水平的手段。

投资活动的进展顺序及相关工作内容和投资额测算的相互关系如图7-1所示。

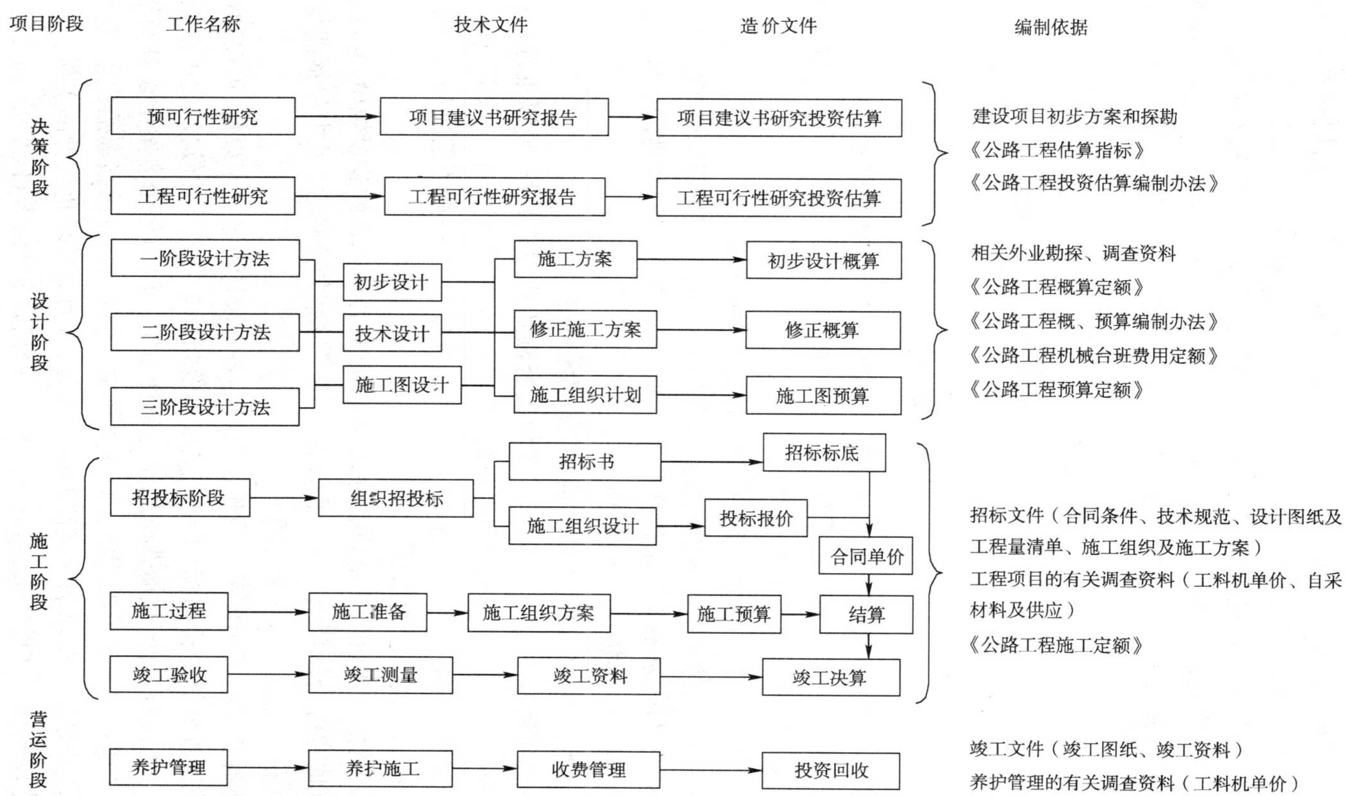

图 7-1 投资进程与投资额测算关系图

从图 7-1 可以看出，估算、概算、预算、标底、报价和结算以及决算都是以价值形态贯穿整个投资过程。从申请建设项目，确定和控制基本建设投资额，进行基建经济管理和施工单位进行经济核算，到最后以决算形成企（事）业单位的固定资产，构成了一个有机的整体，缺一不可。因此，在一定意义上说，它们是基本建设投资活动的血液，也是联系参与项目建设活动各经济实体的纽带。申报项目要编投资估算，设计要编概算和施工图预算，招标要编标底投标要编报价，施工前要编施工预算，施工过程之中要进行结算，施工完成要编决算，并且一般还要求决算不能超过预算，预算不能超过概算，概算则不能超出估算所允许的幅度范围，结算不能突破合同价的允许范围，合同价不能偏离报价与标底太多，而报价（指中标价）则不能超出标底的规定幅度范围，并且标底不允许超概预算。总之，各种测算环环相扣，紧密联系，共同对投资额进行有效控制。

第二节　概预算的作用与文件组成

一、概预算的作用

工程概预算是决定工程结构物设计价值的造价文件，是基本建设管理工作中的重要环节。概预算的质量好坏，对国家基本建设资金是否正确合理使用有密切的关系。它既是衡量完成国家计划的依据，又是正确组织施工的前提。

一个工程设计，技术上是否先进合理，设计造价是衡量的标准之一。当基本建设项目确定后，如何将大量的劳动力、材料用好、管好、做到少花钱多办事，是工程组织管理的主要内容，因此，从设计、施工直至投产，都离不开工程概预算。工程概预算是设计文件的组成部分，又是工程管理不可缺少的内容和依据。其作用归纳如下。

1. 是编制基本建设计划，确定和控制基本建设投资额的依据

国家规定，编制年度基本建设计划，确定计划投资额及其构成数额，要以批准的初步设计概算中有关指标为依据，初步设计概算没有批准的建设工程不能列入年度基本建设计划。批准的投资数额，是控制国家投资的最高限额，在工程建设过程中，一般不能突破这一限额。

2. 是设计与施工文案优选的依据

工程概预算是确定工程价值的造价文件，它不仅反映各项工程的建设规模，并规定了工程经济活动范围，同时也综合体现出各项工程设计与施工方案的合理性（其中包括路线方案、结构形式、材料品种和施工方法等各个方面）。

首先，概预算有货币的指标体系。当建设项目的各个设计方案出来以后，可以利用总概预算造价指标，单位工程概算造价指标，单位产品成本等指标进行经济比较，从而可以发现问题，促使设计人员进一步改进设计，从而选出最优的设计方案。因为每个方案的设计意图都会通过计算工程量和各项费用全部反映到概预算文件中来，通过这些货币指标的比较，就可以从中选出在各方面均能满足原定要求而又经济的最佳方案，从而促进优化设计的工作。

其次，基本建设概预算文件中的实物指标，如主要材料（钢材、木材、水泥、沥青等）的消耗量，人工、机械台班的消耗量，对于进行技术经济分析与考虑经济效益也有着重要的作用。尤其当需要考虑物价上涨问题时，对不同材料的上涨指数，可通过对实物指标的分析来获得，从而可预测不同设计方案的物价风险。

3. 是实行基本建设招投标，签订工程合同，及进行工程拨款、贷款和结算的依据

合同制是按照经济规律要求所确定的一种经济管理办法。工程承包合同包括工程范围、施工期限、工程质量、工程造价、材料设备供应和工程结算等内容，所以工程概预算是签订工程承包合同的重要依据之一。

初步设计概算是拨款和贷款的最高限额，对建设项目的全部拨款、贷款或单项、单位工程的拨款、贷款累计总额，不能超过初步设计概算。以批准的初步设计进行施工招标的工程其单项或单位工程的标底应在批准的总概算范围内。

施工图预算是实行建筑安装工程包干，办理工程进度款，安排施工组织计划和备料，进行工程结算的依据。以施工图设计进行施工招标的工程，经审定批准后的施工图预算是编制工程标底的依据。

4. 是施工企业加强经营管理，搞好经济核算的基础

公路工程施工企业为了加强经营管理，搞好经济核算，降低工程成本，增加利润，就必须以概预算为基础，制定经营计划，做好施工准备，进行"两算"对比，并考核经营效果和完善经济责任制。

施工企业的经营计划和施工财务计划的组成内容，以及它们的相应指标体系中的部分指标的确定，都必须以施工图预算为依据。例如：实物工程量、工作量、总产值和利润额等指标，其中的总产值应直接按工程承包的施工图预算价格计算。另外，在编制施工财务计划中的施工计划、保证性计划中的材料技术供应计划的财务计划时，也必须以施工图预算为依据。

在对拟建工程进行施工的准备过程中，依赖于施工图预算提供有关数据的工作主要有：在施工图预算的控制下编制单位工程施工预算；以施工图预算的分部分项工程量、工料分析为依据，编制施工进度计划和劳动力、材料、成品、半成品、构件及施工机械等需要量及供应计划，并落实货源，组织运输，控制消耗；以施工图预算提供的直接费、间接费为依据，对工程施工进度的网络计划进行工期与资源，工期与成本优化等。

"两算"是指施工图预算和施工预算。施工企业为搞好经济核算，常常通过施工预算与施工图预算的对比，对"两算"进行互审，从中发现矛盾并及时分析原因，然后予以纠正。这样既可以防止多算或漏算，有利于企业对单位工程经济收的预测与控制，又可以使人工、材料、机械台班等资源需要量计划的编制工作准确无误，有利于工料消耗的分析与控制，确保工程施工的顺利进行。

施工企业通过企业内部单位工程竣工成本决算，进行实际成本分析，反映自身经营管理的经济效果。以工程竣工后的工程结算为依据，对照单位工程的预算成本、实际成本，核算成本降低额，总结经验教训，提高企业经营管理水平。

施工企业以施工图预算为依据，实行内部的单位工程、班组和各职能部门的经济核算，从而使企业本身及其内部各部门和全体职工明确自己的经济责任，努力提高劳动生产率，确保安全施工，大力节约工时和资源，保证每项工程都能达到工期短、质量好、成本低、利润高的目的。

5. 是对工程进行成本分析和统计工程进度的重要指标

对基本建设计划完成情况和存在的问题，必须通过基本建设统计分析加以反映。基本建设会计是以货币指标和实物指标反映工程的人工、材料、机械台班的实际消耗。会计的有关科目应和概预算一致，才能对照工程概预算各费用项目，进行成本分析。同时，通过对在建项目的概预算完成情况的统计，可以及时了解工程的进度。

必须指出，由于初步设计概算和施工图预算编制的时间、依据和要求不同，因此它们的作用既有共同点也有不同之处。由于它们都是国家对基本建设进行科学管理和监督的有效手

段,所以在编制年度基本建设计划,确定工程造价、方案,签订工程合同,建设银行进行拨款(贷款)和竣工结算等方面有着共同的作用。其不同之处主要表现在:设计概算在确定的控制建设项目投资总额等方面的作用最为突出:施工图预算在最终确定和控制单项工程或单位工程的计划价格、施工企业加强经济管理等方面的作用最显著。

二、概预算的编制依据

公路工程概预算的编制是一项十分细致的工作,编制前应全面了解工程所在地的建设条件,掌握各种基础资料,正确引用规定的定额、取费标准和材料及设备价格。在编制时严格国家的方针、政策和有关制度,符合公路设计规范和施工技术规范。编制的主要依据如下。

(1)法令性文件。系指编制概预算中所必须遵循的国家、交通部和地方主管部门颁布的有关法令性文件或规定,如交通部颁发的《公路基本建设工程概算、预算编制办法》以及《公路工程基本建设项目设计文件编制办法》等。

(2)设计资料。概算文件应根据建设项目的初步设计(或扩大初步设计)编制;修正概算文件应根据技术设计编制;施工图预算则根据施工图设计编制。

编制人员应熟悉设计资料、结构特点及设计意图。设计图纸上的工程细目数量往往不能满足概预算编制的要求,还需做出必要的计算或补充,对设计文件上提出的施工方案还需补充和完善。

(3)概预算定额,概算指标,取费标准,材料、设备预算价格等资料。概算文件应根据概算定额(或指标)、施工管理费定额、其他直接费和间接费标准、计划利润率、税金、施工技术装备费、材料、设备预算价格等资料进行编制。施工图预算应根据国家或主管部门编制的公路工程预算定额或其他专用定额、省(区)编制的补充定额、施工管理费及其他费用标准、计划利润率、施工技术装备费、综合税率、材料设备预算价格等进行编制。

(4)施工组织设计资料。从施工组织设计中可以看出,与概预算编制有关的资料包括:工程中的开竣工日期、施工方案、主要工程项目的进度要求、材料开采与堆放地点,大型临时设施的规模、建设地点和施工方法等。

(5)当地物资、劳力、动力等资源可资利用的情况。本着因地制宜、就地取材的原则,对当地情况应作深入的调查了解,经反复比较后确定最优成果。

物资:外购材料要确定外购的地点、货源、质量、分期到货等情况:自采加工材料要确定料场、开采方式、运输条件(道路、运输工具及各种运输工具的比重、运价、装卸费等)、堆放地点等。

劳力:当地各种技工及普工可以提供的数量、劳力分布地点、工资标准及其他要求等。

动力:当地可供利用的电资源情况,包括提供的数量、单价以及可能出现的输电线路变压器问题等情况。

运输:向运输部门了解当地各种运输工具可供利用的情况及运价、基价、装卸费等有关规定。

(6)施工单位的施工能力及潜力。编制概算时,施工单位尚未明确,可按中等施工能力考虑。施工图预算,若已明确施工单位,就应根据施工单位的管理与技术水平,确定新工艺、新技术采用的可能程度,明确施工单位可以提供的施工机具、劳力、设备以及外部协作关系。

(7)了解当地自然条件及其变化规律。如气温、雨季、冬季、洪水季节及规律,风雪、冰冻、地质、水源等。

(8)其他工程及沿线设施。如旧有建筑物的拆迁,与水利、电信、铁路的干扰及解决措施,清除场地、管理养护及服务设施等。

三、概预算费用的组成

根据交通部《公路工程基本建设项目概算预算编制办法》(JTG B06—2007)的规定,公路工程概预算费用由建设安装工程费,设备、工具、器具及家具购置费,工程建设其他费用,预备费用共四大部分费用组成,如图7-2所示。

- 概预算总金额
  - 建筑安装工程费
    - 直接费
      - 直接工程费
        - 直接费
        - 材料费
        - 机械使用费
      - 其他工程费
        - 冬季施工增加费
        - 雨季施工增加费
        - 夜间施工增加费
        - 特殊地区施工增加费
        - 行车干扰施工增加费
        - 安全及文明施工措施费
        - 临时设施费
        - 施工辅助增加费
        - 工地转移费
    - 间接费
      - 规费
        - 养老保险
        - 失业保险费
        - 医疗保险费
        - 住房公积金
        - 工伤保险费
      - 企业管理
        - 基本费用定额
        - 主副食运费补
        - 职工探亲路
        - 职工取暖补
        - 财务费用
    - 利润
    - 税金
  - 设备、工具、器具购置费
    - 设备、工具、器具购置费
    - 办公及生活用家具购置费
  - 工程建设其他费用
    - 土地征用及拆迁补偿费
    - 建设项目管理费
    - 研究试验费
    - 前期工作费
    - 专项评价(估)费
    - 施工机构迁移费
    - 供电贴费
    - 联合试运转费
    - 生产人员培训费
    - 固定资产投资方向调节税
    - 建设期贷款利息
  - 预备费
    - 价差预备费
    - 基本预备费

图7-2 概预算费用组成图

四、概预算项目

公路建设工程从筹建至竣工,验收、运营使用的全过程中需要的建设费用是由建筑安装工程设备、工具购置和工程建设其他费用三部分组成。其中设备、工(器)具和家具是一般工业部门生产的产品,购置活动属于价值转移性质;而工程建设其他费用多为费用性质的支付。这两部分费用可分别按国家规定的有关费用标准和相应的产品价格直接计算,较易确定。但是,建筑安装工程则不同,如第一章第二节和本节所述,要从基本的分项工程的各项消耗开始逐步扩大计算,其中包括直接、间接的消耗和建安工人为社会所创造的价值。因此,公路工程概预算价值的主要组成部分是建筑安装工程的概预算价值。在一定意义上讲,编制公路工程概预算,主要是编制建筑安装工程概预算,它是编制公路工程概预算的关键。

建筑安装工程是由相当数量的分项工程组成的庞大复杂的综合体,直接计算出它的全部算人工、材料和机械台班的消耗量及价值,是一项极为困难的工作。为了准确无误地计算和确定建筑安装工程的造价,必须对公路基本建设工程项目进行科学地分析与分解,使之有利于公路工程概预算的编审,以及公路基本建设的计划、统计、会计和基建拨款贷款等各方面,编制概预算项目时不重不漏,保证质量,因此,必须对概预算项目的划分、排列顺序及内容作出统一规定,这就形成了公路工程概预算项目表(见附录一)。

公路工程概预算项目应按项目表的序列及内容编制。公路工程概预算项目主要包括以下内容。

第一部分　建筑安装工程

第一项　临时工程

第二项　路基工程

第三项　路面工程

第四项　桥梁涵洞工程

第五项　交叉工程

第六项　隧道工程

第七项　公路设施及预埋管线工程

第八项　绿化及环境保护工程

第九项　管理、养护及服务房屋

第十项　利润

第十一项　税金

第二部分　设备及工具、器具购置费

第三部分　工程建设其他费用

项目表的详细内容见附录一。

概预算项目编制的注意事项如下。

概预算项目因严格按项目表的序列及内容编制,不得随意划分。如果实际出现的工程和费用项目与项目表的内容不完全相符时,一、二、三部分和“项”的序号应保留不变,“目”、“节”及“细目”可随需要增减,并按项目表的顺序以实际出现的“目”、“节”及“细目”依次排列,不保留缺少的“目”、“节”及“细目”的序号。如第二部分,设备及工具、器具购置费在该项工程中不发生时,第三部分工程建设其他费用仍为第三部分。同样,路线工程第一部分第六项为隧道工程,第七项为公路设施及预埋管线工程,若路线中无隧道工程项目,但其序号仍保留,公路设施及预埋管线仍为第七项,但如“目”、“节”及“细目”发生这样的情况时,可依次递补改变序号。路线建设项目中互通式立体交叉、辅道、支线,如工程规模较大时,也可按概预算项目表单独编制建筑安装工程,然后将其概预算建筑安装总金额列入路线的总概预算表中相应的项目内。

五、概预算文件组成

(一)概预算编制说明

概预算编制完成后,应写出编制说明,文字力求简明扼要。叙述的内容一般如下。

(1)建设项目设计资料的依据及有关文号,如建设项目可行性研究报告文号、初步设计和概算批准文号(编修正概预时),以及根据何时的测设资料及比选方案进行编制的等。

(2)采用的定额、费用标准,人工、材料、机械台班单价的依据或来源,补充定额及编制依据的详细说明。

(3)与概预算有关的委托书、协议书、会谈纪要等的主要内容(或将抄件附后)。

(4)总概预算金额,人工、钢材、水泥、木料、沥青的总需要量情况,各设计方案的经济比较以及编制中存在的问题。

(5)其他与概预算有关但不能在表格中反映的事项。

(二)概预算表格

概预算文件的主要内容和组成部分是概预算表格,它实际上是由一套规定的表格所组成。并且,公路工程概预算应按统一的概预算表格计算。概预算表格是一个有机的整体,它们互相联系,共同反映出工程的费用;概预算的材料和机械台班单价及各项费用的计算都应通过表格反映。各种表格的计算顺序及相互关系,如图 7-3 所示。

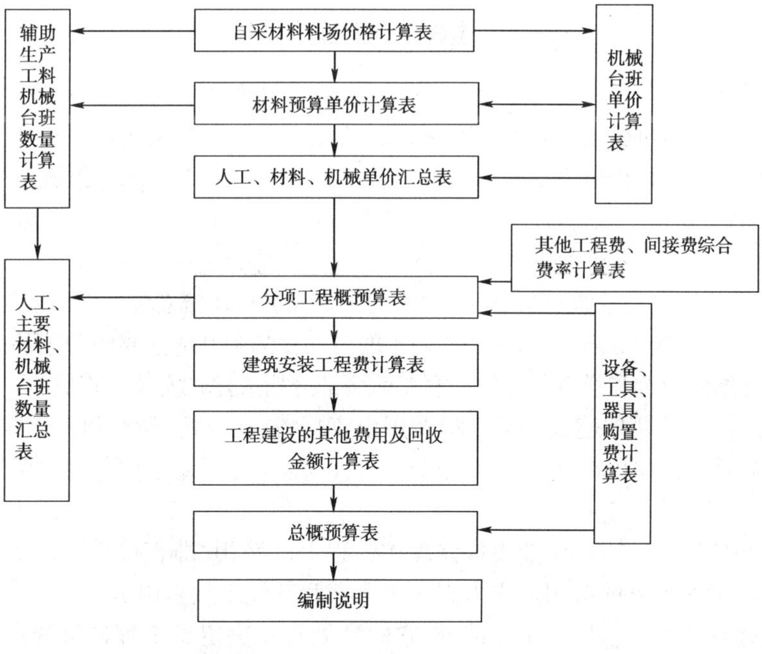

图 7-3　概预算表格的计算顺序和相互关系

(三)甲组文件和乙组文件

概预算文件是设计文件的组成部分,应按《公路工程基本建设项目设计文件编制办法》关于设计文件报送份数要求,随设计文件一并报送。

概预算文件按不同的需要分为两组,甲组文件为各项费用计算表;乙组文件为建筑安装工程费各项基础数据计算表，只供审批使用。乙组文件表是征得省、自治区、直辖市交通厅(局)同意后，结合实际情况允许变动或增加某些计算过渡表式。不需要分段汇总的可不编总概(预)算汇总表。

甲、乙组文件包括的内容如下：

甲组文件：
- 编制说明
- 总概(预)算汇总算(01-1 表)
- 总概算人工、主要材料、机械台班数量汇总表(02-1 表)
- 总概(预)算表(01 表)
- 人工、主要材料、机械台班数量汇总表(02 表)
- 建筑安装工程费计算表(03 表)
- 其他工程费及间接费综合费率计算表(04 表)
- 设备、工具、器具购置费计算表(05 表)
- 工程建设其他费用及回收金额计算表(06 表)
- 人工、材料、机械台班单价汇总表(07 表)

乙组文件：
- 建筑安装工程费计算数据表(08-1 表)
- 分项工程概(预)算表(08-2 表)
- 材料预算单价计算表(09 表)
- 自采材料料场价格计算表(10 表)
- 机械台班单价计算表(11 表)
- 辅助生产工、料、机械台班数量表(12 表)

第三节 概预算费用计算

一、建筑安装工程费计算

建筑安装工程是施工企业按预定生产目的创造的直接生产成果，包括建筑工程和设备安装工程两大类。它必须通过施工企业的生产活动和消耗一定的资源来实现。从理论上讲，建筑安装工程费以建筑安装工程价值为基础。建筑安装工程的价值由三个部分组成：一是建筑业转移的生产资料价值；二是生产者为自己劳动所创造的价值；三是生产者为社会劳动所创造的价值。建筑安装工程费用就是这些价值的货币量化值，它由三个部分组成：第一部分为施工企业转移的生产资料的费用，主要包括建筑材料、构(配)件的价值和进行建筑安装生产所使用施工机械等固定资产的折旧费用等；第二部分为施工企业职工的劳动报酬和其他必要的费用等；第三部分为施工企业向财政缴纳的税金和税后留存的利润。前两部分构成建筑安装工程成本。

现行的《编制办法》规定建筑安装工程费用由直接费、间接费、利润和税金四部分组成。其中直接费的计算是关键和核心，其他三部分费用则分别以规定的基数按各自的百分率计算取费。

(一)直接费计算

直接费是指施工企业生产作业直接体现在工程上的费用，即直接使生产资料发生转移而形成预定使用功能所投入的费用。它由直接工程费和其他工程费组成。

直接费是建筑安装工程费的主体部分，它的高低直接决定了工程造价的高低。直接费的多少取决于设计质量、施工方法、概(预)算定额、工程所在地的人工工日单价、材料预算价格、机械台班单价以及工程所在地的其他工程费的费率等因素。

直接费的计算方法是：(1)将工程项目按要求分解成分项工程，并计算各分项工程的工程量；(2)查阅和套用定额项目表中各分项工程的人工、材料、机械消耗量及定额基价；(3)根据分项工程的工程量大小和定额的规定计算出各分项工程的人工、材料、机械消耗量及定额基价;(4)用人工工日单价、材料预算单价和机械台班单价计算出各分项工程的人工费、材料费、机械使用费;(5)以直接工程费为基数,按其他工程费费率计算其他工程费;(6)由工、料、机费用和其他工程费求得直接费。

因此,直接费的计算以直接工程费为基础,以工、料、机预算单价和其他工程费费率为依据。定额的使用已在第六章介绍,关键便是工、料、机预算单价及其他工程费费率的计算。

1. 人工费计算

人工费是指列入概预算定额的直接从事建筑安装工程施工的生产工人(包括现场内水平、垂直运输等辅助工人)和附属辅助生产单位的工人的人工工日数及工日单价计算的各项费用。但材料采购及保管人员、驾驶施工机械、运输工具的工人,材料到达工地以前的搬运、装卸工人等人员的工资以及由施工管理费支付工资的人员的工资,不应计入人工费。

$$\text{人工费} = \sum(\text{分项工程数量} \times \text{相应项目定额单位工日数} \times \text{工日单价}) \quad (7\text{-}1)$$

上式各项内容的规定和计算如下。

(1)分项工程数量。由设计图纸按工程量计算规则计得的定额单位工程数量。

(2)定额单位工日数。指完成一定数量单位的分项工程量(如:$10m^3$ 实体、1t 钢筋、1 000m^2……)定额规定所需人工工日,由定额可直接查得。如《概算定额》规定完成 $10m^3$ 的梁板桥柱式桥台(台高 10m 以内)非泵送混凝土实体需用工 54.6 工日。

(3)工日单价。是由基本工资、工资性津贴、生产工人辅助工资和职工福利费组成。有两种计算方式,一种按公式计算,另一种按地区规定。

①按公式计算工日单价

$$\text{人工工日单价(元/工日)} = [\text{基本工资(元/月)} + \text{地区生活补贴(元/月)} + \text{工资性津贴(元/月)}] \times (1 + 14\%) \times 12\text{月} \div 240\text{(工日)} \quad (7\text{-}2)$$

式中:生产工人基本工资——按不低于工程所在地政府主管部门发布的最低工资标准的 1.2 倍计算;

地区生活补贴——指国家规定的边远地区生活补贴、特区补贴;

工资性津贴——指物价补贴,即煤、燃气补贴,交通费补贴,住房补贴等。

以上各项标准由各省、自治区、直辖市公路(交通)工程造价(定额)管理站根据当地人民政府的有关规定核定后公布执行,并抄送交通部公路司备案。

人工费用单价仅作为编制概预算的依据,不作为施工企业实发工资的依据。

因此,只要得到了地区生活补贴与工资性津贴的数额,就不难按式(7-2)算出工日单价。

②按地区规定计算工日单价

有的省区,根据本省公路建设的实际情况,单独另行发文规定工日单价的标准,而不按式(7-2)计算。如湖南省交通厅制定了《公路基本建设工程概算预算定额及编制办法》及补充规定的通知,其中对工日单价按工程特点作了如下规定:人工工日单价(含机械工)按 45.45 元计算。这种由省区(或地区)统一定价的方式将来会进一步完善。

另外,应当注意,不管人工工日单价以哪种方式确定,它都仅作为编制概预算的依据,而不能作为施工企业实发工资的依据。

(4)计算各分项工程的人工费和汇总得出项目人工费。

将各分项工程的工程数量及定额人工工日数算出,按工日单价即可算出各分项工程的人工费,然后按式(7-1)可得人工费。

2. 材料费计算

材料费系指施工过程中耗用的构成工程实体的原材料、辅助材料、构(配)件、零件、半成品、成品的用量和周转材料的摊销量,按工程所在地的材料预算价格计算的费用。

材料费在建筑安装工程中占主要地位,其比重达40%左右,因此,准确计算材料费对概预算工作质量有巨大意义。其计算公式如下:

$$材料费=\sum(分项工程数量\times相应项目定额单位材料消耗量\times材料预算价格) \quad (7\text{-}3)$$

式中分项工程数量同前,定额材料消耗量由定额查得。只是要注意:任何一个分项工程其材料消耗的种类、品质都有差别,以各种材料的品质要求由设计规定。这两项内容和工作都比较简单,而关键的是材料预算价格的计算。下面重点介绍材料预算价格。

材料预算价格由材料原价、运杂费、场外运输损耗、采购及保管费组成。

材料预算价格也有两种确定办法,一种是公式计算,一种是地区规定的材料预算价格。但其价格组成内容是一致的。部颁《编制办法》采用的是第一种方法。由于材料预算价格的重要性及其计算的复杂性,还专门设计了“材料预算单价计算表”(09表)来进行计算。

1)材料预算价格计算的公式法(或表算法)

$$\begin{aligned}材料预算价格=&(材料原价+运杂费)\times(1+场外运输损耗率)\times\\&(1+采购及保管费率)-包装品回收价值\end{aligned} \quad (7\text{-}4)$$

上式中各项内容的规定与计算如下。

(1)材料原价

各种材料原价按以下规定计算。

①外购材料　国家或地方的工业产品,按工业产品出厂价格或供销部门的供应价格计算,并根据情况加计供销部门手续费和包装费。如供应情况、交货条件不明确时,可采用当地规定的价格计算。

②地主性材料　地主性材料包括外购的砂、石材料等,按实际调查价格或当地主管部门规定的预算价格计算。

③自采材料　自采的砂、石、黏土等材料,按定额中开采单价并加计辅助生产间接费和矿产资源税(如有)计算。在概预算编制工作中,应通过“自采材料料场价格计算表”(10表)进行计算。

材料供应价格是材料预算价格最主要的组成部分,应进行仔细地调查和分析,按实计取。

(2)运杂费

运杂费系指材料自供应点至工地仓库(施工地点存放材料的地方)的运杂费用,包括装卸费、运费,如果发生,还应计囤存费及其他杂费(如过磅、标签、支撑加固、路桥通行等费用)。

材料运杂费在材料预算价格中占有很大的比重,其运输费用高与低,与材料供应地和运输方式的选择有密切关系。材料供应地一经确定,运输方式、运距也就随之确定了。材料供应地的选择要综合考虑可供量、供应价格、运输条件及运距长短等因素,进行经济比较后确定,以达到降低材料预算价格和工程造价的目的。

材料运杂费的计算如下。

外雇的汽车、拖拉机、马车运输的材料,按铁路、航运、公路和当地交通部门规定的运价计算运费。施工单位自办的运输,15km以上的长途汽车运输按当地交通部门规定的统一运价计算运费;15km以内的短途运输,当工程所在地交通不便,社会运输力量缺乏时(如边远地区和某些山岭区),允许单程在5~15km的汽车运输按当地交通部门规定的统一运价另加50%计算运费;5km以内的汽车运输及人力场外运输,按预算定额计算运费,其中人力装卸和运输另按人工费加计辅助生产间接费。

①铁路运杂费的计算：一般应考虑装卸费、调车费、运费及其他杂费等。

由铁路专用线或非公用装货地点取送车辆时，需计取调车费。我国铁道部关于调车费规定是：用铁路机车往专用线上取送车辆时（不论车皮多少），按往返里程计算，不足三机车公里者，收取三机车公里费；在站界范围内其他线路（专用装卸货地点）取送车辆，按次数取费；在站界公用装卸货地点取送车辆免费。调车费应分摊到每次托运的全部货物上。

运费按铁道部的《铁路货物运输规则》规定计算。一般按以下三个条件来决定：货物质量规定运费标准（整车或零担）；按运载的货物等级分别规定运费标准；按不同里程分别规定里程的运费标准。根据以上规定，计算铁路运费时，首先按交货条件，查出铁路运价里程，有几个交货地点时，按每个地点供应数量，采用加权平均方法确定其运距；其次，根据货物运价号表查出所托运的材料的运价等级；最后按托运货物的数量确定是整车或零担运输，找出相应的运输标准。

其他杂费（如标签、过磅等）也按铁路部门规定计费。

②水路运杂费的计算：系指沿海、内河的运输，应按交通部规定的建筑材料及设备沿海和主要大河、地方内河运输价格表计算。一般应考虑驳船费、运费和其他杂费等。

在港口用驳船从码头至船舶取送货物的费用如驳船费，每吨货物驳船费率由各港口分别按不同类别货物规定。一般各港口按不同货物分别规定每吨货物装卸费率，以及按货物的不同等级、不同运价里程和质量规定的各种运价标准来进行运费计算。

③公路运杂费的计算：当材料经过公路，用汽车自供应点（供应厂、场、仓库、起运站、码头等）运至工地仓库（施工现场堆料点）时，应计算材料的公路运杂费。目前，公路工程建设项目的筑路材料很大部分是通过汽车运输的，一般应考虑装卸费、运费和其他杂费。

全国各地区公路运输运价的规定，基本上都是根据交通部颁发的《汽车运价规则》，再结合各地实际情况，按各省交通厅制定的实施细则执行。不同省（地区）的货物等级划分方法不同，一般分为整车一、二、三等普通货物、特种货物、零担货物等，公路运价按吨公里计；按不同地区、不同区段（或路线分级）分别规定有长途运价和短途运价；并规定有货物杂费如空驶损失费、车辆延滞费、吊车、铲车费、保管、手续费、标签标志费等。各地对拖拉机、马车运价和装卸费也有具体规定。长途（或短途）汽车运输按当地交通部门的《汽运规则实施细则》计算材料运费时，步骤如下：首先在公路里程图中查出运输里程（另加上便道运输里程）；其次按货物分等表查出货物所属等级类别；再确定货物质量，是整车还是零担，以体积作计量单位的货物，可利用《公路预算定额》附录四中材料单位重进行换算，特殊材料，当无法取得单位质量时，可以从体积和面积的比例上适当计算其近似质量；有容器或包装的材料及长大轻浮材料，还应按表7-1规定的毛重计算。

材料毛重系数及单位毛重表 表 7-1

材料名称	单位	毛重系数	单位毛重
爆破材料	t	1.35	—
水泥、块状沥青	t	1.01	—
铁钉、铁件、焊条	t	1.10	—
液体沥青、液体燃料、水	t	桶装 1.17，油罐车装 1.00	—
木料	m^3	—	1.000t
草袋	个	—	0.004t

施工单位自办短途汽车运输以及人力场外运输，一般应该按《预算定额》中不同材料采用不同运输方法的定额规定计算出消耗的人工、机械台班单位计算出运费，其中人力运输、装卸还应加辅助生产间接费。

材料运杂费的计算，是通过“材料预算单价计算表”(09 表)中第 5 ~ 9 栏进行。

【例 7-1】 汽车运原木，运距 40km，按当地《汽运规则实施细则》查到原木为二等货物，整车长途运价为 0.198 元/吨 · 公里，返程的空驶损失费按基本运价(0.18 元/吨 · 公里)的 50% 计，装卸费为 1.0 元/吨，捆绑等杂费 0.13 元/吨，由附录 2-1 可知木材的单位毛重为 $1t/m^3$。由此可得到运每 m^3 原木的运杂费为：

$$(40 \times 0.198 + 0.13) \times 1 + 0.18 \times 50\% \times 40 = 12.65\ 元/m^3$$

【例 7-2】 人力手推车运砂、人力装卸，平均运距 100m。按《预算定额》规定可知每 $100m^3$ 砂消耗人工数为(9.1 + 0.7 × 10)(工日)，若已知当地人工工日单价为 50 元/工日，则运杂费为：

$$(9.1 + 0.7 \times 10) \times 50 \times (1 + 5\%) = 845.25\ 元/100m^3$$

注：5% 为辅助生产间接费。

一种材料如有两个以上的供应点时，应根据不同的运距、运量、运价采用加权平均的方法计算运费。

由于预算定额中汽车运输台班已考虑工地便道的特点，以及定额中已计入了“工地小搬运”项目，因此，平均运距中汽车运输便道里程不得乘调整系数，也不得在工地仓库或堆料场之外再加场内运距或二次倒运的运距。

(3)场外运输损耗

有些材料在正常的运输过程中会发生损耗，这部分损耗应摊入材料单价内。材料场外运输损耗率见表 7-2，该项费用在 09 表中第 11、12 栏计算。

材料场外运输操作损耗率表(%) 表 7-2

材料名称		场外运输(包括一次装卸)	每增加一次装卸
块状沥青		0.5	0.2
石屑、碎砾石、砂砾、煤渣、工业废渣、煤		1.0	0.4
砖、瓦、桶装沥青、石灰、黏土		3.0	1.0
草皮		7.0	3.0
水泥(袋装、散装)		1.0	0.4
砂	一般地区	2.5	1.0
	多风地区	5.0	2.0

注：汽车运水泥如运距超过 500km 时，增加损耗率：袋装 0.5%。

(4)采购及保管费

材料采购及保管费系指材料供应部门(包括工地仓库及以上各级材料管理部门)在组织采购、供应和保管材料过程中，所需要的各项费用及工地仓库的材料储存损耗。

材料采购及保管费，以材料的供应价格加运杂费及场外运输损耗的合计数为基数，乘以费率 2.5% 求得。

外购的构件、成品及半成品的预算价格计算方法与材料相同。但设备、构件(如外购的钢桁梁、钢筋混凝土构件及加工钢材等半成品)的采购保管费费率为 1%。采购及保管费在 09 表中第 13 栏计算。

商品混凝土预算价格的计算方法与材料相同,但其采购保管费率为0。

将以上(1)、(2)、(3)、(4)项的内容汇总,按公式(7-4)即可算出材料预算价格,填入09表第14栏中。

2)材料预算价格的第2种计算方法:地区材料预算价格

按照个别工程单独编制材料预算价格,工作繁重,要花很多的人力和时间,而且也不一定符合实际材料供应情况。在一个地区范围内,各建设工程所用的材料价格构成因素及编制依据,基本是相同的或近似的,只要从组织上、技术上采取措施,结合地方情况,有可能制定出合理的相对固定的地区性的统一材料预算价格。如我国广东和深圳等地区便制定了统一的公路建设工程材料预算价格。一般由当地定额站每月发布“建筑材料价格信息”,其中的信息价即是材料预算价格(参见本章预算示例)。

地区材料预算价格也是由材料原价、供销部门手续费、包装费、运杂费、采购保管费等构成。材料来源地的确定,必须贯彻就地、就近取材的原则,根据物资合理分配条件及历年物资实际分配确定。

(1)原价:在编制地区材料预算价格时,如同一材料因来源不同而有不同价格时,可以根据各种来源的物资供应数量比重及其价格,采用加权平均办法确定。

(2)供销部门手续费、包装费、采购保管费:这几项费用在同一地区取费标准应是一致的。

(3)运杂费:应根据材料来源地、运输里程、运输方法和运价标准合理计算。对于同一种材料、统一的地区运输费采用加权平均法确定。如运输方法相同,也可先采用加权平均法计算平均运距,然后再用平均运距计算运输费。

3)材料费计算步骤

(1)分项并计算工程数量:将工程按要求分项,计算各分项工程的工程量,并按定额单位计算定额工程数量。

(2)查定额:由各分项工程查相应定额,确定材料的消耗种类及相应数量。

(3)计算材料预算价格:将定额中所出现的种类材料,按规定分别计算其预算价格。

(4)计算材料费:先计算各分项工程的材料费,然后按式(6-3)计算工程项目的材料费(请参看预算示例中08表与03表的计算)。

(5)有容器或包装的材料及长大轻浮材料,应按表7-1规定的毛量计算。桶装沥青、汽油、柴油按每吨摊销一个旧汽油桶计算包装费(不计回收)

3. 施工机械使用费计算

施工机械使用费系指列入概预算定额的施工机械台班量,按相应机械台班费用定额计算的施工机械使用费和小型机具使用费。计算公式为:

$$\text{施工机械使用费} = (\text{分项工程数量} \times \text{相应项目定额单位机械台班消耗量} \times \text{机械台班单价}) + \text{小型机具使用费} \tag{7-5}$$

(1)分基项工程数量:同前。

(2)定额机械台班消耗量:由定额直接查得完成一定数量单位的分项工程定额所规定消耗的机械种类和台班数量。

(3)机械台班单价:机械台班单价应按交通部公布的《公路工程机械台班费用定额》计算,台班单价由不变费用和可变费用组成。不变费用包括折旧费、大修修理费、经常修理费、安装拆卸及辅助设施费。可变费用包括机上人员人工费、动力燃料费、车船使用税。不变费用,全国除青海、新疆、西藏三省区允许调整外,其余各地均应直接采用。至于边远地区的维修工资、配件材料等由于价差较大而需调整不变费用时,可根据具体情况,由省、自治区交通厅制定系数并报交通部备案后执行。可变费用中的机上人员工日数及动力物资消耗量,应以机械台班费用定额中的数值为准,台班人工费工日单价与生产工人人工单价相同。动力燃料费用则按材料费的计算规定计算。车船使用税,如需交纳时,应根据各省、自治区、直辖市及国务院有关部门的规定计算。各种机械台班单价通过"机械台班单价计算表"(11 表)计算。

当工程用电为自行发电时,电动机械每度电的单价可由下述近似公式计算:

$$A = 0.24 \times K \div P \tag{7-6}$$

式中:A——每度电单价(元);

K——发电机组的台班单价(元);

P——发电机组的总功率(kW)。

(4)小型机具使用费:从定额中查出相应项目定额单位所规定的消耗费用与分项工程数量相乘即可。

4. 定额基价计算

定额基价在做初步方案的经济比较时发挥作用,也是评价不同工艺、方法时造价水平的参考依据。

定额基价是指完成定额规定单位的分项工程量所需消耗的工人费、材料费、机械使用费的合计值。其中人工费、材料费基本上是按北京市 2007 年的人工、材料预算价格计算的(详见《公路工程预算定额》的附录)。也就是说,定额基价就是按指定的人工工日单价、材料预算价格和机械台班单价计算完成定额单位下分项工程所需的人工费、材料费和机械使用费之和。

$$\text{定额基价} = \sum(\text{分项工程数量} \times \text{相应项目定额基价}) \tag{7-7}$$

5. 其他工程费计算

其他工程费系指概预算定额规定以外施工过程中发生的直接用于工程的费用。公路工程中的水、电费及因场地狭小等特殊情况而发生的材料二次搬运费等其他直接费已包括在概预算定额中,不再另计。其他工程费仅包括冬季施工增加费、雨季施工增加费、夜间施工增加费、特殊地区施工增加费、行车干扰工程施工增加费、安全及文明施工措施费、临时设施费、施工辅助费、工地转移费等九项。均以直接费为基数按费率取费计算。

其他工程费的取费费率需按工程类别来取,包括后面的间接费的计算也必须按以下工程类别来取。其工程类别划分如下。

①人工土方:系指人工施工的路基、改河等土方工程,以及人工施工的砍树、挖根、除草、平整场地、挖盖山土等工程项目,并适用于无路面的便道工程。

②机械土方:系指机械施工的路基、改河等土方工程,以及机械施工的砍树、挖根、除草等工程项目。

③汽车运输:系指汽车、火车、拖拉机、马车运送的路基、改河土(石)方、路面基层和面层混合料、水泥混凝土及预制构件、绿化苗木等。

④人工石方:系指人工施工的路基、改河等石方工程,以及人工施工的挖盖山石项目。

⑤机械石方:系指机械施工的路基、改河等石方工程(机械打眼即属机械施工)。

⑥高级路面:系指沥青混凝土路面、厂拌沥青碎石路面和水泥混凝土路面的面层。

⑦其他路面:系指除高级路面以外的其他路面面层,各等级路面的基层、底基层、垫层、透层、黏层、封层,采用结合料稳定的路基和软土等特殊路基处理等工程,以及有路面的便道

工程。

⑧构造物Ⅰ:系指无夜间施工的桥梁、涵洞、防护(包括绿化)及其他工程,交通工程及沿线设施工程[设备安装及金属标志牌、防撞钢护栏、防眩板(网)、隔离栅、防护网除外],以及临时工程中的便桥、电力电讯线路、轨道铺设等工程项目。

⑨构造物Ⅱ:系指有夜间施工的桥梁工程。

⑩构造物Ⅲ:系指商品混凝土(包括沥青混凝土和水泥混凝土)的浇筑构件和外购构件及设备的安装工程。商品混凝土和外买构件及设备的费用不作为其他工程费和间接费的计算基数。

⑪技术复杂大桥:系指单孔跨径在120m以上(含120m)和基础水深在10m以上(含10m)的大桥主桥部分的基础、下部、和上部工程。

⑫隧道:系指隧道工程的洞门和洞内工程。

⑬钢结构:系指钢桥及钢吊桥的上部构造,钢沉井、钢围堰及钢套箱等基础工程,钢索塔,钢筋及预应力钢材,模数式及橡胶板式伸缩缝,钢盆式橡胶支座,四氟板式橡胶支座,金属标志牌、防撞钢护栏、防眩板(网)、隔离栅、防护网等工程项目。

对于其他工程费计算,按以下项目进行。

(1)冬季施工增加费计算

冬季施工增加费系指按照《公路工程施工及验收规范》所规定的冬季施工要求,为保证工程质量和安全生产所需采取的防寒保温设施、工效降低和机械作业率降低、工地临时取暖以及技术操作过程的改变等所增加的有关费用。

冬季施工增加费的内容包括:

①因冬季施工所需增加的一切人工、机械与材料的支出;

②施工机具所需修建的暖棚(包括拆、移),增加油脂及其他保温设备费用;

③因施工组织设计确定,需增加的一切保温、加温及照明等有关支出;

④与冬季施工有关的其他各项费用,如清除工作地点的冰雪等费用。

冬季气温区的划分是根据气象部门提供的满15年以上的气温资料确定的。每年秋冬第一次连续5天出现室外日平均温度在5℃以下、日最低温度在-3℃以下的第一天算起,至第二年春夏最后一次连续5天出现同样温度的最末一天为冬季期。冬季期内平均气温在-1℃以上者为冬一区,-1~-4℃者为冬二区,-4~-7℃者为冬三区,-7~-10℃者为冬四区,-10~-14℃者为冬五区,-14℃以下者为冬六区。冬一区内平均气温低于0℃的连续天数在70天以内的为Ⅰ副区,70天以上的为Ⅱ副区;冬二区内平均气温低于0℃的连续天数在100天以内的为Ⅰ副区,100天以上的为Ⅱ副区。

气温高于冬一区,但砖石、混凝土工程施工采取一定措施的地区为准冬季区。准冬季区分两个副区,简称准一区和准二区。凡一年内日最低气温在0℃以下的天数多于20天的,日平均气温在0℃以下的天数少于15天的为准一区,多于15天的为准二区。

全国各地的冬季区划分见**附录二**。若当地气温资料与附录二中划定的冬季气温区划分有较大出入时,可按当地气温资料及上述划分标准确定工程所在地的冬季气温区。

冬季施工增加费的计算方法,是根据各类工程的特点,规定各气温区的取费标准。为了简化计算手续,采用全年均摊销的方法,即无论是否在冬季施工,均按规定的取费标准计取冬季施工增加费。一条路线穿过两个以上的气温区时,可分段计算或按各区的工程量比例求得全线的平均增加率,计算冬季施工增加费。

冬季施工增加费以各类工程的直接工程费之和为基数,按工程所在地的气温区选用表7-3

的费率计算。

(2)雨季施工增加费

雨季施工增加费系指雨季期间施工为保证工程质量和安全生产所需采取的防雨、排水、防潮和防护措施,工效降低和机械作业率降低以及技术作业过程的改变等,所增加的有关费用。

冬季施工增加费费率表(%) 表7-3

气温区 / 工程类别	冬季期平均气温(℃)								准一区	准二区
	-1以上		-1~-4		-4~-7	-7~-10	-10~-14	-14以下		
	冬一区		冬二区		冬三区	冬四区	冬五区	冬六区		
	I	II	I	II						
人工土方	0.28	0.44	0.59	0.76	1.44	2.05	3.07	4.61	—	—
机械土方	0.43	0.67	0.93	1.17	2.21	3.14	4.71	7.07	—	—
汽车土方	0.08	0.12	0.17	0.21	0.40	0.56	0.84	1.27	—	—
人工石方	0.06	0.10	0.13	0.15	0.30	0.44	0.65	0.98	—	—
机械石方	0.08	0.13	0.18	0.21	0.42	0.61	0.91	1.37	—	—
高级路面	0.37	0.52	0.72	0.81	1.48	2.00	3.00	4.50	0.06	0.16
其他路面	0.11	0.20	0.29	0.37	0.62	0.80	1.20	1.80	—	—
构造物I	0.34	0.49	0.66	0.75	1.36	1.84	2.76	4.14	0.06	0.15
构造物II	0.42	0.60	0.81	0.92	1.67	2.27	3.40	5.10	0.08	0.19
构造物III	0.83	1.18	1.60	1.81	3.29	4.46	6.69	10.03	0.15	0.37
技术复杂大桥	0.48	0.68	0.93	1.05	1.91	2.58	3.87	5.81	0.08	0.21
隧道	0.10	0.19	0.27	0.35	0.58	0.75	1.12	1.69	—	—
钢材及钢结构	0.02	0.05	0.07	0.09	0.15	0.19	0.29	0.43	—	—

雨季施工增加费的内容包括:

①因雨季施工所需增加的工、料、机费用的支出,包括工作效率的降低及易被雨水冲毁的工程所增加的工作内容等(如基坑坍塌和排水沟等堵塞的清理、路基边坡冲沟的填补等)。

②路基土方工程的开挖和运输,因雨季施工(非土壤中水影响)而引起的黏附工具、降低工效所增加的费用。

③因防止雨水必须采取的防护措施的费用,如挖临时排水沟、防止基坑坍塌所需的支撑、挡板等。

④材料因受潮、受湿的损耗费用。

⑤增加防水、防潮设备的费用。

⑥其他有关雨季施工所需增加的费用,如因河水高涨致使工作困难而增加的费用等。

雨量区和雨季期的划分,是根据气象部门提供的满15年以上的降雨资料确定的。凡月平均降雨天数在10天以上,月平均日降雨量在3.5~5mm之间者为I区,月平均日降雨量在5mm以上者为II区。全国各地雨量区及雨季期的划分见附录三。若当地气象资料与附录三所划定的雨量区及雨季期出入较大时,可按当地气象资料及上述划分标准确定工程所在地的雨量区及雨季期。

雨季施工增加费的计算方法,是将全国划分为若干雨量区和雨季期,并根据各类工程的特点规定各雨量区及各雨季期的取费标准,采用全年平均摊销的方法,即不论是否在雨季施工,均按取费标准计取雨季施工增加费。

一条路线通过不同的雨量区和雨季期时,应分别计算雨季施工增加费或按工程量比例求得平均的增加率,计算全线雨季施工增加费。

雨季施工增加费以各类工程的直接工程费之和为基数,按工程所在地的雨量区、雨季期选用表 7-4 的费率计算。

室内管道及设备安装工程不计雨季施工增加费。

雨季施工增加费费率表(%) 表 7-4

雨季期(月数)	1	1.5	2		2.5		3		3.5		4		4.5		5		6		7	8
雨量区 / 工程类别	Ⅰ	Ⅰ	Ⅰ	Ⅱ	Ⅰ	Ⅱ	Ⅰ	Ⅱ	Ⅰ	Ⅱ	Ⅰ	Ⅱ	Ⅰ	Ⅱ	Ⅰ	Ⅱ	Ⅰ	Ⅱ	Ⅱ	Ⅱ
人工土方	0.04	0.05	0.07	0.11	0.09	0.13	0.11	0.15	0.13	0.17	0.15	0.20	0.17	0.23	0.19	0.26	0.21	0.31	0.36	0.42
机械土方	0.04	0.05	0.07	0.11	0.09	0.13	0.11	0.15	0.13	0.17	0.15	0.20	0.17	0.23	0.19	0.27	0.22	0.32	0.37	0.43
汽车运土	0.04	0.05	0.07	0.11	0.09	0.13	0.11	0.16	0.13	0.19	0.15	0.22	0.17	0.25	0.19	0.27	0.22	0.32	0.37	0.43
人工石方	0.02	0.03	0.05	0.07	0.06	0.09	0.07	0.11	0.08	0.13	0.09	0.15	0.10	0.17	0.12	0.19	0.15	0.23	0.27	0.32
机械石方	0.03	0.04	0.06	0.10	0.08	0.12	0.10	0.14	0.12	0.16	0.14	0.19	0.16	0.22	0.18	0.25	0.20	0.29	0.34	0.39
高级路面	0.03	0.04	0.06	0.10	0.08	0.13	0.10	0.15	0.12	0.17	0.14	0.19	0.16	0.22	0.18	0.25	0.20	0.29	0.34	0.39
其他路面	0.03	0.04	0.06	0.09	0.08	0.12	0.09	0.14	0.10	0.16	0.12	0.18	0.14	0.21	0.16	0.24	0.19	0.28	0.32	0.37
构造物Ⅰ	0.03	0.04	0.05	0.08	0.06	0.09	0.07	0.11	0.08	0.13	0.10	0.15	0.12	0.17	0.14	0.19	0.16	0.23	0.27	0.31
构造物Ⅱ	0.03	0.04	0.05	0.08	0.07	0.10	0.08	0.12	0.09	0.14	0.11	0.16	0.13	0.18	0.15	0.21	0.17	0.25	0.30	0.34
构造物Ⅲ	0.06	0.08	0.11	0.17	0.14	0.21	0.17	0.25	0.20	0.30	0.23	0.35	0.27	0.40	0.31	0.45	0.35	0.52	0.60	0.69
技术复杂大桥	0.03	0.05	0.07	0.10	0.08	0.12	0.10	0.14	0.12	0.16	0.14	0.19	0.16	0.22	0.18	0.25	0.20	0.29	0.34	0.39
隧 道	—	—	—	—	—	—	—	—	—	—	—	—	—	—	—	—	—	—	—	—
钢材及钢结构	—	—	—	—	—	—	—	—	—	—	—	—	—	—	—	—	—	—	—	—

(3)夜间施工增加费

夜间施工增加费系指根据设计、施工的技术要求和合理的施工进度要求,必须在夜间连续施工而发生的工效降低、夜班津贴以及有关照明设施(包括所需照明设施的安拆、摊销、维修及油燃料、电)等增加的费用。

夜间施工增加费按夜间施工工程项目(如桥梁工程项目包括上、下部构造全部工程)的直接工程费之和为基数,按表 7-5 的费率计算。

夜间施工增加费费率表(%) 表 7-5

工 程 类 别	费 率	工 程 类 别	费 率
构造物 Ⅱ	0.35	技术复杂大桥	0.35
构造物 Ⅲ	0.70	钢材及钢结构	0.35

注:设备安装工程及及金属标志牌、防撞钢护栏、防眩板(网)、隔离栅、防护网等不计夜间施工增加费。

(4)特殊地区施工增加费

特殊地区施工增加费包括高原地区施工增加费、风沙地区施工增加费和沿海地区施工增加费三项。

①高原地区施工增加费

高原地区施工增加费系指在海拔高度 1 500m 以上地区施工,受气候、气压的影响,致使人工、机械效率降低而增加的费用。该费用以各类工程人工费和机械使用费之和为基数，按表7-6的费率计算。

高原地区施工增加费费率表(%)　　表7-6

工程类别	海拔高度(m)							
	1 501 ~ 2 000	2 001 ~ 2 500	2 501 ~ 3 000	3 001 ~ 3 500	3 501 ~ 4 000	4 001 ~ 4 500	4 501 ~ 4 500	5 000 以上
人工土方	7.00	13.25	19.75	29.75	43.25	60.00	80.00	110.00
机械土方	6.56	12.60	18.66	25.60	36.05	49.08	64.72	83.80
汽车运土	6.50	12.50	18.50	25.00	35.00	47.50	62.50	80.00
人工石方	7.00	13.25	19.75	29.75	43.25	60.00	80.00	110.00
机械石方	6.71	12.82	19.03	27.01	38.50	52.80	69.92	92.72
高级路面	6.58	12.61	18.69	25.72	36.26	49.41	65.17	84.58
其他路面	6.73	12.84	19.07	27.15	38.74	53.17	70.44	93.60
构造物 I	6.87	13.06	19.44	28.56	41.18	56.86	75.61	102.47
构造物 II	6.77	12.90	19.17	27.54	39.41	54.18	71.85	96.03
构造物 III	6.73	12.85	19.08	27.19	38.81	53.27	70.57	93.84
技术复杂大桥	6.70	12.81	19.01	29.64	38.37	52.61	69.65	92.27
隧道	6.76	12.90	19.16	27.50	39.35	54.09	71.72	95.81
钢材及钢结构	6.78	12.92	19.20	27.66	39.62	54.50	72.30	96.80

②风沙地区施工增加费

风沙地区施工增加费系指在沙漠地区施工时，由于受风沙影响，按照施工及验收规范的要求，为保证工程质量和安全生产而增加的有关费用。内容包括防风、防沙及气候影响的措施费，材料费，人工、机械效率降低增加的费用，以及积沙、风蚀的清理修复等费用。

风沙地区的划分，根据《公路自然区划标准》、“沙漠地区公路建设成套技术研究报告”的公路自然区划和沙漠公路区划，结合风沙地区的气候状况将风沙地区分三区九类；半干旱、半湿润沙地为风沙一区，干旱、极干旱寒冷沙漠地区为风沙二区，极干旱炎热沙漠地区为风沙三区；根据覆盖度(沙漠中植被、戈壁等覆盖程度)又将每区分为固定沙漠(覆盖度>50%)、半固定沙漠(覆盖度10%~50%)、流动沙漠(覆盖度<10%)三类，覆盖度由工程勘察设计人员在公路工程勘察设计时确定。

全国风沙地区公路施工区划见附录四。若当地气象资料及自然特征与附录四中的风沙地区划分有较大出入时，由项目所在省、自治区、直辖市公路(交通)工程造价(定额)管理站按当地气象资料和自然特征及上述标准确定工程所在地的风沙区划，并抄送交通部公路司备案。

一条路线穿过两个以上不同风沙区时，按路线长度经过不同的风沙区加权计算项目在该风沙地区施工增加费。

风沙地区施工增加费以各类工程的人工费和机械使用费之和为基数，根据工程所在地的风沙区划及类别，按表7-7的费率计算。

③沿海地区工程施工增加费

沿海地区工程施工增加费系指工程项目在沿海地区受海风、海浪和潮汐的影响，致使人工、机械效率降低等所需增加的费用。本项费用由沿海各省、自治区、直辖市、直辖市交通厅

(局)制定具体的适用范围(地区),并抄送交通部公路司备案。

风沙地区施工增加费费率表(%) 表 7-7

风沙区划 / 工程类别	风沙一区			风沙二区			风沙三区		
	沙漠类型								
	固定	半固定	流动	固定	半固定	流动	固定	半固定	流动
人工土方	6.00	11.00	18.00	7.00	17.00	26.00	11.00	24.00	37.00
机械土方	4.00	7.00	12.00	5.00	11.00	17.00	7.00	15.00	24.00
汽车运输	4.00	8.00	13.00	5.00	12.00	18.00	8.00	17.00	26.00
人工石方 机械石方	—	—	—	—	—	—	—	—	—
高级路面	—	1.00	2.00	1.00	2.00	3.00	2.00	3.00	5.00
其他路面	2.00	4.00	7.00	3.00	7.00	10.00	4.00	10.00	15.00
构造物 I	4.00	7.00	12.00	5.00	11.00	17.00	7.00	16.00	24.00
构造物 II 构造物 III 技术复杂大桥 隧道	—	—	—	—	—	—	—	—	—
钢材及钢结构	1.00	2.00	4.00	1.00	3.00	5.00	2.00	5.00	7.00

沿海地区工程施工增加费以各类工程直接费之和为基数,按表 7-8 费率计算。

(5)行车干扰工程施工增加费

行车干扰工程施工增加费系指由于边施工边维持通车,受行车干扰的影响,致使人工、机械效率降低而增加的费用。该费用以受行车影响部分的工程项目的人工费和机械使用费之和为基数,按表 7-9 的费率计算。

沿海地区工程施工增加费费率表(%) 表 7-8

工程类别	费 率
构造物 II	0.15
构造物 III	0.15
技术复杂大桥	0.15
钢材及钢结构	0.15

行车干扰工程施工增加费费率表(%) 表 7-9

工程类别	施工期间平均每昼夜双向行车次数(汽车兽力车合计)							
	51 ~ 100	101 ~ 500	501 ~ 1 000	1 001 ~ 2 000	2 001 ~ 3 000	3 001 ~ 4 000	4 001 ~ 5 000	5 000 以上
人工土方	1.64	2.46	3.28	4.10	4.76	5.29	5.86	6.44
机械土方	1.39	2.19	3.00	3.89	4.51	5.02	5.56	6.11
汽车运输	1.36	2.09	2.85	3.75	4.35	4.84	5.36	5.89
人工石方	1.66	2.40	3.33	4.06	4.71	5.24	5.81	6.37
机械石方	1.16	1.71	2.38	3.19	3.70	4.12	4.56	5.01
高级路面	1.24	1.87	2.50	3.11	3.61	4.01	4.45	4.88
其他路面	1.17	1.77	2.36	2.94	3.41	3.79	4.20	4.62
构造物 I	0.94	1.41	1.89	2.36	2.74	3.04	3.37	3.71
构造物 II	0.95	1.43	1.90	2.37	2.75	3.06	3.39	3.72
构造物 III	0.95	1.42	1.90	2.37	2.75	3.05	3.38	3.72
技术复杂大桥	—	—	—	—	—	—	—	—
隧道	—	—	—	—	—	—	—	—
钢材及钢结构	—	—	—	—	—	—	—	—

(6)安全及文明施工措施费

安全及文明施工措施费系指工程施工期间为满足安全生产、文明施工、职工健康生活所发生的费用。该费用不包括施工期间为保证交通安全而设置的临时安全设施和标志、标牌的费用,需要时,应根据设计要求计算。该费用以各类工程的直接工程费之和为基数,按表 7-10 的费率计算。

安全及文明施工措施费费率表(%) 表 7-10

工程类别	费　率	工程类别	费　率
人工土方	0.59	构造物 I	0.72
机械土方	0.59	构造物 II	0.78
汽车运输	0.21	构造物 III	1.57
人工石方	0.59	技术复杂大桥	0.86
机械石方	0.59	隧道	0.73
高级路面	1.00	钢材及钢结构	0.53
其他路面	1.02		

注:设备安装工程按表中费率的 50% 计算。

(7)临时设施费

临时设施费系指施工企业为进行建筑安装工程施工所必需的生活用品和生产用的临时建筑物、构筑物和其他临时设施的费用等,但不包括概预算定额中的临时工程在内。

临时设施包括:临时生活及居住房屋(包括职工家属房屋及探亲房屋)、文化福利及公用房屋(如广播室、文体活动室等)和生产、办公房屋(如仓库、加工厂、加工棚、发电站、变电站、空压机、停机棚等),工地范围内的各种临时的工作便道(包括汽车、马车、人力车道等)、人行便道、工地临时用水,用电的水管直线和电线支线、临时构筑物(如水井、水塔等)以及其他小型临时设施。

临时设施费用内容包括:临时设施的搭设、维修、拆除或摊销费。临时设施费以各类工程的直接费之和为基数,按表 7-11 的费率计算。

临时设施费费率表(%) 表 7-11

工程类别	费　率	工程类别	费　率
人工土方	1.57	构造物 I	2.65
机械土方	1.42	构造物 II	3.14
汽车运输	0.92	构造物 III	5.81
人工石方	1.60	技术术复杂大桥	2.92
机械石方	1.97	隧道	2.57
高级路面	1.92	钢材及钢结构	2.48
其他路面	1.87		

(8)施工辅助费

施工辅助费包括生产工具用具使用费、检验试验费和工程定位复测、工程点交、场地清理等费用。

生产工具用具使用费系指施工所需不属于固定资产的生产工具、检验、试验用具及仪器、仪表等的购置、摊销和维修费,以及支付给生产工人自备工具的补贴费。

检验试验费系指施工企业对建筑材料、构件和建筑安装工程进行一般鉴定、检查所发生的费用,包括自设试验室进行试验所耗用的材料和化学药品的费用,以及技术革新和研究试验费。但不包括新结构、新材料的试验费和建设单位要求对具有出厂合格证明的材料进行检验、对构件破坏性试验及其他特殊要求检验的费用。

施工辅助费以各类工程的直接费之和为基数，按表7-12的非率计算。

施工辅助费费率表(%)　　表7-12

工程类别	费率	工程类别	费率
人工土方	0.89	构造物I	1.30
机械土方	0.49	构造物II	1.56
汽车运输	0.16	构造物III	3.03
人工石方	0.85	技术复杂大桥	1.68
机械石方	0.46	隧道	1.23
高级路面	0.80	钢材及钢结构	0.56
其他路面	0.74		

(9)工地转移费

工地转移费系指施工企业根据建设任务的需要，由已竣工的工地或后方基地迁移至新工地的搬迁费用，其内容包括：

①施工单位全体职工及随职工迁移的家属向新工地转移的车费、家具行李托运费、途中住宿费、行程补助费、杂费及工资与工资附加费等；

②公物、工具、施工设备器材、施工机械的运杂费，以及外租机械的往返及本工程内部各工地之间施工机械、设备、公物、工具的转移费等；

③非固定工人进退场及一条路线中工地转移的费用。

工地转移费以及各类工程的直接工程费之和为基数，按表7-13计算。

工地转移费费率表(%)　　表7-13

工程类别	工地转移距离(km)					
	50	100	300	500	1 000	每增加100
人工土方	0.15	0.21	0.32	0.43	0.56	0.03
机械土方	0.50	0.67	1.05	1.37	1.82	0.08
汽车运输	0.31	0.40	0.62	0.82	1.07	0.05
人工石方	0.16	0.22	0.33	0.45	0.58	0.03
机械石方	0.36	0.43	0.74	0.97	1.28	0.06
高级路面	0.61	0.83	1.30	1.70	2.27	0.12
其他路面	0.56	0.75	1.18	1.54	2.06	0.10
构造物I	0.56	0.75	1.18	1.54	2.06	0.11
构造物II	0.66	0.89	1.40	1.83	2.45	0.13
构造物III	1.31	1.77	2.77	3.62	4.85	0.25
技术复杂大桥	0.75	1.01	1.58	2.06	2.76	0.14
隧道	0.52	0.71	1.11	1.45	1.94	0.10
钢材及钢结构	0.72	0.97	1.51	1.97	2.64	0.13

转移距离以工程承包单位(如工程处、工程公司等)转移前后驻地或两路线中点的距离为准;编制概(预)算时,如施工单位不明确时,可按省(自治区首府)至工地的里程计算工地转移费;工地转移里程数在列表里程之间时费率可内插计算。

(二)间接费

间接费由规费和企业管理费两项组成。

1. 规费

规费系指法律、法规、规章、规程规定施工企业必须缴纳的费用(简称规费)。包括:

①养老保险费:系指施工企业按规定标准为职工缴纳的基本养老保险费;

②失业保险费:系指施工企业按国家规定标准为职工缴纳的失业保险费;

③医疗保险费:系指施工企业按规定标准为职工缴纳的基本医疗保险费和生育保险费;

④住房公积金:系指施工企业按规定标准为职工缴纳的住房公积金;

⑤工伤保险费:系指施工企业按规定标准为职工缴纳的工伤保险费。

各项规费以各类工程人工费之和为基数,按国家或工程所在地法律、法规、规章、规程规定的标准计算。

2. 企业管理费

企业管理费由基本费用、主副食运费补贴、职工探亲路费、职工取暖补贴和财务费用五项组成。

(1)基本费用

企业管理费用系指施工企业为组织施工生产和经营管理所需的费用,包括以下内容。

①管理人员工资:系指管理人员的基本工资,工资性补贴,职工福利费,劳动保护费,以及缴纳的养老、失业、医疗、生育、工伤保险费和住房公积金等。

②办公费:系指企业办公用的文具、纸张、账表、印刷、邮电、书报、会议、水、电、烧水和集体取暖(包括现场临时宿舍取暖)用煤(气)等费用。

③差旅交通费:系指职工因公出差和工作调动(包括随行家属的旅费)的差旅费、住勤补助费、市内交通费和误餐补助费,职工探亲路费,劳动力招募费,职工离退休、退职一次性路费,工伤人员就医路费,工地转移以及管理部门使用的交通工具的油料、燃料、养路费及牌照费。

④固定资产使用费:系指管理和试验部门及附属生产单位使用的属于固定资产的房屋、设备、仪器等的折旧、大修、维修或租赁费等。

⑤工具用具使用费:系指管理使用的不属于固定资产的生产根据、器具、家具、交通工具和检验、试验、测绘、消防用具等的购置、维修和摊销费。

⑥劳动保险费:系指企业支付离退休职工的易地安家补助费、职工退职金、六个月以上的病假人员工资、职工死亡丧葬补助费、抚恤费、按规定支付离退休干部的各项经费。

⑦工会经费:系指企业按职工工资总额计提的工会经费。

⑧职工教育经费:系指企业为职工学习先进技术和提高文化水平,按职工工资总额的计提的费用。

⑨保险费:系指企业财产保险、管理用车辆等保险费用。

⑩工程保修费:系指工程竣工交付使用后,在规定保修期内的修理费用。

⑪工程排污费:系指施工现场按规定缴纳的排污费用。

⑫税金:系指企业按规定缴纳的房产税、车船使用税、土地使用税、印花税等。

⑬其他:系指上述项目以外的其他必要的费用支出,包括技术转让费、技术开发费、业务招

待费、绿化费、广告费、投标费、公证费、定额测定费、法律顾问费、审计费、咨询费等。

基本费用以各类工程的直接费之和为基数，按表 7-14 计算。

基本费用费率表(%) 表 7-14

工程类别	费　率	工程类别	费　率
人工土方	3.36	构造物 I	4.44
机械土方	3.26	构造物 II	5.53
汽车运输	1.44	构造物 III	9.79
人工石方	3.45	技术复杂大桥	4.72
机械石方	3.28	隧道	4.22
高级路面	1.91	钢材及钢结构	2.42
其他路面	3.28		

(2)主副食运费补贴

主副食运费补贴系指施工企业在远离城镇及乡村的野外施工购买生活必需品所增加的费用。该费用以各类工程的直接费之和为基数，按表 7-15 的费率计算。

主副食运费补贴费费率表(%) 表 7-15

工程类别	综合里程(km)											
	1	3	5	8	10	15	20	25	30	40	50	每增 10
人工土方	0.17	0.25	0.31	0.39	0.45	0.56	0.67	0.76	0.89	1.06	1.22	0.16
机械土方	0.13	0.19	0.24	0.30	0.35	0.43	0.52	0.59	0.69	0.81	0.95	0.13
汽车运输	0.14	0.20	0.25	0.32	0.37	0.45	0.55	0.62	0.73	0.86	1.00	0.14
人工石方	0.13	0.19	0.24	0.30	0.34	0.42	0.51	0.58	0.67	0.80	0.92	0.12
机械石方	0.12	0.18	0.22	0.28	0.33	0.41	0.49	0.55	0.65	0.76	0.89	0.12
高级路面	0.08	0.12	0.15	0.20	0.22	0.28	0.33	0.38	0.44	0.52	0.60	0.08
其他路面	0.09	0.12	0.15	0.20	0.22	0.28	0.33	0.38	0.44	0.52	0.61	0.09
构造物 I	0.13	0.18	0.23	0.28	0.32	0.40	0.49	0.55	0.65	0.76	0.89	0.12
构造物 II	0.14	0.20	0.25	0.30	0.35	0.43	0.52	0.60	0.70	0.83	0.96	0.13
构造物 III	0.25	0.36	0.45	0.55	0.64	0.79	0.96	1.09	1.28	1.51	1.76	0.24
技术复杂大桥	0.11	0.16	0.20	0.25	0.29	0.36	0.43	0.49	0.57	0.68	0.79	0.11
隧道	0.11	0.16	0.19	0.24	0.28	0.34	0.42	0.48	0.56	0.66	0.77	0.10
钢材及钢结构	0.11	0.16	0.20	0.26	0.30	0.37	0.44	0.50	0.59	0.69	0.80	0.11

综合里程 = 粮食 ×0.06 + 燃料运距 ×0.09 + 蔬菜运距 ×0.15 + 水运距 ×0.70；粮食、燃料、蔬菜、水的运距均为全线平均运距；综合里程数在列表之间时，费率可内插；综合里程在 1km 以内的工程不计取本项费用。

(3)职工探亲路费

职工探亲路费系指按照有关规定施工企业职工在探亲期间发生的往返车船费、市内交通费和途中住宿费等费用。该费用以各类工程的直接费之和为基数，按表 7-16 费率计算。

(4)职工取暖补贴

职工取暖补贴系指按规定发放给职工的冬季取暖费或在施工现场设置的临时取暖设施的费用。该费用以各类工程的直接费之和为基数，按工程所在地的气温区(见附录七)选用表

7-17的费率计算。

职工探亲路费费率表(%)　　表7-16

工程类别	费　率	工程类别	费　率
人工土方	0.10	构造物 I	0.29
机械土方	0.22	构造物 II	0.34
汽车运输	0.14	构造物 III	0.55
人工石方	0.10	技术复杂大桥	0.20
机械石方	0.22	隧道	0.27
高级路面	0.14	钢结构	0.16
其他路面	0.16		

职工取暖补贴费费率表(%)　　表7-17

工程类别	气　温　区						
	准二区	冬一区	冬二区	冬三区	冬四区	冬五区	冬六区
人工土方	0.03	0.06	0.10	0.15	0.17	0.26	0.31
机械土方	0.06	0.13	0.22	0.33	0.44	0.55	0.66
汽车运输	0.06	0.12	0.21	0.31	0.41	9.51	0.62
人工石方	0.03	0.06	0.10	0.15	0.17	0.25	0.31
机械石方	0.05	0.11	0.17	0.26	0.35	0.44	0.53
高级路面	0.04	0.07	0.13	0.19	0.25	0.31	0.38
其他路面	0.04	0.07	0.12	0.18	0.24	0.30	0.36
构造物 I	0.06	0.12	0.19	0.28	0.36	0.46	0.56
构造物 II	0.06	0.13	0.20	0.30	0.41	0.51	0.62
构造物 III	0.11	0.23	0.37	0.56	0.74	0.93	1.13
技术复杂大桥	0.05	0.10	0.17	0.26	0.34	0.42	0.51
隧道	0.04	0.08	0.14	0.22	0.28	0.36	0.43
钢材及钢结构	0.04	0.07	0.12	0.19	0.25	0.31	0.37

(5)财务费用

财务费用系指施工企业为筹集资金而发生的各项费用,包括企业经营期间发生的短期贷款利息净支出、汇兑净损失、调剂外汇手续费、金融机构手续费,以及企业筹集资金发生的其他财务费用。

财务费用以各类工程的直接费之和为基数,按表7-18费率计算。

财务费用费率表(%)　　表7-18

工程类别	费　率	工程类别	费　率
人工土方	0.23	构造物 I	0.37
机械土方	0.21	构造物 II	0.40
汽车运输	0.21	构造物 III	0.82
人工石方	0.22	技术复杂大桥	0.46
机械石方	0.20	隧道	0.39
高级路面	0.27	钢结构	0.48
其他路面	0.30		

(三)辅助生产间接费

辅助生产间接费系指由施工单位自行开采加工的砂、石等自采材料及施工单位自办的人工装卸和运输的间接费。

辅助生产间接费按人工费的5%计。该项费用并入材料预算单价内构成材料费,不直接出现在概(预)算中。

高原地区施工单位的辅助生产,可按其他工程费中高原地区施工增加费费率,以直接工程费为基数计算高原地区施工增加费(其中:人工采集、加工材料、人工装卸、运输材料按人工土方费率计算;机械采集、加工材料按机械石方费率计算;机械装、运输材料按汽车运输费率计算)。辅助生产高原地区施工增加费不作为辅助生产间接费计算基数。

(四)利润

利润系指施工企业完成所承包的工程应取得的盈利。利润按直接费与间接费之和扣除规费的7%计算。

(五)税金

税金系指按国家税法规定应计入建筑安装工程造价内的营业税、城市维护建设税及教育费附加等。计算公式:

$$综合税金额 = (直接费 + 间接费 + 利润) \times 综合税率 \tag{7-8}$$

综合税率:

(1)纳税地点在市区的企业,综合税率为3.41%;

(2)纳税地点在县城、乡镇的企业,综合税率为3.35%;

(3)纳税地点不在市区、县城、乡镇的企业,综合税率为3.22%。

二、设备、工具、器具及家具购置费

(一)设备购置费

设备购置费系指为满足公路的营运、管理、养护需要,购置的达到固定资产标准的设备和虽低于固定资产标准但属于设计明确列入设备清单的设备的费用。包括渡口设备;隧道照明、消防、通风的动力设备;高等级公路的收费、监控、通信、供电设备,养护用的机械、设备和工具、器具等的购置费。

设备购置费应由设计单位列出计划购置的清单(包括设备的规格、型号、数量),以及设备原价加综合业务费和运杂费按以下公式计算:

设备购置费 = 设备原价 + 运杂费(运输费 + 装卸费 + 搬运费) + 运输保险费 + 采购及保管费

需要安装的设备应在第一部分建筑安装工程费的有关项目内另计设备的安装工程费。

1. 国产设备原价的构成及计算

国产设备的原价一般是指设备制造厂的交货价,即出厂价或订货合同价。它一般根据生产厂或供应商的询价、报价、合同价确定,或采用一定的方法计算确定。内容包括按专业标准规定的在运输过程中不受损失的一般包装费,及按产品设计规定配带的工具、附件和易损件的费用。即:

设备原价 = 出厂价(或供货地点价) + 包装费 + 手续费

2. 进口设备原价的构成及计算

进口设备的原价是指进口设备的抵岸价,即到达买方边境港口或边境车站,且交完关税为止形成的价格。即:进口设备原价 = 货价 + 国际运费 + 运输保险费 + 银行财务费 + 外贸手续费+关税+增值税+消费税+商检费+检疫费+车辆购置附加费。

(1)货价。一般是指装运港船上交货(FOB,习惯称离岸价)。设备货价分为原币货价和人民币货价,原币货价一律折算为美元表示,人民币货价按原币货价乘以外汇市场美元兑换人民币的中间价确定。进口设备货价按有关生产厂商询价、报价、订货合同价计算。

(2)国际运费。即从装运港(站)到达我国抵达港(站)的运费。即:

国际运费=原币货价(FOB价)×运费费率

我国进口设备大多采用海洋运输,小部分采用铁路运输,个别采用航空运输。运输费率参照有关部门或进出口公司的规定执行,海运费费率一般为6%。

(3)运输保险费。对外贸易货物运输保险是由保险人(保险公司)与被保险人(出口人或进口人)订立保险契约,在被保险人交付议定的保险费后,保险人根据契约的规定对货物在运输过程中发生的承保责任范围内的损失给予经济上的补偿。这是一种财产保险。计算公式为:

运输保险费=[原币货价(FOB价)+国际运费]÷(1-保险费费率)×保险费费率

保险费费率按保险公司规定的进口货物保险费费率计算,一般为0.35%。

(4)银行财务费。一般指中国银行手续费,可按下式简化计算:

银行财务费=人民币货价(FOB价)×银行财务费费率

银行财务费费率一般为0.4%~0.5%。

(5)外贸手续费。指按规定计取的外贸手续费,计算公式为:

外贸手续费=[人民币货价(FOB价)+国际运费+运输保险费]×外贸手续费费率

外贸手续费费率一般为1%~1.5%。

(6)关税。指海关对进出口国境或关境的货物或物品征收的一种税,计算公式为:

关税=[人民币货价(FOB价)+国际运费+运输保险费]×进口关税税率

进口关税税率按我国海关总署发布的进口关税税率计算。

(7)增值税。是对从事进口贸易的单位和个人,在进口商品报关进口后征收的税种。按《中华人民共和国增值税条例》的规定,进口应税产品均按组成计税价格和增值税税率直接计算应纳税额。即:

增值税=[人民币货价(FOB价)+国际运费+运输保险费+关税+消费税]×增值税税率

增值税税率根据规定的税率计算,目前进口设备适用的税率为17%。

(8)消费税。对部分进口设备(如轿车、摩托车等)征收,一般计算公式为:

应纳消费税额=[人民币货价(FOB价)+国际运费+运输保险费+关税]÷(1-消费税税率)×消费税税率

消费税税率根据规定的税率计算。

(9)商检费。指进口设备按规定付给商品检查部门的进口设备检验鉴定费。其计算公式为:

商检费=[人民币货价(FOB价)+国际运费+运输保险费]×商检费费率

商检费费率一般为0.8%。

(10)检疫费。指进口设备按规定付给商品检疫部门的进口设备检验鉴定费。计算公式为:

检疫费=[人民币货价(FOB价)+国际运费+运输保险费]×检疫费费率

检疫费费率一般为0.17%。

(11)车辆购置附加费。指进口车辆需缴纳的进口车辆购置附加费，计算公式为：

进口车辆购置附加费 = [人民币货价(FOB 价) + 国际运费 + 运输保险费 + 关税 + 消费税 + 增值税] × 进口车辆购置附加费费率

在计算进口车辆设备原价时，应注意工程项目的性质，有无按国家有关规定减免进口环节税的可能。

3. 设备运杂费的构成及计算

国产设备运杂费指由设备制造厂交货地点起至工地仓库（或施工组织设计指定的需要安装设备的堆放地点）止所发生的运费和装卸费；进口设备运杂费指由我国到岸港口或边境车站起至工地仓库（或施工组织设计指定的需要安装设备的堆放地点）止所发生的运费和装卸费。其计算公式为：

运杂费 = 设备原价 × 运杂费费率

设备运杂费费率见表 7-19。

设备运杂费费率表(%) 表 7-19

运输里程(km)	100 以内	101 ~ 200	201 ~ 300	301 ~ 400	401 ~ 500	501 ~ 750	751 ~ 1 000	1 001 ~ 1 250	1 251 ~ 1 500	1 501 ~ 1 750	1 751 ~ 2 000	2 000 以上每增 250
费率(%)	0.8	0.9	1.0	1.1	1.2	1.5	1.7	2.0	2.2	2.4	2.6	0.2

4. 设备运输保险费的构成及计算

设备运输保险费指国内运输保险费，其计算公式为：

运输保险费 = 设备原价 × 保险费费率

设备运输保险费费率一般为 1%。

5. 设备采购及保管费的构成及计算

设备采购及保管费指采购、验收保管和收发设备所发生的各种费用，包括设备采购人员、保管人员和管理人员的工资、工资附加费、办公费、差旅交通费，设备供应部门办公和仓库所占固定资产使用、工具用具使用费、劳动保护费、检验试验费等。其计算公式为：

采购及保管费 = 设备原价 × 采购及保管费费率

需要安装的设备的采购保管费费率为 2.4%，不需要安装的设备的采购保管费费率为1.2%。

(二)工器具及生产家具(简称工器具)购置费

工器具购置费系指建设项目交付使用后为满足初期正常营运必须购置的第一套不构成固定资产的设备、仪器、仪表、工卡模具、器具、工作台(框、架、柜)等的费用。不包括构成固定资产的设备、工器具和备品、备件；已列设备购置费中的专用工具和备品、备件。

工器具购置应由设计单位列出计划购置的清单(包括规格、型号、数量)，购置费的计算方法同设备购置费。

(三)办公和生活用家具购置费

办公和生活用家具购置费系指为保证新建、改建项目初期正常生产、使用和管理所必须购置的办公和生活用家具、用具的费用。

范围包括：行政、生产部门的办公室、会议室、资料档案室、阅览室、单身宿舍及福利设施等的家具、用具。

办公和生活用家具购置费按表 7-20 的规定计算。

办公和生活用家具购置费标准表　　表 7-20

工程所在地	路线(元/km)				有看桥房的独立大桥(元/座)	
	高速公路	一级公路	二级公路	三、四级公路	一般大桥	技术复杂大桥
内蒙古、黑龙江、青海、新疆、西藏	21 500	15 600	7 800	4 000	24 000	60 000
其他省、自治区直辖市	17 500	14 600	5 800	2 900	19 800	49 000

注:改建工程按表列数80%计。

三、工程建设其他费用

(一)土地征用及拆迁补偿费

土地征用及拆迁补偿费系指按照《中华人民共和国土地管理法》及《中华人民共和国土地管理法实施条例》、《中华人民共和国基本农田保护条例》等法律、法规规定,为进行公路建设需征用土地所支付的土地征用及拆迁补偿费用等。

1. 土地补偿费

土地补偿费是指被征用土地地上、地下附着物及青苗补偿费,征用城市郊区的菜地等缴纳的菜地开发建设基金,租用土地费,耕地占用税,用地图编制费及勘界费,征地管理费等。

2. 征用耕地安置补助费

征用耕地安置补助费是指征用耕地需要安置农业人口的补助费。

3. 拆迁补偿费

征地拆迁补偿费是指被征用或占用土地上的房屋及附属构造物、城市公用设施等拆除、迁建补偿费,拆迁补偿费等。

4. 复耕费

复耕费是指临时占用的耕地、鱼塘等,待工程竣工后将其恢复到原有标准所发生的费用。

5. 耕地开垦费

耕地开垦费是指公路建设项目占用耕地的,应由建设项目法人(业主)负责补充耕地所发生的费用;没有条件开垦或者开垦的耕地不符合要求的,按规定缴纳的耕地开垦费。

6. 森林植被恢复费

指公路建设项目需要占用、征用或者临时占用林地的,经县级以上林业主管部门审核同意或批准,建设项目法人(业主)单位按照有关规定向县级以上林业主管部门预缴的森林植被恢复费。

7. 计算方法

土地征用及拆迁补偿费应根据审批单位批准的建设工程用地和临时用地面积及附着物的情况,以及实际发生的费用项目,按国家有关规定及工程所在省(自治区、直辖市)人民政府颁发的有关规定和标准计算。

森林植被恢复费应根据审批单位批准的建设工程占用林地的类型及面积,按国家有关规定及工程所在省(自治区、直辖市)人民政府颁发的有关规定和标准计算。

当原有的电力电信设施、水利工程、铁路及铁路设施互相干扰时,应有有关部门联系,商定合理的解决方案和补偿金额,也可由这些部门按规定编制费用以确定补偿金额。

(二)建设项目管理费

建设管理费包括建设单位(业主)管理费、工程监理费、设计文件审查费和竣(交)工验收试验检测费。

1. 建设单位(业主)管理费

建设单位(业主)管理费系指建设单位(业主)为建设项目的立项、筹建、建设、竣(交)工验收、总结等工作所发生的费用。不包括应计入设备、材料预算价格的建设单位采购及保管设备、材料所需的费用。

费用内容包括:工作人员的工资、工资性补贴、施工现场津贴、社会保障费用(基本养老、基本医疗、失业、工伤保险)、住房公积金、职工福利费、工会经费、劳动保护费;办公费、会议费、差旅交通费、固定资产使用费(包括办公及生活房屋折旧、维修或租赁费,车辆折旧、维修、使用或租赁费,通信设备购置费、使用费,测量、试验设备仪器折旧、维修或租赁费,其他设备折旧、维修或租赁费等)、零星固定资产购置费、招募生产工人费;技术图书资料费、职工教育经费、工程招标费(不含招标文件及标底或造价控制值编制费);合同契约公证费、法律顾问费、咨询费;建设单位的临时设施费、完工清理费、竣(交)工验收费、各种税费(包括房产税、车船使用税、印花税等);建设项目审计费、境内外融资费用(不含建设贷款利息)、业务招待费、安全生产管理费和其他管理性开支。

又由施工企业代建设单位(业主)办理"土地、青苗等补偿费"的工作人员所发生的费用,应在建设单位管理费项目中支出。当建设单位(业主)委托有资质的单位代理招标时,其代理费应在建设单位(业主)管理费中支出。

建设单位(业主)管理费以建筑安装工程费总额为基数,按表7-21的费率,以累积办法计算。

建设单位管理费费率表 表7-21

第一部分 建筑安装工程费(万元)	费率(%)	算例(万元)	
		建筑安装工程费	建设单位(业主)管理费
500以下	3.48	500	500×3.48% =17.4
501 ~1 000	2.73	1 000	17.4 +500×2.72% =31.05
1 001 ~5 000	2.18	5 000	31.05 +4 000×2.18% =118.25
5 001 ~10 000	1.84	10 000	118.25 +5 000×1.84% =210.25
10 001 ~30 000	1.52	30 000	210.25 +20 000×1.52% =514.25
30 001 ~50 000	1.27	50 000	514.25 +20 000×1.27% =768.25
50 001 ~100 000	0.94	100 000	768.25 +50 000×0.94% =1 238.25
100 001 ~150 000	0.76	150 000	1 238.25 +50 000×0.76% =1 618.25
150 001 ~200 000	0.59	200 000	1 618.25 +50 000×0.59% =1 913.25
200 001 ~300 000	0.43	300 000	1 913.25 +100 000×0.43% =2 343.25
300 000以上	0.32	310 000	2 343.25 +10 000×0.32% =2 375.25

注:水深>15m、跨度≥400m的斜拉桥和跨度≥800m的悬索桥等独立特大型桥梁工程的建设单位(业主)管理费按表7-21中的费率乘以1.0~1.2的系数计算;海上工程(指由于风浪影响,工程施工期(不包括封冻期)全年月平均工作日少于15天的工程)建设单位(业主)管理费按表7-21中的费率乘以1.0~1.3的系数计算。

2. 工程监理费

工程监理费系指建设单位(业主)委托具有公路工程监理资格的单位,按照施工监理规范进行全面的监督和管理所发生的费用。

费用内容包括:工作人员的基本工资、工资性补贴、社会保障费用(基本养老、基本医疗、失业、工伤保险)、住房公积金、职工福利费、工会经费、劳动保护费;办公费、会议费、差旅交通费、固定资产使用费(包括办公及生活房屋折旧 、维修或租赁费,车辆折旧、维修、使用或租赁费,通信设备购置费、使用费,测量、试验设备仪器折旧、维修或租赁费,其他设备折旧、维修或租赁费等)、零星固定资产购置费、招募生产工人费;技术图书资料费、职工教育经费、投标费用;合同契约公证费、咨询费、业务招待费;财务费用、监理单位的临时设施费、各种税费和其他管理性开支。

工程监理费以建筑安装工程费总额为基数,按表7-22费率计算。

工程监理费费率表 表7-22

工程类别	高速、一级公路	二级公路	三、四级公路	桥梁隧道
费率(%)	2.0	2.5	3.0	2.5

表7-22中的桥梁指水深>15m、斜拉桥和悬索桥等独立特大型桥梁工程;隧道指水下隧道工程建设单位(业主)管理费和工程监理费均为实施建设项目管理的费用,执行时可根据建设单位(业主)和施工监理单位所实际承担的工作内容和工作量统筹使用。

3. 设计文件审查费

设计文件审查费系指国家和省级交通主管部门在审批前,为保证勘察设计工作的质量,组织有关专家或委托有资质的单位,对设计单位提交的建设项目可行性研究报告和勘察设计文件以及对设计变更、调整概算进行审查所需要的相关费用。

设计文件审查费以建筑安装工程费总额为基数,按0.1%计算。

4. 竣(交)工验收试验检测费

竣(交)工验收试验检测费系指在公路建设项目交工验收和竣工验收前,有建设单位(业主)或工程质量监督机构委托有资质的公路工程质量检测单位按照有关规定对建设项目的工程质量进行检测,并出具检测意见所需要的相关费用。

竣(交)工验收试验检测费按表7-23规定计算。

竣(交)工验收试验检测费标准表 表7-23

项目	路线(元/km)				有看桥房的独立大桥(元/座)	
	高速公路	一级公路	二级公路	三、四级公路	一般大桥	技术复杂大桥
试验检测费	15 000	12 000	10 000	5 000	30 000	100 000

(三)研究试验费

研究试验费系指本建设项目提供或验证设计数据、资料进行必要的研究试验和按照设计规定在施工过程中必须进行试验、验证所需的费用以及支付科技成果、先进技术的一次性技术转让费。不包括以下项目:

(1)应由科技三项费用(即新产品试制费、中间试验费和重要科学研究补助费)开支的项目;

(2)应由施工辅助费开支的施工企业对建筑材料、构件和建筑物进行一般鉴定、检查所发生的费用及技术革新研究试验费;

(3)应由勘察设计费或建筑安装工程费用中开支的费用。

计算方法:按照设计提出的研究试验内容和要求进行编制,不需验证设计基础资料的不计本项费用。

(四)建设项目前期工作费

建设项目前期费系指委托勘察设计、咨询单位对建设项目进行可行性研究、工程勘察设

计,以及设计、监理、施工招标文件及招标标底或造价控制值文件编制时,按规定应支付的费用。包括如下几项:

(1)编制项目建议书(或预可行性研究报告)、可行性研究报告、投资估算,以及相应的勘察、设计、专题研究等所需的费用。

(2)初步设计和施工图设计的勘察费(包括测量、水文调查、地质勘探等)、设计费,概(预)算及调整概算编制费等。

(3)设计、监理、施工招标文件及招标标底(或造价控制值或清单预算)文件编制费等。

计算方法:依据委托合同计列,或按国家颁发的收费标准和有关规定进行编制。

(五)专项评价(估)费

专项评价(估)费系指依据国家法律、法规规定须进行评价(评估)、咨询,按规定应支付的费用。该费用包括环境影响评价费、水土保持评估费、地震安全性评价费、地质灾害危险性评价费、压覆重要矿床评估费、文物勘察费、通航论证费、行洪论证(评估)费、使用林地可行性研究报告编制费、用地预审报告编制费等费用。

计算方法:按国家颁发的收费标准和有关规定进行编制。

(六)施工机构迁移费

施工机构迁移费系指施工机构根据建设任务的需要,经有关部门决定成立建制地(指工程处等)由原来驻地迁移到另一地区所发生的一次性搬迁费用。不包括:

(1)应由施工企业自行负担的,在规定距离范围内调动施工力量及内部平衡施工力量所发生的迁移费用;

(2)由于违反基建程序,盲目调迁队伍所发生的迁移费;

(3)因中标而引起施工机构迁移所发生的迁移费;

(4)费用内容包括:职工及随同家属的差旅费、调遣期间的工资,施工机械、设备、工具用具和周转性材料的搬运费。

计算方法:施工机构迁移费应经建设项目的主管部门同意按实计算,但计算施工机构迁移费后,如迁移地点即新工地地点(如独立大桥),则其他工程费内的工地迁移费应不再计算。如施工机构迁移地点至新工地地点尚有部分距离则工地转移费的距离,应以施工机构新地点为计算起点。

(七)供电贴费(停止征收)

供电贴费系指按照国家规定建设项目应交付的供电贴费、施工临时用电贴费。

计算方法:按国家有关规定计算列。

(八)联合试运转费

联合试运转费指新建、改(扩)建工程项目,在竣工验收前按照设计规定的工程质量标准,进行动(静)荷载实验所需的费用,或进行整套设备带负荷联合试运转期间所需的全部费用抵扣试车期间收入的差额。不包括应由设备安装工程项下开支的调试费的费用。

费用内容包括:联合试运转期间所需的材料、油燃料和动力的消耗,机械和检测设备使用费,工具用具和低值易耗品费,参加联合试运转人员工资及其他费用等。

联合试运转费以建筑安装工程费总额为基数,独立大型桥梁按 0.075%、其他工程按 0.05%计算。

(九)生产人员培训费

生产人员培训费指新建、改(扩)建公路工程项目,为保证生产的正常运行,在工程竣工验收交付使用前对营运部门生产人员和管理人员进行培训所必需的费用。

费用内容包括:培训人员的工资、工资性补贴、职工福利、差旅交通费、劳动保护费、培训及教学实习费等。

生产人员培训费按设计定员和2 000元/人的标准计算。

(十)固定资产投资方向调节税(暂停征收)

固定资产投资方向调节税系指为了贯彻国家产业政策,控制投资规模,引导投资方向,调整投资结构,加强重点建设,促进国民经济持续稳定协调发展,依照《中华人民共和国固定资产投资方向调节税暂行条例》规定,公路建设项目应缴纳的固定资产投资方向调节税。

计算方法:按国家有关规定计算。

(十一)建设期贷款利息

建设期贷款利息系指建设项目中分年度使用国内贷款或国外贷款部分,在建设期内应归还的贷款利息。费用内容包括各种金融机构贷款、企业集资、建设债券和外汇贷款等利息。

计算方法:根据不同的资金来源按需付息的分年度投资计算。

计算公式如下:

建设期贷款利息 = Σ(年初付息贷款本息累计 + 本年度付息贷款额 ÷2) ×年利率

即:

$$S = \sum_{n=1}^{N} (F_n + b_n \div 2) \times i \tag{7-9}$$

式中:S——建设期贷款利息;

N——项目建设期(年);

n——施工年度;

F_n——建设期第 n 年初需付贷款本息累计;

b_n——建设期第 n 年付息贷款额;

i——建设期贷款年利率。

四、预 备 费

预备费用由价差预备费及基本预备费两部分组成。在公路建设期限内,凡需动用预备费用时,属于公路交通部门投资的项目,需经建设单位提出,按建设项目隶属关系,报交通运输部或交通运输厅(局、委)基建主管部门核定批准。属于其他部门投资的建设项目,按其隶属关系报有关部门核定批准。

1. 价差预备费

价差预备费系指设计文件编制年至工程竣工年期间,第一部分费用的人工费、材料费、机械使用费、其他工程费、间接费等以及第二、三部分费用由于政策、价格变化可能发生上浮而预留的费用及外资贷款汇率变动部分的费用。

(1)计算方法:价差预备费以概(预)算或修正概算第一部分建筑安装工程费总额为基数,按设计文件编制年始至建设项目工程竣工年终的年数和年工程造价增涨率计算。

计算公式如下:

$$\text{工程造价增涨预留费} = P \times [(1+i)^{n-1} - 1]$$

式中:P——建筑安装工程费总额;

i——年造价增涨率(%);

n——设计文件编制年至建设项目开工年 + 建设项目建设期限。

(2)年造价增涨率按有关部门公布的工程投资价格指数计算,或由设计单位会同建设单位根据该工程人工费、材料费、施工机械使用费、其他工程费、间接费及第二、三部分费用可能发生的上浮等因素,以第一部分建安费为基数进行综合分析预测。

(3)设计文件编制至工程完工在一年以内的工程,不列此项费用。

2. 基本预备费

基本预备费系指在初步设计和概算中难以预料的工程和费用,其用途如下。

(1)在进行技术设计、施工图设计和施工过程中,在批准的初步设计和概算范围内所增加的工程费用。

(2)在设备订货时,由于规格、型号改变的价差;材料货源变更、运输距离或方式的改变以及因规格不同而代换使用等原因发生的价差。

(3)由于一般自然灾害所造成的损失和预防自然灾害采取的措施费用。

(4)在项目主管部门组织竣(交)工验收时,验收委员会(或小组)为鉴定工程质量必须开挖和修复隐蔽工程的费用。

(5)投保的工程根据工程特点和保险合同发生的工程保险费用。

计算方法:以第一、二、三部分费用之和(扣除固定资产投资方向调节税和建设期贷款利息两项费用)为基数按下列费率计算:设计概算按5%计列;修正概算按4%计列;施工图预算按3%计列。

采用施工图计算加系数包干承包的工程,包干系数为施工图预算中直接费与间接费之和的3%。施工图预算包干费用有由施工单位包干使用。

该包干费用包括下述内容。

(1)在施工过程中,设计单位对分部分项工程修改设计而增加的费用。但不包括因水文地质条件变化造成的基础变更、机构变更、标准提高、更成规模改变而增加的费用。

(2)预算审定后,施工单位负责采购的材料由于货源变更、运输距离或方式的改变以及因规格不同而代换使用等原因发生的价差。

(3)由于一般自然灾害所造成的损失和预防自然灾害所采取的措施费(例如一般台风、防洪的费用)等。

五、回收金额

概预算定额所列材料一般不计回收,只对按全部材料计价的一些临时工程项目和由于工程规模或工期限制达不到规定周转次数的拱盔、支架及施工金属设备的材料计算回收金额。回收率见表7-24。

回收率表 表7-24

回收项目	使用年限或周转次数				计算基数
	一年或一次	二年或二次	三年或三次	四年或四次	
临时电力、电信线路	50%	30%	10%	—	材料原价
拱盔	60%	45%	30%	15%	
施工金属设备	65%	65%	50%	30%	

注:施工金属设备指钢壳沉井、钢护筒等。

第四节　概预算文件的编制

一、编 制 步 骤

概预算文件的编制是一项十分严肃的工作，编制质量的高低及各项计算的准确与否，直接关系着国家的经济利益。为了确保概预算文件的编制质量，必须根据工程概预算内在的规律和国家的有关规定，按一定的步骤来进行。概预算编制的基本步骤如图7-4所示。

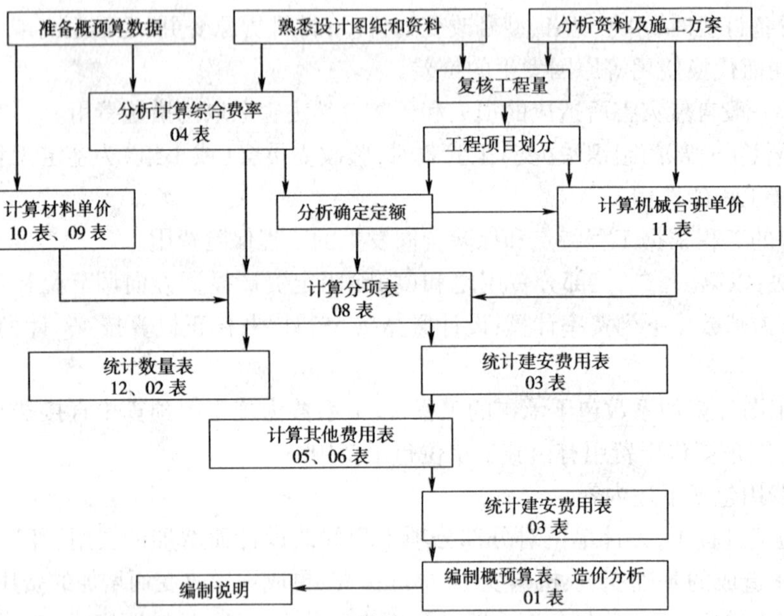

图7-4　概预算表格计算步骤

1．熟悉设计图纸和资料

编制概算、修正概算、施工图预算等文件前，应对相应阶段的初步设计、技术设计和施工图设计内容进行检查和整理，认真阅读和核对设计图纸及有关表格，如工程一览表、工程数量表等，若图纸中所用材料规格或要求不清时，要核对查实。

2．准备概预算资料

概预算资料包括概预算表格、定额和有关文件等。在编制概预算前，应将有关文件如《公路工程基本建设项目设计文件编制办法》、《公路工程基本建设项目概算预算编制办法》，地方和中央的有关文件（如《公路基本建设工程概预算编制办法补充规定》等）准备好，同时，也应将定额如《公路工程概算定额》、《公路工程预算定额》及各类补充定额等准备齐全。

最后，要将概预算表格备齐。

3．分析外业调查资料及施工方案

(1)概预算调查资料分析

概预算资料的调查工作是一项关系到概预算文件质量的基础工作，一般在公路工程外业勘察时同时进行。调查的内容很广，原则上凡对施工生产有影响的一切因素都必须调查，主要是筑路材料的来源(沿线料场及有无自采材料),材料运输方式及运距,运费标准,占用土地的补偿费、安置费及拆迁补偿费,沿线可利用房屋及劳动力供应情况等。对这些调查资料应进行分析,若有不明确或不全的部分,应另行调查,以保证概预算的准确和合理。

(2)施工方案的分析

对于相应设计阶段配套的施工组织设计文件(尤其是施工方案)应认真分析其可行性、合理性、经济性。因为施工方案将直接影响概预算金额的高低和定额的查用,因此编制概预算时,重点应对施工方案进行认真分析。

①施工方法:同一工程内容,可以采用不同的施工方法来完成,如土方施工,有人工挖土方和机械挖土方两种方法;钢筋混凝土工程既可以采用现浇施工,也可以采用预制安装等。因此,应根据工程设计的意图和要求同工程实际相结合,选择最经济的施工方法。

②施工机械:施工机械选择也将直接影响施工费用,因此,应根据选定的施工方法选配相应的施工机械,如挖填土方,既可以采用铲运机,又可以采用挖土机配自卸汽车;又如混凝土预制构件安装,也可采用多种机械施工等。

③其他方面:运距远近的选择(如土方中取土坑、弃土堆的位置),材料堆放的位置及仓库的设置,人员高峰期等。

4. 分项

公路工程概预算是以分项工程概预算表为基础计算和汇总而来的,所以工程分项是概预算工作中的一项重要基础工作。一般公路工程分项时必须满足如下三个方面的要求。

(1)按照概预算项目表的要求分项,这是基本要求。概预算项目表实质上是将一个复杂的建设项目分解成许多分项工程的一种科学划分方法。

(2)符合定额项目表的要求。定额项目表是定额的主体内容,分项后的分项工程必须能够在定额项目表中直接查到。

(3)符合费率的要求。其他直接费和间接费都是按不同工程类别确定的费率定额,因此,所分的项目应满足其要求。

按上面三个方面的要求分项后,便可将工程细目一一引出并填入 08 表中。

5. 计算工程量

在编制概预算时,应对各分项工程量按工程量计算原则进行计算。一是对设计中已有的工程量进行核对,二是对设计文件中缺少或未列的工程量进行补充计算,计算时应注意计算单位和计算规则与定额的计量单位及计算规则一致。将算得的分项工程量填入 08 表中。

6. 查定额

概预算定额就是以分项工程为对象,统一规定完成一定计量单位分项工程所需的人工、材料、机械台班消耗数量。分项工程一般是按照选用的施工方法,所使用的材料、结构构件规格等因素划分。经较为简单的施工过程就能完成,以适当的计量单位就可以计算工程量及其单价的建筑安装工程产品,是建设项目最基本的组成要素。因此,根据分项所得的工程细目(分项工程)即可从定额中查出相应的人工、材料、施工机械名称、单位及消耗量定额值。查出各分项工程的定额基价,并将查得的定额值和定额单位及定额号分别填入 08 表的有关栏目,再将各分项工程的实际工程换算的定额工程数量乘以相应的定额即可得出各分项工程的资源消耗数量及定额基价,填入 08 表的数量栏中。

7. 基础单价的计算

编制概预算的另一项重要工作便是确定基础单价。基础单价是人工工日单价、材料预算单价和施工机械台班单价的统称。定额中除基价和小额零星材料及小型机具用货币指标外，其他均是资源消耗的实物指标。要以货币来表现消耗，就必须计算各种资源的单价。有关单价的计算方法已在前面介绍，公路工程概预算的基础单价通过09表、10表和11表来计算。

(1)根据08表中所出现的材料种类、规格及机械作业所需的燃料和水电编制09表。

(2)根据08表中所发生的自采材料种类、规格，按照外业料场调查资料编制"自采材料料场价格计算表"(10表)，并将计算结果汇入09表的材料原价栏中。

(3)根据08表、10表中所出现的所有机械种类和09表中自办运输的机械种类，计算工程所有机械的台班单价，即编制"机械台班单价计算表"(11表)。

(4)根据地区类别和地方规定等资料计算人工工日单价。

(5)将上面1、2、3、4项所算得的各基础单价汇总，编制人工、材料、机械单价汇总表(07表)。

8. 计算分项工程的直接费和间接费

有了各分项工程的资源消耗数量及基础单价，便可计算其直接费与间接费。

(1)将07表的单价填入08表中的单价栏，由单价与数量相乘得出人工费、材料费、机械使用费，并可算得工、料、机合计费用。

(2)根据工程类别和工程所在地区，取定各项费率并计算其他工程费费率和间接费费率，即编制04表。

(3)将04表中各费率填入08表中的相应栏目，并以直接工程费为基数计算其他工程费和间接费。

(4)分别在08表中计算直接费和间接费。

9. 计算建筑安装工程费

建筑安装工程费通过03表计算。

(1)将08表中各分项工程的直接费、间接费按工程(单位工程)汇总填入03表中的相应栏目。

(2)按税收要求计算出间接费中的计税部分，为了计算税收的方便，也可对04表进行补充如概算示例的04-1表。

(3)按要求确定利润、税金的百分率，并填入03表的有关栏目。

(4)以直接费与间接费之和扣减规费为基数计算利润，以直接费、间接费和利润之和为基数计算税金。

(5)合计各单位工程的直接费、间接费、利润和税金，得到各单位工程的建筑安装工程费，总计各单位工程的建安费，得到工程项目的建安费。

10. 实物指标计算

概预算还必须编制工程项目的实物消耗量指标，这可通过02表的计算完成。

(1)将09表和10表中的人工、材料、机械消耗量汇总编制辅助生产工、料、机单位数量表(12表)。

(2)汇总08表中人工、主要材料、机械台班数量。

(3)计算各种增工数量。

(4)合计上面1、2、3项中的各项数据得出工程概预算的实物数量，即得到02表。

11. 计算其他有关费用

按规定计算第二部分至第七部分费用，即编制05表和06表。

12. 编制总概预算表并进行造价分析

(1)编制总概预算表：将03、05、06表中的各项填入01表中相应栏目，并计算各项技术经济指标。

(2)造价分析：根据概算总金额、各单位工程或分项工程的费用比值和各项技术经济指标进行全面分析，对设计提出修改建议和从经济角度对设计是否合理予以评价，找出挖潜措施。

13. 编制综合概预算

根据建设项目要求，当分段或分部编制01表和02表时，需要汇总编制综合概预算。

(1)汇总各种概预算表，编制"总概(预)算汇总表"(01-1表)。

(2)汇总各段的02表编制"全概(预)算人工、主要材料、机械台班数量汇总表"(02-1表)

14. 编制说明

概预算表格计算并编制完后，必须编制概预算说明，主要说明概预算编制依据，编制中存在的问题，工程总造价的货币和实物量指标及其他与概预算有关但不能在表格中反映的事项。

二、编制注意事项及各项费用计算程序

1. 编制注意事项

概预算编制中应注意的事项很多，下面只简要说明其中的几个主要方面。

(1)注意表格之间的内在联系，理清其交叉关系。概预算表格是一个有机的整体，互相联系，相互补充，通过这些表格反映整个工程的资源消耗，因此应熟练掌握各表格之间的内在联系。各表之间的关系请看图7-3。特别是其中的07、08、09、10、11等五个表格，在编制时交叉进行，需要特别注意。如10表中出现的外购材料单价及11表中出现的动力燃料单价通过09表计算，但要注意其运料终点是"料场"还是"工地料库"等。09表中出现的自办运输台班单价和10表中出现的机械台班单价通过11表计算。

(2)08表的"工程名称"(即01表中"项"的名称)要按项目填列，应注意将费率相同的各"目"填列于一张表中，以便于小计。

(3)注意各取费费率适用范围的说明，如无路面的便道工程属于土方，有路面的便道工程属于路面等。

(4)使用定额时，一定要注意其小注和章、节说明等，如所有材料的运输及装卸定额中均未包括堆、码方工日等。

(5)按地方的规定计算有关费用时，要注意各地规定中的细节要求，如各省制定的《汽运规则实施细则》中，对25km以下短途运输的计价方法就不相同。

(6)编制中应注意公路工程概(预)算的工程费用中属非公路专业的工程，应执行有关专业部的直接费定额和相应的间接费定额。一般工业与民用建筑应执行所在地的地区统一直接费定额和相应的间接费定额，但其他费用应按公路工程其他费用项目划分及计算办法编制。

2. 费用计算程序

各项费用之间有着紧密的联系，其计算亦有一定的规律和程序，各项费用的计算程序及计算方式归纳如表7-25所示。

3. 概预算表格计算

概预算表格共有12张，其数据的计算按编制办法规定，各表格之间的数据过渡与转换也存在一定技巧，必须多练习。详见附录五。

公路工程建设各项费用的计算程序及计算方式　表7-25

代号	项目	说明及计算式
一	直接工程费(工、料、机费)	按编制年工程所在地的预算价格计算
二	其他工程费	(一)×其他工程费综合费率或各类工程人工费和机械使用费之和×其他工程费综合费率
三	直接费	(一)+(二)
四	间接费	各类工程人工费×规费综合费率+(三)×企业管理费综合费率
五	利润	[(三)+(四)-规费]×利润率
六	税金	[(三)+(四)+(五)]×综合税率
七	建筑安装工程费	(三)+(四)+(五)+(六)
八	设备、工器具购置费(包括备品备件)	∑(设备、工器具数量×单价+运杂费)×(1+采购保管费率)
	办公和生活用家具购置费	按有关定额计算
九	工程建设其他费用	
	土地征用及拆迁补偿费	按有关规定计算
	建设单位管理费	(七)×费率
	工程监理费	(七)×费率
	设计文件审查费	(七)×费率
	竣(交)工验收试验检测费	按有关定额计算
	研究试验费	按批准的计划编制
	前期工作费	按有关规定计算
	专项评价(估)费	按有关规定计算
	施工机构迁移费	按实计算
	供电贴费	按有关规定计算
	联合试运转费	(七)×费率
	生产人员培训费	按有关定额计算
	固定资产投资方向调节税	按有关规定计算
	建设期贷款利息	按实际贷款数及利率计算
十	预备费	包括价差预备费和基本预备费两项
	价差预备费	按规定的公式计算
	基本预备费	[(七)+(八)+(九)-固定资产投资方向调节税-建设期贷款利息]×费率
	预备费中施工图预算包干系数	[(三)+(四)]×费率
十一	建设项目总费用	(七)+(八)+(九)+(十)

三、应用电子计算机编制概预算

公路工程概预算是一项极为繁琐而又复杂的计算工作,费时费力。为了提高效率,近年来公路设计施工部门已广泛推广应用电子计算机,编制一定的计算程序,按照程序和表格形式要求即可编制并打印出概预算文件。

实践表明,应用计算机编制概预算,具有以下几方面的优点。

(1)速度快、效率高,使概预算编制人员摆脱了繁琐的手算工作,从而使概预算人员有更多的时间进行工程经济分析。

(2)使用统一的电算程序,使计算方式、定额套用执行有关规定的口径一致,只要数据和输入正确,结果就无误。

(3)计算项目完整,数据齐全,文件漂亮。

1. 基本原理

概预算是根据该工程项目所使用的人工、材料、机械台班等套用相应的定额,按照《编制办法》中规定的编制方法和公式计算工程造价,因此,在设计程序时,首先应将工程项目、定额、人工、材料、机械按照一定的规律赋予一定的代号(标识符),人与计算机之间通过这种代号达成了约定。有了这种约定以后,在源程序中就可以分别使用不同的代号来表示人工和各种材料、机械、工程项目和定额。计算时,只要按照计算机的提示和要求,给计算机输入相应的数据,计算机即自动地按照程序所规定的公式计算,确定单价以及各种费率,并进行数量汇总,最后输出概(预)算金额以及各类数据,填入各种表格形成概(预)算文件。功能较强的程序,不但能计算出概(预)算各项数据,还能按照编制办法所规定的内容打印出各类表格,一次完成计算、打印的各项工作,例如交通部定额总站和各省交通规划设计院、一些软件公司等单位均编制有相应的电算程序。

2. 工、料、机和工程项目代号的编制

上面已经提到,源程序以及计算过程中的人工、材料、机械、工程项目都是以代号形式出现的,这是设计和使用程序的关键,只有熟悉各种编号才能正确运用程序。

根据不同机型,应编制各类代号表,列入程序使用手册以备查找对应关系。代号一般可分为:

(1)人工、材料、机械代号表;

(2)工程项目代号表;

(3)短途运输及运输方式代号表;

(4)自采材料代号表;

(5)工程类别代号表。

当程序输出需要打印《编制办法》规定的表格时,还应使用汉字系统根据不同代号打印出汉字表以及相应栏目。

3. 定额及各种费率的存储与修正

为了让计算机查找定额,就必须将定额存储于计算机中建立的定额库。定额库中存储的定额,可以是交通部公布的概预算定额,也可以是根据地区特点编制的补充定额。在明确定额库建立的方法之后,就可以根据具体工程所在地区和单位的特点,对定额库中的定额进行补充和修改。修改时可以将应修改的定额项目调出来,换上修改后的定额再存入定额库中。

各种费率也应存入计算机中,用户同样应注意储存的各种费率是否适合于工程所涉及的地区和有关规定,否则,也应进行修改。

4. 程序结构

工程概(预)算程序一般由主程序和若干子程序组成。

图 7-5 为主程序框图,图 7-6 为"材料预算单价"子程序的框图。

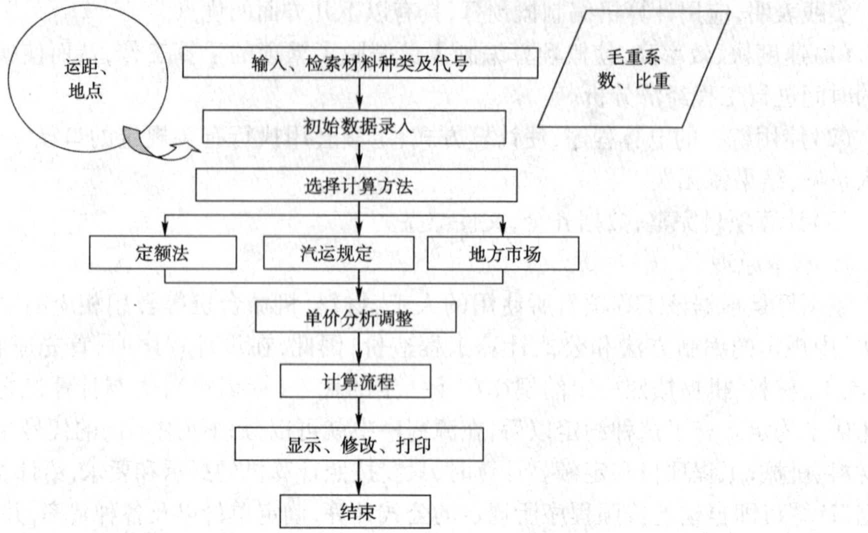

图7-5　主程序框图

5. 程序的使用

在进行上机计算以前,先将要做概(预)算的工程设计文件及其他资料准备好,然后做好以下工作:

(1)列出工程中要用到的材料、机械、工程项目清单;

(2)将长途运输、短途运输、自采材料及开采装运方式分类;

(3)根据使用手册所规定的代号找出对应关系;

(4)查出工程项目和定额的代号;

(5)准备数据,如运距、工程量、冬季区号、雨季区号、综合里程、迁移里程等。

在原程序及各种数据正确或作了补充修改以后,便可按计算机提示要求输入数据,由计算机进行计算并输出结果和打印表格。

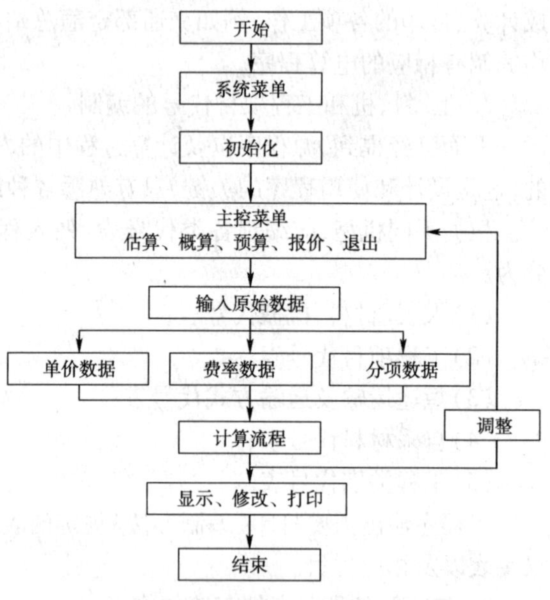

图7-6　“材料预算单价”子程序的框图

第五节　预算实例

一、工程内容

(一)桥型方案

湖南某地为解决湖区交通网的畅通,拟修建一跨湖桥梁以连接干线公路网。在桥位及桥型方面首先提出了比较方案:预应力混凝土连续钢构,预应力混凝土连续梁,预应力混凝土斜拉桥(双索面)。在北环路比线桥位还提出了预应力混凝土斜拉桥(单索面)配系杆方案,且每种方案都有两种桥宽 $B_1=19.5\text{m}$、$B_2=17\text{m}$ 进行了比较。

斜拉桥跨越能力大，有利于泄洪及通航安全，同时可利用其跨越能力大的优势，减少深水基础的数量，便于利用枯水季节，集中力量打突击战以缩短工期。同时，斜拉桥轻巧纤细的梁体，给人以赏心悦目的美的享受，与风景秀丽的旅游城市的地位相适应。缺点是施工工艺较复杂，后期养护费用较高，对施工队伍各方面素质要求较高。

通过分析比较，确定了预应力混凝土斜拉桥（双索面）的设计方案。桥型总体布置为（24×20m）预应力混凝土简支箱梁+（10×50m）预应力混凝土顶推连续梁+（130m+2×310m+130m）预应力混凝土双索面斜拉桥+（10×50m）预应力混凝土简支T梁+（114×30m）预应力混凝土简支T梁。桥梁全长5 783.5m，其中主桥长1 880m。该桥结构示意图如图7-2所示。

（二）技术标准

（1）设计基准期：100年；

（2）设计安全等级：一级；

（3）汽车荷载等级：公路—II级，人群 3.5kN/m^2；

（4）桥面宽度：$2\times1.75+2\times0.5+4\times3.75=19.5\text{m}$；

（5）通航等级：一级，通航净空 $B\times H=125\text{m}\times18\text{m}$；

（6）地震烈度：7级，动峰值加速度为 $0.1g$，地震动反应谱特征周期 $T=0.35\text{s}$；

（7）桥头接线：河东岸接线按城市道路标准设计，路线长334m，路面宽23m；河西岸接线按二级公路标准设计，路线长3 546m，路面宽12m。

（三）施工方案

主桥主孔（130m+2×310m+130m）斜拉桥基础采用钻孔灌注桩施工工艺，索塔承台利用钻孔施工平台悬挂大型套箱进行浇筑，索塔混凝土采用裸塔法索塔追爬模施工工艺进行浇筑。斜拉桥主梁采用大节距全断面整体浇筑及自行式前支点挂篮进行悬浇施工。

主桥副孔基础均采用大直径钻孔灌注桩施工工艺，变截面桩帽则利用护筒直接浇筑。下部结构双柱式墩身考虑提升模板施工。东岸副孔（10×50m）顶推连续梁上部结构利用沿湖架设顶推预制平台，采用多点柔性顶推工艺施工。西岸副孔（10×50m）简支梁上部结构则采用架桥机架设。

（四）主要工程数量

1. 桥头引道

桥梁西接线引道长3 546m，采用二级公路标准，路基宽16m。东接线长334m，采用城市道路标准。填筑路堤土方120 000m^3，平均运距6km。排水边沟与公路排水沟砌筑圬工体积1 552m^3。软土处理3 880m。22cm厚水泥稳定碎石基层42 552m^2；8cm厚沥青混凝土路面42 552m^2。圆管涵13道，盖板涵3道。

2. 大桥

（1）主桥

主桥的主塔部分钻孔灌注桩基础混凝土18 245m^3，水深8m。主桥副孔部分2 554m^3，水深4m。桥墩采用柱式墩，混凝土体积2 471m^3，索塔混凝土体积8 610m^3。斜拉桥上部结构采用三塔斜拉结构，而只有独塔结构与双塔结构，因此作近视处理，将这个三塔斜拉结构分成一个独塔2×310m，和一个双塔2×130m斜拉桥，按桥面宽度20m计算面积。

副孔连续梁桥部分（10×50m）混凝土体积6 540m^3；副孔简支T梁部分（10×50m）混凝土体积4 898m^3。

(2)引桥

24×20m 引桥桩基混凝土 3 446m^3，桥墩混凝土 731m^3，其上部简支箱梁混凝土体积 3 880m^3；114×30m 预应力简支 T 梁引桥桩基混凝土 34 106m^3，桥墩7 357m^3，T 梁混凝土28 363m^3。

3. 调治工程

大桥轴线左右两边 500m 以内，在沿湖堤岸铺筑 M5 水泥浆砌片石护坡，按单向护坡 2km 计算，圬工体积 8 000m^3。

二、施工图预算文件说明

1. 材料运输及加工

(1)木材水运 130km。

(2)其他材料供应采用汽车运输。

(3)砂石材料。优先考虑水运，同时也可考虑公路运输方式。新墙河的河砂，质地优良，供应量大，水运距离 40km 左右。当地石料困难，要从甲地运进，水运距离 40km，公路运输 30km；砾石来自乙地，水运距离 19km，公路运输 20km。片石从丙地水运 40km 至工地，碎石在工地利用片石加工。

2. 文件说明

(1)由于本书篇幅所限，05、07 表未考虑。

(2)费率取值方面参照湘交造字《关于制定公路基本建设工程估算、概算、预算编制办法补充规定的通知》。主副食运费补贴综合里程取 10km，工地转移距离按省内企业转移 100km 计算。

(3)材料单价计算，运杂费按 A 市地方规定单价计算，公路运价 0.55 元/t·km，装卸费 3.5 元/t。水运价格 0.20 元/t·km，装卸费 10 元/t，不分货物等级及公路航道等级。材料原价取自地方调查单价及 A 市交通委员会提供的部分供应价格。

(4)不计其他材料费、机械使用费等上涨费。

(5)桥头引道，大体积混凝土冷却管，航空障碍灯体系，斜拉桥镀锌费，螺旋楼梯，观光台，灯柱，收费站，环境保护工程，水利整治，航监、航道保安等费用未计算。

三、施工图预算编制说明

1. 编制依据

(1)交通部交公路发[2007]《公路工程预算定额》。

(2)湖南省交通厅湘交造字[2007]《关于制定公路基本建设工程估算、概算、预算编制办法补充规定的通知》。

(3)交通部交公路发[2007]《公路基本建设工程概算、预算编制办法》。

(4)湖南省 A 市物价局 2006 年第三季度《物价信息》。

2. 编制范围

(1)湖南省 1804 线干线公路，该大桥桥梁全长 5 783.5m，其中主桥长 1 880m；

(2)大桥西岸引道接线长 3 880m；大桥轴线左右两边 500m 以内，在沿湖堤岸铺筑浆砌片石护坡，圬工体积 8 000m^3。

3. 费率与单价

(1)全部费率取自编制依据的相关指标或办法的规定。

(2)人工单价取自补充编制办法，材料单价取自《物价信息》的工地结算价。

(3)征地补偿费按 A 市国土局有关文件计算。

4. 造价指标表(表 7-26)

造 价 指 标 表

表 7-26

项目内容	单　位	数量或费用	项目内容	单　位	数量或费用
××湖大桥	桥长米	5 783.5	水泥	t	84 703
人工	工日	2 333 585	总造价	万元	50 136.91
木材	m^3	4 289	每延米造价	元	86 829.7
钢材	t	21 340			

四、示例文件

封面、目录;05 表、07 表均省略;08 表仅以索塔及斜拉桥主塔为例计算。其预算定额计算表格见表 7-27 ~ 表 7-38。

总 概（预）算 表

表 7-27

建设项目名称:××市××湖大桥

编 制 范 围:三塔斜拉桥方案　　　　第 1 页　共 3 页　01 表

项	目	节	工程或费用名称	单　位	数　量	预算金额(元)	技术经济指标	各项费用比例(%)	备注
			第一部分　安装工程	桥长米	5783.500	382101050	66068	76.10	
一			桥头引道	桥长米	5783.500	23521084	4066.929	4.68	
	1		桥头引道	桥长米	3880	23521084	6062.135		
二			基础	桥长米	5783.500	86144240	14894.83	17.15	
	1		桩基础	m^3/座	64243.00/163	86144240	1340.912/52849		
		1	引桥 24×20m 连续梁桩基	m^3/座	3446.00/24	3648545	1058.777/152023		
		2	主桥副孔 114×30m T 梁桩基	m^3/座	34106.00/114	35380649	1037.37/310357		
		3	主桥副孔 10×50m T 梁桩基	m^3/座	3723.00/10	3866099	1038.44/386610		
		4	主桥副孔 10×50m 顶推梁桩基	m^3/座	2554.0/10	5234365	2049.477/523437		
		5	主桥主孔斜拉桥桩基	m^3/座	18245.00/5	36760482	2014.830/7352816		
		6	大体积混凝土冷却管	m	8460.00	1254100	148		
三			下部结构	桥长米	5783.5	31220505	5398.203	6.23	
	1		桥台	m^3/座	306.00/2	309498	1011.431/154749		
		1	混凝土桥台	m^3/座	306.00/2	309498	1011.431/154749		
	2		桥墩	m^3/座	20953.00/161	30911007	1475.254/191994		
		1	引桥 24×20m 连续梁桥墩	m^3/座	731.00/23	599574	820.211/26068		
		2	主桥副孔 114×30m T 梁桥墩	m^3/座	7357.00/113	8962676	1218.251/79316		

编制:　　　　　　　　复核:

项	目	节	工程或费用名称	单　位	数　量	预算金额（元）	技术经济指标	各项费用比例（%）	备注
		3	主桥副孔 10×50m 顶推梁桩基	m^3/座	1297.00/10	1526776	1177.16/152678		
		4	主桥副孔 10×50m T梁桩基	m^3/座	1784.00/10	2526673	1416.297/252667		
		5	主桥主孔斜拉桥边墩	m^3/座	1174.00/2	1467976	1250.405/733988		
		6	索塔	m^3/座	8610.00/3	12693263	1474/4231088		
		7	航空障碍灯体系	个	2.00	100000	5000.00		
四			上部构造	桥长米	5783.50	195226825	33755.827	38.88	
	1		行车道体系	m^3/m	57773.0/5780	192131556	3325.629/33241		
		1	引桥 24×20m 连续梁	m^3/m	3880.00/480	7820126	2015.496/16292		
		2	主桥副孔 114×30m T梁	m^3/m	28363.0/3420	65302471	2302.382/19094		
		3	主桥副孔 10×50m T梁	m^3/m	4898.00/500	12829800	2619.396/25660		
		4	主桥副孔 10×50m 顶推梁	m^3/m	6540.00/500	18131700	2772.431/36263		
		5	主桥主孔斜拉桥	m^3/m	14092.00/880	68540125	4842.473/77546		
		6	斜拉索镀锌费	t	1585.00	3350373	2113.80		
	2		桥面铺装	m^3/m	8793.00/5784	8767257	997.072/1516		
	3		人行道系	桥长米	5783.50	5014583	867.05		
	4		桥头搭板	m^3/m	128.00/16	105205	821.914/6575		
	5		防撞护栏	m	11567.00	2269916	196.241		
五			沿线设施	桥长米	5783.50	3961831	685.023	0.79	
	1		螺旋楼梯	处	2.000	634140	317070.000		
	2		观光台	处	1.000	845520	845520.000		
	3		灯柱	根	386.000	1544000	4000.000		
	4		桥头标牌	处	10.000	432914	43291.4		
	5		管理房屋	m^2	600.000	480000	800.000		
		1	收费站	m^2	600.000	480000	800.000		
	6		路面标线	m^2	5783.5	25257	4.367		
六			调治及其他工程	桥长米	5783.500	6982305	1207.28	1.39	
	1		河床整治	桥长米	5783.500	6482305	1120.827		
		1	两岸护堤	m^3/m	8000.000/600	1482305	185.288/2471		
		2	水利整治	m^3/m	5783.500	2000000	345.811		
		3	航监、航道保安	m^3/m	5783.500	3000000	518.717		
	2		环境保护工程	处	1.000	500000	500000.000		
七			临时工程	桥长米	5783.500	5081237	878.575	1.01	
	1		便道	km	6.000	389944	64990.667		
	2		便桥	m/座	300.000/2	3190208	10634.027/1595104		
	3		临时码头	m/座	400.000/4	943417	2358.543/2358543		

编制：　　　　　　　　　　　　复核：

项	目	节	工程或费用名称	单位	数量	预算金额（元）	技术经济指标	各项费用比例(%)	备注
	4		临时轨道铺设	km	3.000	232693	77564		
	5		临时电力线路	km	6.000	307813	51302.167		
	6		临时电讯线路	km	6.000	17162	2860.333		
八			利润	桥长米	5783.500	24135096	4243.081	4.81	
九			税金	桥长米	5783.5	11924752	2098.337	2.38	
			第二部分　设备及工器具购置费	桥长米	5783.500	9800	1.694	0.0	
一			设备购置	桥长米	5783.500				
二			工器具购置	桥长米	5783.500				
三			办公及生活家具购置	桥长米	5783.500	9800	1.694		
			第三部分　其他建设费用	桥长米	5783.500	41903502	5892.849	8.34	
一			土地、青苗补偿费	桥长米	5783.500	2941972	508.684		
二			建设单位管理费	桥长米	5783.500	17151530	1400.053		
	1		建设单位管理费	桥长米	5783.500	6185180	386.184		
	2		工程质量监督费	桥长米	5783.500	573200	77.198		
	3		工程监理费	桥长米	5783.5	9552530	823.447		
	4		定额站管理费	桥长米	5783.500	458520	87.491		
	5		设计文件审查费	桥长米	5783.500	382100	25.733		
三			研究试验费	桥长米	5783.500	4300000	743.494		
四			勘察设计费	桥长米	5783.500	17510000	3027.578		
五			供电贴费	桥长米	5783.500		212.674		
			第一、二、三部分费用合计	桥长米	5783.500	424014352	73068.248	84.44	
			预留费用			51885788		10.33	
			1.工程造价增涨预留费			39165358			
			2.预备费			12720430			
			建设期贷款利息			26280000		5.23	
			预算总金额			501369078		100	
			桥梁基本造价	桥长米	5783.500	502180140	86829.799		

编制：　　　　复核：

人工、主要材料、机械台班数量汇总表

表 7-28

建设项目名称：××市××湖大桥

编 制 范 围：三塔斜拉桥方案

第 1 页 共 3 页 02 表

序号	规格名称	单位	总数量	分项统计									场外运输损耗	
				桥头引道	基础	下部构造	上部构造	沿线设施	调治工程	临时工程	辅助生产	其他	%	数量
1	人工	工日	2333585		493837	144107	1195036	20502	7060	36567	241208		195269	
2	机械工	工日	568806		251441	78792	236247		3	2323				
3	原木	m^3	634		85	104	218			227				
4	锯材	m^3	3655		281	401	1251			1721				
5	I 级钢筋	t	4605		733	575	3297							
6	II 级钢筋	t	11761		3610	1759	6393							
7	钢绞线	t	3196			338	2858							
8	高强钢丝		1778				1778							
9	波纹管钢带	t	312			38	273							
10	钢材	t	2381		91	356	1851			84				
11	钢丝绳	t	46		3	3	40							
12	电焊条	kg	416135		71698	25179	318973			285				
13	加工钢材	t	1838		1217		52	568						
14	板式橡胶支座	dm^3	8756				8756				241208		195269	
15	毛勒伸缩缝	t	40				40							
16	钢砂	kg	50266				50266							
17	冷铸墩头锚	kg	257040				257040							
18	钢绞线群锚(3孔)	套	5010			3460	1551							
19	钢绞线群锚(7孔)	套	42443			4768	37675							
20	钢绞线群锚垫板	t	371			49	321							
21	扎丝锚具	kg	19602				19602							
22	铁件	kg	243045		12661	52719	165968	61		11635				
23	铁钉	kg	33086		252	32545		2		24				
24	铁丝	kg	66075		9397	7170	48177	2		1328				
25	标线漆	kg	1470					1470						

编制： 复核：

序号	规格名称	单位	总数量	分项统计									场外运输损耗	
				桥头引道	基础	下部构造	上部构造	沿线设施	调治工程	临时工程	辅助生产	其他	%	数量
26	环氧树脂	kg	5027				5027							
27	PE 防护料	kg	164903				164903							
28	42.5 级水泥	t	84703	—	32442	8992	41425	—	761	245				
29	汽油	kg	28270	—	649	—	27537		84					
30	柴油	kg	1539349		824544	294436	408668			11701				
31	电	度	26501610		12260862	2153396	12037237			50114				
32	水	m^3	332442		142333	30984	146112	405	10040	2568				
33	自然砂	m^3	124341								124341		2.5	2637
34	中(粗)砂	m^3	108123		35870	11728	53446		3403	1038			2.5	2637
35	砂砾	m^3	53267				48580		4160				1.0	527
36	黏土	m^3	73419		71241					40			3.00	2138
37	片石	m^3	193362			267	24002		9200	3015	156878			
38	碎石(2cm)	m^3	53003				52478						1.00	525
39	碎石(4cm)	m^3	80379		54723	17536	7249		33	58			1.00	796
40	6～8t 光轮压路机	台班	210				175			36				
41	8～10t 光轮压路机	台班	245				234			10				
42	12～15t 光轮压路机	台班	245				234			10				
43	250L 混凝土搅拌机	台班	18241		7602	2459	8173			6			195269	
44	$60m^3$ 混凝土输送泵	台班	321			293	28							
45	600kN 桥梁顶推设备	台班	1066				1066							
46	5000kN 预应力拉伸设备	台班	161				161							
47	预应力钢绞线拉伸机	台班	6764			1226	5538							

编制：　　　　　　　　　　　　复核：

序号	规格名称	单位	总数量	分项统计									场外运输损耗	
				桥头引道	基础	下部构造	上部构造	沿线设施	调治工程	临时工程	辅助生产	其他	%	数量
48	波纹管卷制机	台班	1767			261	1506							
49	5t 汽车式起重机	台班	271		28		241							
50	12 汽车式起重机	台班	3891		3316	437	138							
51	30kN 单筒慢速卷扬机	台班	29418			5567	23852							
52	150cm 回旋钻机	台班	178		178									
53	250cm 回旋钻机	台班	17995		17995									
54	7～9 级电动多级水泵	台班	2920		1114	1257	550							
55	30kVA 交流电焊机	台班	113096		18656	11432	82966			42				
56	100kVA 交流对焊机	台班	5367				5367							
57	90kW 内燃拖轮	台班	6313		4551	831	930							
58	150kW 内燃拖轮	台班	6760		3237	1662	1860							
59	150t 工程驳船	台班	27026		12936	6649	7441							
…	…	…	…	…	…	…	…	…	…	…	…	…	…	

编制：　　　　　　　　　　复核：

建筑安装工程费计算表

表 7-29

建设项目名称：××市××湖大桥

编 制 范 围：三塔斜拉桥方案

第 1 页　共 2 页　03 表

序号	工程名称	单位	工程量	直接费（元）						间接费（元）	利润（元）费率 7%	税金（元）综合税率 3.41%	建筑安装工程费	
				直接工程费				其他工程费	合计				合计（元）	单价（元）
				人工费	材料费	机械费	合计							
1	2	3	4	5	6	7	8	9	10	11	12	13	14	15
1	桥头引道	m	3880.00						23521084		1646476	72974	2212974	570
2	引桥 24×20m 连续梁桩基	m^3	3446.00	246849	1744535	1228876	3220260	231859	3452119	196426	255398	133124	4037067	1172
3	主桥副孔 114×30m T 梁桩基	m^3	3416.00	2367335	17502344	11357814	31227493	2248379	33475872	1904777	2476645	1290934	39148229	11460
4	主桥副孔 10×50m T 梁桩基	m^3	3723.00	273912	2089079	1049286	3412277	245684	3657961	208138	270627	141062	4277788	1149
5	主桥副孔 10×50 顶推梁桩基	m^3	2554.00	229605	2232435	2157889	4619929	332635	4952564	281801	366406	190986	5791757	2268
6	主桥主孔斜拉桩基	m^3	1825.40	1509548	15903620	15032186	32445354	2336065	34781419	1979063	2573234	1341280	40674996	22283
7	大体积混凝土冷却管	m^3	8460.00						1254100		87787	45758	1387645	164
8	混凝土桥台	m^3	305.00	50744	189591	32833	273168	19668	292836	16662	21665	11293	342456	1119
9	引桥 24×20m 连续梁桥墩	m^3	731.00	40382	404181	84630	529193	38102	567295	32279	41970	21877	663421	908
10	主桥副孔 114×30m T 梁桥墩	m^3	7357.00	444281	6622470	843841	7910592	569563	8480155	482521	627387	327021	9917084	1348
11	主桥副孔 10×50m T 顶推梁桥墩	m^3	1297.00	77602	808738	461215	1347555	97024	1444579	82197	106874	55707	1689357	1303
12	主桥副孔 10×50m T 梁桥墩	m^3	1784.00	107454	1377452	745173	2230079	160566	2390645	136028	176867	92191	2795730	1567
13	主桥主孔斜拉桥边墩	m^3	1174.00	70842	731043	493773	1295658	93287	1388945	79031	102758	53562	1624297	1384
14	索塔	m^3	8610.00	508001	8292677	1324584	10125262	729001	10854263	617416	803017	418567	12693263	1474
15	航空障碍灯体系	个	2.00						100000		7000	3649	110649	553255
16	引桥 24×20m 连续梁	m^3	3880.00	399655	5933241	569264	6902160	496956	7399116	421010	547409	285333	8652867	2230
17	主桥副孔 114×30m T	m^3	28363.00	4708225	47573136	5355581	57636942	4149860	61786802	3515669	4571173	2382691	72256335	2548
18	主桥副孔 10×50m T 梁	m^3	4898.00	812328	9482425	1029021	11323774	815312	12139086	690714	898086	468121	14196007	2898
19	主桥副孔 10×50m T 顶推梁	m^3	6540.00	792710	14242610	967991	16003311	1152238	17155549	976151	1269219	661571	20062491	3068
20	主桥主孔斜拉桥	m^3	14092.00	4926286	44906662	10661596	60494544	4355607	64850151	3689974	4797809	2500824	75838757	5382
21	斜拉索镀锌费	t	1858.00						3170000	180373	234526	122245	3707144	1995

第 2 页　共 2 页　03 表　续上表

序号	工程名称	单位	工程量	直接费（元）						间接费（元）	利润（元）费率7%	税金（元）综合税率3.41%	建筑安装工程费	
				直接工程费				其他工程费	合计				合计（元）	单价（元）
				人工费	材料费	机械费	合计							
1	2	3	4	5	6	7	8	9	10	11	12	13	14	15
22	桥面铺装	m^3	8793.00	409118	6308287	1020708	7738113	557144	8295257	472000	613708	319891	9700856	1103
23	人行道系	桥米	5783.5	1099001	3160250	166695	4425946	318668	4744614	269969	351021	182967	5548571	959
24	桥头搭板	m^3	128.00	7243	76646	8966	92855	6686	99541	5664	7364	3839	116407	909
25	防撞护栏	m	1156.7	212972	1754707	35783	2003462	144249	2147711	122205	158894	82822	2511633	2171
26	螺旋楼梯	处	2.00						600000	34140	44389	152883	15441171	7720586
27	观光台	处	1.00						800000	45520	59186	30850	935557	935557
28	灯柱	根	386.00						1544000		108080	56336	1708416	4426
29	桥头标牌	处	10.00	1819	379642	635	382096	27511	409607	23307	30304	15796	479013	47901
30	收费站	m^2	600.00						480000		33600	17514	531114	885
31	路面标线	m	5783.50	1574	19669	1049	22292	1605	23897	1360	1768	922	27946	5
32	两岸护堤	m^3	8000.00	254864	1053441		1308305	94198	1402503	79802	103761	54085	1640152	205
33	环境保护工程	处	1.0						500000		35000	18244	553243	553243
34	水利整治	桥长米	5783.5						2000000		140000	72974	2212974	383
35	航监航道保安	桥长米	5783.5						3000000		210000	109461	3319461	574
36	便道	km	6.00	25901	299329	36270	361500	12942	374442	15502	27296	14228	431468	71911
37	便桥	m	3000.00	150389	2572206	140132	2862727	163462	3026189	164019	223315	116401	3529924	1177
38	临时码头	m	400.00	146397	692605	7572	846574	48339	894913	48504	66039	34422	1043879	2610
39	临时轨道铺设	km	3.0	14955	187530		202485	14579	217064	15629	16288	8490	257471	85824
40	临时电力线路	km	6.0	4104	263750		267854	19285	287139	20674	21547	11231	340592	56765
41	临时电信线路	km	6.0	888	14046		14934	1075	16009	1153	1201	626	18989	3165
	各项费用合计	桥长米	5783.5	19894983	196815345	54813363	27152669	19481550	329231528	16809674	24135096	11924752	382101050	66068

编制：　　　　复核：

其他工程费、间接费综合费率计算表

表 7-30

建设项目名称：××市××湖大桥

编 制 范 围：三塔斜拉桥方案

第 1 页 共 1 页 04 表

序号	工程类别	其他工程费费率（%）												间接费费率（%）												
		冬季施工增加费	雨季施工增加费	夜间施工增加费	高原地区施工增加费	风沙地区施工增加费	沿海地区施工增加费	行车干扰工程施工增加费	安全文明施工措施费	临时设施费	施工辅助费	工地转移费	综合费率	规费							企业管理费					
														养老保险费 I	养老保险费 II	失业保险费	医疗保险费	住房公积金	工伤保险费	综合费率	基本费用	主副食运费补贴	职工探亲路费	职工取暖补贴	财务费用	综合费率
1	2	3	4	5	6	7	8	9	10	11	12	13	14	15	16	17	18	19	20	21	22	23	24	25	26	27
1	人工土方		0.32	—	—	—	—	—	0.59	1.57	0.89	0.21	3.58								3.36	0.45	0.10	—	0.23	4.14
2	机械土方		0.33	—	—	—	—	—	0.59	1.42	0.49	0.67	3.5								3.26	0.35	0.22	—	0.21	4.04
3	汽车土方		0.33	—	—	—	—	—	0.21	0.92	0.16	0.40	2.02								1.44	0.37	0.14	—	0.21	2.16
4	人工石方		0.23	—	—	—	—	—	0.59	1.60	0.85	0.22	3.49								3.45	0.34	0.10	—	0.22	4.11
5	机械石方	—	0.29	—	—	—	—	—	0.59	1.97	0.46	0.43	3.74								3.28	0.33	0.22	—	0.20	4.03
6	高级路面	0.06	0.29	—	—	—	—	—	1.00	1.92	0.80	0.83	4.90								1.91	0.22	0.14	—	0.27	2.54
7	其他路面	—	0.28	—	—	—	—	—	1.02	1.87	0.74	0.75	4.66								3.28	0.22	0.16	—	0.30	3.96
8	构造物 I	0.06	0.23	—	—	—	—	—	0.72	2.65	1.30	0.75	5.71								4.44	0.32	0.29	—	0.37	5.42
9	构造物 II	0.08	0.25	0.35	—	—	—	—	0.78	3.14	1.56	0.89	7.05								5.53	0.35	0.34	—	0.40	6.62
10	构造物 III	0.15	0.52	0.70	—	—	—	—	1.57	5.81	3.03	1.77	13.55								9.79	0.64	0.55	—	0.82	11.80
11	技术复杂大桥	0.08	0.30	0.35	—	—	—	—	0.86	2.92	1.68	1.01	7.20								4.72	0.29	0.22	—	0.46	5.69
12	隧道	—	—	—	—	—	—	—	0.73	2.57	1.23	0.71	5.24								4.22	0.28	0.27	—	0.39	5.16
13	钢结构	—	—	0.35	—	—	—	—	0.53	2.48	0.56	0.97	4.89								2.42	0.30	0.16	—	0.48	3.36

编制：　　　　复核：

工建设程其他费用及回收金额计算表 表 7-31

建设项目名称：× ×市 × ×湖大桥

编 制 范 围：三塔斜拉桥方案 第 1 页 共 1 页 06 表

序号	费用名称及回收金额项目	说明及计算式	金额（元）	备注
	其他基本建设费		41903502	
一	土地、青苗等补偿费		2941972	
1	征用土地	172（亩）×4800（元/亩）=825600（元）		
2	临时用地	260（亩）×3200（元/亩）=832000（元）		
3	征用菜地	4（亩）×18900（元/亩）=75600（元）		
4	征用鱼塘	8（亩）×17400（元/亩）=139200（元）		
5	菜地补偿	4（亩）×1575（元/亩）=6300（元）		
6	鱼塘补偿	8（亩）×2175（元/亩）=17400（元）		
7	芦苇补偿	200（亩）×2000（元/亩）=400000（元）		
8	砖混楼房	603（m^2）×232.5（元/m^2）=140198（元）		
9	瓦房平房	290（m^2）×132（元/m^2）=38280（元）		
10	杂屋	100（m^2）×90（元/m^2）=9000（元）		
11	围墙	100（m）×220（元/亩）=22000（元）		
12	水井	1（个）×480（元/个）=480（元）		
13	杨树	9428（棵）×4.5（元/棵）=42426（元）		
14	高压电线杆	14（根）×10000（元/根）=140000（元）		
15	照明电杆	18（根）×30009（元/根）=54000（元）		
16	通信电杆	15（根）×3000（元/根）=45000（元）		
17	苗圃补偿	12.6（亩）×1340（元/亩）=16888（元）		
18	耕地占用税	172（亩）×400（元/亩）=68800（元）		一项费用为：2856284
19	征地管理费	2856284（元）×3% =85689（元）		
二	建设单位管理费		17151530	
1	建设单位管理费	514.25（万元）+8210.105（万元）×1.27% =618.518（万元）	6185180	
2	工程质量监督费	38210.105（万元）×0.15% =57.32（万元）	573200	
3	工程监理费	38210.105（万元）×2.5% =955.253（万元）	9552530	
4	定额编制管理费	38210.105（万元）×0.12% =45.852（万元）	458520	
5	设计文件审查费	38210.105（万元）×0.10% =38.21（万元）	382100	
三	研究试验费		4300000	
1	试验费		3000000	
2	水利模型试验费		1300000	
四	勘察设计费		17510000	
五	供电贴费		0	
	工程造价增涨预留费	388499119×[$(1+0.05)^2-1$]	39165358	建安费为 382101050
	预备费	424014352×3%	12720430	一、二、三部分 合计为：424014352
	建设期贷款利息		26280000	
	贷款名称：银行贷款	第一年贷款额：25000000×（3－1＋1）×13.14%	9855000	
		第二年贷款额：25000000×（3－2＋1）×13.14%	13140000	
		第三年贷款额：25000000×（3－3＋1）×13.14%	3285000	

编制： 复核：

分项工程概预算表

表 7-32

编制范围:三塔斜拉桥方案

工程名称:索塔

第 1 页　共 4 页　08 表

序号	工程项目			索塔			索塔			钢筋工程						索塔合计	
	工程细目			立柱			中、上横梁			立柱钢筋(焊接)			横梁钢筋				
	定额单位			$10m^3$			$10m^3$			1t			1				
	工程数量			742.1			118.9			933.26			178.74				
	定额代号			4-6-5-2			4-6-5-7			4-6-5-10			4-6-5-15				
	工料机名称	单位	单价	定额	数量	金额	定额	数量	金额	定额	数量	金额	定额	数量	金额	数量	金额
1	人工	工日	17	15.1	11205.7	190497	21.1	2508.8	42649	10.4	9705.9	165000	11	1966.1	33424	25386.5	431571
2	C50 水泥混凝土	m^3	—														
3	原木	m^3	774.90	0.063	45.8	36228	0.042	5.0	3870							51.7	40098
4	锯材	m^3	991.18	0.031	23.0	22802	0.383	45.5	45137							68.5	67939
5	光圆钢筋	t	2932.77														
6	带肋钢筋	t	2978.89							1.025	956.6	2849581	1.025	183.2	545758	1139.8	3395339
7	型钢	t	4634.13	0.011	8.2	37829	0.013	1.5	7163							9.7	44992
8	电焊条	kg	6.13							4.3	4013.0	24600	3.0	536.2	3287	4549.2	27887
9	组合钢模板	t	5109.1	0.018	13.4	682463	0.032	3.81	19439							17.21	701902
10	门式钢支架	t	5150	0.001	0.7	3822										0.7	3822
11	铁件	kg	4.8	21.4	15880.9	76229	11.8	1403.0	6734							17284.0	82963
12	铁钉	kg	5.23	0.1	74.2	388										74.2	388
13	20~22 号铁丝	kg	7.19							1.7	1586.5	11407	2.8	500.5	3598	2087.0	15005
14	42.5 级水泥	t	413.09	5.252	3897.5	1610022	5.252	624.5	257959							4522.0	1867981
15	水	m^3	2.2	18	13357.8	29387	18	2140.2	4708							15498.0	34095
16	中(粗)砂	m^3	40.76	5.72	4244.8	173019	5.72	680.1	27721							4924.9	200740
17	碎石(4cm)	m^3	18.36	6.97	5172.4	94965	6.97	828.7	15216							6001.2	110181

序号	工程项目			索塔			索塔			钢筋工程						索塔合计	
	工程细目			立柱			中、上横梁			立柱钢筋(焊接)			横梁钢筋				
	定额单位			$10m^3$			$10m^3$			1t			1				
	工程数量			742.1			118.9			933.26			178.74				
	定额代号			4-6-5-2			4-6-5-7			4-6-5-10			4-6-5-15				
	工料机名称	单位	单价	定额	数量	金额	定额	数量	金额	定额	数量	金额	定额	数量	金额	数量	金额
18	其他材料费	元		60.3	44748.6	44749	62.4	7419.4	7419							52168.0	52168
19	$60m^3/h$ 以内混凝土输送泵	台班	1261.93	0.17	126.2	159201	0.33	39.2	49514							165.4	208715
20	12t 以内汽车起重机	台班	624.08	0.02	14.8	9263	0.04	4.8	2968							19.6	12231
21	30kN 以内单筒慢速卷扬机	台班	91.63	2.42	1795.9	164072	0.19	22.6	2064							1818.5	166136
22	50kN 以内单筒慢速卷扬机	台班	114.27							0.41	382.6	43724	0.43	76.9	8783	459.5	52507
23	7～9 级电动多级水泵	台班	775.26	0.84	623.4	483269	1.02	121.3	49022							744.7	577291
24	30kVA 以内交流电焊机	台班	131.32							0.62	578.6	75985	0.54	96.5	12675	675.1	88660
25	小型机具使用费	元	1	76.2	56548.0	56548	7.1	844.2	844	22.9	21371.7	21372	25.6	4575.7	4576	83339.6	83340
26	基价	元															
27	直接工程费（合计）	元				3874752			586301			3191669			612101		8264823
28	其他直接费	元	7.2%			278982			42214			229800			44071		595067
29	间接费	元	5.69%			236347			35763			194682			37336		504128
30	直接费、间接费(合计)	元				4390081			664278			3476994			679800		9364018
索塔合计:人工费:431571 材料费:6645500 机械费:1187754 直接费:8859890																	

编制： 复核：

分项工程概预算表

表 7-33

编制范围:三塔斜拉桥方案

工程名称:索塔　　　　第 3 页　共 4 页　08 表

序号	工程项目			索塔			索塔			索塔			索塔			索塔合计	
	工程细目			垫板、束道、锚固箱			索鞍			铁梯			避雷针				
	定额单位			1t			1t			1t			1t				
	工程数量			7.6			4.8			2.0			1.7				
	定额代号			4-6-5-16			4-6-5-17			4-6-5-18			4-6-5-19				
	工料机名称	单位	单价	定额	数量	金额	定额	数量	金额	定额	数量	金额	定额	数量	金额	数量	金额
1	人工	工日	17	4.5	34.2	581	32.1	154.1	2619	6.9	13.8	235	15.0	25.5	434	227.6	3869
2	光圆钢筋	t	2932.77	0.008	0.06	178										0.06	178
3	带肋钢筋	t	2978.89							0.504	1.0	3003	0.048	0.1	243	1.1	3246
4	型钢	t	4634.13							0.539	1.1	4996	0.006		47	1.1	5043
5	钢板	t	4125	0.686	5.2	21506							0.002		16	5.2	21520
6	圆钢	t	3305										0.019		107		107
7	钢管	t	4535	0.359	2.7	12373							0.012		93	2.7	12466
8	电焊条	kg	6.13	5	38.0	233	1.3	6.2	38	12.5	25.0	153				69.2	424
9	索鞍构件	t	70000				1	4.8	336000								336000
10	铁件	kg	4.8				16.6	79.7	382				3.0	5.1	25	84.8	407
11	其他材料费	元	1	37.3	283.5	284	117.2	562.6	563	88.6	177.2	177	6	10.2	10	1034	1034
12	30kN 以内单筒慢速卷扬机	台班	91.36				1.22	5.9	535							5.9	535
13	30kVA 以内交流电焊机	台班	131.32	0.81	6.2	808	0.19	0.9	120	0.62	1.2	163				8.3	1091
14	小型机具使用费	元	1	12	91.2	91											91
15	基价	元		4023			9785			3245			523				
16	直接工程费(合计)	元				36054			340257			8727			975		385995
17	其他直接费	元	7.2%			2596			24499			628			70		27793
18	间接费	元	5.69%			2199			20755			532			59		23545
19	直接费、间接费合计	元				40849			385510			9887			1174		437333
20	索塔合计:人工费:3869 材料费:380425 机械费:1717 直接费:413788																

编制:　　　　复核:

分项工程概预算表

表 7-34

编制范围:三塔斜拉桥方案

工程名称:索塔

第4页　共4页　08表

序号	工　程　项　目			预应力钢筋、钢丝束及钢绞线												索塔合计	
	工　程　细　目			钢绞线束长20m/控,每t18.9束													
	定　额　单　位			1t													
	工　程　数　量			122.3													
	定　额　代　号			4-7-20-15													
	工料机名称	单位	单价	定额	数量	金额	定额	数量	金额	定额	数量	金额	定额	数量	金额	数量	金额
1	人工	工日	17	34.9	4268.3	72561										4268.3	72561
2	水泥浆	m^3		(0.18)	22.0											22.0	
3	钢绞线	t	6680.17	1.04	127.2	849664										127.2	849664
4	波纹管钢带	t	7200	0.108	13.2	95100										13.2	95100
5	钢绞线群锚	套	126.49	19.28	2357.9	298256										2357.9	298256
6	32.5级水泥	t	403.09	0.276	33.8	13606										33.8	13606
7	其他材料费	元		82.8	10126.4	10126											10126
8	预应力钢绞线拉伸设备	台班	163.2	5.23	639.6	104387										639.6	104387
9	波纹管卷制机	台班	195.04	0.94	115.0	22422										115.0	22422
10	小型机具使用费	元		67.90	8304.2	8304										8304.2	8304
11	基价	元															
12	直接工程费					1474426											1474426
13	其他直接费	元	7.2%			106159											106159
14	间接费	元	5.69%			89743											89743
15	直接费与间接费合计					1670328											1670328
索塔合计:人工费:72561 材料费:1266752 机械费:135113 直接费:1580585																	

编制:　　　　　　　　　　复核:

表 7-35

材料预算单价计算表

建设项目名称：××市××湖大桥

编 制 范 围：三塔斜拉桥方案

第 1 页 共 1 页 09 表

序号	规格名称	单位	原价（元）	运杂费					原价运费合计（元）	场外运输损耗		采购及保管费		预算单价（元）
				供应地点	运输方式、比重及运距	毛重系数或单位毛重	运杂费构成说明或计算式	单位运费（元）		费率（%）	金额（元）	费率（%）	金额（元）	
1	原木	m^3	720.00	A 县	水运 130km	1.0	130×0.2+10	36.0	756.00			2.5	18.90	774.90
2	锯材	m^3	931.00	A 县	水运 130km	1.0	130×0.2+10	36.0	967.00			2.5	24.18	991.18
3	光圆钢筋	t	2800	B 市	汽运 105km	1.0	105×0.55+3.5	61.25	2861.25			2.5	71.52	2932.77
4	带肋钢筋	t	2845	B 市	汽运 105km	1.0	105×0.55+3.5	61.25	2906.25			2.5	72.64	2978.89
5	型钢	t	4500	C 市	汽运 32km	1.0	32×0.55+3.5	21.10	4521.10			2.5	113.03	4634.13
6	钢绞线	t	6500	C 市	汽运 25km	1.0	25×0.55+3.5	17.25	6517.25			2.5	162.92	6680.17
7	电焊条	kg	5.96	C 市	汽运 25km	1000	(25×0.55+3.5)/1000	0.02	5.98			2.5	0.15	6.13
8	组合钢模板	t	4960	C 市	汽运 38km	1.0	38×0.55+3.5	24.4	4984.40			2.5	124.61	5109.10
9	铁件	kg	4.65	C 市	汽运 38km	1100	(38×0.55+3.5)/1100	0.02	4.67			2.5	0.12	4.80
10	铁钉	kg	5.08	C 市	汽运 38km	1100	(38×0.55+3.5)/1100	0.02	5.10			2.5	0.13	5.23
11	20~22 铁丝	kg	7.00	C 市	汽运 38km	1100	(38×0.55+3.5)/1100	0.02	7.02			2.5	0.17	7.19
12	钢管	t	4400	C 市	汽运 38km	1.0	38×0.55+3.5	24.4	4424.4			2.5	110.61	4535.01
13	钢板	t	4000	C 市	汽运 38km	1.0	38×0.55+3.5	24.4	4024.4			2.5	100.61	4125.01
14	圆钢	t	3200	C 市	汽运 38km	1.0	38×0.55+3.5	24.4	3224.4			2.5	80.61	3305.01
15	门式钢支架	t	5000	C 市	汽运 38km	1.0	38×0.55+3.5	24.4	5024.4			2.5	125.61	5150.01
16	波纹管钢带	t	7000	C 市	汽运 38km	1.0	38×0.55+3.5	24.4	7024.4			2.5	175.61	7200
17	钢绞线群锚	套	99.0	C 市	汽运 38km	1.0	38×0.55+3.5	24.4	123.4			2.5	3.08	126.49
18	42.5 级水泥	t	345.00	D 厂	汽运 92km	1.01	92×0.55+3.5	54.10	399.10	1.0	3.99	2.5	10.00	413.09
19	32.5 级水泥	t	335.0	D 厂	汽运 92km	1.01	92×0.55+3.5	54.10	389.10	1.0	3.89	2.5	9.73	402.72
20	中(粗)砂	m^3	13.26	江河口	船运 1.5,19km	1.0	(24×0.2+10)×1.50	22.22	35.48	2.5	0.89	2.5	0.91	37.28
21	2cm 碎石	m^3	14.63	工地	人装翻斗车运 1.33km	1.0	[(3.43+0.35×12.3)×90.48+6.3×17×(1+5%)]/100	8.12	22.75	1.0	0.69	2.5	1.73	24.48
22	4cm 碎石	m^3	24.48	工地	工地内加工同上	1.0	按 2cm 碎石预算价 75.0% 计取							18.36

编制： 复核：

自采材料料场价格计算表

表 7-36

建设项目名称：××市××湖大桥

编 制 范 围：三塔斜拉桥方案　　　　第 1 页　共 1 页　10 表

序号	定额号	材料规格名称	单位	料场价格（元）	人工（工日）单价 17（元）		间接费（元，人工费 5%）	自然砂单价（元）		片石单价 5.14（元）		（ ）单价（元）		（ ）单价（元）	
					定额	金额		定额	金额	定额	金额	定额	金额	定额	金额
1	8-1-4-4 +6	人工采中（粗）砂	$100m^3$	1326.26	74.3	1263.1	63.16	115							
2	8-1-5-4	砂砾	$100m^3$	1312	73.5	1249.5	62.48								
3	8-1-6-3	人工捡清片石	$100m^3$	514.08	28.80	489.6	24.48								
4	8-1-5-8	砂砾石	$100m^3$	1358.39	76.1	1293.7	64.69								
5	8-1-9-3	2cm 碎石	$100m^3$	14.63	48.3	821.1	41.06			116.90	600.86				

编制：　　　　　　　　　　复核：

机械台班单价计算表

表 7-37

建设项目名称：××市××湖大桥

编 制 范 围：三塔斜拉桥方案　　　　第 1 页　共 2 页　11 表

序号	定额号	机械规格名称	台班单价（元）	不变费用（元） 调整系数：1.0		可变费用 人工：17（元/日）		汽油：5.8（元/kg）		柴油：5.4（元/kg）		电：1.2（元/度）		养路费及车船使用费	合计
				定额	调整值	定额	金额	定额	金额	定额	金额	定额	金额		
1	458	6～8t 光轮压路机	242.18	117.18	117.18	1	17			20	108				125
2	459	8～10t 光轮压路机	269.29	122.69	122.69	1	17			24	129.6				146.6
3	461	12～15t 光轮压路机	360.09	170.29	170.29	1	17			32	172.8				189.8
4	569	250L 混凝土搅拌机	118.39	37.79	37.79	1	17					53	63.6		80.6
5	604	$60m^3$ 混凝土输送泵	1261.93	827.33	827.33	1	17					348	417.6		434.6
6	623	900kN 预应力拉伸机	68.18	33.38	33.38							29	34.8		34.8

序号	定额号	机械规格名称	台班单价（元）	不变费用(元) 调整系数:1.0		可变费用 人工:17（元/日）		汽油:5.8（元/kg）		柴油:5.4（元/kg）		电:1.2（元/度）		养路费及车船使用费	合计
				定额	调整值	定额	金额	定额	金额	定额	金额	定额	金额		
7	626	5000kN 预应力拉伸机	307.2	174.00	174.00							111	133.2		133.2
8	627	预应力钢绞线拉伸机	163.2	133.20	133.20							25	30		30
9	630	波纹管卷制机	195.04	114.24	114.24	2	34					39	46.8		80.8
10	675	1t 机动翻斗车	120	39.10	39.10	1	17			10	54			10.0	81
11	698	5t 汽车式起重机	354.74	174.34	174.34	1	17	23	133.4					30.0	180.4
12	700	12t 汽车式起重机	624.08	352.68	352.68	2	34			31	167.4			70.00	271.4
13	709	30kN 单筒慢速卷扬机	91.36	29.96	29.96	1	17					37	44.4		61.4
14	710	50kN 单筒慢速卷扬机	114.27	30.07	30.07	1	17					56	67.2		84.2
15	822	7~9 级电动多级水泵	775.29	77.86		1	17					567	680.4		697.4
16	866	30kVA 交流电焊机	131.32	9.92		1	17					87	104.4		121.4
17	879	100kVA 交流对焊机	314.11	23.51		1	17					228	273.6		290.6
18	950	注塑机	300.00	—											
19	967	100t 工程驳船	189.94	139.60		3	51								51
20	968	150t 工程驳船	257.52	193.40		4	68								68
21	887	250×150 碎石机	266.86	55.46		1	17			36	194.4				211.4
22	…	…	…	…	…	…	…	…	…	…	…	…	…	…	…

编制： 复核：

辅助生产工、料、机械台班数量计算表

表 7-38

建设项目名称：××市××湖大桥

编 制 范 围：三塔斜拉桥方案　　　　第 1 页　共 2 页　12 表

序号	定额号	规格名称	单位	总数量	人工（工日）		自然砂（m^3）		片石（m^3）		汽油（kg）		柴油（kg）		电力（度）	
					定额	数量	定额	数量	定额	数量	定额	数量	定额	数量	定额	数量
		Ⅰ、自采材料														
1	8-1-4-4+6	中(粗)砂	100m^3	1081.23	74.30	80335	115	124341								
2	8-1-5-4	砂砾	100m^3	532.67	73.50	39151.25										
3	8-1-6-3	人工捡清片石	100m^3	364.34	28.80	10492.99										
4	8-1-9-3	2cm 碎石	100m^3	1334.00	48.30	64432.2			117.6	156878						
		Ⅱ、自办运输														
…	…	…	…	…	…	…	…	…	…	…	…	…	…	…	…	…
		合计				194411.4		124341		156878						
		Ⅲ、燃烧能源														
1	458	6～8t 光轮压路机	台班	210	1	210							20	4200		
2	459	8～10t 光轮压路机	台班	245	1	245							24	5880		
3	461	12～15t 光轮压路机	台班	245	1	245							32	7840		
4	569	250L 混凝土搅拌机	台班	18241	1	18241									53	966773
5	604	60m^3 混凝土输送泵	台班	321	1	321									348	111708
6	623	900kN 预应力拉伸机	台班	256											29	7685
7	626	5000kN 预应力拉伸机	台班	161											111	17871
8	627	预应力钢绞线拉伸机	台班	6764											25	169100
9	630	波纹管卷制机	台班	1767	2	3534									39	68913
10	698	5t 汽车式起重机	台班	271	1	271					23	6233				
11	700	12t 汽车式起重机	台班	3891	2	7782							31	120621		

第2页　共2页　12表　续上表

序号	定额号	规格名称	单位	总数量	人工（工日）		自然砂（m^3）		片石（m^3）		汽油（kg）		柴油（kg）		电力（度）	
					定额	数量	定额	数量	定额	数量	定额	数量	定额	数量	定额	数量
12	709	30kN 单筒慢速卷扬机	台班	29418	1	29418									37	1088466
13	710	50kN 单筒慢速卷扬机	台班	53760	1	53760									56	3010560
14	822	5～6 级电动多级水泵	台班	2920	1	2920									467	1363640
15	866	30kVA 交流电焊机	台班	113096	1	113096									87	9839352
…	…	…	…	…	…	…	…	…	…	…	…	…	…	…	…	…
		合计				568806						28270	1539349	26501610		
					(230043)						(6233)		(138541)		(16644068)	
（统计09、10、11 表入02 表）合计																

编制：　　　　　　　　　　　　　　　复核：

思考题

1. 概预算文件有哪几种形式？各在什么时候编制？
2. 公路工程项目测算体系中有哪些方法？
3. 概预算的作用是什么？
4. 概预算的依据是什么？
5. 概预算文件和费用的组成是什么？
6. 概预算项目表的主要内容是什么？
7. 建安费的组成包含哪些内容？
8. 税金计算的注意事项是什么？
9. 建设单位管理费的计算方法是什么？
10. 物价上涨费的计算方法是什么？
11. 直接费的费用组成是什么？
12. 03 表和 08 表的关系是什么？
13. 02 表和 12 表的关系是什么？
14. 11 表计算的机械包括哪些表格所涉及的机械种类？
15. 01 表直接包括哪些表格的费用？
16. 08 表编制的关键是什么？
17. 自采材料单价的计算应注意哪些方面的因素？

练习题

1. 某路基工程所需片石由工地余方供应，但需要检清，定额规定每检清 $100m^3$ 片石需消耗人工36工日,若设人工单价为20元/工日,试计算片石的料场单价。

2. 某桥梁工程的主桥部分的定额基价为100万元,直接费为130万元,设其他费的综合费率为20%,间接费的综合费用为5%,计算直接费。利润率为4%,税率为3%,计算建筑安装工程费。设建设单位管理费的费率为3%,计算建设单位管理费。

3. 某工地需要中粗砂1 200m^3,设场外运输损耗率为2%,定额规定每生产100m^3中粗砂需消耗人工86工日,自然砂115m^3,计算安排中粗砂生产中,应该安排多少人工工日生产和需要多少自然砂供开采。

第八章 标底及报价编制

第一节 概 述

一、招标投标的含义

招标与投标是一种国际上普遍应用的、有组织的市场交易行为，是贸易中一种工程、货物或服务的买卖方式。通常是采购人事先提出采购的条件和要求，邀请众多的交易对象参与竞争并按照规定的程序从中选择成交者。

工程招标与投标是工程建设项目采购中最普遍、最重要的方式。招标投标涉及的决策咨询、勘察设计、工程施工、建设监理、工程材料和设备的供应等许多方面。实际上是招标人对参与工程项目实施的申请人(即投标人)进行审查、评比和选定的过程。

严格地规范招标与投标活动，对于招标人和投标人都是至关重要的。对于招标人来讲，关系到能否对工程的投资、质量和进度进行有效地控制，获得合格的工程产品，达到预期的投资效益；对于投标人来讲，则是能否在公平合理的市场竞争环境下，以自身的优势获得工程项目，取得合理利润，保证自身的生存和发展。

因此，招标方必须确定工程项目标底，以确保投标人公平竞争。而投标方必须确定报价，用以让业主相信其已在各种条件下，承诺工程产品预期价格。

二、招标投标的特点

招标与投标是市场经济中一种特别的采购方式，其目的是使采购活动能尽量节省开支，最大限度地满足采购目标。

招标与投标同其他采购方式相比较具有以下特点。

1. 采购的程序规范化

目前各国的招标投标活动大多参考国际惯例有计划有组织地进行，由固定的招标机构组织实施，并有必要的技术专家参与。招标投标程序、招标文件事先由招标方编制拟订，对招标与投标的双方具有法律约束力，招标投标活动必须严格按照既定的程序和条件进行，一般不能随意变更。尤其是评标工作，必须依照明确的标准和方法慎重地评选中标者。

2. 广泛征求投标者

招标的目的是在尽可能广泛的范围内选择比较理想的中标者。如果是工程招标则要求承包人具有丰富的工程经验，必要的技术条件，以及足够的财务能力，能够在预定的建设期限内，按照规定的质量标准，以合理的工程造价完成建设任务。为此，招标人通常要在国内外指定的报刊、杂志或网络等媒体上刊登招标广告，邀请所有有条件的潜在投标人前来投标。

3. 以公开、公平、公正为原则

规范的招标投标活动以公开、公平、公正为原则，严格按照事先拟订的程序进行，公开发布招标广告；公开招标条件，在招标文件中对拟采购的货物、工程或服务内容作出详细的介绍，并说明评价和比较投标文件和确定中标人的标准；在所有投标人或其授权代表在场的情况下公开开标宣读投标人的名称、投标报价、降价声明等。招标投标活动的高透明度是为了便于投标人监督，保证公平竞争。评标工作由专门的评标委员会负责，评标时禁止投标人对其投标的实质内容进行修改，禁止投标人或与其利益相关的其他任何人以某种不正当的手段影响评标结果。招标方应客观公正地对待每一个投标人，充分保证评标的公正性。

4. 交易双方一次性成交

招标与投标方式不同于一般商品交易。一般商品买卖过程要经过多次讨价还价后才能成交。而招标采购要求投标人一次性报价，即在投标截止时间之前必须确定唯一报价。公开开标后即进入评标阶段，投标者只能依靠自身的技术与经济实力以及合理低标价中标。

第二节　标底及报价编制依据

公路工程项目标底及报价编制的主要依据如下：

(1)国家有关公路建设的政策、法律、法规及当地各级政府有关规定；

(2)招标文件：包括投标邀请书、投标须知、合同条件、技术规范、投标书及附表格式、工程量清单、施工组织设计建议书及附表、招标文件补遗书等；

(3)工程施工图纸、工程量计算规则；

(4)施工现场地质、水文、交通、运输、通信、劳力及材料供应、水电供应情况等有关资料；

(5)现行建筑市场情况：市场竞争、材料供应及价格等；

(6)现行工程预算定额、工期定额、工程项目计价类别及取费标准、国家或地方有关价格及费率调整文件规定等。

其中招标文件中的合同条件、技术规范、工程量清单不同的项目有不同要求和不同的内容，在编制标底及报价应引起足够的重视，必须认真进行分析和研究。下面将结合标底及报价过程分别介绍。

一、合同条件

一般来讲合同条件中牵涉到报价内容的有以下相关条款。

(1)日期：投标截止日期和时间；投标有效期；由合同签订到开工允许时间；总工期和分阶段验收的工期；工程保修期等。

(2)投标的报价范围。例如，报价是否含有勘察设计补充工作(即施工设计)；是否包括进场道路和临时水电设施。有无建筑物拆除及清理现场工作；是否包括监理工程师的办公室和办公、交通设施等。应将工程量清单与合同条件、技术规范等共同认真核对，以保证在投标报价中不“错报”，不“漏报”。

(3)关于保函或担保的有关规定，保函或担保的种类，保函额或担保额的要求，有效期等。

(4)关于付款条件。应了解是否有动员预付款，其金额和扣还时间与办法；永久设备和材料预付款的支付规定；进行付款的方法；自签发支付证书至付款的时间；拖期付款是否支付利息；扣留保留金的比例、最高限额和退还条件。

(5)关于物价调整条款，应了解有无对于材料、设备和工资的价格调整规定，其限制条件和调整公式如何。

(6)关于工程保险和现场人员事故保险等的规定，如保险种类、最低保险金额、保期和免赔额等。

(7)关于人力不可抗拒因素造成损害的补偿办法与规定，中途停工的处理办法与补救措施。

二、技术规范

1. 技术规范的组成与格式

技术规范是一份十分重要的文件，它详细具体地说明了承包人履行合同时的质量要求、验收标准、材料的品级和规格，为满足质量要求应遵守的施工技术规范，以及计量与支付的规定等。

由于不同性质的工程其技术特点和质量要求及标准等均不相同，所以，技术规范根据不同的工程性质及特点分章、分节、分部、分项来编写。例如，《公路工程国内招标文件范本》的技术规范中，分成了总则、路基、路面、桥梁、涵洞、隧道、安全设施及预埋管线和绿化及环境保护等章。而桥梁涵洞一章中又分成通则、模板及支架和拱架、钢筋、基础挖方及回填、钻孔灌注桩、沉桩、挖孔灌注桩、桩的垂直静荷载试验、沉井、结构混凝土工程、预应力混凝土工程、预制构件的安装、砌石工程、小型钢构件、桥面铺装、桥梁支座、桥梁接缝和伸缩装置、防水处理、圆管涵及倒虹吸管、盖板涵及箱涵、拱涵等节，并对每一节工程的特点分质量要求、验收标准、材料规格、施工技术规范及计量支付等分别进行规定和说明。

技术规范中的计量与支付规定是非常重要的，可以说，没有计量与支付的规定，承包人就无法进行投标报价(编制单价)，施工中也无法进行计量与支付工作。计量与支付的规定不同，承包人的报价也会不同。

计量与支付的规定中包括计量项目、计量单位、计量项目中的工作内容、计量方法以及支付规定。例如，路基挖方(土方)的计量支付规定如下。

(1)计量项目：路基挖方。

(2)计量单位：m^3。

(3)工作内容：土方开挖、运输(距离范围)、路堑边坡的修整、路基成型、弃方处理等。

(4)计量方法：按图8-1的横断面积乘以中线长度来计算其体积。其中，原始地面高程在工程开工前由双联测确定，边坡按设计边坡，路基底部按设计高程来确定。

(5)支付方法：按每月完成的工程量及工程量清单中的相当单价计量与支付。

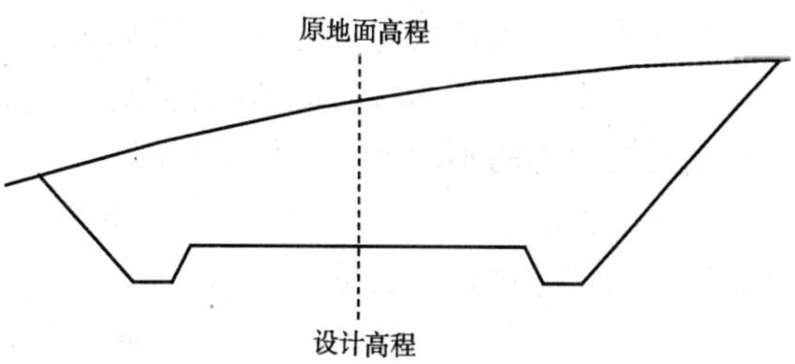

图8-1　路基横断面图

《公路工程国内招标文件范本》中的技术规范比较全面地考虑了技术规范文件中应包括的各项内容，实际工作中，可在此基础上根据图纸、国家或交通部颁发的技术规范作进一步的修订完善。

2. 技术规范与工程造价

工程技术规范是按工程类型来描述工程技术和工艺的内容和特点，对设备、材料、施工和安装方法等所规定的技术要求，有的则是对工程质量(包括材料和设备)进行检验、试验和验收所规定的方法和要求。在编制标底及报价过程中，应注意对每项工作的技术要求，以及采用的规范和施工验收标准进行研究，因为采用的规范不同时，其施工方法和控制指标将不一致，有时可能对施工方法、采用的机具设备和工时定额有很大影响，忽略这一点不仅会对标底和报价带来计算偏差，而且还会给未来的施工工作造成困难。同时，技术规范中的质量要求和验收标准越高，承包人的义务越多，则投标报价和工程造价越高。

另外，要特别注意技术规范中有无特殊施工技术要求，有无特殊材料和设备的技术要求，有无允许选择代用材料和设备的规定。若有，则要分析其与常规方法的区别，合理估算可能引起的额外费用。

技术规范中的其他内容也会影响投标报价或工程总价。例如，技术规范中的监理设施要求高时会提高承包人完成该义务的成本与报价；又如，技术规范中的计量支付规定不同，承包人考虑到费用开支的需要，其单价构成与单价高低也不相同。

三、工程量清单

1. 工程量清单的作用、组成与格式

工程量清单是一份与技术规范相对应的文件，它是单价合同的产物。其作用列示如下。

(1)提供合同中关于工程量的足够信息，以使投标人能统一、有效而精确地编写投标文件。

(2)标有单价的工程量清单是办理中期支付和结算以及处理工程变更计价的依据。

工程量清单由工程量清单说明、工程细目、专项暂定金额汇总表、计日工明细表和工程量清单汇总表五部分组成。其中，工程量清单说明规定了工程量清单的性质、特点以及单价的构成和填写要求等。工程细目反映了施工项目中各工程细目的数量，它是工程量清单的主体部分，其格式如表 8-1 所示。

工程量清单(工程细目)格式 表 8-1

细目编号	细目名称	单位	数量	单价	合价

上表中，工程细目是根据合同将要发生的工程细目：工程量是根据设计图纸、技术规范等将要发生的工程预计数量，是投标人投标报价的共同基础(但不是最终结算的工程数量)；单价和合价是投标人投标时的报价(合同订立后，其填报的单价是双方办理结算的价格依据)。工程细目按内容的不同可分为如下两部分。

(1)工程量清单的"总则"部分。该部分说明合同需要发生的各种开办项目，计价特点是总额包干。它的格式和数量如表 8-2 所示。

清单第 100 章总则 表 8-2

细目号	细 目 名 称	单位	数量	单价	合价
101-1	保险费				
101-1-a	按合同条款规定，提供建筑工程一切险	总额			
101-1-b	按合同条款规定，提供第三方责任险	总额			
102-1	竣工文件	总额			
102-2	施工环保费	总额			
103-1	临时道路修建、养护与拆除(包括原有道路的养护费)	总额			

续上表

细目号	细 目 名 称	单位	数量	单价	合价
103-2	临时工程用地	m^2			
103-3	临时供电设施				
103-3-a	设施架设、拆除	总额			
103-3-b	设施维修	月			
103-4	电讯设施的提供、维修与拆除	总额			
103-5	供水与排污设施	总额			
104-1	承包人驻地建设	总额			

清单　第100章合计　人民币____________元

(2)根据图纸需要发生的工程细目部分。该部分说明了施工项目中各工程细目将要发生的工程量,计价特点是单价不变,实际工程量由计量确定。如路基一章的工程量清单格式如表8-3所示。

清单第200章路基　　表8-3

细目号	细 目 名 称	单位	数量	单价	合价
202-1	清除与掘除				
202-1-a	清理现场	m^2			
202-1-b	砍伐树木	棵			
202-1-c	挖除树根	棵			
202-2	挖除旧路面	m^2			
202-2-a	水泥混凝土路面	m^2			
202-2-b	沥青混凝土路面	m^2			
202-2-c	碎石路面	m^2			
202-3	拆除结构物				
202-3-a	钢筋混凝土结构	m^3			
202-3-b	混凝土结构	m^3			
202-3-c	砖、石及其他砌体结构	m^3			
203-1	路基挖方				
203-1-a	挖土方	m^3			
203 1 b	挖石方	m^3			
203-1-c	挖除非适用材料(包括淤泥)	m^3			
203-2	改河、改渠、改路挖方				
203-2-a	……				
204-1	路基填方				
204-1-a	换填土	m^3			
204-1-b	利用土方	m^3			
204-1-c	……				
205-1	软土地基处理				
205-1-a	抛石挤淤	m^3			
205-1-b	……				
205 2	滑坡处理	m^3			
205-3	岩溶洞回填	m^3			
	…				

清单　第200章合计　人民币____________元

专项暂定金额汇总表为已包含在清单合计中的专项暂定金额的汇总(表格形式略)。

工程量清单中的计日工明细表是处理小型变更工程的计价依据，分为计日工劳务单价表、计日工材料单价表、计日工施工机械单价表、计日工汇总表其格式如表 8-4 所示。

计日工劳务单价表 合同段： 表 8-4

细目号	名称	估计数量（小时）	单价（元/小时）	合价（元）
101	班长			
102	普通工			
103	焊工			
104	电工			
105	混凝土工			
106	木工			
107	钢筋工			
	…			
计日工劳务小计（结转计日工汇总表）				

注：根据具体工程情况，也可用天数作为计日工劳务单位。

工程量清单汇总表用于承包人投标时汇总基于投标单价、金额基础上的投标总报价，其格式如表 8-5 所示。

工程量清单汇总表 合同段： 表 8-5

序号	章 次	科目名称	金额
1	100	总则	
2	200	路基	
3	300	路面	
4	400	桥梁、涵洞	
5	500	隧道	
6	600	公路设施及预埋管线	
7	700	绿化及环境保护	
8	第 100 章至 700 章清单合计		
9	已包含在清单合计中的专项暂定金额小计		
10	清单合计减去专项暂定金额（即 8 − 9 = 10）		
11	计日工合计		
12	不可预见费（暂定金额）		
13	投标价（8 + 11 + 12） = 13		

表 8-5 中，第 12 项暂定金额属于为处理意外事件的预留费或合同中有指定分包时支付给指定分包人的费用。

2. 工程量清单的项目划分及对造价的影响

工程量清单的项目划分，应满足如下要求：

（1）和技术规范保持一致性；

（2）便于计量支付，减小计量难度；

(3)便于合同管理及处理工程变更；

(4)保持合同的公平性。

为满足上述要求，在划分工程项目时应注意下列问题。

(1)即工程量清单各工程细目在名称、单位等方面都应和技术规范相一致，以便投标人清楚各工程细目的内涵和准确地填写各细目的单价。

(2)工程细目的大小要科学。工程细目可大可小，工程细目小有利于处理工程变更(的计价)，但计量工作量和计量难度会因此增加；工程细目大可减少计量工作量，但太大难以发挥单价合同的优势，不便于变更工程的处理；另外，工程细目大也会使得支付周期延长，承包人的资金周转发生困难，最终影响合同的正常履行和合同的严肃性。例如，桥梁工程有基础挖方项目，由于计价中包含了基础回填等工作，所以承包人必须等到基础回填工作完成以后才能办理该项目的计量支付，其支付周期有半年甚至更长的时间，以致影响承包人的资金周转，不利于合同的正常履行。但如果将基础开挖和基础回填分成两个工程细目，则可以避免上述问题。工程细目小会增加计量工作量，但对处理工程变更和合同管理是有利的。例如，路基挖方中弃方运距的处理问题，实践中有两种处理方案：一种是路基挖方单价中包括全部弃方运距；另一种是路基挖方中包含部分弃方运距(如500m或1 000m)，而超过该运距的弃方运费则单独计量与支付。可以说，如果弃土区明确而且施工中不出现变更的话，上述两种处理方案是一样的(而且前一种方式可减少计量工作量)。但是，一旦弃土区变更或发生设计变更，由于弃土运距发生变化，则第一种方式的单价会变得不适应，双方必须按变更工程协商确定新的单价(使投标和合同单价失效)，而采用第二种方式时合同中的单价仍然是适用的，原则上可以按原单价办理结算。

(3)应将开办项目作为独立的工程细目单列出来。开办项目往往是一些一开工就要全部或大部分发生甚至开工前就要发生的项目，如工程保险、担保、监理设施、承包人的驻地建设、测量放样、临时工程等。如将这些项目包含在其他项目的单价中，则承包人开工时上述各种款项不能得到及时支付，这不仅影响合同的公平性和承包人的资金周转，而且会影响招标中预付款的数量(预付款的数量要增加)，并且会加剧承包人的不平衡报价(承包人会将开工早的工程细目报价提高，以尽早收回成本)并因此影响变更工程的计价。

(4)工程量清单中应各有计日工清单。设立计日工清单的目的是用来处理一些小型变更工程(小到可以用日工的形式来计价)计价，使工程量清单在造价管理上的可操作性更强。为控制承包人的计日工报价的合理性，在编制工程量清单时应事先假定各计日工的数量。

3. 工程量清单的工程量对造价管理的影响

工程量清单的工程量是反映承包人的义务量大小及影响造价管理的重要数据。在整理工程量时应根据设计图纸及调查所得的数据，在技术规范的计量与支付方法的基础上进行综合计算。同一工程细目，其计量方法不同，所整理出来的工程量会不一样。在工程量的整理计算中，应保证其准确性，否则，会带来下列问题。

(1)工程量的错误一旦被承包人发现，承包人会利用不平衡报价给业主带来损失。

(2)工程量的错误会诱发其他施工索赔。承包人除通过不平衡报价获取超额利润外，还有权提出索赔。例如，FIDIC条款52.3款规定，如果在签发交工证书时发现由于工程量的变化使得合同价格的增加或减少总共超过有效合同15%时，承包人可以提出施工索赔。

(3)工程量的错误还会增加变更工程的处理难度。由于承包人采用了不平衡报价，所以当合同发生工程变更而引起工程量清单中工程量的增减时，因不平衡报价对所增减的工程量计价不适应,会使得监理工程师不得不和业主及承包人协商确定新的单价来对变更工程进行计价,以致合同管理的难度增加。

(4)工程量的错误会造成投资控制和预算控制的困难。由于合同的预算通常是根据投标报价加上适当的预留费后确定的,工程量的错误还会造成项目管理中预算控制的困难和增加追加预算的难度。

因此,清单中工程量的准确性应予保证,其误差最大不能超过5%。

第三节 标 底 编 制

一、标底的概念与经济特征

标底是建设产品在建筑市场交易中的预期价格,在招标投标过程中,标底是衡量投标报价是否合理,是否具有竞争力的重要工具。除此之外,实践中标底还具有制止盲目报价、抑制低价抢标的作用;具有控制工程造价、核实工程投资规模的作用;它同时还具有(评标中)判断投标单位是否有串通哄抬标价的作用。

设立标底的做法是针对我国目前建筑市场发育状况和国情而采取的措施,是具有中国特色的招标投标制度的一个具体表现。

但是,标底并不是决定投标能否中标的标准价,而只是对投标进行评审和比较时的一个参考价。如果被评为最低标价的投标超过标底规定的幅度,招标人应调查超出标底的原因,如果是合理的话该投标应有效;如果被评为最低评标价的投标大大低于标底的话,招标人也应调查,如果属于合理成本价,投标也应有效。

因此,科学合理地制定标底是做好评标工作的前提和基础。科学合理的标底应具备以下经济特征。

(1)标底的编制应遵循价值规律。即标底作为一种价格应反映建设项目的价值。价格与价值相适应是价值规律的要求,是标底科学性的基础。因此,在标底编制过程中,应充分考虑建设项目在施工过程中的社会必要劳动消耗量、机械设备使用量以及材料和其他资源的消耗量。

(2)标底的编制应服从供求规律。即在编制标底时应考虑建筑市场的供求状况对建筑产品价格的影响,力求使标底和建筑产品的市场价格相适应。当建筑市场的需求增大或缩小,需求曲线左移或右移时,相应的市场价格将上升或下降,同样,当建筑市场的供给增大或缩小,供给曲线左移或右移时相应的市场价格下降或上升。作为标底在编制时,应考虑到建筑市场供求比例的变化所引起的市场价格的升降,并在底价做出相应的调整。

(3)标底在编制过程中应反映建筑市场当前平均先进的劳动生产力水平。即标底在编制过程中应反映竞争规律对建筑产品价格的影响;以图通过标底促进投标竞争和社会生产力水平提高的作用。

以上三点既是标底的经济特征,也是编制标底时应满足的原则和要求。因此,标底的编制一般应注意以下几点:

(1)根据设计图纸及有关资料、招标文件,参照国家规定的技术、经济标准定额及规范,确定工程量和设定标底;

(2)标底价格应由成本、利润和税金组成,一般应控制在批准的建设项目总概算及投资包干的限额内；

(3)标底价格作为招标人的期望值，应力求与市场实际变化吻合，要有利于竞争和保证工程质量；

(4)标底价格考虑人工、材料、机械台班等价格变动因素，还应包括施工不可预见费、包干费和措施费等。工程要求优良的，还应增加相应费用；

(5)一个标段只能编制一个标底。

二、标底与概预算的区别

概算和预算是初步设计和施工图设计的重要组成部分，是确定建设项目投资最高限额和预计工程造价的重要方法，是国家对基本建设项目实行计划投资和管理的反映。由于技术条件的限制，使得标底的编制方法与工程概预算方法有紧密联系，以致实践中常将标底与概预算混淆。实际上标底与概预算有本质的区别，主要如下。

(1)概预算反映的是建筑产品的计划价格，而标底反映的是建筑产品的市场价格。概预算是计划经济的产物，反映的是计划价格，在概预算编制过程中，除材料价格已修改为按市场价格来确定材料费外，其他如人工费、机械台班折旧费以及管理费均按概预算编制办法中的预算价格(即计划价格)来确定。而标底是市场经济的产物，反映的是建筑产品的市场价格，在编制标底过程中，施工中所消耗的各种资源的价格原则上应根据市场价格来确定，特别是在完全竞争市场中更是如此。

(2)概预算在编制中主要反映的是价值规律的作用和影响，而标底除考虑价值规律的作用外，还应考虑供求规律的作用。公路工程概预算的编制依据是《公路工程概预算定额》及编制办法，它是公路工程项目在施工过程中社会必要劳动消耗量和资源消耗量的反映，这是价值规律的要求和结果。但在概预算编制过程中，基本上未考虑供求规律对建筑产品价格的影响，因而使得建设项目的概预算金额与市场价格可能产生较大的差距。

(3)概预算反映的是施工企业过去平均先进的劳动生产力水平，而标底应反映施工企业当前平均先进的劳动生产力水平。编制概预算所依据的概预算定额是根据平均先进的原则制定出来的，但编制定额所依据的统计数据是施工在过去施工过程中所发生的数据，随着生产力量水平的提高(技术水平、经济管理水平、劳动生产率的提高)，这些数据滞后于当前的劳动生产力水平，不能真实地反映在当前先进的劳动生产力水平下的工、料、机消耗。

(4)概预算根据设计文件及概预算定额和编制办法来确定工程造价，而标底应根据招标文件(或合同)中明确的承包人的义务来编制，二者包含的费用范围不同。例如，在编制标底时，其费用通常应包括建筑安装工程费、根据合同需由承包人承担的不可预见风险费、施工投标中发生的费用(即交易成本)、合理利润等费用。

(5)概预算定额及编制办法具有法令性，在编制概预算时，除允许抽换的外，原则上应遵照执行，在执行中，即使不合理，概预算编制者也无权擅自进行变更。但在编制标底时却不受上述规定的限制，当运用概预算定额及编制办法来编制和确定标底时，对于定额中不合理、不能真实地反映当前劳动生产力水平的工、料、机消耗应如实地进行抽换。

三、标底编制方法

1. 完全竞争市场下的标底编制办法

在完全竞争市场下，由于市场价格是一种反映了资源使用效率的价格，因此，完全竞争市场下的标底可直接根据建筑产品的市场交易价格来确定。此时,理想招标方式是议标,其交易成本可忽略不计。在根据建筑市场价格确定标底时,应考虑建筑市场的供求变化对建筑产品价格的影响。当投资规模扩大,需求曲线右移时,其市场价格将上涨,相应的标底较高,反之较低。

2. 不完全竞争下的标底编制方法

不完全竞争市场下的标底编制方法有工料单价法和统计平均法。

1)工料单价法编制标底

尽管标底不同于概预算,但由于标底编制者的局限性(特别是在施工项目的施工方法、施工成本和价格上未能拥有完全的信息),而使得标底编制者在编制标底过程中,不得不依赖于概预算定额及编制办法来确定标底。这种依赖于概预算定额及编制办法来确定标底的方法称为工料单价法。其工作步骤是:

(1)资料收集;

(2)市场调查;

(3)研究招标文件,参加现场考察,明确承包人的义务及风险责任;

(4)施工方案和施工方法的确定及施工进度计划的编制;

(5)编制施工图预算(或概算),计算建安费及根据合同应发生在承包方的其他费用;

(6)工程细目的单价分析;

(7)综合形成标底。

为更好地符合前面提出的标底编制原则与要求,在运用工料单价法编制标底时应注意如下事项。

(1)按概算编制标底时,应在概算的基础上适当下浮,因为概算定额所考虑的工、料、机消耗量通常比预算定额有一定的富余(一般富余3% ~5%)。

(2)对概预算中未考虑到而根据合同承包人须发生的费用应在标底中如实予以考虑。例如投标中发生的费用、履约担保费、监理设施费等费用,这些费用在概预算的建安费中未考虑进去,而根据合同规定承包人须发生费用并承担,因此,在编制标底时应予以考虑。

(3)对于概预算中明显偏高或偏低的费用应如实予以调整或对概预算定额中的数据如实进行抽换。

(4)由于概预算的项目划分与招标文件中工程量清单的项目划分不一致,且各自对应的计量方法不相同,因此,在编制工程细目的单价时,应在分项工程概预算的基础上,计算出与工程量清单中的工程细目相适应的单价。

(5)由于当前的劳动生产力水平总高于概预算定额数据中反映的劳动生产力水平,而招标又是建立在买方市场基础上,其价格通常比卖方市场(非买方市场)的价格要低,所以,最后在确定标底时,应在概预算的基础上根据建筑市场的供求状况及当前的劳动生产力水平乘以一小于1的修正系数。

2)统计平均法确定标底

前面介绍的工料单价法是标底编制者借助于概预算定额及编制办法来了解或确定建筑产品的施工方法、施工成本、价格的一种方法,由于概预算定额及编制办法的局限性(见前面关于标底与概预算的区别)使得标底编制者在依据概预算编制标底时,不得不进行一系列的修正工作,而这些修正工作的准确性又取决于标底编制者对施工方法、施工成本及市场价格信息的掌握程度。因此这种方法有其局限性。

统计平均法确定标底的基本思想是根据投标人的报价来确定标底。在介绍此方法之前,先提出如下假定:所有投标人或者说至少大部分投标人都是理性的投标人,即他们的报价是严格基于自身的施工成本和在相应的投标策略下的一种报价,而不是一种盲目报价。

对于经验丰富的投标人,由于他们在施工方法、施工成本和价格上拥有完全的信息,因此,理性的投标人能提出一个充分反映自身的竞争实力的投标报价,因此,只要对这些投标报价进行适当地技术处理,即可确定出施工项目的标底,这种方法称为统计平均法。

对于以资格预审为基础的邀请招标,其方法如下。

设投标人为 m 家,代号分别为 $1,2,3,\cdots,m$;工程量清单中的工程细目为 n 个,代号分别为 $1,2,3,\cdots,n$;q_j 为第 j 个工程细目的工程量。则通过报价可获得报价矩阵 $\boldsymbol{P}$:

$$\boldsymbol{P} = \begin{bmatrix} \boldsymbol{P}_{11} & \boldsymbol{P}_{12} & \boldsymbol{P}_{13} & \cdots & \boldsymbol{P}_{1n} \\ \boldsymbol{P}_{21} & \boldsymbol{P}_{22} & \boldsymbol{P}_{23} & \cdots & \boldsymbol{P}_{2n} \\ \cdots & \cdots & \cdots & \cdots & \cdots \\ \boldsymbol{P}_{m1} & \boldsymbol{P}_{m2} & \boldsymbol{P}_{m3} & \cdots & \boldsymbol{P}_{mn} \end{bmatrix} \tag{8-1}$$

令工程量矩阵 $\boldsymbol{Q} = (q_1 \quad q_2 \quad q_3 \quad \cdots \quad q_n)^{T}$

又令 $$Z = (Z_1 \quad Z_2 \quad Z_3 \quad \cdots \quad Z_m)^{T}$$

其中,$Z_i(i=1,2,3,\cdots,m)$为各投标人的投标总价。则有:

$$Z = \boldsymbol{P} \times \boldsymbol{Q} \tag{8-2}$$

设 $$Z_1 = \min\{Z_i\},Z_m = \min\{Z_i\},(i=1,2,3,\cdots,m)$$

则有 $$Z' = \frac{1}{m-2}(\sum_{i=1}^{m} Z_i - Z_1 - Z_m) \tag{8-3}$$

即 $$Z' = \frac{1}{m-2}(\sum_{i=1}^{m}\sum_{j=1}^{m} P_{ij} q_i - Z_1 - Z_m) \tag{8-4}$$

其中,Z'为标底总价,而对每个工程细目的标底单价 p'_j 有:

$$p'_j = k \cdot p''_j \tag{8-5}$$

$$p''_j = \frac{1}{m-2}(\sum_{i=1}^{m} P_{ij} - \min_{1 \leqslant i \leqslant m}\{P_{ij}\} - \max_{1 \leqslant i \leqslant m}\{P_{ij}\}) \tag{8-6}$$

其中,$k = Z' / \sum_{i=1}^{n} P''_{ij} q_j$。

上述方法的含义是:剔除投标报价中的最低报价和最高报价,计算平均值作为标底总价,剔除投标中各工程细目单价的最低报价与最高报价计算其平均值(即 P''_{ij}),由于$\sum_{i=1}^{n} P''_{ij} q_j$ 与 Z' 不相符合,因此应通过修正系数 k 来对 p''_j 进行修正,这样得出 p'_j 即可作为标底中各工程细目的单价。

可以证明,上述方法较好地符合标底编制的基本原则。首先,理性的投标人均是根据自身所需的施工成本进行报价的,因而剔除最低报价或最高报价(即非理性者的报价)后的平均值,反映了建筑产品的社会必要劳动消耗量和资源消耗量,即反映了价值规律;其次,由于投标人在报价中通常会自觉地根据建筑市场的供求状况来确定报价水平的高低(投标人对建筑市场供求状况及对价格的影响拥有完全的信息),所以其平均值必然反映了供求规律对报价的影响;第三,由于投标人多是经过资格预审后的生产力水平较高的单位,其质量、价格上的竞争力处于先进行列,因此以其平均值所得的标底能很好地反映竞争规律对工程造价的影响。

按上述方法确定的单价除满足标底编制原则外,还避免了不平衡报价对标底单价的影响,只要投标人不是在同一工程细目中采用相同的不平衡报价方法,上述方法可以将不平衡报价对单价的影响剔除。

上述标底编制方法还能解决标底不能有效保密而导致的信息不对称性对公平竞争和效率的影响以及由此而引起的市场失灵现象,且有效地保证了标底编制方法的科学性。

对于公开招标的项目,由于有些投标人可能是劳动生产力水平较低的单位,因此,应按平均先进的原则来确定标底,其方法是:

设 $Z_i=1,2,3,\cdots,m$ 为各投标人的报价,且有 $Z_1\leqslant Z_2\leqslant Z_3\leqslant\cdots\leqslant Z_m\leqslant Z'$。设标底为 Z,则有:

$$Z=\frac{1}{L}\sum_{i=2}^{L}Z_i \tag{8-7}$$

L 为其标价小于或等于 Z'(Z'的计算方法见前面的公式)的投标人个数。

该方法的含义是先剔除最高报价和最低报价(非理性投标者的报价),计算平均值,然后剔除大于平均值的投标人,再计算小于或等于平均值的投标人报价的平均值,这样确定的标底符合平均先进原则。

3)复合标底

即在上述两种标底编制方法的基础上通过加权平均来确定标底。该方法兼有上述两种标底编制方法的特点。

第四节　报价编制

一、报价的概念及作用

报价是由投标单位根据招标文件及有关定额(有时往往是投标单位根据自身的施工经验与管理水平所制定的企业定额),并根据招标项目所在地区的自然、社会和经济条件及施工组织方案、投标单位的自身条件,计算完成招标工程所需各项费用的造价文件。报价是投标文件最重要的组成部分,是投标工作的关键和核心,也是决定能否中标的主要依据。报价过高,中标率就会降低;报价过低,尽管中标率增大,但可能无利可图,甚至承担工程亏本的风险,因此,能否准确计算和合理确定工程报价,是施工企业在投标竞争中能否获胜的前提条件。中标单位的报价,将直接成为工程承包合同价的主要基础,并对将来的施工过程起着严格的制约作用。承包单位和业主均不能随意更改报价。

二、报价的费用组成

投标报价的费用构成主要有直接费、间接费、利润、税金以及不可预见费等。直接费是指在工程施工中直接用于工程实体上的人工、材料、设备和施工机械使用费及相关影响因素增加费等费用的总和;间接费是指组织和管理工程施工所需的各项费用,主要由施工管理费和其他间接费组成;利润和税金是指按照国家有关部门的规定,工程施工企业在承担施工任务时应计取的利润,以及按规定应计入工程造价内的营业税、城市建设维护税等税金,不可预见费是工程项目的风险费。为了便于计算工程量清单中各个分项的价格,进而汇总整个工程标价,通常将工程费用分为直接费和待摊费用。待摊费用的概念是工程项目实施所必需的,但在工程量清单中没有单列项的项目费用,需要将其作为待摊费用分摊到工程量清单的各个报价分项中去。投标报价组成见图 8-2。

- 总报价
  - 直接工程费
    - 人工费
    - 材料费
    - 施工机械费
  - 待摊费
    - 施工管理费
      - 施工管理人员费
      - 差旅费
      - 办公和生活器具费
      - 办公费(日常办公用品、通信、水、电费)
      - 文娱宣教费
      - 劳动保护费
      - 试验费
      - 后勤车辆使用费
      - 其他直接费
      - 小型工具使用
      - 会议及招待费
    - 临时设施费
    - 保险费
    - 税金
    - 货款利息
    - 保函手续费
    - 上级单位管理费
    - 经营业务费
    - 投标费
    - 物价上涨
    - 计划利润
    - 不可预见费(风险费)
    - 分包费 = 分包人报价 + 主包管理费
    - 备用金额(招标人备用金)

图 8-2　工程报价构成

三、投标报价的步骤

公路工程施工承包有多种合同形式,不同的合同形式计算报价是有差别的。最为常见的是单价合同报价,单价合同报价计算主要分以下几个步骤。

1. 研究招标文件及工程量清单

在编制报价之前一定认真研究招标文件中的技术规范及工程量清单说明和细目划分,将清单细目与清单说明及技术规范中的计量规则和方法对应起来,进行分析和理解,避免因理解不清造成缺项、漏项或重复计算,致使报价偏低或过高,影响中标机率。

例如:路基挖方技术规范中计量与支付是如下规定的。

203.05 计量与支付

1. 计量

(1)路基土石方开挖数量包括边沟、排水沟、截水沟,应以经监理工程师校核批准的横断面地面线和上石分界的补充测量为基础,按路线中线长度乘以经监理工程师核准的横断面面积进行计算,以立方米计量。

(2)挖除路基范围内非适用材料(不包括借土场)的数量,应以承包人测量并经监理工程师审核批准的断面或实际范围为依据的计算数量,以立方米计量。

(3)除非监理工程师另有指示,凡超过图纸或监理工程师规定尺寸的开挖,均不予计量。

(4)石方爆破安全措施、弃方的运输和堆放、质量检验、临时道路和临时排水的维修等均不另计量,作为承包人应做的附属工作。

(5)在挖方路基的路床顶面以下,土方断面应挖松深300mm再压实;石方断面应辅以人工凿平或填平压实。此两项作为承包人应做的附属工作,均不予计量。

(6)改河、改渠、改路的开挖工程按合同图纸施工,计量方法可按上述(1)款进行。改路挖方线外工程的工作量计入203—1项内。

2. 支付

(1)按上述规定计量,经监理工程师验收并列入工程量清单的以下支付细目的工程量,每一计量单位,将以合同单价支付。此项支付包括材料、劳力、设备、运输等及其为完成此项工程所必需的全部费用。

(2)土方和石方的单价费用,包括开挖、运输、堆放、分理填料、装卸、弃方和剩余材料的处理,以及其他有关的全部施工费用。

3. 支付细目

表8-6

细目号	细目名称	单位	细目号	细目名称	单位
203—1	路基挖方		203—2	改河、改渠、改路挖方	
—a	挖土方	m^3	—a	开挖土方	m^3
—b	挖石方	m^3	—b	开挖石方	m^3
—c	挖除非适用材料(包括淤泥)	m^3	—c		

我们首先分析挖方中土石方问题,按照定额挖土石方是按照土石方类别套用定额,而清单细目只有挖土方和石方,这里就有土石方划分问题。而再看200章通则,在通则201.02中对土石方的划分又作了如下规定:

201.02　路基土石划分

在公路路基土石挖方中用不小于112.5kW(150马力)推土机单齿松土器无法松动,须用爆破或用钢楔大锤或用气钻方法开挖的,以及体积大于或等于$1m^3$的孤石为石方,余为土方。

这是规范中的规定,有些项目在招标文件的专用条件中推土机的功率规定为130kW或150kW。

根据以上规定我们应分析以下问题。

(1)土石方数量的准确性,在设计文件中土石方都是按照类别划分提供数量,清单中提供的数量是否准确,这就要求我们根据现成考察情况和经验进行分析,为报价提供决策,如果土方或石方数量可能增加则可将报价适当提高;数量可能减少则适当降低。

(2)土石方的施工方法,对于清单中不属石方,但在类别划分中属于石方的土方的施工,是采用爆破方法施工,还是直接采用土方机械施工,采用爆破方法施工其爆破方法是采用人工还是机械;直接采用土方机械施工,其机械的生产效益及机械磨损计算方法;这些因素都将影响报价。

(3)关于运距问题:线路上土石方调配运距以及弃方运距均包括在挖方以内,在计算单价时应考虑将费用合并后分摊;而借方其挖和运都在填方中报价。

(4)挖方路基路床以下300mm以内,土方的挖松、压实及石方的人工凿平或填平压实的费用应分摊于挖方单价之中。

(5)机械的转移、调运的费用也应分摊于单价之中。

2. 复核工程量

招标项目的工程量在招标文件的工程量清单中有详细说明,但由于种种原因,工程量清单中的工程数量有时会和图纸中的数量存在不一致的现象。因此,有必要进行复核,核实工程量的主要作用如下。

(1)全面掌握本项目需发生的各分项工程的数量,便于投标中进行准确地报价。

(2)及时发现工程量清单中关于工程量的错误和漏洞,为制定投标策略提供依据(可以使用不平衡报价法,工程量偏高的项目报低价,工程量偏低的地方报高价)。

【例】 某项目工程量清单有土方工程和钢筋工程两个工程细目(本书在整理示例时作了技术上的简化),其工程量清单如表8-7所示。

工程量清单 表8-7

清单编号	项目名称	数量	单位	单价	合价或金额(元)
202-1	土方	1 000 000.00	m^3		
406-1	钢筋	100.00	t		

原来的工程量为土方的数量为100万 m^3,钢筋的数量为1 000t。但由于工作人员的错误,将钢筋的数量变成了100t,并发给了承包人。工程量发生错误且被承包人研究招标文件时发现后承包人的报价情况如表8-8所示。

承包人报价 表8-8

清单编号	项目名称	数量	单位	单价	合价或金额(元)
202-1	土方	1 000 000.00	m^3	10.00	10 000 000.00
406-1	钢筋	100.00	t	6 000.00	600 000.00
		(1 000.00)			(6 000 000.00)
合计					10 600 000.00
					(16 000 000.00)

表中,括号里的数字是合同履行中实际需要发生的数字,即承包人的总报价是1 060万元,而实际上履行中需发生1 600万元。

但业主(或标底编制单位)编制出来的预期价格(标底)是1 140万元,实际需要发生1 500万元,其中,土方单价为11元/m^3(承包人的土方单价比该价格低),钢筋的单价为4 000元/t,(承包人的报价比该价格要高),详细情况如表8-9所示。

业主报价 表8-9

清单编号	项目名称	数量	单位	单价	合价或金额(元)
202-1	土方	1 000 000.00	m^3	11.00	11 000 000.00
406-1	钢筋	100.00	t	4 000.00	400 000.00
		(1 000.00)			(6 000 000.00)
合计					1 1400 000.00
					(15 000 000.00)

由于承包人的报价1 060万元比标底价1 140万元低(低出7%),这是一个很有竞争力的

报价，所以，经过投标竞争，承包人获得了该项目的中标资格，和业主签订了合同。但在合同履行过程中，由于承包合同是单价合同，结算须按合同中的单价结算，因此，最终实际需发生的工程结算金额是1 600万元。而如果不发生工程量错误的话，1 500万元（见标底栏括号中的数字）是可以完成该项目的。在这里，承包人使用了不平衡报价法，通过不平衡报价法，承包人不仅降低了投标报价，取得了中标资格，而且最终的工程款将达到1 600万元，比预期1 500万元还多赚了100万元。

(3)有利于促使投标单位对技术规范中的计量支付规定做进一步的研究，便于精确地编写各工程细目的单价。

核实工程量时应做好如下几项工作：

(1)全面核实设计图纸中各分项工程的工程量；

(2)计算受施工方案（施工方法）影响而需额外发生（设计图纸中未能计算进去的）和消耗的工程量；

(3)根据技术规范中计量与支付的规定在对以上数量进行折算以后新的工程量（在折算过程中有时需要对设计图纸中的工程量进行分解或合并）。

3. 分析、划分清单细目

4. 计算工、料、机单价

5. 计算分项工程基本单价

6. 计算间接费

7. 计算风险费、预计利润

8. 确定分项工程投标价格

9. 计算、整理清单细目单价，填报工程量清单

10. 填报单价分析表

四、报价的编制方法

在单价合同中工程量清单一般由两个部组成，一部分是工程费用即200章—700章费用；一部分是其他费用，包括100章总则费用、专项金额和暂定金额。下面主要介绍工程费用的编制方法。对于100章总则费用、专项金额和暂定金额，根据招标文件的有关规定结合工程实际情况计算即可。

按清单的要求计算报价是一项严肃而关键的工作，特别是对工程费用的报价，它对投标的成败和施工工程的盈亏起决定性的作用。每个承包人在报价时都有自己的经验和习惯，有自己的一套算标方法、程序和报价结构体系，同时国外也有很多很好的可以借鉴的方法。常见的报价计算方法有：定额单价分析法、工序单价分析法、总价控制法、以预算为基础的报价方法。

下面分别予以介绍其计算步骤和方法。

（一）定额单价分析法

工程项目投标报价的具体组成应依据投标的工程项目内容和招标文件进行划分。我国在工程投标报价时工程费用一般由直接费、间接费、不可预见费用和计算利润构成。

1. 直接费的计算

工程的直接费是指成为工程实体及工程施工所用的设备、材料和人工费用。一般，直接费的计算是通过人工、材料和永久设备、施工机械设备的基础单价乘以各自的消耗量再汇总得出的。

1）人工费（又称劳务费）

该项包括对作业人员的一切津贴和所有的各种支付，基本计算公式为：

$$人工费 = 工日基础单价 \times 分项工程的用工量(工日) \quad (8\text{-}8)$$

(1)工日基础单价：包括基本工资、附加工资和各种工资性津贴；

(2)分项工程的用工量(工日)：根据公司企业定额，没有企业定额也可采用部颁预算定额或劳动定额，计算完成此项目工程量所需总的工时数。

2)材料费

包括材料及安装部件的采购价格及运费、杂费、保险费及其他费用基本计算公式为：

$$材料费 = 材料单位基础价格 \times 分项工程的材料消耗量 \quad (8\text{-}9)$$

(1)材料价格的计算

就地采购的材料，其预算单价一般应按施工现场交货价格计算。通常的计算公式为：

$$材料单价 = 市场价格 + 运杂费 + 运输损耗 + 采购保管费 \quad (8\text{-}10)$$

如果由当地材料供应商直接供货到现场，可直接用材料供应商的报价作为该种材料的价格。

如果同一种材料有不同的供应来源，则应按各种来源所占比重计算加权平均单价，作为统一的计算单价。

半成品材料单价的计算：在建筑工程中经常使用一些由若干种原材料按一定的配合比混合组成的半成品材料，如商品混凝土等。这些混合材料用量较大，配合比各异。因而可先算出在各种配合比下的混合材料的单价，然后根据各种混合材料所占总用料量的比例，加权计算出综合单价，作为该工程中统一使用的单价。

(2)分项工程的材料消耗量

根据技术规范和施工要求，可以确定各分项工程所需材料品种及材料消耗定额，然后，根据材料消耗定额和工程数量计算材料消耗量。

3)永久设备费

永久设备费是指成为工程实体一部分的设备的采购费用及其他有关费用。

$$设备价 = 出厂价 + 运杂费 \quad (8\text{-}11)$$

其中运杂费可按出厂价的一定百分比计算或按照调查的运距及运价包装费等计算。其设备的安装费另外列项目计算。设备数量及种类按照招标文件的要求确定。

4)施工机械费

施工机械费是指用于施工的机械和重要工器具的费用，工程建成后不构成业主的固定资产，施工机械费用包含机械的折旧费，大修折旧费，中、小修理费，工具费，装拆费，机械保管费，驾驶、维修工人工资(包含基本工资、附加工资、津贴等)，动力燃料及其他油费，以及施工机械养路费、牌照税等。

$$施工机械费 = 台班单价 \times 分项工程所需机械设备台班数 \quad (8\text{-}12)$$

(1)施工机械台班单价

施工机械使用费同承包工程所在地点、工程性质、工程量大小都有密切联系；同时，牵涉到施工机械是单位所有还是租赁，这些都是计算施工机械使用费的主要依据。

通常计算施工机械台班单价的计算方法有两种：一种是直接利用施工机械台班定额计算；另一种是按施工机械台班成本组成来计算。计算方法如下。

$$\begin{aligned}台班单价 = &(基本折旧十安装、拆卸费十维修费十机械保险费)/总台班数 + \\ &机上人工费 + 燃料、动力费\end{aligned} \quad (8\text{-}13)$$

①基本折旧费。基本折旧费的计算方法,一种按规定的固定折旧率计算。

$$基本折旧费 = 机械总值 \times 年固定折旧率 \times 施工年限 \tag{8-14}$$

另一种是结合具体的情况按下式计算:

$$基本折旧费 = (机械总值 - 残值) \times 折旧率 \tag{8-15}$$

机械总值可根据施工方案提出的机械设备清单及其各种设备现有的价值确定。它一般由施工机械购买的原价、运杂费、运输保险费等,减去设备已使用年限的折旧费用。残值是指工程结束后施工机械的残余价值,应按可用程度和可能的去向考虑确定。一般在规定的使用年限内或能够转移到其他工程上继续使用机械设备都应计残值。

折旧不是以自然寿命计算,而是以经济寿命计算,折旧率一般按折旧年限不超过 5 年计算。如果工程项目的工期不超过 2 年,则可从直线折旧法、递减余值折旧法、等值折旧法中任选一种计算。当工期较长时,如 3 ~ 5 年以上,或者工程量较大时,施工机械可考虑一次折旧。

施工机械基本折旧费的计算可以根据具体情况和投标报价策略的需要确定,但仍要以不加大投标报价为原则。

②安装拆卸费。施工机械的安装拆卸费可根据施工方案和进度的安排,分别计算各种需要安装拆卸的设备在施工期间的拆装次数和每次拆装费用的总和。一般每次安装、拆卸费按安装、拆卸的工程量根据定额或以前安装经验计算;或按设备原价的一定百分比计算。

③机上人工费。机上人工费是指操作或驾驶机械的人工工资,如起重机、推土机等操作人员的工资。小型机械一般不计机上人工费,如混凝土振捣器。机上人工费应按每台机械所配备的工人数量和工日单价确定。

④燃料动力费。施工机械的燃料动力费一般应按实计算,也可按消耗定额和当地燃料、动力单价进行计算。

⑤维修保养费。施工机械的维修保养费是指日常维护保养和中小修理的费用。凡替换附件、工具附件、润滑油料等,均可按消耗定额和相应材料、人工单价进行计算。

⑥保险费。保险费是指施工机械设备在使用期间,为防止其由于意外因素而受到损失,向保险公司投保所支付的费用。其投保额一般为机械设备的价值;保险费率按投保的保险公司的规定计算。

施工机械台班费除上述各项费用外,有时还包括银行贷款利息、使用税和使用许可证手续费等。

向专业机械公司或当地一些同行业公司租赁机械设备,则应考虑租赁费。租赁机械的基本费用是付给租赁公司的机械租金,另加一笔附加营运费。这些附加费包括:机上人员工资、燃料动力费以及各种消耗材料费用及租赁公司管理费和利润等。

(2)分项工程所需机械设备台班数

首先列出所需的各种施工机械,然后参照施工机械使用定额即计算出各种机械的台班数量。

5)其他直接工程费

其他直接工程费指不包含在定额中,又属施工生产直接发生费用。包括施工现场消耗的水、电等费用,冬、雨季施工增加费,夜间施工增加费、材料二次搬运费,特殊地区施工增加费,以及机械(船舶)进退场费,外海工程拖船费等。可参考规定的费率结合工程实际情况分析计算,也可根据以前施工同类型项目的经验估算。

6)分包项目费用

按照分包项目的分包单位的报价计算。

2. 间接(分摊)费的计算

间接费主要是指组织和管理施工生产而产生的费用。它与直接费不同的是,这些费用的消耗不是为了直接施工某一分项工程。因此,它们不能直接计入分项工程中,而只能间接地分摊到各分项工程中去。间接费主要包括现场综合管理费用以及其他待摊费用。以上各项费用的具体内容及计算方法如下。

1)施工管理费

施工管理费包含如下几项。

①工作人员工资:指从事直接施工以外的有关管理、勤杂、服务人员的工资、津贴等。

②办公费和差旅交通费:包含工地临时宿舍、办公室的取暖费等。

③固定资产使用费:指行政管理、试验单位和下属生产单位(如维修车间)等使用的固定资产(如房屋、仪器、设备等)的折旧、维修费等。

④工具用具使用费:指施工、生产和行政管理使用的不属于固定资产的工具,用具以及试验、检测和测绘用具的购置、维修费等。

⑤劳动保护费:指劳保用品费、保健费、防暑降温费、技术安全设施费等。

⑥检验试验费:指对建筑材料、构件和建筑物进行一般鉴定、检查、抽样试验所花的费用。还包括技术革新和研究试验费。

⑦职工教育培训费。

⑧利息支出:指企业按规定支付给银行的计划内流动资金贷款利息。

⑨其他管理费:如向上级机关交纳的管理费,付给外单位的管理费等。

⑩其他费用:如招标投标费、业务招待费等。

施工管理费的高低与工程的规模、技术方案的复杂程度、施工的机械化程度、管理方法和管理手段等都有密切关系,因此应当综合考虑企业内外的各种条件和因素,参考规定费率合理地予以确定。或分析各分项内容可能发生的费用分别计算。

2)其他间接费

有时也叫独立费,指工程施工需要,但不包含在直接费和施工管理费之内的其他间接费用包含如下几项。

①临时设施费:为进行施工需要的生产和生活用的各种临时设施的搭设、维修、拆除等费用。临时设施指工地的临时办公室、宿舍、仓库以及水、电、管线、道路等。

临时设施费的具体估算方法通常是:首先根据投标工程初步估算总价、工期及估计职工全员每月平均产值,求出大致工人及管理人员总数,然后参考用临时设施的面积定额,分别确定生产、生活等用房面积,概略确定 $1m^2$ 临设造价或租金而计算出全部临时用房费用。

在有施工组织设计的情况下,直接根据施工组织设计确定的临时设施数量计算。

②远征工程增加费:指铁路、公路、通信线路、水利、水运等工程队伍,跨省市或到边远地区去施工增加的费用。包含差旅费、探亲费、办公费等。

按照实际发生计算。

③施工机械迁移费:指施工机械成建制地,由原驻地调往另一地区的搬迁费用,包含调遣队伍增加的工资,机械调遣费以及增加的管理费等。

按照实际可能发生的费用计算。

④劳保支出:指按有关规定应支出的退休、离休职工费用,长期病假人员工资等。

⑤保险费:包括工程保险费、人身保险费和第三者责任保险,保险公司的提供的保险费率计算。

⑥税金:按各地税务局的规定办理。

3. 不可预见费

即是风险费,可参照风险因素分析决定。一般投标时可按工程总成本的3%、5%考虑。如果工程的工期较长,而标书中有调价公式,则物价上涨风险可以不考虑。

4. 计算利润

该项根据投标时情况确定。

5. 分项工程单价分析与计算

单价分析也可称为单价分解,就是对工程量清单表上所列项目的单价如何分析、计算和确定。或者说是研究如何计算不同项目的直接费和分摊其间接费,企业管理费、盈余等来得出项目的单价。

一般的招标文件不要求提供单价分析,但有的招标文件要求投标者在投标时必须报送部分项目的单价分析。投标者在投标时,除去对于很有经验的,有把握的项目以外,必须对工程量大的,没有经验的和特殊的项目进行单价分析,以使投标报价建立在一个可靠的基础上。

下面介绍单价分析的步骤和方法,单价分析一般列表进行。

(1)每个分项工程的直接费

$$直接费A = 人工费a_1 + 材料费a_2 + 永久设备费a_3 + 施工机械费a_4 \tag{8-16}$$

与永久设备有关的项目,如每套水轮发电机组(包含采购、安装、调试)的单价分析,包括永久设备费a_3。而绝大多数与永久设备无关的项目,如每立方米土方开挖单价,每立方米混凝土浇筑单价,则不含永久设备费a_3这一项。

(2)间接费

间接费计算应该按照前一节列举的一个工程全部间接费项目的总和$\sum I$,将之与所有清单项目的直接费的总和$\sum A$相比,得出间接费比率系数b:

$$b = \sum I / \sum A \tag{8-17}$$

如果是一个有经验的公司,可以根据本公司过去施工的经验,直接确定一个间接费比率系数b。这样在每一个项目的单价分析中,就可以直接用b乘以直接费来求出间接费。即:每个分项工程的间接费为B为:

$$B = A \times b \tag{8-18}$$

(3)工程总成本W

$$W = A + B \tag{8-19}$$

(4)上级企业管理费及利润

$$C = W \times c \tag{8-20}$$

c代表上级企业管理费、风险费及利润的费率,这个费率的变化很大,一般国内工程在5% ~16%之间考虑;国外工程可在7% ~15%之间考虑。取这个系数要根据公司本身的管理水平、承包市场、地区、对手、工程难易程度等许多因素来确定。

(5)分项工程单价U

$$U = (W + C) / 该项目的工程量 \tag{8-21}$$

$$分项工程单价 = 分项单位工程直接费 \times (1 + 间接费率b) \tag{8-22}$$

$$分项工程合价 = 分项工程单价 \times 本分项工程量 \tag{8-23}$$

将分项工程单价及分项工程合价填入工程量清单变中。

(6)标价汇总及调整

将各分项工程合价汇总,即为计算总标价。标价汇总时,常常将整个工程的人工费、材料费、机械设备费、直接费和间接费分别进行汇总,并计算出每项占总标价的比例。将这些比例与公司的经验数据进行比较,分析标价的组成及其合理性,必要时可以调整间接费率,并使各项费用的数字更为协调。

(二)工序单价分析法

为了克服定额单价分析法存在的缺陷,使分项工程单价计算接近实际,可采用工序单价分析法。以下阐述的工序分析法计算方法及分析过程。

1. 工、料、机单价分析

工、料、机的单价分析,基本上与定额单价分析法一样。考虑到各种机械实际操作时间并不相同,机械费用不能完全按出工时间计,为此把机械台班费分解为两部分:资金摊消费(固定费)和运转费。运转时(即实际工作时)台班费为两者之和,停驶时间台班费仅包括前者。

2. 编制实施性施工计划,并据此计算完成本工序全部工程量所需的人工、材料、机械

(1)拟定初步施工方案和进度计划,先确定主要工程的大体起止时间,然后把每一分项工程作为一道工序作相应的安排(以有施工组织设计的按照施工组织设计的安排)。

(2)以每道工序的主导机械控制进度,以其产量定额和该工序流程期限作为控制,反算所需机械数量,进行必要调配,并相应配备辅助机械。为了减少机械配备数量,应尽可能把各工序拉长些,工序间衔接紧凑些。现举例说明如下:

某道路工程借土填方 130 000m^3,初步安排 4 个月左右完成,按每月平均工作 25.5 台班计。拟采用 CATD8 推土机为主导机械,配合机械有装载机、自卸车、自动平地机、洒水车、土壤压实机、轮胎压路机。

所需机械数量计算如下。

①CATD8 推土机,台班产量按 700m^3 计,需要配备:

$$130\,000/(700 \times 25.5 \times 4) = 1.82 \text{ 台}$$

如配备 2 台,可在

$$130\,000/700 \times 2 = 92.8 \text{ 台班(3 个半月)完成。}$$

②配备装载机(斗容量 2m^3) 台班产量 550m^3,计需:

$$130\,000/ 550 \times 93 = 2.54 \text{ 台}$$

可配 3 台,或配备斗容量 3.0m^3 2 台,斗容量 2.0 m^3 1 台。

③自卸车 15t,其台班产量(按基本运距为 1km 计)300m^3

$$\text{需配备 } 130\,000/(300 \times 93) = 4.66 \text{ 台(取 5 台)}$$

④自动平地机 107kW,其台班产量按 3 009m^3 计,每层厚按 0.3m 计需配备:

$$130\,000/(0.3 \times 300 \times 93) = 1.55 \text{ 台(取 2 台)}$$

⑤洒水车 16t,其台班与用水量和运距有关,对本项工程按每 1 000m^3 土方需要 0.5 台班计,需配备:

$$130\,000 \times 0.5/1\,000 \times 93 = 0.7 \text{ 台(取 1 台)}$$

⑥土壤压实机与轮胎压路机配合使用,作为一个机组,先配备一台,台班产量按 1 000m^3 计,需配备:

$$130\,000/(1000 \times 93) = 1.4 \text{ 台(组)}$$

配备土壤压实机1台，轮胎压路机2台。

这样按照93台班，即3个半月完成，共需配备：CATD8推土机2台；装载机斗容量3.2m^3 2台，2.2m^3 1台；自卸车(15t)5台；自动平地机(107kW)2台；洒水车(16t)1台；土壤压实机(带羊足滚筒)1台；轮胎压路机2台。

如果工期拉长些，则机械配备可以弱一些。仍按照上述办法计算，配置的机械相应改为CATD8、CATD7各1台(CATD7合班产量为500m^3)，则该机组需工作台班为：

$$130\ 000/(700+500)=108.3 \text{ 台班 (取108台班)}$$

装载机(3.2m^3)需要量为130 000/550=2.19(取2台)；

自卸车15t需要量为130 000/(300×108) =4.01(取4台)；

自动平地机需配130 000/(0.3×3 000×108) = 1.34台 (配1台107kW，另一台功率小的)。

洒水车可按每10 000m^3 土方需容量为10t的0.67台班计，需配130 000×0.67/(1 000×108)=0.81(取1台)；

土壤压实机与轮胎压路机机组需要130 000/(1 000×108)=1.20(取各1台，终压时每天加班2h)

这样按108台班，即4个多月完成，需配备：推土机D8、D7各一台，装载机(3.2m^3)2台，自卸车(16t)4台，平地机功率大、小各1台，洒水车(10t)1台，土壤压实机1台，轮胎压路机1台。以此办法对各个工序认真试算，配备的机械数量可减少，或者把机型要求降低，均可减少资金投入。

如果采取适当加班和强化调度管理(与别的工序共用某些机械)，还可减少设备配备。

3. 配备符合该机组生产能力的人工

由于机械操作的费用已包括在机械费用之中，需要计算的人工费用只是土木技工和辅助工，可根据实际需要配置，也可参照定额计算所需人数。按本示例工作量和工期约需技工1人，普工4~6人。普工主要用于借土料场清理、便道维护和交通、卸料、洒水的指挥等工作。

4. 计算所需材料

此项可用定额所列每单位工程的材料耗用量(包括现场操作损耗)乘以本项目的数量。

5. 计算各分项目的工程直接费和工程单价

(1)把上面2、3、4条所得出的完成各分项目所需的工、料、机数量乘以各种工、料、机相应的单价并求其和，可得各分项目的直接费。

(2)把各分项目的直接费除以各该分项目的工程数量，即可反求该分项目的单位直接费。

工程数量清单所列项目甚多，有些项目实际上是同一个工序或与类似工序在一起完成的。例如设置中、小桥上塑料排水管，只在材料费上乘上一个系数(如1.1)，以示计入安装费；又如构造物的沥青防水涂层，只在沥青费用上乘上另一个系数，(例如1.6)以示计入加热和涂抹费用。如果有以往的报价资料，这些小项目的单价便可以参照采用。

(三)总价控制法

采用工序单价分析法算出的单价比较切合实际。然而，由于施工时实际上并非按分项目工序组织施工，而是划分几个专业作业队进行施工，例如道路工程往往划分为土方工程队、路面基层施工队、沥青面层施工队和桥涵施工队，并按照这些施工队的工作范围配备各自的施工机械和人员。这些施工机械和人员既可以在本队施工项目范围内随时调度，必要时还可在队与队之间调动，以便充分发挥机械和人员的作用。因此，可采用按施工组织方案确定的专业队实际需要配备人工、机械和材料计算总价。

首先,确定各种机械使用起止时间,然后按其应收固定费用(不以设定台班分摊,而以实际在场日历计收)和预计作业台班计算运转费用。由于固定费用一般按月(租金则按日)计算(不管是否开机),而运转费用则按实际开机操作台班计,所以两者都可以分别计算。这在前两种方法是无法做到的。

至于人员,则可以按进度画出人员需求图,确定各工种人员进退场计划,并按此计划计算其工资和其他费用。

材料也可按类汇总,一起计算其费用(包括运费、仓储、损耗)。

这样该项工程所需工、料、机三笔费用的总账都可按实际需要算出,从而得到该项目的直接费总额。

这样算出来的直接费总额与将来要发生的费用基本符合,如果施工方案是切实可行的,则所算出的费用可以作为控制该工程的总价(当然还要加上待摊费用)。有了这个直接费的总额,就可以把它分摊到各分项中去。分摊的办法有两种:一种是先按上述几个专业组分摊,然后逐步缩小,分摊到各分项细目;另一种是利用当地已有报价,或掌握的市场价经适当调整后试分摊,把分摊后的差额再次调整,直至完全符合为止。在分摊费用时,对于主要项目还可用定额单价分析法或工序法计算校核。

(四)以预算为基础的报价方法

(1)根据招标文件要求及设计工程数量编制施工预算。

(2)将编制工程预算各单位工程的工程细目按“工程量清单”的项目分别填入工程预算—报价过渡表,并分别汇总人工、材料、机械台班数量。

(3)测算材料及机械台班费单价,确定人工工资标准,在“工程预算—报价过渡表”中计算分项的人工、材料、机械等直接费。

(4)按“工程量清单”的工程项目对“工程预算—报价过渡表”的项目合并同类项,填入分项报价过渡表。

(5)进行附加费费率测算,临时工程费测算,材料差价测算,并按上述程序在分项报价过渡表中将附加费、临时工程费及材料价差分摊到各工程项目内并计算各工程项目的总价及单价。

(6)填分章工程报价表及报价汇总表。

(7)根据工程费总额计列临时金额,并汇总成为报价总额。

将已有的预算调整为报价时,要注意预算编制时的一些条件、因素是否因时间的推移或调查范围、深度的不同,会造成报价漏项或脱离实际,因此在动手改编前必须吃透预算;并对工程现场进行调查,掌握客观条件,才能使编制的报价起到预期的作用。

第五节 报价策略与技巧

一、报价策略

投标报价策略是投标人在激烈竞争的环境下为了企业的生存与发展而可能使用的对策。报价策略运用是否得当,对投标人能否中标并获得利润影响很大。常用的报价策略大致有如下几种。

1. 以获得较大利润为投标策略

施工企业的经营业务近期比较饱和，该企业施工设备和施工水平又较高，而投标的项目施工难度较大、工期短、竞争对手少，非我莫属。在这种情况下所投标的标价，可以比一般市场价格高一些并获得较大利润。

2. 以保本或微利为投标策略

施工企业的经营业务近期不饱满，或预测市场工程项目因资金不足开工较少，为防止职工“窝工”，投标策略往往是多抓几个项目，标价以微利可保本为主。

要确定一个低而适度的报价，首先要编制出先进合理的施工方案。在此基础上计算出能够确保合同工期要求和质量标准的最低预算成本。降低公路工程预算成本要从降低直接费、现场经费和间接费着手，其具体做法和技巧如下。

(1)发挥本施工企业优势，降低成本

每个施工企业都有自身的长处和优势。如果发挥这些优势来降低成本，从而降低报价，这种优势才会在投标竞争中起到实质作用，即把企业优势转化为价值形态。

一个施工企业的优势一般可以从下列几个方面来表示。

①职工素质高：技术人员云集、施工经验丰富、工人技术水平高、劳动态度好、工作效率高；

②技术装备强：本企业设备新、性能先进、成套齐全、使用效率高、运转劳务费低、耗油低；

③材料供应：有一定的周转材料，有稳定的来源渠道、价格合理、运输方便、运距短、费用低；

④施工技术设计：施工人员经验丰富，提出了先进的施工组织设计，方案切实可行、组织合理、经济效益好；

⑤管理体制：劳动组合精干、管理机构精炼、管理费开支低。

当投标人具有某些优势时，在计算报价的过程中就不必照搬统一的公路工程预算定额费率，而是结合本企业实际情况将优势转化为较低的报价，另外投标人可以利用优势降低成本进而降低报价，发挥优势报价。

(2)运用其他方法降低预算成本

有些投标人采用预算定额不变，而在现场经费、间接费和利润等方面适当降低，利用降低现场经费、间接费和利润的策略降低标价争取中标。

3. 以最大限度低报价为投标策略

有些施工企业为了参加市场竞争，打入其他新的地区、开辟新的业务，并想在这个地区占据一定的位置，往往在第一次参加投标时，用最大限度低的报价、保本价、无利润价，甚至亏5%标价报价进行投标。中标后在施工中充分发挥本企业专长，在质量上、工期上(出乎业主估计的短工期)，创优质工程、创立新的信誉，缩短工期，业主早得益。同时，取得业主的信任，以提前奖的形式给予补助，使总价不亏本。

4. 超常规报价

在激烈的建筑市场竞争中，有的投标单位报出超常规的低标，令业主和竞争对手吃惊。超常规的报价方法，常用于施工企业面临生存危机或者竞争对手较强，为了保住施工地盘或急于解决本企业窝工。

一旦中标，除解决职工“不窝”的危机，同时保住地盘并且促进企业加强管理，精兵简政，优化组合，采取合理的施工方法，采取新工艺、降低消耗和成本来完成此项目，力争减少亏损或不亏损。

二、报价技巧

具体计算标价时总的来说是要贯彻总的报价策略意图。例如,整个投标工程采用"低利政策",则利润要较低或很低,甚至管理费率也取得较低,这样才能使标价降低。除此以外,计算标价中还有一定的技巧,即在工程成本不变的情况下,设法把对外标价报得低一些,待中标后再按既定办法争取获得较多的收益。报价中这两方面必须相辅相成,以提高战胜竞争对手的可能性。以下介绍一些投标中经常采用的报价技巧与思路,可以供参考。

1. 不平衡单价方法

不平衡单价法是投标报价中最常采用的一种方法。所谓不平衡单价,即在保持总价格水平的前提下,将某些项目的单价走得比正常水平高些,而另外一些项目的单价则可以比正常水平低些,但这种提高和降低又应保持在一定限度内,避免工程单价的明显不合理而导致废标。常采用的"不平衡单价法"有下列几种。

(1)为了将初期投入的资金尽早回收,以减少资金占用时间和贷款利息,而将待摊入单价中的各项费用多摊入早收款的项目(如施工动员费、基础工程、土方工程等),使这些项目的单价提高,而将后期的项目单价适当降低,这样,可以提前回收资金,有利于资金周转,存款也有利息。

(2)对在工程实施中可能增加工程量的项目适当提高单价,而对在实施中可能减少工程量的项目则适当降低单价。这样处理,虽然表面上维持总报价不变,但在今后实施过程中,承包人将会得到更多的工程付款这种做法在公路、铁路、水坝以及各类难以准确计算工程量的室外工程项目的投标中常被采用。这一方法的成功与否取决于承包人在投标复核工程量时,对今后增减某些分项工程量所作的估计是否正确。

(3)图纸不明确或有错误的,估计今后有可能修改的项目单价可提高,工程内容说明不清楚的单价可降低,这样做有利于以后的索赔。

(4)工程量清单中无工程量而只填单价的项目(如土方工程中的挖淤泥、岩石等备用单价)其单价宜高。因为这样做不会影响总标价,而一旦发生时可以多获利。

(5)对于暂定金额(或工程),分析其将来要做的可能性大的,价格可走高些;估计不一定发生的,价格可定低些,以增加中标机会。

(6)零星用工(计日工作)一般可稍高于工程单价中的工资单价,因它不属于承包价的范围,发生时实报实销,也可多获利。但有的招标文件为了限制投标人随意提高计日工价,对零星用工给出一个"名义工程量"而计入总价,此时则不必提高零星用工单价了。

2. 利用可谈判的"无形标价"

在投标文件中,某些不以价格形式表达的"无形价格",在开标后有谈判的余地,承包人可利用这种条件争取收益。如一些发展中国家货币对世界主要外币的兑换率均逐年贬值,在这些国家投标时,投标文件填报的外汇比率可以提高些。因为投标时一般是规定采用投标截止到日前30天官方公布的固定外汇兑换率。承包人在多得到多填的外汇付款后再陆续换成货币使用时,就可以由其兑换率的差值而得到额外收益。

3. 调价系数的利用

多数施工承包合同中都包括有关价格调整的条款,并给出利用物价指数计算调价系数的公式,付款时承包人可根据该系数得到由于物价上涨的补偿。投标人在投标阶段就应对该条款进行仔细研究,以便利用该条款得到最大的补偿。对此,可考虑如下几种情况。

(1)有的合同提供的计算调价系数的公式中各项系数未定,标书中只给出一个系数的取值范围,要求承包者自己确定系数的具体值,此时,投标人应在掌握全部物价趋势的基础上,对于价格增长较快的项目取较高的系数,价格较稳定的项目取较低的系数。这样,最终计算出的调价系数较高,因而可得到较高的补偿。

(2)在各项费用指数或系数已确定的情况下,计算备份项工程的调价指数并预测公式中各项费用的变化趋势。在保持总报价不变的情况下,利用上述不平衡报价的原理,对计算出的调价指数较大的工程项目报较高的单价,可获较大的收益。

(3)公式中外籍劳务和施工机械两项,一般要求承包人提供承包人本国或相应来源国的有关当局发布的官方费用指数。有的招标文件还规定,在投标人不能提供这类指数时,则采用工程所在国的相应指数。利用这一规定,就可以在本国的指数和工程所在国的指数间选择。国际工程施工机械常可能来源于多个国家,在主要来源国不明确的条件下,投标人可在充分调查研究的基础上,选用费用上涨可能较大的国家的指数。这样,计算出的调价系数值较大。

4. 附加优惠条件

如附加带资承包、延期付款、缩短工期或留赠施工设备等可以吸引业主,提高中标的可能性。

5. 其他手法

国际上还有一些报价手法,我们也可了解以资借鉴,现择要介绍如下。

(1)扩大标价法

这种方法比较常用,即除了按正常的已知条件编制价格外,对工程中变化较大或没有把握的工程项目,采用扩大单价,增加"不可预见费"的方法来减少风险。但是这种作标方法,往往因总价过高而不易中标。

(2)开口升级报价法

这种方法是报价时把工程中的一些难题,如特殊基础等造价较多的部分抛开作为活口,将标价降至无法与之竞争的数额(在报价中应加以说明)。利用这种"最低标价"来吸引业主,从而取得与业主商谈的机会,利用活口进行升级加价,以达到最后赢利的目的。

(3)多方案报价法

这是利用工程说明书或合同条款不够明确之处,以争取达到修改工程说明书和合同为目的的一种报价方法。当工程说明书和合同条款中有某些不够明确之处时,往往承包人要承担很大的风险。为了减少风险就须扩大工程单价,增加"不可预见费",但这样做亦会因报价过高而增加被淘汰的可能性。多方案报价法就是为对付这种两难局面而出现的,其具体做法是在标书上报两个单价,一是按原工程说明书和合同条款一个价:二是加以注释:"如工程说明书或合同条款可作某些改变时",则可降低多少费用,使报价成为最低的,以吸引业主修改说明书和合同条款。还有一种方法是对工程中一部分没把握的工作说明按成本加若干酬金结算的办法。但有些国家规定政府工程合同文字是不准改动的,经过改动的报价单即为无效时,这个方法就不能用。

(4)突然袭击法

这是一种迷惑对手的竞争手段。在整个报价过程中,仍然按一般情况进行,甚至故意宣扬自己对该工程兴趣不大(或甚大),等快到投标截止时,来一个突然降低(或加价),使竞争对手措手不及。采用这种方法是因为竞争对手之间总是相互探听对方报价情况,绝对保密是很难做到的。如果不突然袭击,则自己的报价很可能被竞争对手所了解,对手会将他的报价压到稍低的价格,从而提高了他的中标机会。

(5)拼命法

即先亏后盈法。采用这种方法必须要有十分雄厚的实力或有国家或大财团作后盾,即为了想占领某一市场时或想在某一地区打开局面,而采取的一种“不惜代价,只求中标”的手段。这种方法虽然是标价低到其他承包人无法与之竞争的地步,但还要看他的工程质量和信誉如何。如果以往的工程质量和信誉不好,则业主也不一定选他中标,而第二、三标反而有中标机会。此外,这种方法即使一时奏效,但这次中标承包的结果必然是亏本,而今后能否盈利赚回来还难说,因此,这种方法实际上是一种冒险方法。

(6)联合保标法

即在竞争对手众多的情况下,由几家实力雄厚的承包人联合起来控制标价,大家保一家先中标,随后在第二次、三次招标中,再用同样办法保第二家、第三家,也可由中标者将部分工程转让给参加联合的其他承包人施工。不过这种做法往往在招标文件中明文规定禁止,如被发现将取消投标资格。

附录

附录一　概预算项目表

项	目	节	细目	工程或费用名称	单　位	备　注
				第一部分　建筑安装工程费	公路公里	建设项目路线总长度(主线长度)
一				临时工程	公路公里	
	1			临时道路	km	新建便道与利用原有道路的总长
			1	临时便道的修建与维护	km	新建便道长度
			2	原有道路的维护与恢复	km	利用原有道路长度
				……		
	2			临时便桥	m/座	指汽车便桥
	3			临时轨道铺设	km	
	4			临时电力线路	km	
	5			临时电讯线路	km	不包括广播线
	6			临时码头	座	按不同的形式划分节或细目
二				路基工程	km	扣除桥梁、隧道和互通立交的主线长度,独立桥梁或隧道为引道或接线长度
	1			场地清理	km	
		1		清理与掘除	m^2	按清除内容的不同划分细目
			1	清除表土	m^2	
			2	伐树、挖根、除草	m^2	
				……		
		2		挖除旧路面	m^2	按不同的路面类型和厚度划分细目
			1	挖除水泥混凝土路面	m^2	
			2	挖除沥青混凝土路面	m^2	
			3	挖除碎(砾)石路面	m^3	
		3		拆除旧建筑物、构筑物	m^3	按不同的构筑材料划分细目
			1	拆除钢筋混凝土结构	m^3	
			2	拆除混凝土结构	m^3	
			3	拆除砖石及其他砌体	m^3	
	2			挖方	m^3	按不同的地点划分细目
		1		挖土方	m^3	
			1	挖路基土方	m^3	
			2	挖改路、改河、改渠土方	m^3	
				……	m	
		2		挖石方	m^3	按不同的地点划分细目
			1	挖路基石方	m^3	
			2	挖改路、改河、改渠石方	m^3	
				……		
		3		挖非适用材料	m^3	
		4		弃方运输	m^3	
	3			填方	m^3	
		1		路基填方	m^3	按不同的填筑材料划分细目

续上表

项	目	节	细目	工程或费用名称	单　位	备　注
			1	换填土	m^3	
			2	利用土方填筑	m^3	
			3	借土方填筑	m^3	
			4	利用石方填筑	m^3	
			5	填砂路基	m^3	
			6	粉煤灰及填石路基	m^3	
				……		
		2		改路、改河、改渠填方	m^3	按不同的填筑材料划分细目
			1	利用土方填筑	m^3	
			2	借土方填筑	m^3	
			3	利用石方填筑	m^3	
				……		
		3		结构物台背回填	m^3	按不同的填筑材料划分细目
			1	填碎石	m^3	
				……		
	4			特殊路基处理	km	
		1		软土处理	km	按不同的处治方法划分细目
			1	抛石挤淤	m^3	
			2	砂、砂砾垫层	m^3	
			3	灰土垫层	m^3	
			4	预压与超载预压	m^2	
			5	袋装砂井	m	
			6	塑料排水板	m	
			7	粉喷桩与旋喷桩	m	
			8	碎石桩	m	
			9	砂桩	m	
			10	土工布	m^2	
			11	土工格栅	m^2	
			12	土工格室	m^2	
				……		
		2		滑坡处理	处	按不同的处理方式划分细目
			1	卸载土石方	m^3	
			2	抗滑桩	m^3	
			3	预应力锚索	m^3	
				……		
		3		岩溶洞回填	m^3	按不同的回填材料划分细目
			1	混凝土	m^3	
				……		
		4		膨胀土处理	km	按不同的处理方法划分细目
			1	改良土	m^3	
				……		
		5		黄土处理	m^3	按黄土的不同特性划分细目
			1	陷穴	m^3	
			2	湿陷性黄土	m^2	
				……		
		6		盐渍土处理	m^2	按不同的厚度划分细目
				……		
	5			排水工程	km	按不同的结构类型分节
		1		边沟	m^3/m	按不同的材料划分细目
			1	现浇混凝土边沟	m^3/m	
			2	浆砌混凝土预制块边沟	m^3/m	

续上表

项	目	节	细目	工程或费用名称	单　位	备　注
			3	浆砌片石边沟	m^3/m	
			4	浆砌块石边沟	m^3/m	
				……		
		2		排水沟	处	按不同的材料划分细目
			1	现浇混凝土排水沟	m^3/m	
			2	浆砌混凝土预制块排水沟	m^3/m	
			3	浆砌片石排水沟	m^3/m	
			4	浆砌块石排水沟	m^3/m	
				……		
		3		截水沟	m^3/m	
			1	浆砌混凝土预制块截水沟	m^3/m	按不同材料划分细目
			2	浆砌片石截水沟	m^3/m	
				……		
		4		急流槽	m^3/m	按不同的材料划分细目
			1	现浇混凝土急流槽	m^3/m	
			2	浆砌片石急流槽	m^3/m	
				……		
		5		暗沟	m^3	按不同的规格划分细目
				……		
		6		渗(盲)沟	m^3/m	按不同的规格划分细目
				……		
		7		排水管	m	按不同的规格划分细目
				……		
		8		集水井	m^3/个	按不同的规格划分细目
				……		
		9		泄水槽	m^3/个	按不同的规格划分细目
				……		
	6			防护与加固工程	km	按不同的结构类型分节
		1		坡面植物防护	m^2	按不同的材料划分细目
			1	播种草籽	m^2	
			2	铺(植)草皮	m^2	
			3	土工织物植草	m^2	
			4	植生袋植草	m^2	
			5	液压喷播植草	m^2	
			6	客土喷播植草	m^2	
			7	喷混植草	m^2	
				……		
		2		坡面圬工防护	m^3/m^2	按不同的材料和形式划分细目
			1	现浇混凝土护坡	m^3/m^2	
			2	预制块混凝土护坡	m^3/m^2	
			3	浆砌片石护坡	m^3/m^2	
			4	浆砌块石护坡	m^3/m^2	
			5	浆砌片石骨架护坡	m^3/m^2	
			6	浆砌片石护面墙	m^3/m^2	
			7	浆砌块石护面墙	m^3/m^2	
				……		
		3		坡面喷浆防护	m^2	按不同的材料划分细目
			1	抹面、捶面护坡	m^2	
			2	喷浆护坡	m^2	
			3	喷射混凝土护坡	m^3/m^2	
				……		

续上表

项	目	节	细目	工程或费用名称	单　位	备　注
		4		坡面加固	m^2	按不同的材料划分细目
			1	预应力锚索	t/m	
			2	锚杆、锚钉	t/m	
			3	锚固板	m^3	
				……		
		5		挡土墙	m^3/m	按不同的材料和形式划分细目
			1	现浇混凝土挡土墙	m^3/m	
			2	锚杆挡土墙	m^3/m	
			3	锚碇板挡土墙	m^3/m	
			4	加筋土挡土墙	m^3/m	
			5	扶臂式、悬臂式挡土墙	m^3/m	
			6	桩板墙	m^3/m	
			7	浆砌片石挡土墙	m^3/m	
			8	浆砌块石挡土墙	m^3/m	
			9	浆砌护肩墙	m^3/m	
			10	浆砌（干砌）护脚	m^3/m	
				……		
		6		抗滑桩	m^3	按不同的规格划分细目
				……		按不同的材料和形式进行细目
		7		冲刷防护	m^3	
			1	浆砌片石河床铺砌	m^3	
			2	导流坝	m^3/处	
			3	驳岸	m^3/m	
			4	石笼	m^3/处	
				……		
		8		其他工程	km	根据具体情况划分细目
				……		
三				路面工程	km	
	1			路面垫层	m^2	按不同的材料分节
		1		碎石垫层	m^2	按不同的厚度划分细目
		2		砂砾垫层	m^2	按不同的厚度划分细目
				……		
	2			路面底基层	m^2	按不同的材料分节
		1		石灰稳定类底基层	m^2	按不同的厚度划分细目
		2		水泥稳定类底基层	m^2	按不同的厚度划分细目
		3		石灰粉煤灰稳定类底基层	m^2	按不同的厚度划分细目
		4		级配碎（砾）石底基层	m^2	按不同的厚度划分细目
				……		
	3			路面基层	m^2	按不同的材料分节
		1		石灰稳定类基层	m^2	按不同的厚度划分细目
		2		水泥稳定类基层	m^2	按不同的厚度划分细目
		3		石灰粉煤灰稳定类基层	m^2	按不同的厚度划分细目
		4		级配碎（砾）石基层	m^2	按不同的厚度划分细目
		5		水泥混凝土基层	m^2	按不同的厚度划分细目
		6		沥青碎石混合料基层	m^2	按不同的厚度划分细目
				……		
	4			透层、黏层、封层	m^2	按不同的形式分节
		1		透层	m^2	
		2		黏层	m^2	
		3		封层	m^2	按不同的材料划分细目
			1	沥青表处封层	m^2	

续上表

项	目	节	细目	工程或费用名称	单　位	备　注
			2	稀浆封层	m^2	
				……		
		4		单面烧毛纤维土工布	m^2	
		5		玻璃纤维格栅	m^2	
				……		
	5			沥青混凝土面层	m^2	指上面层面积
		1		粗粒式沥青混凝土面层	m^2	按不同的厚度划分细目
		2		中粒式沥青混凝土面层	m^2	按不同的厚度划分细目
		3		细粒式沥青混凝土面层	m^2	按不同的厚度划分细目
		4		改性沥青混凝土面层	m^2	按不同的厚度划分细目
		5		沥青玛蹄脂碎石混合料面层	m^2	按不同的厚度划分细目
				……		
	6			水泥混凝土面层	m^2	按不同的材料分节
		1		水泥混凝土面层	m^2	按不同的厚度划分细目
		2		连续配筋混凝土面层	m^2	按不同的厚度划分细目
		3		钢筋	t	
	7			其他面层	m^2	按不同的类型分节
		1		沥青表面处治面层	m^2	按不同的厚度划分细目
		2		沥青贯入式面层	m^2	按不同的厚度划分细目
		3		沥青上拌下贯式面层	m^2	按不同的厚度划分细目
		4		泥结碎石面层	m^2	按不同的厚度划分细目
		5		级配碎(砾)石面层	m^2	按不同的厚度划分细目
		6		天然砂砾面层	m^2	按不同的厚度划分细目
				……		
	8			路槽、路肩及中央分隔带	km	
		1		挖路槽	m^2	按不同的土质划分细目
			1	土质路槽	m^2	
			2	石质路槽	m^2	
		2		培路肩	m^2	按不同的厚度划分细目
		3		土路肩加固	m^2	按不同的加固方式划分细目
			1	现浇混凝土	m^2	
			2	铺砌混凝土预制块	m^2	
			3	浆砌片石	m^2	
				……		
		4		中央分隔带回填土	m^3	
		5		路缘石	m^3	按现浇和预制安装划分细目
				……		
	9			路面排水	km	按不同的类型分节
		1		拦水带	m	按不同的材料划分细目
			1	沥青混凝土	m	
			2	水泥混凝土	m	
		2		排水沟	m	按不同的类型划分细目
			1	路肩排水沟	m	
			2	中央分隔带排水沟	m	
				……		
		3		排水管	m	按不同的类型划分细目
			1	纵向排水管	m	
			2	横向排水管	m/道	
				……		
		4		集水井	m^3/个	按不同的规格划分细目
				……		

续上表

项	目	节	细目	工程或费用名称	单　位	备　注
四				桥梁涵洞工程	km	指桥梁长度
	1			漫水工程	m/处	
		1		过水路面	m/处	
				混合式过水路面	m/处	
	2			涵洞工程	m/道	按不同的结构类型分节
		1		钢筋混凝土管涵	m/道	按管径和单、双孔划分细目
			1	1—ϕ1.0m 圆管涵	m/道	
			2	1—ϕ1.5m 圆管涵	m/道	
			3	倒虹吸管	m/道	
				……		
		2		盖板涵	m/道	按不同的材料和涵径划分细目
			1	2.0×2.0m 石盖板涵	m/道	
			2	2.0×2.0m 钢筋混凝土盖板涵	m/道	
				……		
		3		箱涵	m/道	按不同的涵径划分细目
			1	4.0×4.0m 钢筋混凝土箱涵	m/道	
				……		
		4		拱涵	m/道	按不同的材料和涵径划分细目
			1	4.0×4.0m 石拱涵	m/道	
			2	4.0×4.0m 钢筋混凝土拱涵	m/道	
				……		
	3			小桥工程	m/座	按不同的结构类型分节
		1		石拱桥	m/座	按不同的跨径划分细目
		2		钢筋混凝土矩形板桥	m/座	按不同的跨径划分细目
		3		钢筋混凝土空心板桥	m/座	按不同的跨径划分细目
		4		钢筋混凝土 T 形梁桥	m/座	按不同的跨径划分细目
		5		预应力混凝土空心板桥	m/座	按不同的跨径划分细目
				……		
	4			中桥工程	m/座	按不同的结构类型或桥名分节
		1		钢筋混凝土空心板桥	m/座	按不同的跨径或工程部位划分细目
		2		钢筋混凝土 T 形梁桥	m/座	按不同的跨径或工程部位划分细目
		3		钢筋混凝土拱桥	m/座	按不同的跨径或工程部位划分细目
		4		预应力混凝土空心板桥	m/座	按不同的跨径或工程部位划分细目
				……		
	5			大桥工程	m/座	按桥名或不同的工程部位分节
		1		×××大桥	m^2/m	按不同的工程部位划分细目
			1	天然基础	m^3	
			2	桩基础	m^3	
			3	沉井基础	m^3	
			4	桥台	m^3	
			5	桥墩	m^3	
			6	上部构造	m^3	
				……		
		2		……	m^2/m	
	6			××特大桥工程	m^2/m	按桥名分目，按不同的工程部位分节
		1		基础	m^3/座	按不同的形式划分细目
			1	天然基础	m^3	
			2	桩基础	m^3	
			3	沉井基础	m^3	
			4	承台	m^3	
				……		

续上表

项	目	节	细目	工程或费用名称	单位	备注
		2		下部构造	m^3/座	按不同的形式划分细目
			1	桥台	m^3	
			2	桥墩	m^3	
			3	索塔	m^3	
				……		
		3		上部构造	m^3	按不同的形式划分细目
			1	预应力混凝土空心板	m^3	
			2	预应力混凝土T形梁	m^3	
			3	预应力混凝土连续梁	m^3	
			4	预应力混凝土连续刚构	m^3	
			5	钢管拱桥	m^3	
			6	钢箱梁	t	
			7	斜拉索	t	
			8	主缆	t	
			9	预应力钢材	t	
				……		
		4		桥梁支座	个	按不同规格划分细目
			1	矩形板式橡胶支座	dm^3	
			2	圆形板式橡胶支座	dm^3	
			3	矩形四氟板式橡胶支座	dm^3	
			4	圆形四氟板式橡胶支座	dm^3	
			5	盆式橡胶支座	个	
				……		
		5		桥梁伸缩缝	m	指伸缩缝长度,按不同规格划分细目
			1	橡胶伸缩装置	m	
			2	模数式伸缩装置	m	
			3	填充式伸缩装置	m	
				……		
		6		桥面铺装	m^3	按不同的材料划分细目
			1	沥青混凝土桥面铺装	m^3	
			2	水泥混凝土桥面铺装	m^3	
			3	水泥混凝土垫平层	m^3	
			4	防水层	m^2	
				……		
		7		人行道系	m	指桥梁长度,按不同的类型划分细目
			1	人行道及栏杆	m^3/m	
			2	桥梁钢防撞护栏	m	
			3	桥梁波形梁护栏	m	
			4	桥梁水泥混凝土防撞墙	m	
			5	桥梁防护网	m	
				……		
		8		其他工程	m	指桥梁长度,按不同类型划分细目
			1	看桥房及岗亭	座	
			2	砌筑工程	m^3	
			3	混凝土构件装饰	m^2	
				……		
五				交叉工程	处	按不同的交叉形式分目
	1			平面交叉道	处	按不同的类型分节
		1		公路与铁路平面交叉	处	
		2		公路与公路平面交叉	处	
		3		公路与大车道平面交叉	处	

续上表

项	目	节	细目	工程或费用名称	单　位	备　注
				……		
	2			通道	m/处	按结构类型分节
		1		钢筋混凝土箱式通道	m/处	
		2		钢筋混凝土板式通道	m/处	
				……		
	3			人行天桥	m/处	
		1		钢结构人行天桥	m/处	
		2		钢筋混凝土结构人行天桥	m/处	
	4			渡槽	m/处	按结构类型分节
		1		钢筋混凝土渡槽	m/处	
		2		……		
	5			分离式立体交叉	处	按交叉名称分节
		1		×××分离式立体交叉	处	按不同的工程内容划分细目
			1	路基土石方	m^3	
			2	路基排水防护	m^3	
			3	特殊路基处理	km	
			4	路面	m^2	
			5	涵洞及通道	m^3/m	
			6	桥梁	m^3/m	
				……		
		2		……		
	6			××互通式立体交叉	处	按互通名称分目，按不同的分部工程分节
		1		路基土石方	m^3/km	
			1	清理与掘除	m^3	
			2	挖土方	m^3	
			3	挖石方	m^3	
			4	挖非适用材料	m^3	
			5	弃方运输	m^3	
			6	换填土	m^3	
			7	利用土方填筑	m^3	
			8	借土方填筑	m^3	
			9	利用石方填筑	m^3	
			10	结构物台背回填	m^3	
		2		特殊路基处理	km	
			1	特殊路基垫层	m^3	
			2	预压与超载预压	m^2	
			3	袋装砂井	m	
			4	塑料排水板	m	
			5	粉喷桩与旋喷桩	m	
			6	碎石桩	m	
			7	砂桩	m	
			8	土丁布	m^2	
			9	土工格栅	m^2	
			10	土工格室	m^2	
				……		
		3		排水工程	m^3	
			1	混凝土边沟、排水沟	m^3/m	
			2	砌石边沟、排水沟	m^3/m	
			3	现浇混凝土急流槽	m^3/m	
			4	浆砌片石急流槽	m^3/m	
			5	暗沟	m^3	

续上表

项	目	节	细目	工程或费用名称	单　位	备　注
			6	渗(盲)沟	m^3/m	
			7	拦水带	m	
			8	排水管	m	
			9	集水井	m^3/个	
				……		
		4		防护工程	m^3	
			1	播种草籽	m^2	
			2	铺(植)草皮	m^2	
			3	土工织物植草	m^2	
			4	植生袋植草	m^2	
			5	液压喷播植草	m^2	
			6	客土喷播植草	m^2	
			7	喷混植草	m^2	
			8	现浇混凝土护坡	m^3/m^2	
			9	预制块混凝土护坡	m^3/m^2	
			10	浆砌片石护坡	m^3/m^2	
			11	浆砌块石护坡	m^3/m^2	
			12	浆砌片石骨架护坡	m^3/m^2	
			13	浆砌片石护面墙	m^3/m^2	
			14	浆砌块石护面墙	m^3/m^2	
			15	喷射混凝土护坡	m^3/m^2	
			16	现浇混凝土挡土墙	m^3/m	
			17	加筋土挡土墙	m^3/m	
			18	浆砌片石挡土墙	m^3/m	
			19	浆砌块石挡土墙	m^3/m	
				……		
		5		路面工程	m^2	
			1	碎石垫层	m^2	
			2	砂砾垫层	m^2	
			3	石灰稳定类底基层	m^2	
			4	水泥稳定类底基层	m^2	
			5	石灰粉煤灰稳定类底基层	m^2	
			6	级配碎(砾)石底基层	m^2	
			7	石灰稳定类基层	m^2	
			8	水泥稳定类基层	m^2	
			9	石灰粉煤灰稳定类基层	m^2	
			10	级配碎(砾)石基层	m^2	
			11	水泥混凝土基层	m^2	
			12	透层、黏层、封层	m^2	
			13	沥青混凝土面层	m^2	
			14	改性沥青混凝土面层	m^2	
			15	沥青玛蹄脂碎石混合料面层	m^2	
			16	水泥混凝土面层	m^2	
			17	中央分隔带回填土	m^2	
			18	路缘石	m^2	
				……		
		6	1	涵洞工程	m/道	
			2	钢筋混凝土管涵	m/道	
			3	倒虹吸管	m/道	
			4	盖板涵	m/道	
			5	箱涵	m/道	

续上表

项	目	节	细目	工程或费用名称	单　位	备　注
				拱涵	m/道	
		7		桥梁工程	m^2/m	
			1	天然基础	m^3	
			2	桩基础	m^3	
			3	沉井基础	m^3	
			4	桥台	m^3	
			5	桥墩	m^3	
			6	上部构造	m^3	
				……		
		8		通道	m/处	
				……		
六				隧道工程	km/座	按隧道名称分目
	1			×××隧道	m	按明洞、洞门、洞身开挖、衬砌等分节
		1		洞门及明洞开挖	m^3	
			1	挖土方	m^3	
			2	挖石方	m^3	
				……		
		2		洞门及明洞修筑	m^3	
			1	洞门建筑	m^3/座	
			2	明洞衬砌	m^3/m	
			3	遮光棚(板)	m^3/m	
			4	洞口坡面防护	m^3	
			5	明洞回填	m^3	
				……		
		3		洞身开挖	m^3/m	
			1	挖土石方	m^3	
			2	注浆小导管	m	
			3	管棚	m	
			4	锚杆	m	
			5	钢拱架(支撑)	t/榀	
			6	喷射混凝土	m^3	
			7	钢筋网	t	
				……		
		4		洞身衬砌	m^3	
			1	现浇混凝土	m^3	
			2	仰拱混凝土	m^3	
			3	管、沟混凝土	m^3	
				……		
		5		防水与排水	m^3	
			1	防水板	m^2	
			2	止水带、条	m	
			3	压浆	m^3	
			4	排水管	m	
				……		
		6		洞内路面	m^2	按不同的路面结构和厚度划分细目
			1	水泥混凝土路面	m^2	
			2	沥青混凝土路面	m^2	
				……		
		7		通风设施	m	按不同的设施划分细目
			1	通风机安装	台	
			2	风机启动柜洞门	个	

续上表

项	目	节	细目	工程或费用名称	单位	备注
				……		
		8		消防设施	m	按不同的设施划分细目
			1	消防室洞门	个	
			2	通道防火闸门	个	
			3	蓄(集)水池	座	
			4	喷防火涂料	m^2	
				……		
		9		照明设施	m	按不同的设施划分细目
七			1	照明灯具	m	
				……		
		10		供电设施	m	按不同的设施划分细目
		11		其他工程	m	按不同的设施划分细目
			1	卷帘门	个	
	2		2	检修门	个	
			3	洞身及洞门装饰	m^2	
	1			……		
				×××隧道	m	
				公路设施及预埋管线工程	公路公里	
		1		安全设施	公路公里	按不同的设施分节
		2		石砌护栏	m^3/m	
				钢筋混凝土防撞护栏	m^3/m	
		3		波形钢板护栏	m	按不同的形式划分细目
		4		隔离栅	km	按不同的材料划分细目
		5		防护网	km	
		6		公路标线	km	按不同的类型划分细目
		7		轮廓标	根	
		8		防眩板	m	
		9		钢筋混凝土护柱	根/m	
		10		里程碑、百米桩、公路界碑	块	
		11		各类标志牌	块	按不同的规格和材料划分细目
		12		……		
	2			服务设施	公路公里	按不同的设施分节
		1		服务区	处	按不同的内容划分细目
		2		停车区	处	按不同的内容划分细目
		3		公共汽车停靠站	处	按不同的内容划分细目
	3			管理、养护设施	公路公里	按不同的设施分节
		1		收费系统设施	处	按不同的内容划分细目
			1	设备安装	公路公里	
			2	收费亭	个	
			3	收费天棚	m^2	
			4	收费岛	个	
			5	通道	m/道	
			6	预埋管线	m	
			7	架设管线	m	
				……		
		2		通信系统设施	公路公里	按不同的内容划分细目
			1	设备安装	公路公里	
			2	管道工程	m	
			3	人(手)孔	个	
			4	紧急电话平台	个	
				……		

续上表

项	目	节	细目	工程或费用名称	单位	备注
		3		监控系统设施	公路公里	按不同的内容划分细目
			1	设备安装	公路公里	
			2	光(电)缆敷设	km	
				……		
		4		供电、照明系统设施	公路公里	按不同的内容划分细目
			1	设备安装	公路公里	
				……		
		5		养护工区	处	按不同的内容划分细目
			1	区内道路	km	
				……		
	4			其他工程	公路公里	
			1	悬出路台	m/处	
			2	渡口码头	处	
			3	辅道工程	km	
			4	支线工程	km	
			5	公路交工前养护费	km	按附录一计算
八				绿化及环境保护工程	公路公里	
	1			撒播草种和铺植草皮	m^2	按不同的内容分节
		1		撒播草种	m^2	按不同的内容划分细目
		2		铺植草皮	m^2	按不同的内容划分细目
		3		绿地喷灌管道	m	按不同的内容划分细目
	2			种植乔、灌木	株	按不同的内容分节
		1		种植乔木	株	按不同的树种划分细目
			1	高山榕	株	
			2	美人蕉	株	
				……		
		2		种植灌木	株	按不同的树种划分细目
			1	夹竹桃	株	
			2	月季	株	
				……		
		3		种植攀缘植物	株	按不同的树种划分细目
			1	爬山虎	株	
			2	葛藤	株	
				……		
		4		种植竹类植物	株	按不同的内容划分细目
		5		种植棕榈类植物	株	按不同的内容划分细目
		6		栽植绿篱	m	
		7		栽植绿色带	m^2	
	3			声屏障	m	按不同的类型分节
			1	消声板声屏障	m	
			2	吸音砖声屏障	m^3	
			3	砖墙声屏障	m^3	
				……		
	4			污水处理	处	按不同的内容分节
	5			取、弃土场防护	m^3	按不同的内容分节
				……		
九				管理、养护及服务房屋	m^2	
	1			管理房屋	m^2	
		1		收费站	m^2	
		2		管理站	m^2	
		3		……		

续上表

项	目	节	细目	工程或费用名称	单　位	备　注
	2			养护房屋	m^2	按房屋名称分节
		1		……		
	3			服务房屋	m^2	按房屋名称分节
				……		
				第二部分　设备及工具、器具购置费	公路公里	
一				设备购置费	公路公里	
	1			需安装的设备	公路公里	按设备名称分节
	2			不需安装的设备	公路公里	
二				工具、器具购置	公路公里	
三				办公及生活用家具购置	公路公里	
				第三部分　工程建设其他费用	公路公里	
一				土地征用及拆迁补偿费	公路公里	
二				建设单位管理费	公路公里	
	1			建设单位管理费	公路公里	
	2			工程质量监督费	公路公里	
	3			工程监理费	公路公里	
	4			定额编制管理费	公路公里	
	5			设计文件审查费	公路公里	
	6			竣(交)工验收试验检测费	公路公里	
三				研究试验费	公路公里	
四				前期工作费	公路公里	
五				施工机构迁移费	公路公里	
六				供电贴费	公路公里	
七				联合试运转费	公路公里	
八				生产人员培训费	公路公里	
九				固定资产投资方向调节税	公路公里	
十				建设期贷款利息		
				第一、二、三部分费用合计	公路公里	
				预留费用	元	
				1. 工程造价上涨预留费	元	
				2. 预备费	元	预算实行包干时列系数包干费
				概(预)算总金额	元	
				其中:回收金额	元	
				公路基本造价	公路公里	

附录二　全国冬季施工气温区划分表

省、自治区直辖市	地区、市、自治州、盟(县)	气温区	
北京	全境	冬二	I
天津	全境	冬二	I
河北	石家庄、邢台、邯郸、衡水市(冀州市、枣强县、故城县)	冬一	II
	廊坊、保定(涞源县及以北除外)、衡水(冀州市、枣强县、故城县除外)、沧州市	冬二	I
	唐山、秦皇岛市		II
	承德(围场县除外)、张家口(沽源县、张北县、尚义县、康保县除外)、保定市(涞源县及以北)	冬三	
	承德(围场县)、张家口市(沽源县、张北县、尚义县、康保县)	冬四	

续上表

省、自治区直辖市	地区、市、自治州、盟（县）	气温区	
山西	运城市（万荣县、夏县、绛县、新绛县、稷山县、闻喜县除外）	冬一	Ⅱ
	运城（万荣县、夏县、绛县、新绛县、稷山县、闻喜县）、临汾（尧都区、侯马市、曲沃县、翼城县、襄汾县、洪洞县）、阳泉（孟县除外）、长治（黎城县）、晋城市（城区、泽州县、沁水县、阳城县）	冬二	Ⅰ
	太原（娄烦县除外）、阳泉（孟县）、长治（黎城县除外）、晋城（城区、泽州县、沁水县，阳城县除外）、晋中（寿阳县、和顺县、左权县除外）、临汾（尧都区、侯马市、曲沃县、翼城县、襄汾县、洪洞县除外）、吕梁市（孝义市、汾阳市、文水县、交城县、柳林县、石楼县、交口县、中阳县）		Ⅱ
	太原（娄烦县）、大同（左云县除外）、朔州（右玉县除外）、晋中（寿阳县、和顺县、左权县）、忻州、吕梁市（离石区、临县、岚县、方山县、兴县）	冬三	
	大同（左云县）、朔州市（右玉县）	冬四	
内蒙古	乌海市，阿拉善盟（阿拉善左旗、阿拉善右旗）	冬二	Ⅰ
	呼和浩特（武川县除外）、包头（固阳县除外）、赤峰、鄂尔多斯、巴彦淖尔、乌兰察布市（察哈尔右翼中旗除外），阿拉善盟（额济纳旗）	冬三	
	呼和浩特（武川县）、包头（固阳县）、通辽、乌兰察布市（察哈尔右翼中旗），锡林郭勒（苏尼特右旗、多伦县）、兴安盟（阿尔山市除外）	冬四	
	呼伦贝尔市（海拉尔区、新巴尔虎右旗、阿荣旗），兴安（阿尔山市）、锡林郭勒盟（冬四区以外各地）	冬五	
	呼伦贝尔市（冬五区以外各地）	冬六	
辽宁	大连（瓦房店市、普兰店市、庄河市除外）、葫芦岛市（绥中县）	冬二	Ⅰ
	沈阳（康平县、法库县除外）、大连（瓦房店市、普兰店市、庄河市）、鞍山、本溪（桓仁县除外）、丹东、锦州、阜新、营口、辽阳、朝阳（建平县除外）、葫芦岛（绥中县除外）、盘锦市	冬三	
	沈阳（康平县、法库县）、抚顺、本溪（桓仁县）、朝阳（建平县）、铁岭市	冬四	
吉林	长春（榆树市除外）、四平、通化（辉南县除外）、辽源、白山（靖宇县、抚松县、长白县除外）、松原（长岭县）、白城市（通榆县），延边自治州（敦化市、汪清县、安图县除外）	冬四	
	长春（榆树市）、吉林、通化（辉南县）、白山（靖宇县、抚松县、长白县）、白城（通榆县除外）、松原市、（长岭县除外），延边自治州（敦化市、汪清县、安图县）	冬五	
黑龙江	牡丹江市（绥芬河市、东宁县）	冬四	
	哈尔滨（依兰县除外）、齐齐哈尔；（讷河市、依安县、富裕县、克山县、克东县、拜泉县除外）、绥化（安达市、肇东市、兰西县）、牡丹江（绥芬河市、东宁县除外）、双鸭山（宝清县）、佳木斯（桦南县）、鸡西、七台河、大庆市	冬五	
	哈尔滨（依兰县）、佳木斯（桦南县除外）、双鸭山（宝清县除外）、绥化（安达市、肇东市、兰西县除外）、齐齐哈尔（讷河市、依安县、富裕县、克山县、克东县、拜泉县）、黑河、鹤岗、伊春市，大兴安岭地区	冬六	
上海	全境	准二	
江苏	徐州、连云港市	冬一	Ⅰ
	南京、无锡、常州、淮安、盐城、宿迁、扬州、泰州、南通、镇江、苏州市	准二	
浙江	杭州、嘉兴、绍兴、宁波、湖州、衢州、舟山、金华、温州、台州、丽水市	准二	

续上表

省、自治区直辖市	地区、市、自治州、盟(县)	气温区	
安徽	亳州市	冬一	I
	阜阳、蚌埠、淮南、滁州、合肥、六安、马鞍山、巢湖、芜湖、铜陵、池州、宣城、黄山市	准一	
	淮北、宿州市	准二	
福建	宁德(寿宁县、周宁县、屏南县)、三明市	准一	
江西	南昌、萍乡、景德镇、九江、新余、上饶、抚州、宜春市	准一	
山东	全境	冬一	I
河南	安阳、商丘、周口(西华县、淮阳县、鹿邑县、扶沟县、太康县)、新乡、三门峡、洛阳、郑州、开封、鹤壁、焦作、济源、濮阳、许昌市	冬一	I
	驻马店、信阳、南阳、周口(西华县、淮阳县、鹿邑县、扶沟县、太康县除外)、平顶山、漯河市	准二	
湖北	武汉、黄石、荆州、荆门、鄂州、宜昌、咸宁、黄岗、天门、潜江、仙桃市,恩施自治州	准一	
	孝感、十堰、襄樊、随州市,神农架林区	准二	
湖南	全境	准一	
四川	阿坝(黑水县)、甘孜自治州(新龙县、道浮县、泸定县)	冬一	II
	甘孜自治州(甘孜县、康定县、白玉县、炉霍县)	冬二	I
	阿坝(壤塘县、红原县、松潘县)、甘孜自治州(德格县)		II
	阿坝(阿坝县、若尔盖县、九寨沟县)、甘孜自治州(石渠县、色达县)	冬三	
	广元市(青川县),阿坝(汶川县、小金县、茂县、理县)、甘孜(巴塘县、雅江县、得荣县、九龙县、理塘县、乡城县、稻城县)、凉山自治州(盐源县、木里县)	准一	
	阿坝(马尔康县、金川县)、甘孜白治州(丹巴县)	准二	
贵州	贵阳、遵义(赤水市除外)、安顺市,黔东南、黔南、黔西南自治州	准一	
	六盘水市,毕节地区	准二	
云南	迪庆自治州(德钦县、香格里拉县)	冬一	II
	曲靖(宣威市、会泽县)、丽江(玉龙县、宁蒗县)、昭通市(昭阳区、大关县、威信县、彝良县、镇雄县、鲁甸县),迪庆(维西县)、怒江(兰坪县)、大理自治州(剑川县)	准一	
西藏	拉萨市(当雄县除外),日喀则(拉孜县)、山南(浪卡子县、错那县、隆子县除外)、昌都(芒康县、左贡县、类乌齐县、丁青县、洛隆县除外)、林芝地区	冬一	I
	山南(隆子县)、日喀则地区(定日县、聂拉木县、亚东县、拉孜县除外)		II
	昌都地区(洛隆县)	冬二	I
	昌都(芒康县、左贡县、类乌齐县、丁青县)、山南(浪卡子县)、日喀则(定日县、聂拉木县)、阿里地区(普兰县)		II
	拉萨市(当雄县),那曲(安多县除外)、山南(错那县)、日喀则(亚东县)、阿里地区(普兰县除外)	冬三	
	那曲地区(安多县)	冬四	
陕西	西安、宝鸡、渭南、咸阳(彬县、旬邑县、长武县除外)、汉中(留坝县、佛坪县)、铜川市(耀州区)	冬一	I
	铜川(印台区、王益区)、咸阳市(彬县、旬邑县、长武县)		II
	延安(吴起县除外)、榆林(清涧县)、铜川市(宜君县)	冬二	II
	延安(吴起县)、榆林市(清涧县除外)	冬三	
	商洛、安康、汉中市(留坝县、佛坪县除外)	准二	

续上表

省、自治区 直辖市	地区、市、自治州、盟(县)	气温区	
甘肃	陇南市(两当县、徽县)	冬一	II
	兰州、天水、白银(会宁县、靖远县)、定西、平凉、庆阳、陇南市(西和县、礼县、宕昌县),临夏、甘南自治州(舟曲县)	冬二	II
	嘉峪关、金昌、白银(白银区、平川区、景泰县)、酒泉、张掖、武威市,甘南自治州(舟曲县除外)	冬三	
	陇南市(武都区、文县)	准一	
	陇南市(成县、康县)	准二	
青海	海东地区(民和县)	冬二	II
	西宁市,海东地区(民和县除外),黄南(泽库县除外)、海南、果洛(班玛县、达日县、久治县)、玉树(囊谦县、杂多县、称多县、玉树县)、海西自治州(德令哈市、格尔木市、都兰县、乌兰县)	冬三	
	海北(野牛沟、托勒除外)、黄南(泽库县)、果洛(玛沁县、甘德县)、玉树(曲麻莱县、治多县)、海西自治州(冷湖、茫崖、大柴旦、天峻县)	冬四	
	海北(野牛沟、托勒)、玉树(清水河)、海西自治州(唐古拉山区)	冬五	
宁夏	全境	冬二	II
新疆	阿拉尔市,喀什(喀什市、伽师县、巴楚县、英吉沙县、麦盖提县、莎车县、叶城县、泽普县)、哈密(哈密市泌城镇)、阿克苏(沙雅县、阿瓦提县)、和田地区,伊犁(伊宁市、新源县、霍城县霍尔果斯镇)、巴音郭楞(库尔勒市、若羌县、且末县、尉犁县铁干里可)、克孜勒苏自治州(阿图什市、阿克陶县)	冬二	I
	喀什地区(岳普湖县)		II
	乌鲁木齐市(牧业气象试验站、达板城区、乌鲁木齐县小渠子乡),塔城(乌苏市、沙湾县、额敏县除外)、阿克苏(沙雅县、阿瓦提县除外)、哈密(哈密市十二间房、哈密市红柳河、伊吾县淖毛湖)、喀什(塔什库尔干县)、吐鲁番地区,克孜勒苏(乌恰县、阿合奇县)、巴音郭楞(和静县、焉耆县、和硕县、轮台县、尉犁县、且末县塔中)、伊犁自治州(伊宁市、霍城县、察布查尔县、尼勒克县、巩留县、昭苏县、特克斯县)	冬二	
	乌鲁木齐市(冬三区以外各地),塔城(额敏县、乌苏县)、阿勒泰(阿勒泰市、哈巴河县、吉木乃县)、哈密地区(巴里坤县),昌吉(昌吉市、米泉市、木垒县、奇台县北塔山镇、阜康市天池)、博尔塔拉(温泉县、精河县、阿拉山口口岸)、克孜勒苏自治州(乌恰县吐尔尕特口岸)	冬四	
	克拉玛依、石河子市,塔城(沙湾县)、阿勒泰地区(布尔津县、福海县、富蕴县、青河县),博尔塔拉(博乐市)、昌吉(阜康市、玛纳斯县、呼图壁县、吉木萨尔县、奇台县、米泉市蔡家湖)、巴音郭楞自治州(和静县巴音布鲁克乡)	冬五	

注:表中行政区划以2006年地图出版社出版的《中华人民共和国行政区划简册》为准。为避免繁冗,各民族自治州名称予以简化,如青海省的“海西蒙古族藏族自治州”简化为“海西自治州”。

附录三　全国雨季施工雨量区及雨季期划分表

省、自治区直辖市	地区、市、自治州、盟(县)	雨量区	雨季期(月数)
北京	全境	Ⅱ	2
天津	全境	Ⅰ	2
河北	张家口、承德市(围场县)	Ⅰ	1.5
	承德(围场县除外)、保定、沧州、石家庄、廊坊、邢台、衡水、邯郸、唐山、秦皇岛市	Ⅱ	2
山西	全境	Ⅰ	1.5
内蒙古	呼和浩特、通辽、呼伦贝尔(海拉尔区、满洲里市、陈巴尔虎旗、鄂温克旗)、鄂尔多斯(东胜区、准格尔旗、伊金霍洛旗、达拉特旗、乌审旗)、赤峰、包头、乌兰察布市(集宁区、化德县、商都县、兴和县、四子王旗、察哈尔右翼中旗、察哈尔右翼后旗、卓资县及以南),锡林郭勒盟(锡林浩特市、多伦县、太仆寺旗、西乌珠穆沁旗、正兰旗、正镶白旗)	Ⅰ	1
	呼伦贝尔市(牙克石市、额尔古纳市、鄂伦春旗、扎兰屯市及以东),兴安盟		2
辽宁	大连(长海县、瓦房店市、普兰店市、庄河市除外)、朝阳市(建平县)	Ⅰ	2
	沈阳(康平县)、大连(长海县)、锦州(北宁市除外)、营口(盖州市)、朝阳市(凌原市、建平县除外)		2.5
	沈阳(康平县、辽中县除外)、大连(瓦房店市)、鞍山(海城市、台安县、岫岩县除外)、锦州(北宁市)、阜新、朝阳(凌原市)、盘锦、葫芦岛(建昌县)、铁岭市		3
	抚顺(新宾县)、辽阳市		3.5
	沈阳(辽中县)、鞍山(海城市、台安县)、营口(盖州市除外)、葫芦岛市(兴城市)	Ⅱ	2.5
	大连(普兰店市)、葫芦岛市(兴城市、建昌县除外)		3
	大连(庄河市)、鞍山(岫岩县)、抚顺(新宾县除外)、丹东(凤城市、宽甸县除外)、本溪市		3.5
	丹东市(凤城市、宽甸县)		4
吉林	辽源、四平(双辽市)、白城、松原市	Ⅰ	2
	吉林、长春、四平(双辽市除外)、白山市,延边自治州	Ⅱ	2
	通化市		3
黑龙江	哈尔滨(市区、呼兰区、五常市、阿城市、双城市)、佳木斯(抚远县)、双鸭山(市区、集贤县除外)、齐齐哈尔(拜泉县、克东县除外)、黑河(五大连池市、嫩江县)、绥化(北林区、海伦市、望奎县、绥棱县、庆安县除外)、牡丹江、大庆、鸡西、七台河市,大兴安岭地区(呼玛县除外)	Ⅰ	2
	哈尔滨(市区、呼兰区、五常市、阿城市、双缄市除外)、佳木斯(抚远县除外)、双鸭山(市区、集贤县)、齐齐哈尔(拜泉县、克东县)、黑河(五大连池市、嫩江县除外)、绥化(北林区、海伦市、望奎县、绥棱县、庆安县)、鹤岗、伊春市,大兴安岭地区(呼玛县)	Ⅱ	2
上海	全境	Ⅱ	4
江苏	徐州、连云港市	Ⅱ	2
	盐城市		3
	南京、镇江、淮安、南通、宿迁、扬州、常州、泰州市		4
	无锡、苏州市		4.5

续上表

省、自治区直辖市	地区、市、自治州、盟(县)	雨量区	雨季期(月数)
浙江	舟山市	II	4
	嘉兴、湖州市		4.5
	宁波、绍兴市		6
	杭州、金华、温州、衢州、台州、丽水市		7
安徽	亳州、淮北、宿州、蚌埠、淮南、六安、合肥市	II	1
	阜阳市		2
	滁州、巢湖、马鞍山、芜湖、铜陵、宣城市		3
	池州市		4
	安庆、黄山市		5
福建	泉州市(惠安县崇武)	I	4
	福州(平潭县)、泉州(晋江市)、厦门(同安区除外)、漳州市(东山县)	II	5
	三明(永安市)、福州(市区、长乐市)、莆田市(仙游县除外)		6
	南平(顺昌县除外)、宁德(福鼎市、霞浦县)、三明(永安市、尤溪县、大田县除外)、福州(市区、长乐市、平潭县除外)、龙岩(长汀县、连城县)、泉州(晋江市、惠安县崇武、德化县除外)、莆田(仙游县)、厦门(同安区)、漳州市(东山县除外)		7
	南平(顺昌县)、宁德(福鼎市、霞浦县除外)、三明(尤溪县、大田县)、龙岩(长汀县、连城县除外)、泉州市(德化县)		8
江西	南昌、九江、吉安市	II	6
	萍乡、景德镇、新余、鹰潭、上饶、抚州、宜春、赣州市		7
山东	济南、潍坊、聊城市	I	3
	淄博、东营、烟台、济宁、威海、德州、滨州市		4
	枣庄、泰安、莱芜、临沂、菏泽市		5
	青岛市	II	3
	日照市		4
河南	郑州、许昌、洛阳、济源、新乡、焦作、三门峡、开封、濮阳、鹤壁市	I	2
	周口、驻马店、漯河、平顶山、安阳、商丘市		3
	南阳市		4
	信阳市	II	2
湖北	十堰、襄樊、随州市,神农架林区	I	3
	宜昌(秭归县、远安县、兴山县)、荆门市(钟祥市、京山县)	II	2
	武汉、黄石、荆州、孝感、黄岗、咸宁、荆门(钟祥市、京山县除外)、天门、潜江、仙桃、鄂州、宜昌市(秭归县、远安县、兴山县除外),恩施自治州		6
湖南	全境	II	6
广东	茂名、中山、汕头、潮州市	I	5
	广州、江门、肇庆、顺德、湛江、东莞市		6
	珠海市	II	5
	深圳、阳江、汕尾、佛山、河源、梅州、揭阳、惠州、云浮、韶关市		6
	清远市		7

续上表

省、自治区直辖市	地区、市、自治州、盟(县)	雨量区	雨季期(月数)
广西	百色、河池、南宁、崇左市	Ⅱ	5
	桂林、玉林、梧州、北海、贵港、钦州、防城港、贺州、柳州、来宾市		6
海南	全境	Ⅱ	6
重庆	全境	Ⅱ	4
四川	甘孜自治州(巴塘县)	Ⅰ	1
	阿坝(若尔盖县)、甘孜自治州(石渠县)		2
	乐山(峨边县)、雅安市(汉源县),甘孜自治州(甘孜县、色达县)		3
	雅安(石棉县)、绵阳(干武县)、泸州(古蔺县)、遂宁市,阿坝(若尔盖县、汶川县除外)、甘孜自治州(巴塘县、石渠县、甘孜县、色达县、九龙县、得荣县除外)		4
	南充(高坪区)、资阳市(安岳县)		5
	宜宾市(高县),凉山自治州(雷波县)	Ⅱ	3
	成都、乐山(峨边县、马边县除外)、德阳、南充(南部县)、绵阳(平武县除外)、资阳(安岳县除外)、广元、自贡、攀枝花、眉山市,凉山(雷波县除外)、甘孜自治州(九龙县)		4
	乐山(马边县)、南充(高坪区、南部县除外)、雅安(汉源县、石棉县除外)、广安(邻水县除外)、巴中、宜宾(高县除外)、泸州(古蔺县除外)、内江市		5
	广安(邻水县)、达州市		6
贵州	贵阳、遵义市,毕节地区	Ⅱ	4
	安顺市,铜仁地区,黔东南自治州		5
	黔西南自治州		6
	黔南自治州		7
云南	昆明(市区、嵩明县除外)、玉溪、曲靖(富源县、师宗县、罗平县除外)、丽江(宁蒗县、永胜县)、思茅(墨江县)、昭通市,怒江(兰坪县、泸水县六库镇)、大理(大理市、漾濞县除外)、红河(个旧市、开远市、蒙自县、红河县、石屏县、建水县、弥勒县、泸西县)、迪庆、楚雄自治州	Ⅰ	5
	保山(腾冲县、龙陵县除外)、临沧市(凤庆县、云县、永德县、镇康县),怒江(福贡县、泸水县)、红河自治州(元阳县)		6
	昆明(市区、嵩明县)、曲靖(富源县、师宗县、罗平县)、丽江(古城区、华坪县)、思茅市(翠云区、景东县、镇沅县、普洱县、景谷县),大理(大理市、漾濞县)、文山自治州	Ⅱ	5
	保山(腾冲县、龙陵县)、临沧(临祥区、双江县、耿马县、沧源县)、思茅市(西盟县、澜沧县、孟连县、江城县),怒江(贡山县)、德宏、红河(绿春县、金平县、屏边县、河口县)、西双版纳自治州		6

续上表

<table>
<tr><th>省、自治区
直辖市</th><th>地区、市、自治州、盟(县)</th><th>雨量区</th><th>雨季期
(月数)</th></tr>
<tr><td rowspan="7">西藏</td><td>那曲(索县除外)、山南(加查县除外)、日喀则(定日县)、阿里地区</td><td>I</td><td>1</td></tr>
<tr><td>拉萨市,那曲(索县)、昌都(类乌齐县、丁青县、芒康县除外)、日喀则(拉孜县)、林芝地区(察隅县)</td><td rowspan="2">II</td><td>2</td></tr>
<tr><td>昌都(类乌齐县)、林芝地区(米林县)</td><td>3</td></tr>
<tr><td>昌都(丁青县)、林芝地区(米林县、波密县、察隅县除外)</td><td rowspan="4"></td><td>4</td></tr>
<tr><td>林芝地区(波密县)</td><td>5</td></tr>
<tr><td>山南(加查县)、日喀则地区(定日县、拉孜县除外)</td><td>1</td></tr>
<tr><td>昌都地区(芒康县)</td><td>2</td></tr>
<tr><td rowspan="3">陕西</td><td>榆林、延安市</td><td rowspan="3">I</td><td>1.5</td></tr>
<tr><td>铜川、西安、宝鸡、咸阳、渭南市,杨凌区</td><td>2</td></tr>
<tr><td>商洛、安康、汉中市</td><td>3</td></tr>
<tr><td rowspan="5">甘肃</td><td>天水(甘谷县、武山县)、陇南市(武都区、文县、礼县),临夏(康乐县、广河县、永靖县)、甘南自治州(夏河县)</td><td rowspan="5">I</td><td>1</td></tr>
<tr><td>天水(北道区、秦城区)、定西(渭源县)、庆阳(西蜂区)、陇南市(西和县),临夏(临夏市)、甘南自治州(临潭县、卓尼县)</td><td>1.5</td></tr>
<tr><td>天水(秦安县)、定西(临洮县、岷县)、平凉(崆峒区)、庆阳(华池县、宁县、环县)、陇南市(宕昌县),临夏(临夏县、东乡县、积石山县)、甘南自治州(合作市)</td><td>2</td></tr>
<tr><td>天水(张家川县)、平凉(静宁县、庄浪县)、庆阳(镇原县)、陇南市(两当县),临夏(和政县)、甘南自治州(玛曲县)</td><td>2.5</td></tr>
<tr><td>天水(清水县)、平凉(泾川县、灵台县、华亭县、崇信县)、庆阳(西峰区、合水县、正宁县)、陇南市(徽县、成县、康县),甘南白治州(碌曲县、迭部县)</td><td>3</td></tr>
<tr><td rowspan="2">青海</td><td>西宁市(湟中县、大通县),海东地区(互助县),黄南(泽库县)、果洛自治州(达日县)</td><td rowspan="2">I</td><td>1</td></tr>
<tr><td>海北(门源县、野牛沟)、果洛(甘德县、久治县、班玛县)、玉树自治州(称多县、杂多县、囊谦县、玉树县、清水河),河南自治县</td><td>1.5</td></tr>
<tr><td>宁夏</td><td>固原地区(隆德县、泾源县)</td><td>I</td><td>2</td></tr>
<tr><td>新疆</td><td>乌鲁木齐市(小渠子乡、牧业气象试验站、大西沟乡),昌吉地区(阜康市天池),克孜勒苏(吐尔尕特、托云、巴音库鲁提)、伊犁自治州(昭苏县、霍城县二台、松树头)</td><td>I</td><td>1</td></tr>
<tr><td>台湾</td><td>(资料暂缺)</td><td></td><td></td></tr>
</table>

注:1. 表中未列的地区除西藏林芝地区墨脱县因无资料未划分外,其余地区均因降雨天数或平均日降雨量未达到计算雨季施工增加费的标准,故未划分雨量区及雨季期。

2. 行政区划依据资料及自治州、市的名称列法同冬季施工气温区划分说明。

附录四　全国风沙地区公路施工区划表

区划	沙漠(地)名称	地理位置	自然特征
风沙一区	呼伦贝尔沙地、嫩江沙地	呼伦贝尔沙地位于内蒙古呼伦贝尔平原，嫩江沙地位于东北平原西北部嫩江下游	属半干旱、半湿润严寒区，年降水量 280～400mm，年蒸发量 1 400～1 900mm，干燥度 1.2～1.5
	科尔沁沙地	散布于东北平原西辽河中、下游主干及支流沿岸的冲积平原上	属半湿润温冷区，年降水量 300～450mm，年蒸发量 1 700～2 400mm，干燥度 1.2～2.0
	浑善达克沙地	位于内蒙古锡林郭勒盟南部和昭乌达盟西北部	属半湿润温冷区，年降水量 100～400mm，年蒸发量 2 200～2 700mm，干燥度 1.2～2,0，年平均风速 3.5～5m/s，年大风日数 50～80d
	毛乌素沙地	位于内蒙古鄂尔多斯中南部和陕西北部	属半干旱温热区，年降水量东部 400～440mm，西部仅 250～320mm，年蒸发量 2 100～2 600mm，干燥度 1.6～2.0
	库布齐沙漠	位于内蒙古鄂尔多斯北部，黄河河套平原以南	属半干旱温热区，年降水量 150～400mm，年蒸发量 2 100～2 700mm，干燥度 2.0～4.0，年平均风速 3～4m/s
风沙二区	乌兰布和沙漠	位于内蒙古阿拉善东北部，黄河河套平原西南部	属干旱温热区，年降水量 100～145mm，年蒸发量 2 400～2 900mm，干燥度 8.0～16.0，地下水相当丰富，埋深一般为 1.5～3m
	腾格里沙漠	位于内蒙古阿拉善东南部及甘肃武威部分地区	属干旱温热区，沙丘、湖盆、山地、残丘及平原交错分布，年降水量 116～148mm，年蒸发量 3 000～3 600mm，干燥度 4.0～12.0
	巴丹吉林沙漠	位于内蒙古阿拉善西南边缘及甘肃酒泉部分地区	属干旱温热区，沙山高大密集，形态复杂，起伏悬殊，一般高 200～300m，最高可达 4120m，年降水量 40～80mm，年蒸发量 1 720～3 320mm，干燥度 7.0～16.0
	柴达木沙漠	位于青海柴达木盆地	属极干旱寒冷区，风蚀地、沙丘、戈壁、盐湖和盐土平原相互交错分布，盆地东部年均气温 2～4℃，西部为 1.5～2.5℃，年降水量尔部为 50～170mm，西部为 10～25mm，年蒸发量 2 500～3 000mm，干燥度 16.0～32.0
	古尔班通古特沙漠	位于新疆北部准噶尔盆地	属干旱温冷区，其中固定、半固定沙丘面积占沙漠面积的 97%，年降水量 70～150mm，年蒸发量 1 700～2 200mm，干燥度 2.0～10.0
风沙三区	塔克拉玛干沙漠	位于新疆南部塔里木盆地	屈极干旱炎热区，年降水量东部 20mm 左右，南部 30mm 左右，西部 40mm 左右，北部 50mm 以上，年蒸发量在 1 500～3 700mm，中部达高限，干燥度 >32.0
	库姆达格沙漠	位于新疆东部、甘肃西部，罗布泊低地南部和阿尔金山北部	属极干旱炎热区，全部为流动沙丘，风蚀严重，年降水量 10～20mm，年蒸发量 2 800～3 000mm，干燥度 >32.0，8 级以上大风天数在 100d 以上

附录五 概预算表格计算

总概(预)算表

建设项目名称:

编 制 范 围:　　　　　　　　　　　　　　　　　　　第 页 共 页 01表

项	目	节	工程或费用名称	单位	数量	概(预)算金额(元)	技术经济指标	各项费用比例(%)	备注
1	2	3	4	5	6	7	8	9	10
			填表说明: 1.本表反映一个单项或单位工程的各项费用组成,概(预)算金额,技术经济指标等。 2.本表"项"、"目"、"节"、"工程或费用名称"、"单位"等应按概(预)算项目表的序列及内容填写。"目"、"节"可视需要增减,但"项"应保留。 3."数量"、"概(预)算金额"由建筑工程费计算表(03表),设备、工具、器具购置费计算表(05表,此处省略)、工程建设其他费用及回收金额计算表(06表)转来。 4."技术经济指标"以各项目概(预)算金额除以相应数量计算:"各项费用比例"以各项概(预)算金额除以总概(预)算金额计算。						

编制:　　　　　　　　　　　　　　　　　　　　　　　复核:

填表计算:

①一个独立工程项目的全部费用的汇总表,如一个标段、一座桥梁。

②1、2、3、4、5栏严格按项目表填写,"项"的费用为零也要保留其位置。

③6、7栏来自于03表、05表(此处省略)、06表。其中7栏概预算金额填写第一部分建安费时必须注意排除利税后填写。

④8栏:7栏/6栏;9栏仅计算所有"项"的费用占项目最终总造价的百分比。

⑤表头"建设项目名称"指整个一个大的工程项目,比如京珠高速公路,320国道等;"编制范围"指在该项目中具体设计或做概预算文件时,处于项目的什么位置或那一部分。

人工、主要材料、机械台班数量汇总表

建设项目名称:

编 制 范 围:　　　　　　　　　　　　　　　　　　　第 页 共 页 02表

序 号	规格名称	单 位	总数量	分项统计								场外运输损耗	
												%	数量
1	2	3	4	5	6	7	8	9	10	11	12	13	14
		填表说明:1.本表各栏数据由分项工程概(预)算基础数据表(08表)及辅助生产工、料、机械台班单位数量表(12表)经分析计算后统计而来。2.发生的冬、雨季及夜间施工增工及临时设施用工,根据有关附录规定计算后列入本表有关项目内。											

编制:　　　　　　　　　　　　　　　　　　　　　　　复核:

填表说明:

①"分项统计"中项按分部分项工程填写,如:路基、路面、桥梁涵洞、交叉工程,隧道、其他工程及沿线设施、临时工程、管理养护及服务房屋等。另外,还包括辅助生产数量(12表计算);冬雨夜及临时设施增工数量。

②总数量既是结果也是12表的计算依据。

建筑安装工程费计算表

建设项目名称：

编 制 范 围：　　　　　　　　　　　　　　　　　　　　　第 页　共 页　03表

序号	工程名称	单位	工程量	直接费(元)						间接费(元)	利润(元)费率(%)	税金(元)综合税率(%)	建筑安装工程费	
				直接工程费				其他工程费	合计				合计(元)	单价(元)
				人工费	材料费	机械使用费	合计							
1	2	3	4	5	6	7	8	9	10	11	12	13	14	15
				填表说明：本表各栏数据之间关系，5～7均由08表经计算转来：8＝5＋6＋7；9＝8×9的费率；10＝8＋9；11＝10×11的费率；12＝(10＋11)×12的费率；13＝(10＋11＋12)×综合税率；14＝10＋11＋12＋13；15＝14÷4。										

编制：　　　　　　　　　　　　　　　　　　　　　　　　复核：

填表说明：

①"工程名称"栏来自于08表的表头上的"工程名称"，即在项目表中，路线工程以"节"论；桥梁工程以"目"论。在此时的2栏应该是为01表的4栏作准备，在"项、目、节"上严格按项目表划分清楚，分别合计完成。

②一些费用的计算不能在08表中直接计算，如公路交工前养护费，绿化工程费，相关工程处置费，特殊材料加工费。在编制03表时，可以直接计算列于此栏。

③15栏是投标报价的重要依据，15栏＝14栏/4栏

其他工程费、间接费综合费率计算表

建设项目名称：

编 制 范 围：　　　　　　　　　　　　　　　　　　　　　第 页　共 页　04表

序号	工程类别	其他工程费费率(%)													间接费费率(%)											
		冬季施工增加费	雨季施工增加费	夜间施工增加费	高原地区施工增加费	风沙地区施工增加费	沿海地区施工增加费	行车干扰工程施工增加费	安全文明施工措施费	临时设施费	施工辅助费	工地转移费	综合费率		规费						企业管理费					
													Ⅰ	Ⅱ	养老保险费	失业保险费	医疗保险费	住房公积金	工伤保险费	综合费率	基本费用	主副食运费补贴	职工探亲路费	职工取暖补贴	财务费用	综合费率
1	2	3	4	5	6	7	8	9	10	11	12	13	14	15	16	17	18	19	20	21	22	23	24	25	26	27
							填表说明：本表应根据建设工程项目具体情况，按概(预)算编制办法有关规定填入数据计算。其中：14＝3＋4＋5＋8＋10＋11＋12＋13；15＝6＋7＋9；21＝16＋17＋18＋19＋20；27＝22＋23＋24＋25＋26。																			

编制：　　　　　　　　　　　　　　　　　　　　　　　　复核：

填表说明：

①所有单项费率按交通部2007年7月1日《编办》取费，各省区可按《补充办法》的费率取用。注意各单项费率的区划与分类。

②所有综合费率先用于08表，后用于03表。

工程建设其他费用及回收金额计算表

建设项目名称：

编 制 范 围：　　　　　　　　　　　　　　　　　　第　页　共　页　06表

序号	费用名称及回收金额项目	说明及计算式	金额(元)	备注
	填表说明：本表应按具体发生的工程建设其他费用项目填写，需要说明和具体计算的费用项目依次相应在说明及计算式栏内填写或具体计算，各项费用具体填写如下： 1. 土地征用及拆迁补偿费应填写土地补偿单价、数量和安置补助费标准、数量等，列式计算；所需费用，填入金额栏。 2. 建设项目管理费包括建设单位(业主)管理费、工程质量监督费、工程监理费、工程定额测定费、设计文件审查费，按“建筑安装工程费×费率”列式计算。 3. 研究试验费应根据设计需要进行研究试验的项目分别填写项目名称及金额或列式计算或进行说明。 4. 建设项目前期工作费按国家有关规定填入本表，列式计算。 5. 其余有关工程建设其他费用的填入和计算方法，根据规定依此类推。			

编制：　　　　　　　　　　　　　　　　　　　　　　复核：

填表说明：

①其他工程费一般按实际发生的费用计算。但以下除外：

土地补偿费：数量×单价；安置补助费：补助标准×数量

建设单位管理费：定额建安费×规定费率

②回收金额按实际使用可回收的材料、设备的定额来计算，应该在08表中分析施工组织过程所使用的与可回收的材料、设备相关的定额。回收单价按原材料单价；回收金额=数量×原价

建筑安装工程费计算数据表

建设项目名称：　　　　　　　　　　　　编制范围：

数据文件编号：　　　　　　　　　　　　公路等级：

路线或桥梁长度(km)：　　　　路基或桥梁宽度(m)：　　　第　页　共　页　08表(电算)

项的代号	本项目数	目的代号	本目节数	节的代号	本节细目数	细目的代号	费率编号	定额个数	定额代号	项目节或细日定额名称	单位	数量	定额调整情况
		填表说明： 1. 本表应逐行从左到右横向跨栏填写。 2.“项”、“目”、“节”、“细目”、“定额”等的代号应根据实际需要按本办法附录四概、预算项目表及《公路工程预算定额》的序列及内容填写。 3. 本表主要是为利用计算机软件编制概、预算提供基础数据，具体填表规则由软件用户手册详细制定。											

编制：　　　　　　　　　　　　　　　　　　　　　　复核：

填表说明：本表为电算程序用表格数据，对于为分项工程计算所用电算程序的原始数据，均可按照本表要求填写。

分项工程概(预)算表

编制范围：

工程名称：　　　　　　　　　　　　　　　　　　　　　第　页　　共　页　　08表(手算)

<table>
<tr><td rowspan="5">序
号</td><td colspan="3">工　程　项　目</td><td colspan="3"></td><td colspan="3"></td><td colspan="3"></td><td colspan="2" rowspan="5">合
计</td></tr>
<tr><td colspan="3">工　程　细　目</td><td colspan="3"></td><td colspan="3"></td><td colspan="3"></td></tr>
<tr><td colspan="3">定　额　单　位</td><td colspan="3"></td><td colspan="3"></td><td colspan="3"></td></tr>
<tr><td colspan="3">工　程　数　量</td><td colspan="3"></td><td colspan="3"></td><td colspan="3"></td></tr>
<tr><td colspan="3">定　额　代　号</td><td colspan="3"></td><td colspan="3"></td><td colspan="3"></td></tr>
<tr><td></td><td>工、料、机名称</td><td>单位</td><td>单价</td><td>定额</td><td>数量</td><td>金额（元）</td><td>定额</td><td>数量</td><td>金额（元）</td><td>定额</td><td>数量</td><td>金额（元）</td><td>数量</td><td>金额（元）</td></tr>
<tr><td>1</td><td>2</td><td>3</td><td>4</td><td>5</td><td>6</td><td>7</td><td>8</td><td>9</td><td>10</td><td>11</td><td>12</td><td>13</td><td>14</td><td>15</td></tr>
<tr><td></td><td>人工</td><td></td><td></td><td></td><td></td><td></td><td></td><td></td><td></td><td></td><td></td><td></td><td></td><td></td></tr>
<tr><td></td><td>……</td><td></td><td></td><td></td><td></td><td></td><td></td><td></td><td></td><td></td><td></td><td></td><td></td><td></td></tr>
<tr><td></td><td>直接工程费</td><td>16</td><td></td><td></td><td></td><td></td><td></td><td></td><td></td><td></td><td></td><td></td><td></td><td></td></tr>
<tr><td></td><td>其他直接费</td><td>17</td><td></td><td></td><td></td><td></td><td></td><td></td><td></td><td></td><td></td><td></td><td></td><td></td></tr>
<tr><td></td><td>间接费</td><td>18</td><td></td><td></td><td></td><td></td><td></td><td></td><td></td><td></td><td></td><td></td><td></td><td></td></tr>
<tr><td></td><td>直接费间接费合计</td><td></td><td></td><td></td><td></td><td></td><td></td><td></td><td></td><td></td><td></td><td></td><td></td><td></td></tr>
<tr><td colspan="5">本分项费用：</td><td colspan="3">人工费：</td><td colspan="3">材料费：</td><td colspan="4">机械费：</td></tr>
</table>

填表说明：手工计算的标准08表。

①1栏、2栏按项目表（附录）及《定额》要求填列。

②“工程数量”：实际工程数量 ÷ 定额单位。“定额表号”可见上一章的有关内容。

③2栏一般按人工、材料、机械及定额基价的计算机代号由小到大的顺序排列。4栏单价来自于07表第5、10栏。或者来自于09表15栏。

④5、8、11等栏填入各细目的定额数值；6、9、12栏 = 第5、8、11等栏 × “工程数量”；7、10、13等栏 =6、9、12等栏 X4栏；14栏 =7、10、13等栏合计；15栏 =7、10、13等栏合计，或15栏 = 14栏 ×4栏。

⑤17栏 = 其他直接工程费的综合费率 ×16栏；18栏 = 间接费综合费率 ×（16栏 +17栏）。

⑥其他直接费、现场经费、间接费的综合费率来自于04表，计算方法见下节说明。

⑦在08表的最底栏应该计算出表格中无法单独计算的人工费、材料费、机械费等。

材料预算单价计算表

建设项目名称：

编 制 范 围：　　　　　　　　　　　　　　　　　　第　页　　共　页　　09 表

序号	规格名称	单位	原价（元）	运杂费					原价运费合计（元）	场外运输损耗		采购及保管费		预算单价（元）
				供应地点	运输方式，比重及运距	毛重系数或单位毛重	运杂费构成说明或计算式	单位运费（元）		费率（%）	金额（元）	费率（%）	金额（元）	
1	2	3	4	5	6	7	8	9	10	11	12	13	14	15

填表说明：

1. 本表计算各种材料自供应地点或料场至工地的全部运杂费与材料原价及其他费用组成预算单价。
2. 运输方式按火车、汽车、船舶、马车等及所占运输比重填写。
3. 毛重系数、场外运输损耗、采购及保管费按规定填写。
4. 根据材料供应地点、运输方式、运输单价、毛重系数等，通过运杂费构成说明或计算式，计算得出材料单位运费。
5. 材料原价与单位运费、场外运输损耗、采购及保管费组成材料预算单价。

编制：　　　　　　　　　　　　　　　　　　　　　　　复核：

填表说明：

①本表计算有供应地点及供应价格的材料预算单价。即原价已知的材料的运输费及装、卸等杂费及其他费用的计算。如果原价未知，必须先计算 10 表。

②2 栏按 08 表中定额出现的所有规格名称的材料填列。4 栏为调查供应价格。运输方式按不同运输工具及自办运输装卸或地方运输装卸，根据不同的运距、运量、运价及其比重分别填写。

③毛重系数或单位毛重及运杂费的计算方法都按《公路基本建设工程概算、预算编制办法》的规定办理。

④10 栏 = 9 栏 + 4 栏；12 栏 = 10 栏 × 11 栏；14 栏 = (10 栏 + 12 栏) × 13 栏；15 栏 = 4 栏 + 9 栏 + 12 栏 + 14 栏；或者 15 栏 = 10 栏 + 12 栏 + 14 栏。

⑤8 栏计算方法很多，要提醒的是自办运输时，用预算定额第九章计算的人工费，严格加计 5% 的辅助生产间接费。

自采材料料场价格计算表

建设项目名称：

编 制 范 围：　　　　　　　　　　　　　　　　　　第　页　　共　页　　10 表

序号	定额号	材料规格名称	单位	料场单价（元）	人工（工日）单价（元）		间接费（元）（占人工费 5%）	（　）单价（元）		（　）单价（元）		（　）单价（元）		（　）单价（元）	
					定额	金额		定额	金额	定额	金额	定额	金额	定额	金额
1	2	3	4	5	6	7	8	9	10	11	12	13	14	15	16

填表说明：

1. 本表主要用于分析计算自采材料料场价格，应将选用的定额人工、材料、机械台班数量全部列出，包括相应的工、料、机单价。
2. 材料规格用途相同而生产方式（如人工捶碎石、机械轧碎石）不同时，应分别计算单价，再以各种生产方式所占比重根据合计价格加权平均计算料场价格。
3. 定额中机械台班有调整系数时，应在本表内计算。

编制　　　　　　　　　　　　　　　　　　　　　　　　复核：

填表说明：

①3 栏的材料是 09 表中没有原价的自采材料；4 栏单位一般使用定额单位，如 100m³，但如果使用 m³，则要注意定额的值缩小 100 倍。

②9、11、13 栏与 6 栏是完全一致的，6 栏填写人工定额值，9、11、13 栏填写其他的定额值，如材料、机械等。

③8 栏使用 5% ×人工费，与其他材料费、机械费无关。

④“（　　）”要填写除人工定额以外的材料、机械定额的名称。

⑤自采材料的料场需要征用土地时，应将征用土地费列入“总概、预算表”（01 表）第三部分“其他费用”的第一项“土地、青苗等补偿费”内。

机械台班单价计算表

建设项目名称：

编 制 范 围：　　　　　　　　　　　　　　　　　　　　第　页　共　页　11 表

序号	定额号	机械规格名称	台班单价（元）	不变费用		可变费用											
				调整系数	金额	人工（元/工日）单价		汽油（元/kg）单价		柴油（元/kg）单价		电（元/度）单价		煤（元/kg）单价		养路费及车船使用税	合计
						定额	金额	定额	金额	定额	金额	定额	金额	定额	金额		
1	2	3	4	5	6	7	8	9	10	11	12	13	14	15	16	17	18

编制：　　　　　　　　　　　　　　　　　　　　　　　　复核：

填表说明：

①3 栏的机械名称包括 08、09、10 表中出现的机械名称，2 栏使用机械的计算机代号，5、7、9、11 栏为对应的机械定额值。

②6 栏 = 5 栏 × 调整系数，调整系数指青海、新疆、西藏边远地区需调整的第一类费用，其余地区直接使用第一部分定额值。

③8、10 栏等 = 7、9 栏等 ×“上栏单价”；单价来自于 07 表（此处省略）。

④13 栏养路费一般参考各省区的《补充办法》或相关规定；如果可以计算出来，按下列公式计算

$$=\frac{\text{台班养路费}=\text{年工作月}\times\text{机械计费吨位}\times\text{养路费/月吨}}{\text{年工作台班}}$$

⑤14 栏 = 8 栏 + 10 栏 + 12 栏 + 13 栏；4 栏 = 6 栏 + 14 栏

辅助生产工、料、机械台班数量计算表

建设项目名称：

编 制 范 围：　　　　　　　　　　　　　　　　　　第　页　共　页　12表

序号	定额号	规格名称	单位	总数量	人工(工日)		( )		( )		( )		( )	
					定额	数量	定额	数量	定额	数量	定额	数量	定额	数量
1	2	3	4	5	6	7	8	9	10	11	12	13	14	15
				填表说明：本表各栏数据由自采材料料场价格计算表(10表)统计而来										
合计														

编制：　　　　　　　　　　　　　　　　　　　　　　复核：

填表说明：

①为保证02表计算全面正确，必须先完成12表的数量，但完成12表又要以02表的一部分总数量为依据计算。

②3栏计算至少包括两个方面的内容，09表自办运输的材料及10表自采的材料；但比如机械台班消耗的人工、能源材料却没有地方计算出来，以便复核，因此，3栏中如果将11表中所有机械列出计算，则02表中诸如汽油、柴油与机械工就会计算得有根有据。

③5栏为已知条件，即在02表中统计的08表已计算出的前八项（路线工程）或前六项（独立桥梁工程）——见附录三、四的项目表。另外还要包括场外运输损耗的数量。损耗率与09表中使用的相同。

④2栏的定额必须与前面使用的定额一致。

⑤“(　　)”中填写除人工以外的其他材料、机械，是09、10、11表中相应定额所必须的。

⑥12表最底栏“合计”分09、10表材料的合计，及11表机械消耗材料的合计。只有将这些消耗的材料作纵向合计，才能统计到02表中去，在02表中占据一栏“辅助生产”。

主要参考书目

[1] 交通部定额站.公路基本建设工程概况、预算编制办法[M].北京:书目文献出版社,2007.
[2] 交通部定额站.公路工程概算定额[M].北京:人民交通出版社,2007.
[3] 交通部定额站.公路工程预算定额[M].北京:人民交通出版社,2007.
[4] 交通部定额站.公路工程机械台班费用定额[M].北京:人民交通出版社,2007.
[5] 中华人民共和国行业标准.公路路基施工技术规范(JTG F10—2006).北京:人民交通出版社,2006.
[6] 中华人民共和国行业标准.公路路面基层施工技术规范(JTJ 034—2000).北京:人民交通出版社,2000.
[7] 中华人民共和国行业标准.公路桥涵施工技术规范(JTJ 041—2000).北京:人民交通出版社,2000.
[8] 中华人民共和国行业标准. 公路工程施工安全技术规程(JTJ 076—95). 人民交通出版社,1995.
[9] 张起森.王首绪.公路施工组织及概预算[M].北京:人民交通出版社,1999.
[10] 王首绪. 非数值并行算法对多种资源均衡优化的研究. 西安[J]. 中国公路学报. 2001.3.
[11] 王首绪. 遗传算法优化施工网络计划的多种资源均衡. 重庆[J].重庆交通学院学报. 2001.2.
[12] 王首绪.基于模糊类比法的公路工程合理造价的评估方法研究.长沙[J].中南公路工程.2005.1.
[13] 王首绪.公路交通网特定资源运输能力评估的建模与实证分析.长沙[J].长沙交通学院学报.2007.1.
[14] 胡长顺,黄辉华.高等级公路路基路面施工技术[M].北京:人民交通出版社,1995.
[15] 王国安.公路机械化施工管理技术[M].北京:人民交通出版社,1997.
[16] 王首绪.网络计划技术[M].交通部监理培训教材,1994.
[17] 廖正环.道路施工组织与管理[M].北京:人民交通出版社,1990.
[18] 王清泾.工程机械运用与管理[M].北京:机械工业出版社,1989.
[17] 交通部公路规划设计院.我国水泥混凝土路面发展对策及修筑技术研究[M].1991.
[20] 范立础.预应力混凝土连续梁桥[M].北京:人民交通出版社,1988.
[21] 中华人民共和国建设部.建筑机械与设备(JG 4007 ~ JG 4008—88).北京:中国建筑工业出版社,1990.
[22] 陈迅.排队论与库存管理[M].广东:广东科技出版社,1983.
[23] 交通部定额站.公路工程定额的编制与管理[M].全国公路造价师培训教材,2007.
[24] 谢尊渊.方先和.建筑施工(下册)[M].中国建筑工业出版社,1998.
[25] 交通部定额站.公路工程概预算定额电算软件(XJTU)及操作说明,1997.

[26] 秦丽芳.乌天烽.振动压实机械[M].北京:人民交通出版社,1998.

[27] 倪寿璋.黑色路面成套机械与设备[M].北京:人民交通出版社,1998.

[28] Antonio Nanni,《Curing of Roller Compacted Concrete:Strength Development》《AAPT》,Volume114,NO.61988.

[29] H. Wittfoht. Prestressed Concrete Bridge Construaction with Stepping Formwork Equipment, Detroit:ACI Publication,1969.

人民交通出版社公路类教材一览

（◆教育部普通高等教育"十一五"国家级规划教材 ▲建设部土建学科专业"十一五"规划教材）

一、交通工程教学指导分委员会规划推荐教材

1. ◆交通规划（王　炜）………………………………… 33 元
2. ◆道路交通安全（裴玉龙）……………………………… 36 元
3. 交通系统分析（王殿海）……………………………… 31 元
4. 交通管理与控制（徐建闽）……………………………… 26 元
5. 交通经济学（邵春福）………………………………… 25 元

二、21 世纪交通版高等学校教材

（一）交通工程专业

1. ◆交通工程总论（第三版）（徐吉谦）………………… 36 元
2. ◆交通工程学（第二版）（任福田）…………………… 38 元
3. ◆交通管理与控制（第四版）（吴　兵）……………… 35 元
4. ◆道路通行能力分析（陈宽民）……………………… 27 元
5. ◆交通工程设计理论与方法（马荣国）……………… 40 元
6. ◆公路网规划（裴玉龙）……………………………… 27 元
7. 交通工程专业英语（裴玉龙）………………………… 28 元
8. ◆交通运输工程导论（第二版）（姚祖康）…………… 23 元
9. 交通流理论（王殿海）………………………………… 21 元
10. 交通系统仿真技术（刘运通）………………………… 26 元
11. 停车场规划设计与管理（关宏志）…………………… 30 元
12. 交通工程设施设计（李峻利）………………………… 35 元
13. ◆智能运输系统概论（第二版）（杨兆升）…………… 25 元
14. 智能运输系统概论（第二版）（黄　卫）……………… 24 元
15. ◆运输经济学（严作人）……………………………… 40 元
16. ◆道路交通工程系统分析方法（王　炜）…………… 28 元
17. 交通调查与分析（第二版）（严宝杰）……………… 38 元
18. ◆交通运输设施与管理（郭忠印）…………………… 33 元
19. 道路交通安全管理法规概论及案例分析（裴玉龙）…… 29 元
20. 交通地理信息系统（符锌砂）………………………… 31 元
21. 公路建设项目可行性研究（过秀成）………………… 27 元
22. 交通工程专业生产实习指导书（朱从坤）…………… 7 元

（二）城市轨道交通系列教材

1. 城市轨道交通概论（孙　章）……………………… 30 元（估）
2. 城市轨道交通系统（彭　辉）………………………… 32 元
3. 轨道工程（练松良）…………………………………… 36 元
4. 城市轨道交通设备系统（周顺华）…………………… 32 元
5. ◆地铁与轻轨（第二版）（张庆贺）…………………… 40 元

（三）土木工程专业（路桥）/道路桥梁与渡河工程专业

I. 专业基础课教材

1. 土木工程概论（项海帆）……………………………… 32 元
2. 道路概论（第二版）（孙家驷）………………………… 20 元
3. 土质学与土力学（第四版）（袁聚云）………………… 30 元
4. 公路工程地质（第三版）（窦明健）…………………… 23 元
5. ▲道路工程制图（第四版）（谢步瀛）………………… 36 元
6. ▲道路工程制图习题集（第四版）（袁　果）………… 26 元
7. ◆道路建筑材料（第四版）（李立寒）………………… 35 元
8. ◆测量学（第三版）（许娅娅）………………………… 36 元
9. ◆基础工程（第三版）（王晓谋）……………………… 33 元
10. 结构设计原理（第二版）（叶见曙）………………… 51 元
11. 公路经济学教程（袁剑波）…………………………… 23 元
12. 专业英语（第二版）（李　嘉）………………………… 33 元

II. 专业核心课教材

13. ◆路基路面工程（第二版）（邓学均）………………… 52 元
14. ◆道路勘测设计（第三版）（杨少伟）………………… 42 元
15. 道路结构力学计算（上、下）（郑传超、王秉纲）……… 50 元
16. 水力学（王亚玲）……………………………………… 19 元
17. ◆桥梁工程（第二版）（姚玲森）……………………… 62 元
18. 桥梁工程（第二版）（土木、交通工程）（邵旭东）…… 52 元
19. ◆桥梁工程（第二版）（上）（范立础）……………… 42 元
20. ◆桥梁工程（第二版）（下）（顾安邦）……………… 38 元
21. 桥梁工程（陈宝春）…………………………………… 45 元
22. ◆桥涵水文（第四版）（高冬光）……………………… 28 元
23. ◆现代钢桥（上）（吴　冲）…………………………… 34 元
24. ◆钢桥（徐君兰）……………………………………… 16 元
25. ◆公路施工组织及概预算（第三版）（王首绪）……… 32 元
26. ▲桥梁施工及组织管理（第二版）（上）（魏红一）…… 39 元
27. ▲桥梁施工及组织管理（第二版）（下）（邬晓光）…… 39 元
28. ◆隧道工程（第二版）（上）（王毅才）……………… 65 元

III. 专业方向选修课教材

29. ◆道路工程（严作人）………………………………… 40 元
30. 道路工程（土木工程专业）（凌天清）……………… 32 元
31. ◆高速公路（第二版）（方守恩）……………………… 21 元
32. 高速公路设计（赵一飞）……………………………… 38 元
33. 城市道路设计（吴瑞麟）……………………………… 22 元
34. GPS 测量原理及其应用（胡伍生）…………………… 28 元
35. 公路测设新技术（雒　应）…………………………… 36 元
36. 公路施工技术与管理（廖正环）……………………… 40 元
37. 土木工程造价控制（石勇民）………………………… 30 元
38. 公路工程定额原理与估价（石勇民）………………… 36 元
39. 道路桥梁检测技术（胡昌斌）………………………… 31 元
40. 特殊地区基础工程（冯忠居）………………………… 29 元
41. 道路与桥梁工程计算机绘图（许金良）……………… 31 元
42. ◆公路小桥涵勘测设计（第三版）（孙家驷）………… 31 元
43. 路基设计原理与计算（李峻利）……………………… 40 元
44. 路基路面工程检测技术（李宇峙）…………………… 46 元
45. 公路土工合成材料应用原理（黄晓明）……………… 22 元
46. 水泥与水泥混凝土（申爱琴）………………………… 30 元
47. ◆环境经济学（董小林）……………………………… 32 元
48. 公路环境与景观设计（刘朝辉）……………………… 30 元
49. 桥梁工程概论（第二版）（罗　娜）…………………… 27 元
50. 桥梁检测与加固（王国鼎）…………………………… 27 元
51. 桥梁钢—混凝土组合结构设计原理（黄　侨）……… 26 元
52. 桥梁结构试验（章关永）……………………………… 22 元
53. 桥梁抗震（叶爱君）…………………………………… 15 元
54. ◆桥梁建筑美学（第二版）（盛洪飞）………………… 30 元
55. 大跨度桥梁结构计算理论（李传习）………………… 18 元
56. 隧道结构力学计算（夏永旭）………………………… 29 元
57. 公路隧道运营管理（吕康成）………………………… 22 元
58. 隧道与地下工程灾害防护（张庆贺）……………… 40 元（估）
59. 土木规划学（石　京）………………………………… 38 元

IV. 实践环节教材及教参教辅

60. 《道路勘测设计》毕业设计指导（许金良）…………… 30 元
61. 桥梁计算示例丛书—桥梁地基与基础（第二版）（赵明华）……………………………………… 18 元

62. 桥梁计算示例丛书—混凝土筒支梁(板)桥(第三版)(易建国) …… 27 元
63. 桥梁计算示例丛书—连续梁桥(邹毅松) …… 20 元
64. 结构设计原理计算示例(叶见曙) …… 40 元

V. 研究生教学用书

道路与铁道工程

1. 现代加筋土理论与技术(雷胜友) …… 24 元
2. 道路规划与几何设计(朱照宏) …… 32 元

桥梁与隧道工程

1. 高等桥梁结构理论(项海帆) …… 35 元
2. 高等钢筋混凝土结构(周志祥) …… 27 元
3. 结构分析的有限元法与 MATIAB 程序设计(徐荣桥) …… 28 元
4. 工程结构数值分析方法(夏永旭) …… 27 元
5. 箱形梁设计理论(第二版)(房贞政) …… 32 元

(四)公路工程管理专业

1. ◆工程项目融资(赵 华) …… 29 元
2. 管理信息系统(李友根) …… 31 元
3. 公路工程定额原理与估价(石勇民) …… 36 元
4. 工程风险管理(邓铁军) …… 21 元
5. ◆工程质量控制与管理(邬晓光) …… 29 元
6. 公路工程造价编制与管理(沈其明) …… 31 元
7. 工程项目招标与投标(周 直) …… 30 元
8. 高速公路管理(王选仓) …… 35 元

(五)工程机械专业

1. ◆施工机械概论(王 进) …… 35 元
2. ◆公路施工机械(第二版)(李自光) …… 43 元
3. 现代工程机械发动机与底盘构造(陈新轩) …… 38 元
4. 工程机械维修(许 安) …… 38 元
5. 工程机械状态检测与故障诊断(陈新轩) …… 29 元
6. 工程机械底盘设计(郁录平) …… 36 元
7. 公路工程机械化施工与管理(郭小宏) …… 40 元
8. 工程机械设计(吴永平) …… 38 元
9. 工程机械技术经济学(吴永平) …… 23 元
10. 工程机械专业英语(宋永刚) …… 36 元

三、普通高等学校规划教材

1. 交通土建工程制图(第二版)(和丕壮) …… 38 元
2. 交通土建工程制图习题集(第二版)(和丕壮) …… 20 元
3. 画法几何与土建制图(第二版)(林国华) …… 39 元
4. 画法几何与土建制图习题集(第二版)(林国华) …… 25 元
5. 土木工程制图(丁建梅 周佳新) …… 36 元
6. 土木工程制图习题集(丁建梅 周佳新) …… 18 元
7. ◆土木工程计算机绘图基础(尚守平) …… 39 元
8. 工程经济学(李雪淋) …… 22 元
9. 工程测量(胡伍生) …… 25 元
10. 交通土木工程测量(张坤宜) …… 33 元
11. 结构设计原理(毛瑞祥) …… 26 元
12. 路基路面工程(何兆益) …… 45 元
13. 道路勘测设计(第二版)(孙家驷) …… 46 元
14. 道路与桥梁工程概论(黄晓明) …… 32 元
15. 公路施工组织与管理(赖少武 李文华) …… 35 元
16. 公路工程施工组织学(第二版)(姚玉玲) …… 38 元
17. 公路施工与组织管理(廖正环) …… 22 元
18. 公路养护与管理(许永明) …… 18 元
19. 水力学与桥涵水文(叶镇国) …… 38 元
20. 桥位勘测设计(高冬光) …… 20 元
21. 道路规划与设计(李清波) …… 46 元
22. 道路交通环境工程(张玉芬) …… 19 元
23. 公路实用勘测设计(何景华) …… 19 元
24. 公路计算机辅助设计(符锌砂) …… 30 元
25. 公路工程预算与工程量清单计价(雷书华) …… 35 元
26. 公路工程造价(周世生) …… 42 元
27. 软土环境工程地质学(唐益群) …… 35 元
28. 公路与桥梁施工技术(盛可鉴) …… 30 元
29. 桥梁美学(和丕壮) …… 40 元
30. 桥梁结构理论与计算方法(贺拴海) …… 58 元
31. 钢管混凝土(胡曙光) …… 38 元
32. 隧道施工(于书翰) …… 23 元
33. 公路隧道机 电工程(赵忠杰) …… 40 元
34. ◆道路交通管理与控制(袁振洲) …… 40 元
35. 交通工程学(第二版)(李作敏) …… 28 元
36. 交通项目评估与管理(谢海红) …… 36 元
37. 工程项目管理(周 直) …… 20 元
38. 测绘工程基础(李芹芳) …… 36 元
39. 工程机械运用技术(许 安) …… 40 元
40. 现代工程机械液压与液力系统(颜荣庆) …… 39 元
41. 水泥混凝土路面施工与施工机械(何挺继) …… 30 元
42. 现代公路施工机械(何挺继) …… 45 元
43. 工程机械机电液一体化(焦生杰) …… 28 元

四、高等学校应用型本科规划教材

1. 结构力学(万德臣) …… 30 元
2. 道路工程制图(谭海洋) …… 28 元
3. 道路工程制图习题集(谭海洋) …… 24 元
4. 道路建筑材料(伍必庆) …… 37 元
5. 土木工程材料(张爱勤) …… 39 元
6. 土质学与土力学(赵明阶) …… 30 元
7. 结构设计原理(黄平明) …… 47 元
8. 结构设计原理学习指导(安静波) …… 35 元
9. 结构设计原理计算示例(赵志蒙) …… 40 元
10. 工程测量(朱爱民) …… 30 元
11. 基础工程(刘 辉) …… 26 元
12. 道路勘测设计(张维全) …… 32 元
13. 桥梁工程(刘龄嘉) …… 45 元
14. 公路工程试验检测(乔志琴) …… 47 元
15. 路桥工程专业英语(赵永平) …… 44 元
16. 水力学与桥涵水文(王丽荣) …… 27 元
17. 工程招标与合同管理(刘 燕) …… 33 元
18. 工程项目管理(李佳升) …… 32 元
19. 公路施工技术(杨渡军) …… 64 元
20. 公路工程机械化施工技术(徐永杰) …… 32 元
21. 公路工程经济(周福田) …… 22 元
22. 公路工程监理(朱爱民) …… 33 元
23. 道路工程(资建民) …… 38 元
24. 道路工程 CAD(许金良) …… 23 元
25. 路基路面工程(陈忠达) …… 46 元

公路工程现行标准、规范、规程、指南一览表

序号	类别		编　　号	名称(书号)	定价
1	基础		JTJ 002—87	公路工程名词术语(0346)	22.00
2			JTJ 003—86	公路自然区划标准(0348)	16.00
3			JTJ/T 0901—98	1: 1000000 数字交通图分类与图示规范(0242)	78.00
4			JTG B01—2003	公路工程技术标准(04957)	28.00
5			JTJ 004—89	公路工程抗震设计规范(0374)	15.00
6			JTG/T B02-01—2008	公路桥梁抗震设计细则(1228)	35.00
7			JTG B03—2006	公路建设项目环境影响评价规范(0927)	26.00
8			JTJ/T 006—98	公路环境保护设计规范(0195)	8.00
9			JTG/T B05—2004	公路项目安全性评价指南(0784)	18.00
10			JTG B06—2007	公路工程基本建设项目概算预算编制办法(06903)	26.00
11			JTG/T B06-01—2007	公路工程概算定额(06901)	110.00
12			JTG/T B06-02—2007	公路工程预算定额(06902)	138.00
13			JTG/T B06-03—2007	公路工程机械台班费用定额(06900)	24.00
14			JTG/T B07-01—2006	公路工程混凝土结构防腐蚀技术规范(0973)	16.00
15			交通部 2007 年第 30 号	国家高速公路网相关标志更换工作实施技术指南(1124)	58.00
16			交通部 2007 年第 35 号	收费公路联网收费技术要求(1126)	62.00
17	勘测		JTG C10—2007	公路勘测规范(06570)	28.00
18			JTG/T C10—2007	公路勘测细则(06572)	42.00
19			JTJ 064—98	公路工程地质勘察规范(0220)	28.00
20			JTG/T C21-01—2005	公路工程地质遥感勘察规范(0839)	17.00
21			JTG C30—2003	公路工程水文勘测设计规范(0604)	22.00
22			JTG/T C22—2009	公路工程物探规程(1311)	28.00
23	设计	公路	JTG D20—2006	公路路线设计规范(0996)	38.00
24			JTG D30—2004	公路路基设计规范(05326)	48.00
25			JTG/T D31—2008	沙漠地区公路设计与施工指南(1206)	32.00
26			JTG D40—2002	公路水泥混凝土路面设计规范(04621)	26.00
27			JTG D50—2006	公路沥青路面设计规范(06248)	36.00
28			JTJ 018—96	公路排水设计规范(0147)	12.00
29			JTJ/T 019—98	公路土工合成材料应用技术规范(0218)	12.00
30		桥隧	JTG D60—2004	公路桥涵设计通用规范(05068)	24.00
31			JTG/T D60-01—2004	公路桥梁抗风设计规范(0814)	28.00
32			JTG/T D65-01—2007	公路斜拉桥设计细则(1125)	28.00
33			JTG D61—2005	公路圬工桥涵设计规范(0887)	19.00
34			JTG D62—2004	公路钢筋混凝土及预应力混凝土桥涵设计规范(05052)	48.00
35			JTG D63—2007	公路桥涵地基与基础设计规范(06892)	48.00
36			JTJ 025—86	公路桥涵钢结构及木结构设计规范(0176)	16.00
37			JTG/T D65-04—2007	公路涵洞设计细则(06628)	26.00
38			JTG D70—2004	公路隧道设计规范(05180)	50.00
39			JTJ 026.1—1999	公路隧道通风照明设计规范(0397)	16.00
40			JTG/T D71—2004	公路隧道交通工程设计规范(0810)	26.00
41		交通	JTG D80—2006	高速公路交通工程及沿线设施设计通用规范(0998)	25.00
42			JTG D81—2006	公路交通安全设施设计规范(0977)	25.00
43			JTG/T D81—2006	公路交通安全设施设计细则(0997)	35.00
44		综合	交公路发〔2007〕358 号	公路工程基本建设项目设计文件编制办法(06746)	26.00
45			交公路发〔2007〕358 号	公路工程基本建设项目设计文件图表示例(06770)	600.00

续上表

序号	类别		编　号	名称(书号)	定价
46	检测		JTG E40—2007	公路土工试验规程(06794)	79.00
47			JTJ 052—2000	公路工程沥青及沥青混合料试验规程(0429)	40.00
48			JTG E30—2005	公路工程水泥及水泥混凝土试验规程(0830)	32.00
49			JTG E41—2005	公路工程岩石试验规程(0828)	18.00
50			JTJ 056—84	公路工程水质分析操作规程(02971)	8.00
51			JTJ 057—94	公路工程无机结合料稳定材料试验规程(0025)	10.00
52			JTG E42—2005	公路工程集料试验规程(0829)	30.00
53			JTG E50—2006	公路工程土工合成材料试验规程(0982)	28.00
54			JTG E60—2008	公路路基路面现场测试规程(07296)	38.00
55	施工	公路	JTG F10—2006	公路路基施工技术规范(06221)	40.00
56			JTJ 034—2000	公路路面基层施工技术规范(0431)	20.00
57			JTG F30—2003	公路水泥混凝土路面施工技术规范(04622)	46.00
58			JTJ 037.1—2000	公路水泥混凝土路面滑模施工技术规程(0425)	16.00
59			JTG F40—2004	公路沥青路面施工技术规范(05328)	38.00
60			JTG F41—2008	公路沥青路面再生技术规范(07105)	25.00
61		桥隧	JTJ 041—2000	公路桥涵施工技术规范(03770)	52.00
62			JTG/T F81-01—2004	公路工程基桩动测技术规程(0783)	20.00
63			JTJ 042—94	公路隧道施工技术规范(0031)	20.00
64		交通	JTG F71—2006	公路交通安全设施施工技术规范(0976)	20.00
65			JTG/T F83-01—2004	高速公路护栏安全性能评价标准(0809)	15.00
66	质检安全		JTG F80/1—2004	公路工程质量检验评定标准　第一册　(土建工程)(05327)	46.00
67			JTG F80/2—2004	公路工程质量检验评定标准　第二册　(机电工程)(05325)	26.00
68			JTG G10—2006	公路工程施工监理规范(06267)	20.00
69			JTJ 076—95	公路工程施工安全技术规程(0049)	12.00
70	养护管理		JTJ 073—96	公路养护技术规范(0087)	26.00
71			JTJ 073.1—2001	公路水泥混凝土路面养护技术规范(0520)	12.00
72			JTJ 073.2—2001	公路沥青路面养护技术规范(0551)	13.00
73			JTG H11—2004	公路桥涵养护规范(05025)	30.00
74			JTG H12—2003	公路隧道养护技术规范(0695)	26.00
75			JTG H20—2007	公路技术状况评定标准(1140)	15.00
76			JTG H30—2004	公路养护安全作业规程(05154)	36.00
77	加固设计与施工		JTG/T J22—2008	公路桥梁加固设计规范(07380)	52.00
78			JTG/T J23—2008	公路桥梁加固施工技术规范(07378)	30.00
1	技术指南		中建标公路[2002]1 号	公路沥青玛蹄脂碎石路面技术指南(0634)	20.00
2			交公便字[2005]330 号	公路机电系统维护技术指南(0922)	30.00
3			交公便字[2006]02 号	公路工程水泥混凝土外加剂与掺合料应用技术指南(0925)	50.00
4			交公便字[2005]329 号	微表处和稀浆封层技术指南(1021)	18.00
5			交公便字[2005]329 号	公路冲击碾压应用技术指南(0921)	15.00
6			交公便字[2006]02 号	公路工程抗冻设计与施工技术指南(0926)	26.00
7			厅公路字[2006]418 号	公路安全保障工程实施技术指南(1034)	40.00
8			交公便字[2006]02 号	公路土钉支护技术指南(0995)	22.00
9			交公便字[2006]274 号	公路钢箱梁桥面铺装设计与施工技术指南(1008)	25.00
10			交公便字[2006]243 号	盐渍土地区公路设计与施工指南(1006)	20.00
11				横张预应力混凝土桥梁设计施工指南(0831)	15.00
12			2008 年第 25 号公告	汶川地震灾后公路恢复重建技术指南(1246)	10.00

注:JTG——公路工程行业标准体系;JTG/T——公路工程行业推荐性标准体系;JTJ——仍在执行的公路工程原行业标准体系。